Wilfried Loth:
Die Teilung der Welt
Geschichte des Kalten Krieges 1941–1955

Deutscher
Taschenbuch
Verlag

Originalausgabe
1. Auflage Juni 1980
7. überarbeitete Neuauflage April 1989
8. Auflage November 1990: 53. bis 59. Tausend
© Deutscher Taschenbuch Verlag GmbH & Co. KG,
München
Umschlaggestaltung: Celestino Piatti
Umschlagbild: Stalin, Roosevelt und Churchill bei der Kon-
ferenz von Jalta, Februar 1945 (Südd. Verlag, Bilderdienst)
Gesamtherstellung: C. H. Beck'sche Buchdruckerei,
Nördlingen
Printed in Germany · ISBN 3-423-04012-2

Das Buch

In den Jahren 1941 bis 1955 entstand das weltpolitische System, das unsere Situation bis heute grundlegend prägt: Die Kriegskoalition der USA und der UdSSR zerfiel, Europa und mit ihm Deutschland wurden zweigeteilt, beide Hemisphären gerieten in einen Belagerungszustand.

Wilfried Loth zieht eine kritische Bilanz der weitreichenden Diskussion und wertet darüberhinaus jüngst zugänglich gewordene Quellen zur Geschichte der Ost-West-Konfrontation erstmals aus. Dabei wird deutlich, daß weder die »traditionelle« These vom sowjetischen Expansionismus als Ursache der Auseinandersetzung noch die »revisionistische« These vom ökonomischen Imperialismus der USA als zentralem Faktor der Weltpolitik seit dem Zweiten Weltkrieg geeignet sind, die komplexe Wirklichkeit des Kalten Krieges zu erfassen. Machtpolitische und ideologische Gegensätze zwischen der sowjetischen Mobilisierungsdiktatur und dem auf Expansion angewiesenen liberal-kapitalistischen System der USA stellten zwar die Weichen für den Konflikt, machten ihn aber nicht unausweichlich. Erst die wechselseitige Fehleinschätzung und das immer stärker werdende Interesse an der Absicherung von Herrschaftspositionen, die in Ost und West im Zeichen der beginnenden Auseinandersetzung errungen worden waren, führten zum Triumph über die Kräfte, die den Kalten Krieg verhindern oder überwinden wollten.

Der Autor

Professor Dr. Wilfried Loth, geb. 1948, war Professor für Politikwissenschaft an der Freien Universität Berlin und an der Universität Münster und ist seit 1986 ordentlicher Professor für Neuere Geschichte an der Universität Essen.
Veröffentlichungen u. a.: ›Sozialismus und Internationalismus. Die französischen Sozialisten und die Nachkriegsordnung Europas 1940–1950‹ (1977); ›Katholiken im Kaiserreich. Der politische Katholizismus in der Krise des wilhelminischen Deutschlands‹ (1984); ›Geschichte Frankreichs im 20. Jahrhundert‹ (1987); ›Ost-West-Konflikt und deutsche Frage. Historische Ortsbestimmungen‹ (1989); ›Der Weg nach Europa‹ (1990).

dtv-Weltgeschichte des 20. Jahrhunderts
Herausgegeben von
Martin Broszat und Helmut Heiber

Inhalt

Für Frank und Wolfgang

Vorwort zur 7. Auflage

Neun Jahre nach der Erstveröffentlichung erscheint ›Die Teilung der Welt‹ in einer überarbeiteten Neuauflage. In diesen neun Jahren ist vieles, was in dieser Studie nur in knappen Umrissen skizziert werden konnte, im Detail untersucht worden: die eigenständige Rolle der Europäer bei der Ost-West-Spaltung Europas, der subkutane Entscheidungsprozeß in der Deutschlandfrage, die amerikanische Haltung zur westeuropäischen Integration, die Entstehung der Atlantischen Allianz und das Ringen um die Westintegration der Bundesrepublik Deutschland. Auch hat es einige neue Informationen über die Vorgänge im sowjetischen Machtbereich gegeben. Was dabei herausgekommen ist, ermöglicht manche Präzisierungen und Verdeutlichungen; es bietet aber, wenn ich es recht sehe, insgesamt keinen Anlaß, die hier entwickelten Auffassungen zur Entstehung und Entwicklung des Kalten Krieges zu korrigieren. Eher scheint mir, daß eine Reihe von Argumenten zu ihrer Bekräftigung hinzugekommen sind.

Von einem »postrevisionistischen« Konsens, wie ihn John Lewis Gaddis erhofft hat[1], ist die akademische und öffentliche Diskussion über die Geschichte des Kalten Krieges dennoch weit entfernt. Das ist zum Teil auf ganz banale Kommunikationsprobleme zurückzuführen, die bei der Vielschichtigkeit des Forschungsfeldes und der Fülle der Autoren, die sich auf ihm tummeln, offensichtlich unvermeidlich sind[2]. Wichtiger ist jedoch die Scheu, sich auf neuartige Argumente einzulassen, wenn sie vertraute Vorstellungen in Frage stellen und damit tradierte Legitimationen erschüttern. So sind meine Ausführungen zur sowjetischen Politik mancherorts nicht zur Kenntnis genommen oder aber mit pauschaler Skepsis bedacht worden; zu einer in Einzelheiten gehenden argumentativen Auseinandersetzung war bislang jedoch noch keiner der Kritiker bereit[3].

---

[1] John Lewis Gaddis, *The Emerging Post-revisionist Synthesis on the Origins of the Cold War*. In: Diplomatic History 7 (1983), S. 171–190.

[2] Die Schwierigkeiten, die sich allein schon aus der Sprachbarriere ergeben, sind jetzt hoffentlich durch das Erscheinen einer englischen Ausgabe beseitigt worden: Wilfried Loth, *The Division of the World, 1941–1955*. London 1988.

[3] In ihrer krassen Unwissenschaftlichkeit besonders aufschlußreich waren hier die Polemiken von Kurt Marko: *Die Teilung der Welt – mit schiefem Blick*. In:

Darüber hinaus neigen viele Autoren dazu, die Bedeutung des von ihnen jeweils neu erschlossenen Quellenmaterials zu überschätzen. Das führte in Verbindung mit den beiden erstgenannten Gründen dazu, daß der Gesamtzusammenhang des Kalten Krieges in vielen neueren Darstellungen aus dem Blick geriet. Folglich wurde die Präzisierung der Details mit zunehmender Unschärfe des Gesamtbildes bezahlt; die Ergebnisse der Detailforschung blieben weithin instrumentalisierbar; und soweit sie »traditionelle« oder »revisionistische« Globalthesen erschütterten, wurden sie häufig nur zur Bestätigung der jeweiligen Gegenthese herangezogen.

Angesichts dieser neuen Unübersichtlichkeit scheint es mir nicht nur erlaubt, sondern geradezu geboten, dieses Werk erneut vorzulegen – nicht nur als Einführung in einen komplex gewordenen Gegenstand, sondern auch als Versuch, die ausgeuferte Diskussion wieder zusammenzubinden und die Debatte über den Kalten Krieg auf ihre Kernfragen zurückzuführen[4]. Der Text ist meiner Einschätzung der Forschungslage entsprechend in der Substanz und in den wesentlichen Aussagen unverändert geblieben; wo die Detailforschung aber neue Akzentsetzungen und präzisere Aussagen ermöglicht hat, wurden diese eingearbeitet. Außerdem finden sich in den Anmerkungen Hinweise auf Neuerscheinungen, die dem interessierten Leser ein gezieltes Weiterarbeiten zu Einzelfragen ermöglichen; und wo es angebracht war, wurden auch knappe Auseinandersetzungen mit der neu erschienenen Literatur vorgenommen. Auf diese Weise soll das Buch die Einordnung der Detailforschung erleichtern und so die Aufarbeitung des historischen Erbes des Kalten Krieges insgesamt voranbringen.

Die Notwendigkeit einer solchen Aufarbeitung stellt sich heute gewiß anders als vor neun Jahren; sie ist aber deswegen nicht weniger dringlich geworden. Ging es damals vordringlich darum, in der Krise der Entspannungspolitik nicht die Fehler der Nachkriegsära zu wiederholen, so stehen wir heute vor dem

Österreichische Osthefte 24 (1982), S. 92–103, und *Die Teilung der Welt – ein kurzer Lehrgang der Demagogie*. In: Zeitschrift für Politik 29 (1982), S. 429 bis 435. Vgl. dazu meine Replik: *Kalter Krieg gegen die historische Forschung?* In: Zeitschrift für Politik 30 (1983), S. 193–201.

[4] Ein zentrales Element der im folgenden entwickelten Argumentation findet sich auch bei: Wilfried Loth, *Die doppelte Eindämmung. Überlegungen zur Genesis des Kalten Krieges 1945–1947*. In: Historische Zeitschrift 238 (1984), S. 611–631.

Problem, die Chancen für eine kooperative Neugestaltung der Ost-West-Beziehungen nicht zu verpassen, die sich seither aus den Lernprozessen im westlichen Bündnis und vor allem aus den atemberaubenden Reformprojekten Gorbatschows in der sowjetischen Politik ergeben[5]. Realistische Konzepte für die anstehende Neuordnung werden sich nur gewinnen und durchsetzen lassen, wenn sie von einer Aufarbeitung der Vergangenheit begleitet werden, die die gegenwärtige Struktur des internationalen Systems als historisch geworden begreifen lehrt, das heißt: als grundsätzlich verbesserungsfähig, wenn auch nicht leichthin veränderbar. Dazu ist es notwendig, sich über eine wissenschaftlich kontrollierte Historisierung der Ära des Kalten Krieges zu verständigen, sowohl über etablierte politische Lager als auch über die Blockgrenzen hinweg. Wenn das Buch hierzu einen Beitrag leisten kann, dann erfüllt es seinen Zweck.

Essen, im Oktober 1988   Wilfried Loth

---

[5] Zur Einschätzung der gegenwärtigen Lage und der Zukunftsaussichten des Ost-West-Konflikts vgl. jetzt meinen Essayband: *Ost-West-Konflikt und deutsche Frage*. München 1989.

Kein anderer Vorgang hat das aus dem Zweiten Weltkrieg hervorgegangene internationale System so nachhaltig geprägt wie
die Konfrontation der beiden Weltmächte USA und UdSSR; bis
heute und in absehbarer Zukunft bildet der Antagonismus dieser beiden Mächte und der aus ihrer Auseinandersetzung hervorgegangenen Machtblöcke und Bündnissysteme das wesentliche Grunddatum internationaler Politik – ein Grunddatum, das
die beiderseitigen Entspannungsbemühungen ebenso notwendig wie schwierig macht, von dem man aber auch bei der Bewältigung der »neuen« internationalen Probleme wie der Nord-
Süd-Problematik, der Wachstumskrise und der transnationalen
Verteilungskonflikte ausgehen muß. Der Ost-West-Konflikt ist
seit dem frühen 19. Jahrhundert oft als Auseinandersetzung
zwischen »asiatischer« und »westlicher« Zivilisation vorausgesagt worden (am eindrucksvollsten und mit eindeutiger Parteinahme für den »Westen« von Karl Marx); er ist seit der russischen Oktoberrevolution und dem Eintritt der Vereinigten
Staaten in die Weltpolitik 1917 vielfach als Entscheidungskampf
zwischen Kapitalismus und Kommunismus, Pluralismus und
Totalitarismus, liberaldemokratischem und staatssozialisti-
schem System gefordert, befürchtet und oft genug auch herbei-
geredet worden. Wie er indessen aus der Kriegskoalition gegen
Hitlerdeutschland heraus tatsächlich politisch virulent wurde,
wieso er zeitweise den nahezu alle Lebensbereiche umfassenden
existentiellen Charakter eines »Kalten Krieges« annehmen
konnte, warum und wie er zur Zweiteilung Europas und damit
Deutschlands, zur Kristallisation zweier Machtblöcke und zum
permanenten Wettrüsten führte, das ist bislang kaum hinreichend geklärt.

Nicht, daß es an Literatur zur Geschichte des Kalten Krieges
und an Interpretationsmustern zu seiner Erklärung fehlen
würde. Wie stets bei zeitgeschichtlichen Vorgängen beginnt die
Literatur über den Kalten Krieg mit der Entwicklung des Konfliktes selbst, diente sie zunächst zur Selbstinterpretation und
ideologischen Mobilisierung, später auch zur Selbstreflexion,
war und ist sie also selbst ein Teil der Auseinandersetzung. Dem
antagonistischen Charakter der Ost-West-Beziehungen ent-

sprechend wird die Literatur über den Kalten Krieg daher von zwei einander widersprechenden Grundauffassungen geprägt: der »traditionellen« (weil in der westlichen Literatur zunächst dominierenden) These vom sowjetischen Expansionismus als Ursache der Auseinandersetzung und der »revisionistischen« These vom ökonomischen Imperialismus der USA als zentralem Faktor der Weltpolitik seit dem Zweiten Weltkrieg. Beide Thesen werden in vielerlei Variationen angeboten, beide leiden aber auch darunter, daß sie nicht hinreichend empirisch belegt, dafür um so mehr emotional beladen sind[1].

Die traditionelle Auffassung

Die traditionelle These ist schon 1946/47 besonders eindrucksvoll von dem damaligen amerikanischen Botschaftsrat George F. Kennan formuliert worden[2], sie wurde bis spätestens Ende 1948 für den dominierenden Teil der amerikanischen wie der westeuropäischen politischen Öffentlichkeit zur Gewißheit und hat seither insbesondere in umfangreichen diplomatiegeschichtlichen Untersuchungen, etwa von William McNeill, Boris Meissner, Herbert Feis, ihren Niederschlag gefunden[3]. Nach

[1] Aus der Fülle der Literaturberichte zur Geschichte des Kalten Krieges nenne ich als besonders informativ Robert W. Tucker, *The Radical Left and American Foreign Policy*. Baltimore, London 1971; Joseph M. Siracusa, *The American Revisionists. New Left Diplomatic Histories and Historians*. Port Washington, N. Y., London 1973; Barton J. Bernstein, *Les Etats-Unis et les origines de la guerre froide*. In: Revue d'histoire de la deuxième guerre mondiale 26 (1976), S. 51–72; Geoffrey S. Smith, *Harry, We Hardly Know You: Revisionism, Politics and Diplomacy 1945–1954*. In: American Political Science Review 70 (1976), S. 561–582; zur Einführung in zentrale Bereiche der Diskussion darüberhinaus die Sammelbände von Lloyd C. Gardner, Arthur Schlesinger, Jr., Hans J. Morgenthau, *The Origins of the Cold War*. Waltham, Mass., Toronto 1970, und Richard S. Kirkendall (Hrsg.), *The Truman Period as a Research Field. A Reappraisal 1972*. Columbia, Mo. 1974; zur Forschungsgeschichte insgesamt Wilfried Loth, *Der »Kalte Krieg« in der historischen Forschung*. In: Gottfried Niedhart (Hrsg.), *Der Westen und die Sowjetunion*. Paderborn 1983, S. 155–175.
[2] In seinem berühmten »langen Telegramm« vom 22. 2. 1946 (veröffentlicht in George F. Kennan, *Memoiren eines Diplomaten*. München 2. Aufl. 1971, S. 552–568) und in seinem anonymen (»Mr. X«) Artikel in der Zeitschrift Foreign Affairs 25 (1947), S. 566–582; vgl. John L. Gaddis, *Containment: A Reassessment*. In: Foreign Affairs 55 (1977), S. 873–887.
[3] William H. McNeill, *America, Britain and Russia. Their Cooperation and Conflict 1941–1946*. London 1953; Boris Meissner, *Rußland, die Westmächte und Deutschland*. Hamburg 2. Aufl. 1954; Herbert Feis, *Churchill, Roosevelt,*

Ansicht dieser Autoren waren für die Entstehung des Kalten Krieges die marxistische Ideologie in ihrer sowjetischen Interpretation mit ihrem Anspruch auf Weltrevolution als Ergebnis eines weltweiten Klassenkampfes, die historischen Erfahrungen der Sowjetführung mit einer extrem feindlichen, auf die Beseitigung des Sowjetregimes hinarbeitenden Umwelt in den Jahren 1918–1921 und die Sorge der sowjetischen Parteioligarchie um den Erhalt ihrer Macht in einer Mobilisierungs- und Entwicklungsdiktatur konstitutiv: sie legten die Sowjetführung auf eine prinzipiell feindliche Politik gegenüber den kapitalistischen Staaten fest, die sich zwar zeitweilig vorsichtig-pragmatisch des Mittels friedlicher Zusammenarbeit bediente (Koexistenz-Doktrin), zugleich aber ständig nach Möglichkeiten Ausschau hielt, die nichtkommunistischen Kräfte zu schwächen und den von Moskau dominierten kommunistischen Machtbereich zu vergrößern. Im Zweiten Weltkrieg setzte Stalin zunächst auf eine Selbstzerfleischung der kapitalistischen Staaten; durch den deutschen Angriff an die Seite der Westmächte gezwungen, suchte er über die Teilung der beiderseitigen Interessenssphären in Osteuropa hinaus, die Hitler ihm angeboten hatte, durch die konzertierte Aktion kommunistischer Kader und der Roten Armee alle Länder Ost- und Mitteleuropas, nach Möglichkeit auch das gesamte Deutschland, in »volksdemokratische«, strukturell auf die Sowjetunion als Hegemoniemacht angewiesene Staaten umzuwandeln und weiterhin durch die Förderung sozialer Unruhen in Westeuropa, im Mittelmeerraum und in Asien mit Hilfe von Moskau aus gelenkter kommunistischer Parteien den sowjetischen Einflußbereich langfristig auszudehnen.

Die Führungskräfte der westlichen Welt, repräsentiert durch Präsident Roosevelt und seinen Außenminister Hull, dann ab April 1945 durch Präsident Truman und Außenminister Byrnes, verkannten zunächst den ambivalenten und potentiell expansiven Charakter der sowjetischen Politik. In einer Mischung aus idealistischer Hoffnung auf eine Demokratisierung des Sowjetsystems und resignativer Befürchtung, daß ein längerfristi-

Stalin. The War They Waged and the Peace They Sought. Princeton, N.J. 1957; ders., *The Atomic Bomb and the End of World War II*. Princeton, N.J. 2. Aufl. 1966; ders., *From Trust to Terror. The Onset of the Cold War 1945–1950*. New York 1970. – An Gesamtdarstellungen, die auf diesen Arbeiten basieren, vgl. John Lukacs, *A History of the Cold War*. Garden City 1961 (deutsch: *Geschichte des Kalten Krieges*. Gütersloh 1962) und André Fontaine, *Histoire de la guerre froide*. 2 Bde, Paris 1965–1967.

ges amerikanisches Engagement in Europa sich in den USA innenpolitisch nicht durchsetzen lassen werde, waren sie bereit, Stalins Streben nach sowjetfreundlichen Nachbarstaaten als legitimes sowjetisches Sicherheitsinteresse anzuerkennen, hofften aber gleichzeitig, die Sowjetunion in das System einer liberaldemokratischen »einen Welt« integrieren zu können. Ohne konkretes Konzept für die Nachkriegs-Staatenordnung Europas und der Welt und mit einer verhängnisvollen Neigung, militärische Notwendigkeiten von politischen Folge-Erwägungen strikt zu trennen (die vom britischen Bündnispartner vergeblich bekämpft wurde), suchten sie die Kooperation für Stalin durch großzügiges Entgegenkommen attraktiv zu machen, erleichterten das Vordringen der Roten Armee bis in die Mitte Europas, gewährten der Sowjetführung ein Mitspracherecht über die Zukunft Deutschlands und setzten der Sowjetisierung Osteuropas nicht den nötigen und möglichen Widerstand entgegen. Ende Mai 1945 anerkannten sie die von Moskau oktroyierte, nur um wenige exilpolnische Repräsentanten erweiterte Polnische Provisorische Regierung; auf der Potsdamer Konferenz im August 1945 billigten sie de facto die Westverschiebung Polens und die Ausplünderung der sowjetischen Besatzungszone Deutschlands durch ihre Besatzungsmacht; auf der Moskauer Außenministerkonferenz Ende Dezember 1945 akzeptierten sie die kommunistische Ausrichtung Rumäniens und Bulgariens; schließlich gaben sie mit ihrer Zustimmung zu den Friedensverträgen mit Rumänien, Bulgarien, Ungarn und Finnland Ende 1946 alle noch verbliebenen Einflußmöglichkeiten im osteuropäischen Bereich auf.

Trotz zunehmender Verbitterung über die Undurchdringlichkeit des »Eisernen Vorhangs« und die sowjetische Intransigenz in der UNO blieb die Truman-Administration bei ihrer grundsätzlichen Kooperationsbereitschaft mit der Sowjetunion: sie bot ihr mit dem Baruch-Plan im Juni 1946 eine gemeinsame Kontrolle der Atomwaffenproduktion an, sie suchte die in Potsdam beschlossene Vier-Mächte-Verantwortlichkeit für Gesamtdeutschland zu verwirklichen und erklärte sich im Juli 1946 zum Abschluß eines gemeinsamen Garantiepaktes gegen eine neue deutsche Aggression bereit, und sie lud sie noch im Juni 1947 ein, sich zusammen mit ihren osteuropäischen Bündnispartnern an einem gemeinsamen europäischen Wiederaufbauprogramm mit amerikanischer Unterstützung – dem Marshall-Plan – zu beteiligen.

Erst mit der sowjetischen Weigerung, auf all diese Kooperationsangebote einzugehen, wurde die Spaltung Europas und die Bildung zweier Machtblöcke unvermeidlich. Um einer weiteren Expansion des sowjetischen Machtbereiches vorzubeugen, entschlossen sich die amerikanischen Führungskräfte im Laufe des Jahres 1947, dem drohenden wirtschaftlichen Kollaps der verbliebenen europäischen Staaten durch eine großzügige Wirtschaftshilfe und durch die Förderung der Integration dieser Staaten zu begegnen, zugleich die drei westlichen Besatzungszonen Deutschlands in diesen Wiederaufbauprozeß zu integrieren und damit notgedrungen die vorläufige Teilung Deutschlands zu akzeptieren. Die Sowjetführung reagierte auf die amerikanische Entscheidung, dem Isolationismus definitiv den Rücken zuzukehren, mit einer brutalen Intensivierung des Sowjetisierungsprozesses in ihrer Zone Deutschlands und in Osteuropa, dramatisch zugespitzt in der kommunistischen Machtübernahme in der bislang noch teilweise bürgerlich-demokratisch regierten Tschechoslowakei im Februar 1948, und mit Versuchen, den Konsolidierungsprozeß des Westens zu sabotieren: mit kommunistisch gelenkten Streikbewegungen in Westeuropa ab November 1947, mit der Blockade aller Zufahrtswege nach West-Berlin ab Juni 1948, schließlich mit dem Angebot von Verhandlungen über die Wiedervereinigung eines neutralisierten Deutschlands im März 1952. Die außerhalb des sowjetischen Machtbereichs verbliebenen Europäer sahen sich indessen auf amerikanische Unterstützung und Schutz vor einer sowjetischen Aggression angewiesen; dies führte zur Schaffung der OEEC 1948, zur Gründung der NATO 1949 und, nach dem schockartigen Erlebnis kommunistischer Aggression im Koreakrieg ab Juli 1950, zur Bewaffnung der unterdessen auf dem westdeutschen Territorium entstandenen Bundesrepublik und deren Eintritt in das westliche Verteidigungsbündnis. Die sowjetische Expansion konnte damit zumindest im europäischen Bereich aufgehalten werden; der sowjetische Expansionswille ist jedoch keineswegs erloschen.

Die revisionistische These

Die revisionistische These ist in permanenter Auseinandersetzung mit dieser westlichen Selbstinterpretation entwickelt worden. Zunächst ansatzweise von inneramerikanischen Gegnern der Trumanschen Außenpolitik wie dem ehemaligen Vizepräsidenten Henry A. Wallace[4] und europäischen Gegnern der Westintegration in der »neutralistischen« Bewegung Ende der vierziger Jahre[5], dann, systematisch mit einer Deutung des säkularen Zusammenhangs der amerikanischen Politik verbunden, in zahlreichen Arbeiten des amerikanischen Historikers William A. Williams seit 1959[6], schließlich, die öffentliche Diskussion dominierend, mit den Untersuchungen der vom Protest gegen die amerikanische Kriegführung in Vietnam geprägten »Neuen Linken« Ende der sechziger und zu Beginn der siebziger Jahre – insbesondere von dem Williams-Schüler Gabriel Kolko, daneben und zum Teil in gegenseitiger Kritik von Autoren wie Lloyd C. Gardner, Barton J. Bernstein, David Horowitz, Gar Alperowitz und Thomas G. Paterson[7]. Die Sowjetunion, so lautet die übereinstimmende Kritik dieser Autoren an der traditionellen These, kann nicht für die Entstehung des Kalten Krieges verantwortlich gemacht werden; sie war im Zweiten Weltkrieg nur knapp der militärischen Katastrophe entgangen, hatte einen unendlichen Verlust an Menschen und Ressourcen erlitten und stand bei Kriegsende der ökonomisch prosperierenden, traditionell antisowjetischen und nun über das Atomwaffenmonopol verfügenden Weltmacht USA nahezu hilflos ge-

[4] Vgl. Kapitel 5, Anm. 7.

[5] Vgl. Kapitel 10, Anm. 14.

[6] Grundlegend William A. Williams, *The Tragedy of American Diplomacy*. New York 1959, 3. Aufl. 1972 (deutsch: *Die Tragödie der amerikanischen Diplomatie*. Frankfurt 1973); daneben eine Reihe von Aufsätzen in: ders., *History as a Way of Learning*. New York 1973. – Zwischen zeitgenössischer liberaler Kritik und wissenschaftlichem Revisionismus steht Donna F. Fleming, *The Cold War and its Origins, 1917–1960*. 2 Bde, Garden City 1961.

[7] Gabriel Kolko, *The Politics of War. The World and United States Policy, 1943–1945*. New York 1968; Joyce and Gabriel Kolko, *The Limits of Power. The World and United States Policy, 1945–1954*. New York 1972; Lloyd C. Gardner, *Economic Aspects of New Deal Diplomacy*. Madison 1964; ders., *Architects of Illusion. Men and Ideas in American Foreign Policy 1941–1949*. Chicago 1970; Barton J. Bernstein (Hrsg.), *Politics and Policies of the Truman Administration*. Chicago 1970; ders., *The Atomic Bomb. The Critical Issues*. Boston, Toronto 1976; David Horowitz, *The Free World Colossus. A Critique of American Foreign Policy in the Cold War*. New York 1965 (deutsch: *Kalter Krieg. Hintergründe der US-Außenpolitik von Jalta bis Vietnam*. 2 Bde, Berlin 1969); Gar Alperowitz, *Atomic Diplomacy: Hiroshima and Potsdam. The Use of the Atomic Bomb and the American Confrontation with Soviet Power*. New York 1965; Thomas G. Paterson, *Soviet-American Confrontation. Postwar Reconstruction and the Origins of the Cold War*. Baltimore, London 1973; als knappe Gesamtdarstellung Walter LaFeber, *America, Russia and the Cold War*. New York 3. Aufl. 1976.

genüber. Die sowjetische Politik, seit Stalins Machtübernahme eindeutig eher an der Sicherung des russischen Staates als an der Einlösung des weltrevolutionären Anspruchs interessiert, zielte wohl auf die Schaffung eines Sicherheitsglacis nicht-sowjetfeindlicher Staaten, insbesondere im osteuropäischen Raum, und auf die definitive Sicherung vor einem neuen deutschen Angriff; diese Ziele waren jedoch nicht a priori mit dem Konzept einer außengelenkten Sowjetisierung verbunden; sie legten sogar außerhalb des unmittelbaren sowjetischen Einflußbereichs eine ausgesprochen konservative Haltung nahe (um den potentiellen amerikanischen Gegner nicht unnötig zu provozieren), die die sozialistischen Bewegungen in West- und Südeuropa gleich bei Kriegsende entscheidend hemmte und damit den europäischen Kapitalismus lange vor dem Marshall-Plan vor dem Untergang rettete.

Die Ursachen der Konfrontation sind vielmehr in der Struktur des ökonomisch-politischen Systems der Vereinigten Staaten zu finden. Zur Vermeidung existentieller Krisen war die liberal-kapitalistische Gesellschaft der USA seit ihrer Entstehung auf die permanente Erschließung neuer Handels- und Absatzmärkte und damit indirekt auch auf Ausdehnung ihres politischen Einflußbereiches angewiesen; dies führte nach der Schließung der »offenen Grenze« im amerikanischen Westen zu einer weltweiten Politik der Offenen Tür, zur Forderung nach Gleichbehandlung und gleichen Chancen auf allen Auslandsmärkten, Abbau von Schutzzoll- und Zollpräferenzsystemen, Aufhebung aller Formen von handelspolitischem Autarkismus, Bilateralismus oder Regionalismus, zum Kampf um ungehinderten Zugang zu allen Rohstoffen, um unbeschränkte Investitionsfreiheit und freien Austausch von Produkten und Dienstleistungen – eine Politik, die unter dem Deckmantel formaler Chancengleichheit der stärksten Wirtschaftsmacht, also den USA, weltweite Dominanz sichern sollte. Die »eine Welt« der Kriegszielpropaganda war keine idealistische Utopie, sondern Ausdruck realistischer und entschlossener Kriegszielpolitik der amerikanischen Führungskräfte, die die Notwendigkeiten ihres Gesellschaftssystems begriffen hatten. Ihre Politik zielte auf die »eine Welt« der Pax Americana.

Der Wille zur Wahrung und Erweiterung der amerikanischen Einflußmöglichkeiten in der Weltwirtschaft war entscheidend für den Kriegseintritt gegen Japan und Deutschland, die ja gerade im Begriffe standen, sich in Asien bzw. Europa nahezu autarke Imperien zu schaffen. Der gleiche Wille richtete sich dann aber auch gegen die beiden Hauptverbündeten im Kampf gegen die deutsch-japanische Koalition, zunächst, weil ökonomisch weitaus bedeutsamer, gegen Großbritannien, dann, für die Entstehung des Kalten Krieges entscheidend, gegen die Sowjetunion. Während des gesamten Krieges stand der Kampf um die Auflösung des Sterlingblocks und gegen das 1932 in Ottawa festgeschriebene Zollpräferenzsystem des britischen Empire im Vordergrund der diplomatischen Aktivitäten der USA; in den langwierigen Verhandlungen um das britisch-amerikanische Abkommen zum Pacht- und Leihgesetz, um die Gründung der Weltbank und des Weltwährungsfonds, die schließlich 1944 in Bretton Woods beschlossen wurde, und um die Anleihe, die die amerikanische Regierung Großbritannien im November 1945 gewährte, wurden die Briten gezwungen, ihr handelspolitisches Imperium Stück um Stück dem amerikanischen Einfluß zu öffnen; zugleich nutzten die USA die kriegsbedingte Schwäche Großbritanniens dazu, die britischen Exportmärkte in Lateinamerika zu übernehmen und die britischen Erdölgeschäfte im Nahen Osten mit heftiger Konkurrenz zu bedrängen. Von 1945 an gewann dann die Auseinandersetzung mit der Sowjetunion über die Zukunft Osteuropas an Bedeutung. Obwohl die handelspolitischen Interessen der USA in Osteuropa vergleichsweise gering waren, glaubten die amerikanischen Führungskräfte, auch in diesem Raum nicht auf eine Politik der Offenen Tür verzichten zu können, die die liberal-kapitalistische Ordnung und den amerikanischen Einfluß langfristig sichern sollte.

Die Sowjetführung konnte eine solche Bedrohung ihrer elementaren Sicherheitsinteressen nicht akzeptieren, zumal die Open-door-Politik in Osteuropa – ebenso wie in Deutschland, Italien, Griechenland, China, Korea und Japan – mit der Förderung kapitalistisch-autoritärer und meist militant antisowjetischer Kräfte Hand in Hand ging. Als sie ihr Widerstand entgegensetzte, den sozial-revolutionären Bewegungen im Machtbereich der Roten Armee freien Lauf ließ und die befreiten Gebiete durch Bündnisverträge vor einem ungehinderten Zugriff des amerikanischen Kapitalismus abzuschirmen versuchte, suchte die Truman-Administration mit einer Reihe von Pressionsversuchen die Offene Tür für Osteuropa doch noch zu erzwingen: Sie übte erstens ökonomischen Druck aus, indem sie das sowjetische Kreditgesuch vom Januar 1945 bewußt ver-

schleppte, alle Lieferungen aus dem Pacht- und Leihgesetz sogleich nach Beendigung der Kriegshandlungen in Europa
abrupt stoppte, in Potsdam Reparationen aus der deutschen
Produktion in der für den Wiederaufbau der zerstörten Sowjetunion erforderlichen Größenordnung verweigerte und im Mai
1946 alle Reparationslieferungen aus der amerikanischen Besatzungszone einstellte. Sie suchte zweitens die Sowjetführung
durch den Hinweis auf ihr Atomwaffenmonopol gefügig zu
machen, verschob den Beginn der Potsdamer Konferenz, bis die
ersten Atombomben gegen Japan einsatzbereit waren, suchte
mit dem Baruch-Plan ihr Atomwaffenmonopol auf Jahrzehnte
hinaus zu sichern und die industrielle Entwicklung der Sowjetunion unter ihre Kontrolle zu bekommen. Sie entwickelte drittens mit dem Marshall-Plan im Juni 1947 ein Investitions- und
Liberalisierungsprogramm für Gesamteuropa, das nicht nur die
ökonomische Basis für ein amerikanisches »informal empire«
auch in Osteuropa legen sollte, sondern in seinen politischen
Folgewirkungen gegen die Substanz der sowjetischen Herrschaft selbst im eigenen Land gerichtet war.

Als und soweit sich der Machtbereich der Roten Armee gegen
diese Pressionsversuche als resistent erwies, begnügte sich die
amerikanische Führung notgedrungen mit der Konsolidierung
der Pax Americana in der nichtkommunistischen Welt; die Teilung Deutschlands und Europas wurde dabei bewußt in Kauf
genommen und seit Anfang 1946 systematisch betrieben. Widerstände noch verbliebener Isolationisten im amerikanischen
Kongreß und verbliebener nationalkapitalistischer und sozialistischer Kräfte im westlichen Europa wurden durch die Schaffung und Propagierung der Mythologie vom weltweiten Expansionswillen der Sowjetunion gebrochen: mit der Truman-Doktrin 1947 wurde der Marshall-Plan politisch durchgesetzt, während der Berliner Blockade 1948/49 gelang die Schaffung des
NATO-Bündnisses, im Koreakrieg ab 1950 konnte auch das
innenpolitische Kräfteparallelogramm in den USA und den verbündeten Ländern nachhaltig nach rechts verschoben werden.
Erst in Reaktion auf die amerikanischen Pressionsversuche und
die westliche Blockbildung begann die Sowjetführung, die
»volksdemokratische« Umwandlung ihres Einflußbereichs in
einheitliche Bahnen zu zwängen und die Dominanz der sowjetischen Führungsmacht in diesem Bereich mit polizeistaatlichen
Methoden zu sichern. Sie hat damit gewiß zur Vertiefung des
Ost-West-Gegensatzes beigetragen, freilich nur notgedrungen

und in der Hoffnung, doch noch Möglichkeiten für einen Ausgleich mit den Westmächten zu finden.

Das Ziel dieses Buches

Die Gegensätze in der Interpretation des Kalten Krieges sind also beträchtlich. Sie werden noch dadurch vergrößert, daß revisionistische Autoren der traditionellen Historiographie mangelnde theoretische Fundierung vorwerfen, traditionelle Autoren den Revisionisten mangelnde wissenschaftliche Solidität[8], und daß in beiden Lagern eine erhebliche Unsicherheit darüber besteht, ob der Kalte Krieg eine nahezu zwangsläufige Folge des Aufeinandertreffens zweier diametral entgegengesetzter Gesellschaftssysteme gewesen ist oder aus einem vermeidbaren Eskalationsmechanismus wechselseitiger Fehleinschätzungen und Kurzschlußreaktionen hervorgegangen ist[9]. Dennoch ist die Situation nicht völlig hoffnungslos. Von der Grundlage des »traditionellen« Szenarios ausgehend haben »realistische« Autoren wie Marshall D. Shulman, Hans J. Morgenthau, Arthur M. Schlesinger, Adam B. Ulam, Roger Morgan, in geringerem Grade auch Louis J. Halle, eine Reihe von Diskrepanzen zwischen der vorherrschenden westlichen Selbstinterpretation und den Machtrealitäten des Konfliktes herausgearbeitet[10]. Die Autoren der »Neuen Linken« haben ihre Hauptuntersuchungen zu einer Zeit begonnen, in der die amerikanischen Archive nach und nach zur Benutzung freigegeben worden sind; dies hat unabhängig von der Frage nach der Tragfähigkeit mancher globa-

---

[8] Zum letzteren Vorwurf insbesondere Robert J. Maddox, *The New Left and the Origins of the Cold War.* Princeton, N. J. 1973; dagegen Warren F. Kimball, *The Cold War Warmed Over.* In: American Historical Review 79 (1974), S. 1119–1136.

[9] Einen Überblick über die wichtigsten Differenzen gibt Michael Leigh, *Is There a Revisionist Thesis on the Origins of the Cold War?* In: Political Science Quarterly 89 (1974), S. 101–116.

[10] Marshall D. Shulmann, *Stalin's Foreign Policy Reappraised.* Cambridge, Mass. 1963; Morgenthau und Schlesinger, *Origins of the Cold War;* vgl. auch A. Schlesinger, Jr. (Hrsg.), *The Dynamics of World Power. A Documentary History of the United States Foreign Policy 1945–1973.* 5 Bde, New York 1973; Adam B. Ulam, *Expansion and Coexistence. The History of Soviet Foreign Policy 1917–1967.* London 1968, 2. Aufl. 1974; ders., *The Rivals. America and Russia Since World War II.* New York 1971, 2. Aufl. London 1973; Roger Morgan, *The Unsettled Peace. A Study of the Cold War in Europe.* London 1974; Louis J. Halle, *The Cold War as History.* New York 1967 (deutsch: *Der Kalte Krieg. Ursachen, Verlauf, Abschluß.* Frankfurt 1969).

ler Erklärungsansätze eine Fülle bisher unbekannter Fakten zutage gefördert. Darauf aufbauend haben eine Reihe »postrevisionistischer« Autoren wie John L. Gaddis, George C. Herring, Martin J. Sherwin, Geir Lundestad und vor allem Daniel Yergin die amerikanische Außenpolitik der Kriegs- und Nachkriegsära einer nicht mehr von einseitiger Parteinahme gekennzeichneten empirisch gesättigten Analyse unterzogen[11]. Ebenso ist es durch die langsam beginnende Öffnung der europäischen Archive möglich geworden, manche Vorgänge im europäischen Raum ohne jene einseitige mythologische Befangenheit zu erfassen, die öffentlichen Äußerungen und Erinnerungen der Zeitgenossen in der Regel zu eigen ist. Mit anderen Worten: Es gibt Fortschritte in der historischen Erkenntnis, die erst in der Zeit der Entspannungspolitik möglich geworden sind; diese »postrevisionistischen« Erkenntnisse zu vervollständigen, ist selbst ein notwendiger Beitrag zur Fortsetzung der Entspannungsbemühungen.

Vor diesem Hintergrund läßt sich das Ziel der vorliegenden Studie erklären: Sie erhebt nicht den Anspruch, den beiden antagonistischen Interpretationsmustern zur Deutung des Kalten Krieges eine neue These von gleicher Stringenz entgegenzusetzen. Ein solches Unternehmen, so wünschenswert es ist, würde nicht nur umfangreicher zusätzlicher Quellenstudien bedürfen, sondern auch besserer Kenntnisse der Vermittlungszusammenhänge von Bewußtsein und Abläufen, von Ökonomie und Politik, von Einzelinteressen und Kausalketten, als wir sie gegenwärtig besitzen – Anstrengungen, die vermutlich nur kollektiv zu leisten sein werden. Was beim gegenwärtigen Stand der Forschung geleistet werden kann und hier versucht werden soll, ist *erstens* eine Zwischenbilanz der bisherigen kontroversen Diskussion, die die angebotenen Thesen auf ihre Tragfähigkeit und ihre Erklärungskraft hin überprüft, *zweitens* eine erste Skizze von Zusammenhängen, die infolge der Polarisierung der Diskussion bisher nicht beachtet wurden oder aufgrund mangeln-

---

[11] John L. Gaddis, *The United States and the Origins of the Cold War 1941–1947*. New York 1972, 2. Aufl. 1976; George C. Herring, *Aid to Russia 1941–1946: Strategy, Diplomacy, the Origins of the Cold War*. New York 1973; Martin J. Sherwin, *A World Destroyed. The Atomic Bomb and the Grand Alliance*. New York 1975; Geir Lundestad, *The American Non-Policy towards Eastern Europe 1943–1947*. Tromsö, New York 1975, 2. Aufl. 1978; Daniel Yergin, *Shattered Peace. The Origins of the Cold War and the National Security State*. Boston 1977, (deutsch: *Der zerbrochene Frieden. Der Ursprung des Kalten Krieges und die Teilung Europas*. Frankfurt 1979).

der Quellenerschließung nicht beachtet werden konnten, und *drittens* der Versuch, die bis jetzt erkennbaren Faktoren des Phänomens »Kalter Krieg« untereinander zu gewichten.

Methodisch ist dieser Versuch nicht a priori auf *einen* bestimmten theoretischen Erklärungsansatz festgelegt; er verwendet auch nicht ein einziges Deutungsangebot als heuristisches Prinzip; vielmehr versucht er, die Entscheidungsstrukturen des Kalten Krieges in wechselseitiger Überprüfung der erkennbaren historischen Daten und der verschiedenen politökonomischen, geistesgeschichtlichen, macht- und verhaltenstheoretischen Deutungsangebote zu rekonstruieren. Ein solches Verfahren hat gewiß den Nachteil mangelnder theoretischer Geschlossenheit, andererseits läuft es weniger Gefahr, wesentliche Erklärungszusammenhänge einfach auszublenden. Für einen Gegenstand wie den Kalten Krieg empfiehlt es sich um so mehr, als, wie zu zeigen sein wird, keiner der bislang entwickelten Erklärungsansätze geeignet ist, die konstituierenden Elemente dieses Konflikts und seiner Entwicklung hinreichend zu erfassen, und (was damit eng zusammenhängt) noch nicht einmal auch nur annäherungsweise geklärt ist, was den Grundcharakter dieses Konfliktes ausmacht[12]. Am Ende des Verfahrens (und keineswegs an seinem Beginn) wird daher der Versuch stehen, den Kalten Krieg als historisches Phänomen zu definieren, und von diesem Ergebnis her werden sich auch Auswahl und Anordnung der Fakten zu rechtfertigen haben. Auch wenn das Ergebnis angesichts des Ungenügens unserer theoretischen und empirischen Kenntnisse nur ein vorläufiges und unabgeschlossenes sein kann, wäre immerhin zu hoffen, daß es auf diese Weise möglich wird, die Richtung für künftige Erkenntnisfortschritte anzugeben.

In Anbetracht der Nähe des Themas zu unserer gegenwärtigen politischen Existenz ist es vielleicht nicht überflüssig zu betonen, daß nicht moralisches Verurteilen aus der bequemen

---

[12] Der Versuch einer umfassenden Gesamtdeutung, den Ernst Nolte vorgelegt hat (*Deutschland und der Kalte Krieg*. München 1974), liefert historisch fundierte Beiträge zur Kategorisierung der ideologischen Dimension des Kalten Krieges, unterläßt es aber, das Verhältnis von ideologischem Anspruch und realen Vorgängen im einzelnen präzise zu reflektieren; er bleibt damit an vielen Stellen in einer Wiedergabe des »traditionellen« Selbstverständnisses befangen und läßt den Konflikt und die Art seines Ablaufs insgesamt als geschichtsnotwendig erscheinen. – Vgl. als Diskussion des Nolteschen Entwurfs Wilfried Loth, *Der »Kalte Krieg« in deutscher Sicht*. In: Deutschland-Archiv 9 (1976), S. 204–213.

Position des besser informierten Nachfahren das Anliegen dieses Buches ist, sondern ein besseres Begreifen der Zusammenhänge, aus denen unsere Gegenwart hervorgegangen ist. Freilich, dies gesteht der Autor gerne zu, ist auch ein solches Unterfangen nicht frei von politischen Implikationen: Der Versuch, die politisch eingefärbten Interpretationsmuster »traditioneller« wie »revisionistischer« Herkunft zu überwinden, schließt die Bereitschaft ein, auch die eigene politische Position in Frage stellen zu lassen, soweit sie durch unsere Herkunft aus der Ära des Kalten Krieges mitgeprägt worden ist.

1. Kapitel
Pax Americana: Die Grenzen der »Einen Welt«

Während der gemeinsamen Kriegskoalition gegen das national-sozialistische Imperium wurde in den Entscheidungszentren der beiden künftigen Weltmächte intensiv über die Gestaltung einer Friedensordnung und die Entwicklung ihrer beiderseitigen Beziehungen diskutiert; beide Mächte gingen mit Prognosen, Programmen und Strategien wohlgerüstet aus dem Kriege hervor – wohlgerüstet, die Krisen zu meistern, die sie erlebt hatten: die Existenzkrise des jungen Sowjetstaates, die Weltwirtschaftskrise, die Bedrohung durch den Nationalsozialismus. Sie waren indessen keineswegs genügend darauf vorbereitet, auf die neuen Probleme eine Antwort zu finden, die durch den gemeinsamen Sieg über Hitlerdeutschland und seine Verbündeten entstanden waren: auf das Problem des Aufeinandertreffens unterschiedlicher, in vielem gegensätzlicher Gesellschaftssysteme, auf das Problem, die eigene Bevölkerung an den nunmehr unvermeidlich engen Kontakt mit dem fremden Verbündeten zu gewöhnen, ohne das eigene System zu gefährden, auf das Problem des Machtvakuums im zerstörten Europa. Daß die Nachkriegsplanungen beider Weltmächte sich eher an vergangenen als an akuten Problemen orientierten (was im Rückblick natürlich viel leichter zu erkennen ist, als es für die Zeitgenossen zu erkennen war), hat den entscheidenden ersten Anstoß geliefert, daß die Kooperation von USA und UdSSR nicht gelang, obwohl – wie zu zeigen sein wird – die Führungsgruppen beider Mächte an ihrer Fortsetzung über das Ende der Kriegskoalition hinaus interessiert waren.

Aus den Fehlern der Vergangenheit zu lernen – dieser Imperativ beherrschte zunächst einmal die amerikanische Kriegszieldiskussion, so unterschiedlich die damit vertretenen Positionen auch oft im einzelnen waren. Nie wieder, so lauteten die grundlegenden Forderungen, sollte es dem vordemokratischen, militaristischen Deutschland möglich sein, den Weltfrieden zu bedrohen; nie wieder sollte sich das Spiel hemmungsloser Machtpolitik souveräner Nationalstaaten wiederholen können; nie wieder sollte der Wirrwarr sich vielfach überlagernder nationaler Zollbarrieren die Entfaltung allgemeinen Wohlstands behindern; nie wieder sollten die Vereinigten Staaten krisenhaften

Entwicklungen tatenlos zusehen, bis sie unvermittelt vor einer Bedrohung der eigenen Sicherheit standen. War es möglich, solchen Forderungen gerecht zu werden, die einen radikalen Bruch mit der Vergangenheit implizierten?

Das Deutschlandproblem

Was die Zukunft des besiegten Deutschlands betraf, so schien die Frage leicht mit einem Ja beantwortbar zu sein. Nach Ansicht der amerikanischen Planer waren der Aufstieg Hitlers und die Durchsetzung seiner Eroberungspläne im wesentlichen zwei Faktoren zu verdanken: einmal dem offenkundigen Widerspruch zwischen den Versprechungen der »14 Punkte« Präsident Wilsons und der für Deutschland bitteren Realität des Versailler Vertrages, zum anderen der von den inneren Feinden der Weimarer Republik betriebenen Legende vom »im Felde unbesiegten« deutschen Heer des Ersten Weltkrieges, das nur durch den Verrat der »Novemberverbrecher« zur Kapitulation gezwungen worden sei. Diesmal, so empfahl das 1942 gegründete Advisory Committee on Postwar Foreign Policy des State Department, sollte es weder Zweifel an der deutschen Niederlage noch deutsche Hoffnungen auf Rückkehr zum Vorkriegs-Status quo geben; Deutschland – und ebenso Japan – waren zu bekämpfen bis zur bedingungslosen Kapitulation. Präsident Roosevelt diskutierte die Forderung mit seinen Oberbefehlshabern sowie mit Churchill, und schließlich machte er sie sich zu eigen: Die Welt werde Frieden nur haben können, verkündete er im Januar 1943 am Rande der Konferenz von Casablanca der Öffentlichkeit, »nach vollständiger Vernichtung der deutschen und der japanischen Kriegsmacht«[1].

Die gleiche Radikalität sollte nach Ansicht vieler Amerikaner auch für die zukünftige Behandlung Deutschlands gelten. Um eine Wiederholung des deutschen Expansionsstrebens zu verhindern, so wurde insbesondere Finanzminister Henry Mor-

---

[1] *Foreign Relations of the United States.* Diplomatic Papers [künftig zitiert als FRUS], Casablanca, S. 727; vgl. Robert E. Sherwood, *Roosevelt und Hopkins.* Hamburg 1950, S. 569–571; Günter Moltmann, *Die Genesis der Unconditional-Surrender-Forderung.* In: Andreas Hillgruber (Hrsg.), *Probleme des Zweiten Weltkrieges.* Köln 1967, S. 171–198; Raymond G. O'Connor, *Diplomacy for Victory: FDR and Unconditional Surrender.* New York 1971; Maxime Mourin, *Reddition sans conditions.* Paris 1973.

genthau nicht müde zu betonen, genüge es nicht, die deutsche Kriegsmaschine zu zerstören; vielmehr müsse die gesamte industrielle Kapazität vernichtet werden, das Deutsche Reich in Einzelländer aufgelöst werden, und diese wieder den Charakter vorwiegend landwirtschaftlich geprägter Regionen erhalten: insbesondere sollten die amerikanischen Besatzungstruppen nicht die Verantwortung für die deutsche Wirtschaft in die Hand nehmen, sondern die Deutschen durch ein »geplantes Chaos« die materiellen Konsequenzen der Niederlage deutlich spüren lassen[2]. Auch hier stimmte Roosevelt, durch negative Jugenderfahrungen im wilhelminischen Deutschland persönlich nachhaltig geprägt, weitgehend zu. »Wir müssen hart mit Deutschland umgehen«, bestätigte er Morgenthau im August 1944, als dessen grundlegendes Memorandum (der »Morgenthau-Plan«) in der amerikanischen Administration zu zirkulieren begann, »und ich meine das deutsche Volk, nicht nur die Nazis. Wir müssen das deutsche Volk entweder kastrieren, oder man muß es so behandeln, daß sie nicht nochmal Leute hervorbringen, die auf dem gleichen Wege wie bisher weitermachen wollen.«[3]

Der Wille, das deutsche Übel an der Wurzel zu packen, trieb die USA in ein enges Bündnis mit dem sowjetischen Koalitionspartner; er half, Stalins Furcht vor einer Umkehrung der Bündnisverhältnisse – vor einer Koalition der kapitalistischen Mächte gegen die Sowjetunion – einzuschränken; und er schien das beste Fundament für die Fortdauer des Bündnisses über das Kriegsende hinaus zu sein. Indessen: Aus der Tradition der amerikanischen Geschichte heraus war zu fragen, und wurde auch alsbald gefragt, ob dieser Wille den langfristigen Interessen der amerikanischen Gesellschaft standhalten würde oder nur vordergründig emotional bestimmter Ausdruck der Verbitterung über die durch den Nationalsozialismus hervorgerufenen Kriegsleiden war. War die Zerstörung Deutschlands vereinbar mit den Werten der abendländischen Zivilisation, als deren Hüter gegen ihre Perversion in Europa sich die amerikanische Ge-

[2] Ernest F. Penrose, *Economic Planning for Peace*. Princeton 1953, S. 245 f.; John Morton Blum, *From the Morgenthau Diaries: Years of War 1941–1945*. Boston 1967, S. 338; vgl. hierzu und zum folgenden John L. Snell, *Wartime Origins of the East-West Dilemma over Germany*. New Orleans 1959, Kap. 1; Warren F. Kimball (Hrsg.), *Swords or Ploughshares? The Morgenthau Plan for Defeated Nazi Germany, 1943–1946*. Philadelphia 1976.

[3] Blum, *Morgenthau Diaries*, S. 342.

sellschaft empfand? War sie vereinbar mit dem Interesse an einem prosperierenden Handelspartner und Exportmarkt Europa? War sie vereinbar mit dem Bemühen, den unvermeidlichen Machtzuwachs der Sowjetunion in Grenzen zu halten? Das gleiche Advisory Committee des State Department, das die »unconditional-surrender«-Strategie entwickelt hatte, legte im September 1943 einen Deutschlandplan vor, der die Förderung demokratischer Institutionen in Deutschland als beste Garantie für den künftigen Frieden bezeichnete, erreichbar durch eine Friedensregelung, die mit einem »Minimum an Bitterkeit« für die Deutschen auskommt, durch Beschränkung der alliierten Besatzung auf reine Sicherheits-Kontrollfunktionen, durch Wiederaufbau der Wirtschaft, bis ein »erträglicher Lebensstandard« für die deutsche Bevölkerung erreicht sei, und, so war von den Autoren des Plans außerdem zu hören, natürlich durch Vermeidung revanchefördernder Experimente mit Teilungsplänen und unerträglicher Reparationslasten[4]. Im State Department setzten sich diese Ansichten rasch durch; sie gewannen darüberhinaus so weite Verbreitung, daß sich Roosevelt fünf Wochen nach der Ermunterung Morgenthaus gezwungen sah, den Plan seines Finanzministers zu dementieren. »Niemand«, versicherte er dem aufgeregten Chef des State Department, Cordell Hull, »beabsichtigt, Deutschland wieder zu einer vollkommen agrarischen Nation zu machen.«[5]

Damit bahnte sich das Dilemma der amerikanischen Nachkriegs-Deutschlandpolitik an: Auf der einen Seite war eine dauerhafte Friedensregelung für Deutschland nur in Kooperation mit der Sowjetunion zu erreichen, einer Kooperation, die nur auf dem gemeinsamen Willen zur Eliminierung der Kräfte beruhen konnte, die den Nationalsozialismus hervorgebracht hatten; auf der anderen Seite legten Selbstverständnis, ökonomische und machtpolitische Interessen der USA einen Frieden der Integration in die künftige Staatengemeinschaft nahe. Doppelt unentschlossen, welchem der beiden in der eigenen Administration diskutierten Deutschlandkonzepte der Vorzug zu geben sei, und ob die Verständigung mit der Sowjetunion oder die eigenen Interessen in Deutschland Priorität haben sollten, ent-

[4] Text des Memorandums vom 23. 9. 1943 in: Harley Notter, *Postwar Foreign Policy Preparation 1939–1945*. Washington 1949, S. 559; weitere Zeugnisse bei John L. Gaddis, *The United States and the Origins of the Cold War 1941–1947*. New York 2. Aufl. 1976, S. 97–99.

[5] Roosevelt an Hull 29. 9. 1944, FRUS Yalta, S. 155.

schied sich Roosevelt für eine »policy of postponement«: für die Vertagung aller Deutschland betreffenden politischen Probleme bis zur endgültigen Friedensregelung[6]. De facto führte der Verzicht auf eine aktive Deutschlandpolitik dazu, daß sich schließlich die langfristigen amerikanischen Interessen durchsetzen konnten; bis es soweit war, trug indessen allein schon die sowjetische Unsicherheit über den deutschlandpolitischen Kurs der USA viel dazu bei, die Kriegsallianz zu erschüttern.

Vom Isolationismus zum Universalismus

Ebenso allgemein wie der Wille zur definitiven Ausmerzung des deutschen Expansionismus war im öffentlichen Bewußtsein der Vereinigten Staaten die Abkehr vom Isolationismus. Der japanische Überfall auf Pearl Harbor und die deutsche Kriegserklärung hatten einer lange schwankenden Öffentlichkeit deutlich gemacht, daß es eine Illusion war, länger zu glauben, die USA könnten im Schutz der beiden Ozeane vor auswärtiger Bedrohung sicher sein, daß die USA vielmehr potentiell von einer militärischen Einkreisung bedroht waren – nämlich, wie Nicholas J. Spykman 1942 in einem vielbeachteten Buch schrieb, immer dann, wenn die transatlantische und die transpazifische Region in der Hand einer Macht bzw. einer Mächtegruppe vereint waren[7]. Hinzu kam mehr und mehr die schuldbewußte Überzeugung, daß das amerikanische Disengagement nach dem Ersten Weltkrieg (auch wenn es nur vordergründig politisch, nie ökonomisch und damit doch sehr partiell gewesen war[8]) entscheidenden Anteil am Mißlingen des ersten Versuches einer Weltfriedensordnung gehabt hatte. Schon im Sommer 1942 er-

[6] Grundsätzlich zur »Policy of postponement« Hans-Peter Schwarz, *Vom Reich zur Bundesrepublik. Deutschland im Widerstreit der außenpolitischen Konzeptionen in den Jahren der Besatzungsherrschaft 1945–1949*. Neuwied, Berlin 1966, S. 105–119.

[7] Also im Falle der deutsch-japanischen Koalition, aber auch bei übermäßiger Machtausdehnung der eurasischen Sowjetunion. Nicholas J. Spykman, *America's Strategy in World Politics. The United States and the Balance of Power*. New York 1942.

[8] Vgl. u. a. Werner Link, *Die amerikanische Stabilisierungspolitik in Deutschland, 1921–1932*. Düsseldorf 1970; Hans-Jürgen Schröder, *Deutschland und die Vereinigten Staaten 1933–1939. Wirtschaft und Politik in der Entwicklung des deutsch-amerikanischen Gegensatzes*. Wiesbaden 1970; Detlef Junker, *Der unteilbare Weltmarkt. Das ökonomische Interesse in der Außenpolitik der USA 1933–1941*. Stuttgart 1975.

mittelte das Gallup-Institut »einen tiefgreifenden Standpunktwechsel bezüglich der internationalen Politik«, und im Mai 1943 befürworteten 74 Prozent der befragten Amerikaner eine Beteiligung der Vereinigten Staaten an einer künftigen internationalen Polizeimacht, die den Frieden sichern sollte. Außenpolitik war nicht länger Gegenstand parteipolitischer Kontroversen, sondern wurde mehr und mehr von Kongreß und Exekutive, von regierenden Demokraten und opponierenden Republikanern gemeinsam getragen. Vor dem Kriege mehrheitlich isolationistisch gesonnen, bekannte sich die Republikanische Partei unter dem Einfluß von John Foster Dulles spätestens ab 1943 zum weltweiten amerikanischen Engagement; Arthur Vandenberg, führender außenpolitischer Sprecher der republikanischen Senatsfraktion, demonstrierte 1944/45 diesen seinen Parteiwechsel und den seiner Partei mit aller Deutlichkeit[9].

Auch die Abkehr vom Isolationismus bedeutete einen Bruch mit der amerikanischen Tradition, den durchzuhalten schwerfallen mußte. Während des ganzen Krieges blieb Roosevelt von der Sorge erfüllt, das amerikanische Volk könne in isolationistische Verhaltensweisen zurückfallen, werde zumindest nicht bereit sein, den notwendigen Preis für den neuen Universalismus zu zahlen. Die wachsende »Bring-the-boys-home«-Bewegung gegen Ende des Krieges, die Roosevelt auf der Konferenz von Jalta zu der resignierten Äußerung trieb, die Stationierung amerikanischer Truppen auf dem europäischen Kontinent werde allenfalls noch zwei Jahre nach Kriegsende aufrechtzuerhalten sein, bestätigte die Berechtigung dieser Befürchtungen[10]. Als Gegenmittel gegen isolationistische Tendenzen glaubte Roosevelt die alten Jeffersonschen und Wilsonschen Ideale als Kriegsziele aktivieren zu müssen; er stärkte damit eine ohnehin einsetzende massive neo-wilsonianische Bewegung. Wie der Isolationismus der Zwischenkriegszeit nicht zuletzt auch Ausdruck der Enttäuschung über den machtstaatlichen, weder am Prinzip des Selbstbestimmungsrechts noch am Gleichheitspostulat orientierten internationalen Systems gewesen war, wurde nun mit

[9] Vgl. mit eindrucksvollen Belegen Daniel Yergin, *Shattered Peace*. Boston 1977, S. 46f.

[10] FRUS Yalta, S. 627. – Daß es dem amerikanischen Kriegsministerium trotz zahlreicher Versuche nicht gelang, schon während des Krieges Voraussetzungen für die Fortführung der allgemeinen Wehrpflicht zu schaffen (wobei das Motiv, auch gegenüber der Sowjetunion verteidigungsbereit zu sein, überhaupt erst ab 1944 in die Diskussion kam), zeigt Michael S. Sherry, *Preparing for the Next War. American Plans for Postwar Defense, 1941–45*. New Haven, London 1977.

der Rückkehr zum Universalismus erneut die Ordnung der Welt im Sinne der Wilsonschen Ideale postuliert. Die »Vier Freiheiten«, die Roosevelt am 6. Januar 1941 vor dem Kongreß als Kriegsziele proklamierte, umschrieben die traditionellen amerikanischen Wertvorstellungen über das Zusammenleben von Menschen und Nationen: die Freiheit der Rede und der Meinungsäußerung, die Freiheit der Religion, die Freiheit von Furcht und die Freiheit von Not, die beiden letzteren sowohl als individuelle Rechte als auch als Rechte von Völkern verstanden, die letztere definiert als »Verständigung über Wirtschaftsfragen, die jeder Nation ein Leben in Gesundheit und Frieden für seine Bewohner garantiert«. Ähnlich, wenngleich mit stärkerer Betonung der kollektiven Rechte, proklamierten Roosevelt und Churchill in der am 14. August 1941 unterzeichneten Atlantik-Charta das Recht aller Nationen auf Selbstbestimmung, das Recht auf gleichen Zugang zum Handel und zu den Rohstoffen der Welt, forderten sie die »vollste Zusammenarbeit« aller Nationen im Wirtschaftsleben und verzichteten sie auf »jede Vergrößerung«, sei es des Territoriums oder sonstiger Machtfaktoren[11].

Traditioneller missionarischer Eifer und Einsicht in die neuartige Verletzlichkeit der amerikanischen Sicherheit verbanden sich im Bewußtsein der amerikanischen Nachkriegsplaner zu einer Option für weltweite Anwendung dieser Prinzipien und weltweites politisches Engagement der USA. »In dem jetzigen Krieg«, schrieb Roosevelt im Oktober 1944 an Stalin, »gibt es buchstäblich kein einziges Problem, sei es militärischer oder politischer Natur, an dem die Vereinigten Staaten nicht interessiert sind«, und als Churchill im gleichen Monat nach Moskau reiste, um sich mit Stalin in strittigen Fragen zu arrangieren, ließ ihn Roosevelt wissen, sein Botschafter in Moskau werde an den Gesprächen teilnehmen[12]. Einflußsphären, die amerikanischem Zugang verschlossen blieben, sollte es nicht mehr geben, ebensowenig eine Separierung der Welt zu voneinander getrennten Machtblöcken oder eine Geheimdiplomatie, die vor der Welt – und insbesondere der amerikanischen Öffentlichkeit – verborgen blieb. Seinen konsequentesten Ausdruck fand dieses universalistische Denken in einer neuen Bewegung für die Schaffung

[11] Text der Atlantik-Charta in FRUS 1941, I, S. 368 f.
[12] Tatsächlich war Botschafter Harriman dann aber nur an Teilen der Gespräche beteiligt. – Roosevelt an Stalin 4. 10. 1944, FRUS Yalta, S. 6; Winston Churchill, *Triumph and Tragedy*. Boston 1953, S. 219.

einer Weltfriedensorganisation, einer Weltorganisation, die anders als der Völkerbund diesmal wirklich global, mit wirklichen Vollmachten ausgestattet sein sollte und mit der gleichberechtigten Mitwirkung aller Nationen das Selbstbestimmungsrecht aller Nationen garantieren konnte. Getragen wurde diese Bewegung insbesondere von dem links-progressistischen Flügel der Demokratischen Partei; sein Repräsentant, Roosevelts langjähriger Außenminister Cordell Hull, begriff die Errichtung der Weltfriedensorganisation als Ziel seiner Lebensarbeit und ließ das State Department seit 1941 Pläne auf Pläne für eine solche Organisation ausarbeiten[13]. Freilich war auch hier zu fragen, wieweit die Vision einer »Einen Welt« in Freiheit und Gleichheit den Realitäten standhalten konnte. Konnten die USA bereit sein, sich selbst dem Urteil einer Weltorganisation auszuliefern und ihren bislang exklusiven eigenen Einflußbereich (insbesondere in Lateinamerika) weltweitem Zugang zu öffnen? Würden die übrigen Nationen, würde insbesondere der sowjetische Bündnispartner bereit sein, der Weltorganisation ein solches Maß an Vertrauen zu schenken, daß sie auf die herkömmlichen Mittel nationalstaatlicher Machtpolitik verzichten konnten? Würden die USA über die nötigen Mittel verfügen, das Selbstbestimmungsrecht auch gegen Widerstände weltweit durchzusetzen? Roosevelt selbst war einer der ersten, die die Unhaltbarkeit des »amerikanischen Traums« erkannten. Früher ein überzeugter Anhänger des Völkerbund-Gedankens, hatte er seit 1935 eine Aversion gegen das Prinzip des Friedens durch Weltorganisation entwickelt. Tatsächlicher Friede, so ließ er im Frühjahr 1943 den Journalisten Forest Davis sein »Grand Design« beschreiben, müsse vielmehr auf dem »Faktor der Macht« basieren. »Hoffnungen auf eine bessere Welt« seien zwar legitim, entscheidend seien aber »die kalten, realistischen Techniken und Mittel, die notwendig sind, um diese Hoffnungen in die Realität umzusetzen«; der Friede hänge also von der Macht der Siegermächte und von ihrer Verständigung über den Einsatz dieser Macht ab[14]. Die »bessere Welt« mit traditionellen Mitteln

[13] Vgl. die Überblicke über die verschiedenen Phasen der UNO-Planung bis 1944 bei Gaddis, *United States and the Origins*, S. 24–29, und Walter Lipgens, *Die Anfänge der europäischen Einigungspolitik 1945–1950*. Bd. 1: *1945–1947*. Stuttgart 1977, S. 64f., 73–75.

[14] Forrest Davis, *Roosevelt's World Blueprint*. Saturday Evening Post 10. 4. 1943, zit. bei William C. Bullit, *The Great Globe Itself*. New York 1946, S. 16 bis 20. – Roosevelts »Idealismus« ist in seiner Tragweite in der Literatur lange Zeit überschätzt worden; vgl. u. a. William H. McNeill, *America, Britain and Russia*.

wie Einflußsphärenpolitik, Agreements der Mächtigen, politischem und wirtschaftlichem Druck zu schaffen, das implizierte de facto die Beibehaltung des traditionellen, an machtstaatlichen Kategorien orientierten Staatensystems, nunmehr zugeschnitten auf ein Kondominium der beiden neuen Weltmächte. Der Weltfriede, so konkretisierte er bald nach dem japanischen Angriff auf Pearl Harbor seine Prinzipien, werde darauf beruhen, daß es künftig »auf der Welt vier Polizisten gibt – die Vereinigten Staaten, Großbritannien, Rußland und China –, die dafür verantwortlich sind, den Frieden zu bewahren. Der Rest der Welt werde abrüsten (...) Rußland werde mit der Erhaltung des Friedens in der westlichen Hemisphäre beauftragt werden, die Vereinigten Staaten und China im Nahen Osten.« Zwei der Weltpolizisten, die USA und Großbritannien, würden zudem über das Atomwaffenmonopol verfügen und damit die Kooperation der übrigen Großmächte zur Not auch erzwingen können[15].

Es war also kein Wunder, daß Roosevelt seinen Außenminister Hull mitsamt seinen »in der Stratosphäre« angesiedelten Plänen so gut es ging beiseiteschob und die politische Kriegsdiplomatie weithin ohne das State Department betrieb[16]. Zwar mußte er – schon um den Rückfall des amerikanischen Volkes in den Isolationismus zu vermeiden – der Bewegung für eine neue Weltorganisation Rechnung tragen, doch tat er dies in einer Form, die die Substanz des Vier-Polizisten-Konzeptes bewahrte. Nachdem er zuvor eine Reihe von Entwürfen des State Department verworfen hatte, billigte er im Juni 1944 schließlich einen Weltorganisations-Plan, der formal das Prinzip des Wilson-Friedens (Generalversammlung aller Nationen mit Ausnahme der ehemaligen Feindstaaten) mit dem Prinzip der »Vier

London 1953, S. 761–763; Louis J. Halle, *Der Kalte Krieg*. Frankfurt 1969, S. 46 bis 53; Schwarz, *Vom Reich zur Bundesrepublik*, S. 41–46. Tatsächlich besaß das Denken in machtstaatlichen Kategorien bei ihm eindeutige Priorität; vgl. Yergin, *Shattered Peace*, S. 43–46 und Robert Dallek, *Franklin D. Roosevelt and American Foreign Policy, 1932–1945*. New York, London 1979.

[15] Formulierung vom 13. 11. 1942, Text bei Walter Lipgens (Hrsg.), *Europa-Föderationspläne der Widerstandsbewegungen 1940–1945*. München 1968, Nr. 159; vgl. Robert A. Divine, *Roosevelt and World War II*. Baltimore 1969, S. 57–59; Willard Range, *Franklin D. Roosevelt's World Order*. Athens, Ga. 1959, S. 43–46 und Louis Fischer, *The Road to Yalta. Soviet Foreign Relations 1941–1945*. New York 1972, S. 103–105, zur Rolle der Atomwaffe in Roosevelts Kalkül: Martin J. Sherwin, *A World Destroyed. The Atomic Bomb and the Grand Alliance*. New York 1975.

[16] Roosevelt über Hull, laut Byrnes, Brief vom 5. 5. 1945, zit. mit weiteren Zeugnissen bei Yergin, *Shattered Peace*, S. 422.

Polizisten« (Sicherheitsrat mit den USA, Großbritannien, der Sowjetunion und China als ständigen Mitgliedern) vereinte, tatsächlich aber durch die Einführung des Vetorechts für diese ständigen Mitglieder den Frieden vom Agreement der Weltmächte abhängig machte[17].

Roosevelt verfolgte also zwei außenpolitische Linien zugleich: eine »auswärtige Außenpolitik« der Verständigung der beiden Weltmächte und eine »innere Außenpolitik« der universalen Prinzipien, deutlich dazu bestimmt, das amerikanische Volk für das machtpolitische Engagement der USA zu mobilisieren. Er konnte freilich nicht verhindern, daß die »innere« Außenpolitik gelegentlich auf die »äußere« durchschlug, insbesondere bei der Forderung nach Verwirklichung des Selbstbestimmungsrechts auch für die osteuropäischen Nationen; daß mit der Ambivalenz der tatsächlich realisierten amerikanischen Weltpolitik der Argwohn des sowjetischen Partners wuchs; und daß mit der »inneren« Politik Erwartungen in der amerikanischen Öffentlichkeit geweckt wurden, die, war die Realität der »äußeren« Politik erst einmal entdeckt, zu großen Enttäuschungen führen mußten. All dies sollte die von Roosevelt angestrebte Verständigung mit der Sowjetführung nachhaltig erschüttern.

Liberalismus und Imperialismus

Keineswegs mit den langfristigen Interessen der amerikanischen Gesellschaft unvereinbar war dagegen der ökonomische Aspekt dieses Universalismus, keineswegs ambivalent und um so wirksamer folglich die ökonomische Kriegspolitik der USA. Für alle Planer der Roosevelt-Administration war es eine selbstverständliche Überzeugung, daß die Weltwirtschaftskrise den Aufstieg Hitlers und damit den Krieg überhaupt erst ermöglicht hatte, daß neue Depressionen neue Diktaturen hervorrufen würden, und daß die Krise vor allem durch den wirtschaftspolitischen Nationalismus der europäischen Staaten erzeugt worden war. »Für mich«, bezeugte Hull rückblickend, »hing ungehinderter Handel ebenso untrennbar mit Frieden zusammen wie

[17] Vgl. Notter, *Postwar Foreign Policy Preparation*, S. 93, 127–129, 533 f.; dort auch die Dokumentation der vorherigen, mehr universalistisch ausgerichteten Planungsstadien. Zu den Widersprüchen, in die sich Roosevelt damit verwickelte, vgl. Lloyd C. Gardner, *Architects of Illusion. Men and Ideas in American Foreign Policy 1941–1949*. Chicago 1970, S. 50–53.

hohe Zölle, Handelsbarrieren und Diskriminierungen im wirtschaftlichen Wettbewerb mit Krieg. Ich wußte wohl, daß da auch noch andere Faktoren eine Rolle spielten; dennoch war ich davon überzeugt, daß wir, wenn wir einen freieren Handelsverkehr durchsetzen würden – freier im Sinne von weniger Diskriminierungen und Behinderungen –, so daß nicht ein Land das andere mit Eifersucht verfolgen würde, und der Lebensstandard aller Länder steigen könnte, womit zugleich die wirtschaftliche Unzufriedenheit als Brutstätte des Krieges verschwinden würde, daß wir dann eine begründete Chance für einen dauerhaften Frieden hätten.«[18] Hull hat diese Überzeugung mit konstanter Hartnäckigkeit vertreten und, weil sie ohnehin communis opinio war, in der tatsächlich realisierten auswärtigen Wirtschaftspolitik sowohl des Außen- als auch des Finanzministeriums durchgesetzt[19]. Das Argument der Depressionsverhinderung durch Öffnung der Märkte wurde durch eine Analyse der eigenen wirtschaftlichen Situation nachhaltig verstärkt. Roosevelt und seine Berater waren sich bewußt, daß das New-Deal-Programm das amerikanische Arbeitslosenproblem keineswegs dauerhaft gelöst hatte, daß dieses vielmehr nur durch den kriegsbedingten Menschenbedarf der Armee und vor allem durch die kriegsbedingte Produktionssteigerung überdeckt worden war, und daß bei Kriegsende eine gewaltige Überproduktionskrise mit nachfolgender erneuter Depression drohte – wenn der amerikanischen Wirtschaft nicht neue, und das hieß insbesondere neue auswärtige Handels- und Absatzmärkte erschlossen werden konnten. Im Herbst 1944 rechnete Roosevelt mit 4,5 Millionen Arbeitslosen im Falle eines abrupten Stopps der kriegsfinanzierten Produktion; »ohne ein anderes Land übervorteilen zu wollen«, schrieb er an Hull, »werden wir dafür zu sorgen haben, daß die amerikanische Industrie ihren angemessenen Anteil an den Märkten der Welt bekommt.«[20]

Ohne ein anderes Land übervorteilen zu wollen: Was dem

[18] *The Memoirs of Cordell Hull.* 2 Bde, New York 1948, Bd. 1, S. 81. Grundlegend hierzu Lloyd C. Gardner, *Economic Aspects of New Deal Diplomacy.* Madison 1964; im Detail Alfred E. Eckes, *Bretton Woods: America's New Deal for an Open World.* Diss. Texas 1969; an Überblicken Gabriel Kolko, *The Politics of War.* New York 1968, S. 243–248; *Gaddis, United States and the Origins,* S. 18–22.

[19] Insofern ist Yergins Kritik (*Shattered peace,* S. 57) an einer angeblichen Überschätzung der Rolle Hulls bei Kolko unberechtigt.

[20] Roosevelt an Hull 17. 10. 1944, zit. n. Gaddis, *United States and the Origins,* S. 21.

amerikanischen Willen zur Öffnung der Weltmärkte seine auch moralische Dynamik verlieh und ihn zu einem integralen Bestandteil des humanitären Universalismus werden ließ, war der Glaube an die klassische liberale Überzeugung, daß die Aufhebung von Zollschranken und sonstigen Handelshindernissen es nicht nur ermöglichen würde, eine amerikanische Depression zu verhindern, sondern zugleich die Warenproduktion, den Handelsverkehr und damit den Lebensstandard in allen Ländern merklich steigern würde, daß das amerikanische Interesse also mit einem weltweiten Interesse identisch war. Daß diese Annahme zum Teil illusionär war, daß ungehinderter Zugang zu allen Märkten die ökonomisch wettbewerbsfähigste Nation (und das waren bei Kriegsende unzweifelhaft die USA) einseitig begünstigen mußte, wurde von den meisten Ideologen der »Einen Welt« nicht gesehen und konnte auch gar nicht gesehen werden: So wie der innenpolitische New Deal seit 1933 den Versuch bedeutet hatte, den tiefgreifenden Klassengegensatz in der amerikanischen Gesellschaft nicht durch Umverteilung zu überwinden, sondern durch Produktionserweiterung, bei der schließlich alle etwas reicher werden würden, war nun der weltweite New Deal der Versuch, internationalen Umverteilungsprozessen durch weltweite Bereicherung zuvorzukommen – ein Versuch, der als solcher nicht bewußt im Zusammenhang geplant oder gar in zynischer Absicht inszeniert wurde, sondern der der Lebenserfahrung der amerikanischen Führungselite im nationalen Rahmen entsprach, und nun wie selbstverständlich auf die Elemente der internationalen Politik übertragen wurde.

Die amerikanischen Politiker reagierten darum mit Unverständnis, als sie bei der Realisierung des Prinzips der »Offenen Tür« auf Widerstände stießen, mit denen sie nicht gerechnet hatten. Die wegen der ökonomischen Bedeutung Großbritanniens in der Vorkriegswelt von Washington schon sehr frühzeitig betriebenen Verhandlungen mit dem britischen Bündnispartner waren eine unaufhörliche Sequenz amerikanischer Liberalisierungsforderungen, britischer Weigerungen, amerikanischer Drohungen brutalster Art und britischer Kapitulationen aus Sorge um die unerläßliche amerikanische Unterstützung im Kriege und beim Wiederaufbau. Bei der Aushandlung der britisch-amerikanischen Hilfsabkommen im Rahmen der lend-lease-Lieferungen wurde hart um den Artikel VII der schließlich im Februar 1942 unterzeichneten Vereinbarung gerungen; die Briten mußten sich darin verpflichten, als Gegenleistung für die materielle Hilfe ihrerseits den Kampf gegen diskriminierende Praktiken und für eine allseitige Liberalisierung aufzunehmen. Auch in den britisch-amerikanischen Vorverhandlungen zu der internationalen Finanz- und Währungskonferenz, die dann im Sommer 1944 in Bretton Woods stattfand, setzten die amerikanischen Unterhändler ihre Ziele gegen hartnäckigen britischen Widerstand durch: Der Weltwährungsfonds wurde mit der Bestimmung gegründet, daß sich alle künftigen Mitglieder prinzipiell zur freien Konvertibilität ihrer Währungen verpflichten mußten; lediglich für eine Übergangsfrist von fünf Jahren konnten sie den Austausch ihrer Währungen noch Beschränkungen unterwerfen – die Tage der Sterling-Zone waren also gezählt. Zugleich wurde mit der Internationalen Bank für Wiederaufbau und Entwicklung ein Instrument geschaffen, das privaten (und das hieß wieder: in erster Linie amerikanischen) Investoren weltweite Investitionen mit staatlicher Rückendeckung ermöglichte. Wieweit die Verpflichtungen zur Öffnung der Märkte in der Praxis gingen, blieb zunächst noch zwischen Großbritannien und den USA umstritten und war eine Quelle fortwährender Querelen; in den Verhandlungen um eine amerikanische Nachkriegsanleihe für Großbritannien im Herbst 1945 mußten die Briten dann jedoch entscheidende materielle Zugeständnisse machen: innerhalb eines Jahres nach Gewährung der Anleihe hatten sie den in London gesammelten »Dollar Pool« der Sterling-Block-Länder aufzulösen, und die freie Konvertibilität des Pfundes für alle laufenden Transaktionen herzustellen; Importbeschränkungen waren künftig nur noch in genau definierten Fällen möglich; Großbritannien trat der Welthandelsorganisation bei und verpflichtete sich zu weiteren bilateralen Verhandlungen mit den USA, die zu »definitiven Maßnahmen zur Senkung jedweder Handelsbarrieren« führen sollten. Als Gegenleistung erhielten die Briten eine Anleihe von 3,75 Milliarden Dollar zu einem Zinssatz von 2 Prozent; 6 Milliarden hatte der britische Chefunterhändler Keynes ursprünglich gefordert[21].

---

[21] Department of State, *Anglo-American Financial Agreements, December 1945*. Washington 1945. Grundlegend zu den britisch-amerikanischen Verhandlungen: Richard N. Gardner, *Sterling-Dollar Diplomacy: Anglo-American Collaboration in the Reconstruction of Multilateral Trade*. Oxford 1956, 2. Aufl. New York 1969; ergänzend Penrose, *Economic Planning;* Gardner, *Economic Aspects,* S. 275–291; Kolko, *Politics of War,* S. 248–250, 255–258; ders., *The Limits of Power. The World and United States Policy 1945–1954.* New York 1972,

In der britischen Öffentlichkeit wurden die Ergebnisse der Verhandlungen hart kritisiert. »Die Vereinbarung, der wir hier zustimmen sollen«, befand etwa der konservative Unterhausabgeordnete Robert J. G. Boothby im Dezember 1945, »basiert auf zwei Hauptzielen. Das erste ist, so schnell wie möglich zu dem ökonomischen System des 19. Jahrhunderts zurückzukehren – dem System des laissez-faire-Kapitalismus. Das zweite, die Märkte der Welt zugunsten der Vereinigten Staaten aufzubrechen und zu öffnen, welche den dringenden Wunsch haben, ihre überschüssigen Produkte, die enorm sein werden, zu beinahe jedem Preis loszuwerden. (...) Das ist unser wirtschaftliches München. (...) Es gibt ein Mandat, das die Regierung Seiner Majestät niemals von dem Volke dieses Landes erhalten hat, nämlich das britische Empire für eine Schachtel Zigaretten zu verkaufen.«[22] An der Ratifizierung führte dennoch kein Weg vorbei, und so wurde hier im ökonomischen Bereich vorentschieden, was bald auch auf dem politischen Sektor deutlich werden sollte: die Abdankung Großbritanniens als unabhängige Weltmacht zugunsten einer Rolle als Juniorpartner der USA.

Mit der gleichen Selbstverständlichkeit, mit der sich die Roosevelt-Administration anschickte, die Sterling-Zone aufzubrechen, hoffte sie auch, die osteuropäischen Staaten und die Sowjetunion in ein multilaterales Freihandelssystem miteinbeziehen zu können. Auch wenn die wirtschaftlichen Interessen der USA an Osteuropa nicht groß waren – vor dem Zweiten Weltkrieg gingen etwa 2 Prozent der amerikanischen Exporte nach Osteuropa, 3,5 Prozent der Importe kamen aus Osteuropa, und 5,5 Prozent der auswärtigen Anlagen waren dort lokalisiert –, es galt diese Interessen zu schützen, es galt darüberhinaus Osteuropa als agrarische Komplementärregion für den industrialisierten europäischen Westen zu erhalten, an dessen Prosperität die USA allerdings ein vorrangiges ökonomisches Interesse hatten, es galt den Wohlstand der osteuropäischen Nationen zu fördern und damit deren Unabhängigkeit zu sichern, es galt überhaupt, keine Einbrüche in das Prinzip des freien Handelsverkehrs zuzulassen[23]. Die Sowjetunion war in dieses multilaterale System

S. 59–69; Thomas G. Paterson, *Soviet-American Confrontation. Postwar Reconstruction and the Origins of the Cold War*. Baltimore, London 1973, Kap. 8.

[22] *Parliamentary Debates*. Fifth Series, vol. 417, House of Commons, 12. 12. 1945, S. 455–469.

[23] Vgl. Thomas G. Paterson, *The Economic Cold War: American Business and Economic Foreign Policy, 1945–1950*. Diss. Univ. of California 1968, S. 266–268;

miteinzubeziehen, allein schon, um einen einseitigen sowjetischen Zugriff auf die Wirtschaft ihrer osteuropäischen Nachbarn zu verhindern und deren Beteiligung an den Investitionen der »Open door« zu sichern, aber auch, um den beträchtlichen sowjetischen Wiederaufbaunöten abzuhelfen. In Bretton Woods bemühte sich Finanzminister Morgenthau folglich wochenlang, eine sowjetische Teilnahme am Weltwährungsfonds und an der Weltbank sicherzustellen, und er zögerte nicht, den Sowjets als Gegenleistung für die Aufgabe ihrer restriktiven Haltung massive Anleihen für den Wiederaufbau des kriegszerstörten Landes in Aussicht zu stellen[24]. Daß die sowjetischen Schwierigkeiten angesichts des amerikanischen Liberalisierungsfeldzuges noch viel größer sein mußten als die Probleme Großbritanniens, das doch immerhin durch vielfältige gemeinsame kulturelle Traditionen und ein im Kerne gemeinsames Wirtschaftssystem mit den USA verbunden war, war ihm dabei ebensowenig bewußt wie seinen Kollegen. Nichtsdestoweniger sollte gerade dieser fundamentale amerikanisch-sowjetische Interessengegensatz für die künftige Entwicklung der Ost-West-Beziehungen relevant werden.

Das Verhältnis zur Sowjetunion

Alle aus den Erfahrungen der Zwischenkriegszeit resultierenden Impulse für die amerikanische Nachkriegspolitik – das Bemühen um die Zerstörung des deutschen Aggressionspotentials, der politische Universalismus in seiner »idealistischen« und in seiner »realistischen« Version und der ökonomische Multilateralismus – motivierten die amerikanischen Nachkriegsplaner also, die Verständigung mit dem sowjetischen Kriegspartner zu suchen, machten diese Verständigung sogar zur unabdingbaren Voraussetzung für den Erfolg ihrer Politik; bahnten aber zugleich politische Entwicklungen an, die dieser Verständigung langfristig entgegenarbeiteten. So geriet die Frage, wie das Verhältnis zu dem sowjetischen Partner nun konkret auszugestalten sei, obwohl ursprünglich gerade nicht im Zentrum der amerikanischen Planungen, doch sehr bald in das Zentrum der amerikanischen Politik.

Geir Lundestad, *The American Non-Policy towards Eastern Europe 1943–1947.* Tromsö, New York 2. Aufl. 1978, S. 61–66.
[24] Vgl. Blum, *Morgenthau Diaries*, S. 245–250, 259–265, 275 f.

Das Verhältnis des Sowjetstaates und der amerikanischen Gesellschaft war seit der Oktoberrevolution ambivalent gewesen[25]. Auf der sowjetischen Seite hatte man die radikaldemokratische Tradition der USA und die Leistungsfähigkeit ihrer Industriewirtschaft bewundert und zugleich die latente Aggressivität der mehr und mehr stärksten kapitalistischen Macht gefürchtet; auf der amerikanischen Seite war man bald von der Modernisierung der einstigen russischen Feudalgesellschaft begeistert, bald über die Methoden dieser Modernisierung und die Aussicht, sie könnten auf die westliche Welt übertragen werden, entsetzt. Zu Beginn der Amtsära Roosevelts überwog die erste Grundeinstellung – 1933 erfolgte die diplomatische Anerkennung der Sowjetregierung durch die USA –, zu Beginn des Zweiten Weltkriegs die zweite, nicht nur wegen des deutsch-sowjetischen Paktes, sondern weil viele Anhänger einer Verständigung mit der Sowjetunion inzwischen einen Ernüchterungsprozeß durchgemacht hatten, der sie an jeder Verständigungsmöglichkeit mit der, wie sie meinten, prinzipiell auf weltweite Expansion des Sowjetsystems angelegten Sowjetmacht zweifeln ließ.

Zu ihnen zählte der erste amerikanische Botschafter in Moskau, William C. Bullitt, der seit 1935 vor den Machinationen der Kommunistischen Internationale warnte, folglich bemüht war, die westlichen Nationen wieder auf eine Politik der Quarantäne gegenüber dem Sowjetstaat zu verpflichten, wie es sie nach 1917 schon einmal gegeben hatte, und, nachdem die Sowjetunion und die USA notgedrungen Koalitionspartner geworden waren, Präsident Roosevelt beschwor, er solle Stalin als Gegenleistung für die amerikanischen Materiallieferungen schriftliche Zusicherungen in Bezug auf die sowjetischen Kriegsziele abverlangen und damit die Unabhängigkeit der europäischen Staaten nach diesem Krieg retten. Zu ihnen zählte ebenfalls, und für die Nachkriegspolitik entscheidend, die Gruppe rußlandpolitischer Experten des State Department, die, zum Teil in Washington angesiedelt, zum größeren Teil vor der Aufnahme der diplomatischen Beziehungen auf Beobachtungsposten in Riga und dann in der Moskauer US-Botschaft, die russischen Verhältnisse zunächst durch Kontakt mit Vertretern des exilierten früheren russischen Großbürgertums und des Adels kennenlernten, und sich dann in der Moskauer Botschaft nach anfänglichen Verbrüderungsszenen wie in einer belagerten

[25] Ernst Nolte, *Deutschland und der Kalte Krieg*. München 1974, S. 123; vgl. ebd. S. 123–130, 144–156.

Festung inmitten eines feindlichen, zutiefst mißtrauischen Landes vorkamen, zumal, als sie die Stalinschen Säuberungsaktionen miterleben mußten. Robert F. Kelley, der Direktor der Osteuropa-Abteilung des State Department, ist hier zu nennen, ebenso Loy Henderson, George F. Kennan, Charles Bohlen und Elbridge Durbrow. Sie alle verstanden sich als »Realisten«, die Ideologien mißtrauten und die Realitäten der Macht zu analysieren bemüht waren; aber gerade als »Realisten« wiesen sie auf die durch jahrhundertelange Erfahrung geprägte und durch den Weltrevolutionsanspruch zusätzlich motivierte Aggressivität der sowjetischen Politik hin, die bei aller Vorsicht der Sowjetführer und dem daraus entwickelten pragmatischen Geschick langfristig nicht nur auf eine Fortsetzung des zaristischen Expansionsstrebens, sondern auch auf die Förderung kommunistischer Bewegungen in der ganzen Welt angelegt sei. Einem solchen zugleich mißtrauischen und aggressiven Partner dürfe man nicht mit anbiedernden Kompromißangeboten gegenübertreten, die nur als Zeichen der Schwäche gedeutet würden; man müsse vielmehr die eigenen Interessen und die eigene Macht betonen, nur so ließen sich verläßliche Arrangements erreichen[26]. Das politische Gewicht dieser Expertengruppe innerhalb der Roosevelt-Administration wurde verstärkt durch die Argumentation stärker ideologisch bestimmter, traditionell antikommunistisch eingestellter Kräfte, so durch den amerikanischen Botschafter in London, Joseph C. Kennedy, der aus antisowjetischer Einstellung die britische Appeasementpolitik unterstützt hatte, durch den republikanischen Parteiführer Robert Taft, der aus traditionellem Isolationismus den Kriegseintritt der USA bekämpft hatte, durch antisowjetische Gruppen meist osteuropäischer Herkunft und, mit diesen vielfach verbunden, durch die katholische Kirche der USA[27].

Nach dem deutschen Angriff auf die Sowjetunion mußte diese kritische Grundeinstellung gegenüber den Sowjets freilich zunächst einmal in den Hintergrund treten und die optimistische Version die Diskussion bestimmen. Zum wichtigsten Wortführer dieser Richtung wurde Bullitt's Nachfolger als Bot-

[26] Grundlegend zur »Riga«-Gruppe Yergin, *Shattered Peace*, S. 18–41; zu Bullitt auch Gardner, *Architects*, S. 3–25, und Nolte, *Deutschland*, S. 146–149; als besonders eindrucksvolles Zeugnis George F. Kennan, *Memoiren eines Diplomaten*. München 2. Aufl. 1971, Kap. 3.
[27] Vgl. die Sammlung entsprechender Zeugnisse bei Gaddis, *United States and the Origins*, S. 42–46, 52–56.

schafter in Moskau, Joseph Davies, dessen Buch *Mission to Moscow* nach Kriegsbeginn einen spektakulären Erfolg erlebte und, nachdem es 1943 verfilmt worden war, nicht wenig zur definitiven Abkehr der amerikanischen Öffentlichkeit vom Isolationismus beitrug. In Davies' Interpretation hatte die Weltrevolution für die Sowjetführung nur noch sekundäres Interesse; die Sowjetunion selbst, so erklärte er, habe sich vom kommunistischen Prinzip abgewandt und sei auf dem Wege, ein kapitalistischer Staat wie jeder andere zu werden, mit einem Wirtschaftsleben, das wieder auf dem Profitmotiv basiert, mit einer neuen Oberklasse, mit der Rückkehr zu traditionellen machtstaatlichen Methoden in der Außenpolitik und mit einer auf das Los des einfachen Volkes bedachten fortschrittlichen Sozialpolitik. Dieser »Amerikanisierung« der Sowjetgesellschaft entspreche es, daß die Sowjetführung vorwiegend freundliche Gefühle den USA gegenüber empfinde; an diese Zuneigung gelte es anzuknüpfen und eine dauerhafte Allianz zu begründen. Unterstützung fand Davies insbesondere bei der demokratischen Linken, so bei Vizepräsident Henry A. Wallace, der im November 1942 für einen gemeinsamen »Dritten Weg« zwischen amerikanischer politischer Demokratie mit ihren unsozialen Tendenzen und sowjetischer Wirtschaftsdemokratie mit ihrer repressiven Bürokratie plädierte; darüberhinaus aber auch von der durch die offizielle Propaganda geförderten »One-World«-Bewegung, die davon überzeugt war, in Zusammenarbeit mit der Sowjetunion eine Welt auf der Grundlage demokratischer Ideale aufbauen zu können[28].

Präsident Roosevelt ließ sich von der Hoffnung auf die innere Konvergenz der Systeme nicht anstecken. »Wie jedermann weiß, der den Mut hat, den Tatsachen ins Auge zu sehen«, hatte er im Februar 1940 festgestellt, »wird die Sowjetunion von einer Diktatur beherrscht, die so absolut ist wie irgendeine Diktatur in der Welt.« Die Unterschiede in politischer Kultur, Ideologie und Wirtschaftsstruktur nannte er beträchtlich. Soweit stimmte er also mit der »Riga-Gruppe« überein. Was ihn aber von seinen Experten unterschied, waren vier ebenfalls »realistisch« gemeinte Grundüberzeugungen. *Erstens:* Die Sowjetdiktatur sei anders als ihr nationalsozialistisches Pendant nicht prinzipiell auf Expansion angelegt, folglich müsse es möglich sein, die So-

[28] Joseph E. Davies, *Mission to Moscow*. New York 1941 u. ö.; Rede Wallace's vom 8. 11. 1942, zit. n. Gaddis, *United States and the Origins*, S. 37; ebd. S. 34–42 zahlreiche weitere Zeugnisse.

wjetführung durch Erfüllung ihrer berechtigten Sicherheitsbe-
dürfnisse zum Verzicht auf die Unterstützung auswärtiger
kommunistischer Bewegungen zu bringen. *Zweitens:* Die Sowjetunion werde aus dem Kriege zerstört hervorgehen und ihre
Energien auf Jahre hinaus auf den eigenen Wiederaufbau konzentrieren müssen; wenn es in dieser Situation gelänge, den
Sowjetführern ihr Mißtrauen gegenüber der kapitalistischen
Umwelt zu nehmen, werde die Entwicklung vom expansiven
Zentrum der kommunistischen Internationale zum saturierba-
ren Sowjetstaat einen definitiven Schritt vorankommen. *Drittens:* Eine Verständigung unter diesem Vorzeichen sei gewiß
nicht einfach, aber, davon war er seit dem herzlichen Empfang
überzeugt, den Stalin seinem Vertrauten Harry Hopkins im Juli
1941 in Moskau bereitet hatte, sie könne gelingen, wenn man
mit der Sowjetführung auf höchster Ebene, unter Umgehung
aller kurzsichtigen bürokratischen Apparate, verhandele, und
wenn man dabei die strukturelle Überlegenheit der USA ins
Spiel bringe: ihre enorme Produktivkraft und, so hoffte er seit
Beginn des »Manhattan-Projekts«, bald auch das Atomwaffenmonopol. Und schließlich *viertens:* Eine solche Verständigung
sei, selbst wenn man anders wolle, unerläßlich, denn die einzig
denkbare Alternative laute Blockbildung, Wettrüsten, und damit bedeute sie letztlich Krieg; ein neuer Krieg aber sei für die
amerikanische Gesellschaft ebenso undenkbar wie untragbar[29].

Als auf dem ersten Treffen der »Großen Drei« Roosevelt,
Stalin und Churchill Ende November 1943 erstmals informelle
Vorabsprachen über die Nachkriegsordnung trafen, schien sich
eine Verwirklichung des Rooseveltschen »Design« anzubahnen:
Stalin wurde die Wiederherstellung der sowjetischen Westgrenze von 1941 (also die Einbeziehung Ostpolens, der baltischen Staaten, Bessarabiens und der Nordbukowina) zugesichert, darüberhinaus eine gewisse Westverschiebung der polnischen Grenzen und der Verzicht auf die Förderung eines neuen
gegen die Sowjetunion gerichteten Cordon sanitaire in Gestalt
einer ostmitteleuropäischen oder einer Donauraum-Föderation;
Roosevelt und Churchill hörten dafür von Stalin, daß es nicht
so leicht sei, der Welt kommunistische Regime aufzuzwingen,

---

[29] Roosevelt-Zitat laut Bullitt's Bericht in Life 30. 4. 1948, zit. n. Nolte,
Deutschland, S. 160. Beste Skizze des Rooseveltschen »Grand Design« bei Yer-
gin, *Shattered Peace*, S. 55–58; zur Rolle der Atombombe ergänzend Sherwin,
A World Destroyed, S. 90–114.

und daß er andere Probleme habe[30]. »Wir glaubten im Herzen wirklich, ein neuer Tag sei angebrochen«, beschrieb Harry Hopkins rückblickend die Stimmung in Roosevelts Umgebung, die nach der Konferenz von Teheran durchbrach und bis zur Konferenz von Jalta im Februar 1945 andauern sollte. »Wir waren absolut überzeugt, den ersten großen Friedenssieg gewonnen zu haben – und wenn ich sage ›Wir‹, dann meine ich uns *alle*, die ganze zivilisierte Menschheit. Die Russen hatten bewiesen, daß sie vernünftig und weitblickend sein konnten, und weder der Präsident noch irgendeiner von uns zweifelte im geringsten daran, daß wir mit ihnen leben und friedlich auskommen könnten bis in unabsehbare Zukunft.«[31] Gewiß, die Europäer, zumindest die Osteuropäer, würden sich an die Sowjetunion als einzig verbleibende Großmacht auf dem alten Kontinent gewöhnen müssen, aber es würde ihnen keine Sowjetisierung mehr drohen, und die Sowjetunion würde in den Vereinten Nationen an der weltweiten Kontrolle des Friedens mitwirken.

Der Glaube an die Realisierbarkeit der Kooperation und an Kooperationsergebnisse im amerikanischen Sinne war für die Roosevelt-Administration geradezu notwendig. Kam es nicht zu solchen Ergebnissen, so mußte sich die nichtkooperative Grundrichtung in der amerikanischen Sowjetpolitik wieder durchsetzen und die zahlreichen auf einen Bruch drängenden Tendenzen entscheidend verstärken. Genau dies sollte vom Frühjahr 1945 an geschehen.

[30] Vgl. Herbert Feis, *Churchill, Roosevelt, Stalin*. Princeton, N.J. 1957, S. 240–287; W. Averell Harriman, Elie Abel, *Special Envoy to Churchill and Stalin 1941–1946*. New York 1975, S. 256–283; Alexander Fischer, *Sowjetische Deutschlandpolitik im Zweiten Weltkrieg 1941–1945*. Stuttgart 1975, S. 68–75; Vojtěch Mástný, *Russia's Road to the Cold War. Diplomacy, Warfare and the Politics of Communism, 1941–1945*. New York 1979, S. 122–133; Keith Sainsbury, *The Turning Point. Roosevelt, Stalin, Churchill, and Chiang-Kai-Shek, 1943. The Moscow, Cairo, and Teheran Conferences*. Oxford, New York 1985.
[31] Sherwood, *Roosevelt and Hopkins*, S. 712 f.

2. Kapitel
Keine Pax Sovietica

Wie die amerikanischen Entscheidungsträger ging auch die sowjetische Führungsgruppe um Stalin bei ihren Überlegungen
für die Gestaltung der Nachkriegsordnung von den Erfahrungen der Vergangenheit aus. Zwar geriet bei ihnen das Problem
des Aufeinandertreffens zweier gegensätzlicher Großmächte
stärker in den Blick als im Falle der USA; sie interpretierten
dieses Problem jedoch weniger aufgrund einer realistischen
Analyse des aktuellen Verhaltens der USA als vielmehr von der
Erfahrung der antisowjetischen westlichen Politik der Jahre
nach 1917 her. Das tiefgreifende Mißtrauen gegenüber den »kapitalistischen« Staaten, das sich aus dieser Orientierung ergab,
verleitete sie zu Methoden der Interessensicherung, die den
Spielraum der kooperativ eingestellten Kräfte der Roosevelt-
Administration zusehends verengten und die auf einen Bruch
angelegten Tendenzen in der Politik des amerikanischen Partners entscheidend verstärkten.

Prekärer Sieg

Die sowjetische Führung mußte bei ihren Planungen für die
Nachkriegszeit davon ausgehen, daß ihr Land zwar siegreich,
aber doch weithin zerstört, ja geradezu in seiner Substanz getroffen aus dem Kriege hervorgehen würde. Die Sowjetunion
war nach dem überraschenden deutschen Angriff 1941 nur
knapp einer militärischen Niederlage entgangen und hatte da-
nach die Hauptlast des Landkrieges auf dem europäischen Kontinent zu tragen gehabt[1]. Zwischen 1941 und 1945 waren mindestens 20 Millionen Sowjetbürger im Krieg oder durch Kriegs-

[1] Zur Sowjetunion im Kriege vgl. die offizielle *Geschichte des Großen Vater-
ländischen Krieges der Sowjetunion*. 6 Bde, Berlin (Ost) 1962 ff.; anschaulich,
aber nicht immer zuverlässig Alexander Werth, *Rußland im Krieg 1941–1945*.
München, Zürich 1965; zur Außenpolitik die Zusammenfassung der traditionellen Auffassung bei Adam B. Ulam, *Expansion and Coexistence*. London 2. Aufl.
1974, S. 280–377; Louis Fischer, *The Road to Yalta*. New York 1972 und Andreas Hillgruber, *Sowjetische Außenpolitik im Zweiten Weltkrieg*. Königstein
1979 sowie als vollständigste und in der Regel sehr differenzierte Auswertung der
amerikanischen, britischen und derzeit zugänglichen östlichen Quellen Vojtěch
Mástný, *Russia's Road to the Cold War*. New York 1979.

einwirkungen ums Leben gekommen, also mehr als zehn Prozent der Vorkriegsbevölkerung. 25 Millionen Menschen hatten ihre Wohnung verloren, 1710 Städte und 70000 Dörfer waren zerstört worden, 65000 km Eisenbahnschienen waren beschädigt. Die Landwirtschaft, die 1941 gerade begonnen hatte, sich von den Folgen der Kollektivierung zu erholen, war durch die Kämpfe auf sowjetischem Boden und durch die deutsche Besetzung weithin desorganisiert; die Industrieproduktion blieb weit hinter den Erwartungen der Fünfjahrespläne zurück. So wurden etwa statt der für 1941 vorgesehenen 22,4 Millionen Tonnen Stahl im Jahr 1945 tatsächlich ganze 10,6 Millionen Tonnen produziert[2]. Auch die militärischen Kräfte waren erschöpft. Zum Zeitpunkt der deutschen Kapitulation betrug die sowjetische Truppenstärke noch 11 Millionen Mann, während die amerikanischen Streitkräfte (ohne ihre Verbündeten!) 12 Millionen Soldaten zählten; bis zum Jahr 1948 mußten die sowjetischen Truppen auf 2,8 Millionen reduziert werden[3]. Insgesamt waren die Verluste und Zerstörungen so gewaltig, daß eine Konzentration aller verbliebenen Kräfte auf den Wiederaufbau für die Sowjetunion geradezu lebensnotwendig wurde, und an neue kriegerische Verwicklungen auf Jahre hinaus nicht zu denken war.

Ein neuer Krieg war um so weniger denkbar, als schon der jetzige Krieg das sowjetische Herrschaftssystem schwer erschüttert hatte. Die sowjetische Bevölkerung hatte auf die deutsche Besatzung nicht mit Widerstand reagiert, sondern mit Defätismus, Gleichgültigkeit und, besonders in den nicht-weißrussischen Gebieten, zuweilen auch mit offenkundiger Erleichterung; es mußte daher schwerfallen, in den ehemals besetzten Gebieten die sowjetische Autorität wiederherzustellen. Ebenso hatten die Anstrengungen, die die Bevölkerung im Kriege auf sich nehmen mußte, einen beträchtlichen Erwartungsdruck geschaffen; man glaubte vielfach, als »Lohn« für die Opfer des Krieges nun eine deutliche Verbesserung der materiellen Lebensbedingungen und eine Vergrößerung der persönlichen Be-

[2] Zu den Kriegsfolgen vgl. u. a. Maurice Dobb, *Soviet Economic Development since 1917*. New York 1948, S. 279 ff.; Alex Nove, *An Economic History of the U.S.S.R.* Harmondsworth 1972, S. 284 ff.; Richard Lorenz, *Sozialgeschichte der Sowjetunion*. Bd. 1: *1917–1945*. Frankfurt 1976, S. 265 ff.

[3] Die Angaben über sowjetische Truppenstärken laut Nikita S. Chruschtschow, *Über die Außenpolitik der Sowjetunion 1960*. Berlin (Ost) 1962, S. 32 f. Vgl. Matthew A. Evangelista, *Stalin's Postwar Army Reappraised*. In: International Security 7 (1982/83), S. 110–138.

wegungsfreiheit und der politischen Mitspracherechte bean-
spruchen zu können. Die Desorganisation und die Forderungen
waren so weitgehend, daß es nicht genügte, in der Propaganda
erstmals seit 1917 wieder die vorrevolutionären Traditionen des
russischen Volkes hervorzukehren und der orthodoxen Kirche
wieder größere Bewegungsfreiheit einzuräumen; die Sowjetführung glaubte sich darüberhinaus gezwungen, wieder auf die
Mittel polizeistaatlichen Terrors zurückgreifen zu müssen. Das
System der Straf- und Zwangsarbeitslager wurde soweit ausgebaut, daß sich bald ständig 10 Millionen Sowjetbürger in Inter-
nierung befanden, darunter eine große Zahl demobilisierter Soldaten, die im Westen gekämpft hatten, und ganze Bevölkerungsgruppen aus den zuvor von deutschen Truppen besetzten
Gebieten. Stalin selbst lebte in ständiger Furcht vor einer Ver-
schwörung, und seine Umgebung lebte in latenter Furcht vor
ihm. Im Laufe des Krieges war die Macht der Armeeführer und
industriellen Manager beträchtlich angestiegen; gegen sie mobi-
lisierte Stalin 1944 wieder die Partei, die während des Krieges
ganz im Hintergrund gestanden hatte – mit dem Ergebnis, daß
ihm ab Mitte 1945 die Partei das Führungsmonopol streitig
machen konnte. Der Oberste Sowjet löste in den Jahren 1944
und 1945 eine ganze Reihe von nationalen Distrikten und Regionen auf und schuf neue Verwaltungsstrukturen mit neuem
Personal; dennoch konnten etwa ukrainische Nationalisten ihre
Partisanenkämpfe bis in das Jahr 1947 hinein fortsetzen[4]. All
dies läßt deutlich werden, daß die Sowjetführung ein großes
Maß an Ruhe und Abschirmung von auswärtigen Einflüssen
nötig hatte, um ihre Macht wieder zu stabilisieren.

Diesen ökonomisch und politisch zutiefst erschütterten Sowjetstaat sahen die sowjetischen Führer nun zugleich konfrontiert mit der ökonomisch und politisch stärksten Macht der
Welt: den USA, deren Macht sich durch den Krieg noch vergrößert hatte, deren Truppen nun auf dem europäischen und dem
asiatischen Kontinent standen, und mit deren Führern man sich
nun über die Regelung der Nachkriegsordnung verständigen

[4] Vgl. neben den inzwischen klassischen Zeugnissen von Roy A. Medwedew,
Die Wahrheit ist unsere Stärke. Frankfurt 1973 und Alexander Solschenizyn, *Der
Archipel Gulag*. 3 Bde, Bern, München 1974–76, die Sammlung früher zugängli-
cher Informationen bei Zbigniew Brzezinski, *The Permanent Purge*. Cambridge,
Mass. 1956 und Merle Fainsod, *How Russia is Ruled*. Cambridge, Mass. 2. Aufl.
1963; zur innenpolitischen Situation bei Kriegsende insgesamt William O.
McCagg, Jr., *Stalin Embattled, 1943–1948*. Detroit 1978, S. 73–146.

mußte. Die sowjetischen Planer registrierten wohl Krisen im kapitalistischen System, aber keine Krise *des* Kapitalismus, und hatten, anders als zu Ende des Ersten Weltkriegs, keinen Zweifel daran, daß der internationale Kapitalismus unter amerikanischer Hegemonie noch lange fortdauern würde. Die Analysen der voraussichtlichen Entwicklung der kapitalistischen Wirtschaft unter den Kriegseinwirkungen, die von Angehörigen der Sowjetischen Akademie der Wissenschaften unter der Leitung von Eugen Varga angefertigt wurden, wiesen zwar darauf hin, daß die europäischen Länder nach Kriegsende unter den Folgen der Zerstörung ihrer Industrien, der Rohstoffverknappung und allgemeiner Senkung der Kaufkraft zu leiden haben würden, und daß die USA, deren Produktion allein gewaltig zugenommen habe, nun bei der Umstellung von der Kriegs- auf eine Friedenswirtschaft mit einer Überproduktionskrise zu rechnen hätten. Auf der anderen Seite machten sie aber deutlich, daß gerade das Zusammentreffen dieser beiden Krisen zu einer Konzentration der kapitalistischen Macht führen würde: Um Arbeitslosigkeit und Absatzstockung als Folgen der Überproduktion zu reduzieren, würde die amerikanische Wirtschaft versuchen, sich in dem verarmten Europa neue Absatz- und Investitionsmärkte zu erschließen; dies werde zu einer weltweiten Expansion des amerikanischen Kapitalismus führen[5].

Die politische Führung der Sowjetunion blieb von solchen Analysen ihrer Wirtschaftsexperten nicht unbeeinflußt. Sie hoffte zunächst einmal, vom amerikanischen Interesse an Kapitalexport für den eigenen Wiederaufbau profitieren zu können. An die Adresse der amerikanischen Regierung wurden mehrfach Wünsche nach hohen Krediten herangetragen, ohne daß man dabei die Bereitschaft zu erkennen gab, über Bedingungen irgendwelcher Art, die die amerikanische Seite mit der Gewäh-

[5] Vgl. Laszlo Tikos, *E. Vargas Tätigkeit als Wirtschaftsanalytiker und Publizist.* Tübingen 1965, S. 65–79. Zur sowjetischen Nachkriegsplanung allgemein Dietrich Geyer, *Von der Kriegskoalition zum Kalten Krieg.* In: *Sowjetunion Außenpolitik,* Bd. 1: *1917–1945 (Osteuropa-Handbuch),* Köln, Wien 1972, S. 343–381; ergänzende Überlegungen bei Wilfried Loth, *Frankreichs Kommunisten und der Beginn des Kalten Krieges.* In: Vierteljahrshefte für Zeitgeschichte 26 (1978), S. 7–65, hier S. 13–16. Mástný, *Russia's Road,* läßt das Problem, das der angelsächsische Kapitalismus bei Kriegsende für die Sowjetunion darstellte, leider ganz außer acht und gelangt darum trotz aller Differenzierung im einzelnen zu empirisch nicht haltbaren Thesen über Stalins »Maximalziele« (Hegemonie über Gesamtdeutschland, S. 257, 290 u.ö., und Einfluß in ganz Europa, S. 110, 283, 306 u.ö.); ebenso Walrab von Buttlar, *Ziele und Zielkonflikte in der sowjetischen Deutschlandpolitik 1945–1947.* Stuttgart 1980.

rung von Anleihen verbinden wollte, auch nur im Ansatz zu verhandeln; dies läßt darauf schließen, daß man in der Sowjetführung der Meinung war, die amerikanische Wirtschaft müsse im Sinne ihrer Krisenstrategie an einem solchen Kapitalexport auch in die Sowjetunion nachhaltig interessiert sein. Indessen war diese Hoffnung begrenzt und im Grunde selbst nur ein Ausdruck der verzweifelten Lage, in der sich die Sowjetführung zu befinden glaubte. Tiefgreifender und die sowjetische Nachkriegspolitik nachhaltig bestimmend war die Furcht, die Expansion des amerikanischen Kapitalismus in den europäischen Kontinent hinein und in andere Teile der Welt werde notwendigerweise imperialistischen Charakter annehmen und damit allerorten, insbesondere auch im mittel- und osteuropäischen Raum, die antisowjetischen Kräfte stärken. Der Bemerkung Roosevelts auf der Konferenz von Jalta, er werde die amerikanischen Truppen kaum länger als zwei Jahre in Europa halten können, hat Stalin kaum Beachtung geschenkt; dafür kannte er die ökonomischen Realitäten zu gut.

Die außenpolitische Strategie, die Stalin und seine Berater in dieser Situation entwickelten – und die wir nur indirekt im Rückblick auf ihre politischen Handlungen analysieren können –, basierte auf drei grundlegenden Überlegungen: *Erstens:* Es mußten alle Kräfte mobilisiert werden, die der Expansion des amerikanischen Kapitalismus mit einiger Aussicht auf Erfolg Widerstand entgegensetzen, aber nicht zugleich ihrerseits für die Sicherheit der Sowjetunion gefährlich werden konnten, also, je nach Situation, bald sozialistische Kräfte, bald radikaldemokratische Kräfte, aber auch (und manchmal statt der erstgenannten) nationalkapitalistische Kräfte des alten Kontinents. *Zweitens:* Die verbliebenen Machtmittel der Sowjetunion: vor allem die Verfügungsgewalt der Roten Armee und der Einfluß auf die auswärtigen kommunistischen Parteien mußten bis an die Grenzen ihrer Möglichkeiten zur sowjetischen Machtsicherung und Machtausdehnung eingesetzt werden. *Drittens:* Dabei war allerdings auf die unterschiedliche Reichweite der sowjetischen Mittel und die unterschiedliche Stärke der Gegenkräfte, etwa in den osteuropäischen Ländern, in Westeuropa oder in Deutschland, Rücksicht zu nehmen, um die eigenen Kräfte nicht zu vergeuden und die USA nicht unnötig zu provozieren.

Ihren ideologischen Ausdruck fanden diese strategischen Grundsätze in Appellen an einen sozialistischen Internationalismus neuer Art, der an den Volksfront-Gedanken der dreißiger Jahre anknüpfte. Wie damals alle »fortschrittlichen« und »patriotischen« Kräfte in einer »antifaschistischen« Widerstandsfront unter maßgeblicher Beteiligung der Kommunisten mobilisiert werden sollten, um die faschistischen Bewegungen einzudämmen und zugleich (einander bedingend) die Macht des Monopolkapitalismus zu brechen, ihr zumindest erste Schranken zu setzen, so wurden jetzt, insbesondere seit der Auflösung der Komintern im Mai 1943, die »friedliebenden«, »demokratischen« und »antifaschistischen« Kräfte aufgefordert, zusammen mit den Kommunisten am Aufbau einer »Demokratie neuen Typs« und an der »Freundschaft und Verständigung der Völker« mitzuwirken. Was unter einer solchen »volksdemokratischen« Ordnung zu verstehen sei, wurde nicht deutlich gesagt, war kaum theoretisch durchdacht, und konnte es auch nicht sein. Entscheidend waren die Verpflichtung der kommunistischen Parteien zur Zusammenarbeit auf breitester Ebene unter Verzicht auf revolutionäres Vokabular und insurrektionelle Taktiken, sowie die Aufrechterhaltung der Kooperation mit den westlichen Alliierten, soweit dies ohne Gefährdung vitaler Sicherheitsinteressen möglich war; welche Formen diese Zusammenarbeit annehmen und wohin sie führen sollte, hing von der Einschätzung des jeweiligen Stärkeverhältnisses pro- und antisowjetischer Kräfte ab und konnte darum nicht schon vorab generell für alle Länder und alle Bereiche der Kooperation festgelegt werden. So wenig die Bekenntnisse zur Idee einer »neuen Demokratie« etwa als Wende zu liberal-pluralistischen Demokratievorstellungen im westlichen Sinne wörtlich genommen werden dürfen, so wenig dürfen sie also als bloß taktisch gemeinte Mittel einer dem leninistischen Aktionsmodell verpflichteten Strategie der Machtergreifung mißverstanden werden: Im gleichen Maße, in dem nun der revolutionäre Kampf für den Sozialismus als Kampf für die Sicherung und präventive Ausweitung der Sowjetmacht definiert wurde, bestimmte das sowjetische Sicherheitsstreben den zu realisierenden »Sozialismus« auch inhaltlich. Wie die »Demokratie neuen Typs« letztlich aussehen würde, hing darum nicht zuletzt von der Reaktion der Gegenkräfte und insbesondere von der Reaktion der amerikanischen Weltmacht auf die sowjetische Strategie ab.

Den unterschiedlichen Kräfteverhältnissen entsprechend führte der »volksdemokratische« Strategieansatz zu drei unterschiedlichen Aktionsmodellen: 1. Im unmittelbaren westlichen Vorfeld der Sowjetunion und darüberhinaus im Einflußbereich der Roten Armee in Europa und Asien (Nordkorea) wurde versucht, den kommunistischen Parteien entscheidenden Anteil an der politischen Macht zu sichern und soziale Reformbewegungen soweit zu fördern, daß eine sowjetfreundliche Haltung dieser Regionen künftig garantiert war. 2. Im vermuteten primären Expansionsbereich des amerikanischen Kapitalismus: in den west- und südeuropäischen Ländern und in China wurde versucht, die politischen und wirtschaftlichen Verhältnisse im Rahmen der bestehenden Ordnung zu stabilisieren, auch wenn dabei sozialistische Bewegungen in ihrer Entfaltung gehemmt wurden. 3. Im unmittelbaren Kooperationsbereich mit den Westmächten: im gemeinsam besetzten Deutschland wurde versucht, sowohl Garantien für eine künftige sowjetfreundliche Haltung zu erhalten, als auch eine Auslieferung des deutschen Industriepotentials an den angelsächsischen Kapitalismus zu verhindern. Innerhalb dieser drei Aktionsmodelle gab es je nach Land und Entwicklungsstadium noch einmal vielfältige Variationen; zudem gab es Zwischenregionen, in denen Elemente aus verschiedenen Modellen angewandt wurden, so Finnland, Österreich, Persien und die Türkei. Insgesamt war die konkretisierte sowjetische Nachkriegspolitik also äußerst vielschichtig – so vielschichtig, daß dem amerikanischen Bündnispartner die Analyse dieser Politik schwerfallen mußte und folglich auch Mißtrauen und Mißverständnisse wuchsen[6].

Hegemonie in Osteuropa

Im Einflußbereich der Roten Armee knüpfte die sowjetische Nachkriegspolitik an die Tradition des vorrevolutionären imperialistischen Rußland an, sowohl in dem Bemühen, die in den Friedensverträgen von Brest-Litowsk 1918 und Riga 1921 angesichts der Schwäche des jungen Sowjetstaates notgedrungen zugestandenen Gebietsabtretungen rückgängig zu machen, als auch in dem Versuch, der Sowjetunion die Hegemonie über die osteuropäische Region zu sichern. Die Erfahrungen der Zwi-

[6] Die Vielfalt und Flexibilität der sowjetischen Nachkriegsplanungen betonen (mit zum Teil anderen Klassifizierungen) auch Wolfgang Diepenthal, *Drei Volksdemokratien. Ein Konzept kommunistischer Machtstabilisierung und seine Verwirklichung in Polen, der Tschechoslowakei und der Sowjetischen Besatzungszone Deutschlands 1944–1948.* Köln 1974; Geir Lundestad, *The American Non-Policy towards Eastern Europe 1943–1947.* Tromsö, New York 2. Aufl. 1978, S. 435–465 und Mástný, *Russia's Road.*

schenkriegszeit ließen eine hegemoniale Rolle in Osteuropa als unabdingbare Voraussetzung für die sowjetische Sicherheit erscheinen: Die in der Versailler Friedensordnung als »Cordon sanitaire« gegen die Expansion des Bolschewismus organisierten osteuropäischen Staaten waren in der Zwischenkriegszeit ein Herd ständiger Unruhen gewesen. Ihre bürgerlich-demokratischen Regime waren unter der Erschütterung durch tiefgreifende soziale Konflikte und nationale Minderheitenprobleme in autoritäre, zum Teil halbfaschistische Staatsformen übergegangen und hatten fast überall extrem antikommunistische und russenfeindliche Gruppen an die Macht gebracht. Die demokratisch und außenpolitisch gemäßigt gebliebene Tschechoslowakei war unter Mithilfe slowakischer faschistischer Kräfte zerschlagen worden; das autoritär regierte Polen hatte die sowjetischen Bemühungen um das Zustandekommen eines gegen die nationalsozialistische Expansion gerichteten kollektiven Sicherheitspakts vereitelt; Ungarn, Rumänien und Bulgarien hatten nicht nur mit dem nationalsozialistischen Deutschland kooperiert, sondern waren dann auch an der Seite der Achsenmächte in den Krieg eingetreten. Den »Cordon sanitaire« zu zerstören und eine sowjetfreundliche Orientierung der osteuropäischen Region zu garantieren, mußte daher vordringlichstes Ziel der sowjetischen Außenpolitik werden.

Schon in der Zusammenarbeit mit Hitler 1939–1941 versuchte Stalin dieses Ziel zu realisieren. In den geheimen Zusatzprotokollen zum deutsch-sowjetischen Nichtangriffspakt vom August 1939 verständigte er sich mit der deutschen Regierung über die Abgrenzung der beiderseitigen Interessensphären dahingehend, daß Finnland, Estland, Lettland, Litauen, das östliche Polen bis zur Linie der Flüsse Narew, Weichsel und San sowie der bessarabische Teil von Rumänien sowjetischer »Inbesitznahme« offenstehen sollten. Bis zum August 1940 wurden dann die baltischen Staaten, Ostpolen mit Ausnahme des Gebietes von Wilna, Bessarabien und die Nordbukowina – also im wesentlichen jene Gebiete, die vor dem Ersten Weltkrieg Bestandteile des zaristischen Rußlands gewesen waren – von sowjetischen Truppen besetzt und nach manipulierten Volksabstimmungen an die Sowjetunion angegliedert; Finnland mußte nach einem sowjetischen Angriff einige umstrittene Grenzregionen an die Sowjetunion abtreten; darüberhinaus forderte die sowjetische Regierung Hitler auf, der Angliederung ganz Finnlands und der Südbukowina sowie der Ausdehnung der sowjetischen Interessensphäre auf Bulgarien, Ungarn, Jugoslawien, Griechenland und Westpolen zuzustimmen; und selbst nach dem deutschen Angriff auf die Sowjetunion im Juni 1941 fehlte es nicht an Versuchen, auf der Basis dieser Interessenabgrenzung zu einem Separatfrieden mit Deutschland zu kommen[7].

Nachdem der Versuch gescheitert war, die prosowjetische Orientierung Osteuropas über ein deutschsowjetisches Kondominium zu erreichen, traten die Bemühungen um ein britisch-sowjetisches Kondominium über den europäischen Kontinent in den Vordergrund der sowjetischen Politik. In dem von deutschen Truppen belagerten Moskau forderte Stalin im Dezember 1941 vom britischen Außenminister Eden die Anerkennung der seit 1939 vorgenommenen sowjetischen Annexionen, darüberhinaus die Angliederung des Memellandes, Tilsits, des finnischen Gebiets von Petsamo sowie die Zustimmung zur Errichtung sowjetischer Stützpunkte in Rumänien und bot ihm dafür die sowjetische Zustimmung zu einer Stationierung britischer Streitkräfte in Frankreich, Belgien, den Niederlanden, Norwegen und Dänemark an. Polen sollte für den Verlust seiner Ostgebiete durch Ostpreußen und andere deutsche Gebiete, möglicherweise bis zur Oder, entschädigt werden; Ostpreußen nördlich des Njemen sollte dem sowjetischen Litauen angegliedert werden; Separationsbestrebungen im Rheinland und in Bayern sollten gefördert werden; im übrigen Europa sollte das Grenzsystem von Versailles im wesentlichen wiederhergestellt werden.

Die britische Regierung zeigte sich im Grundsatz einer solchen Interessenteilung nicht abgeneigt. Churchill förderte zwar Föderationspläne für Ostmitteleuropa und den Donauraum, deren Verwirklichung der Ausdehnung des sowjetischen Einflußbereiches beträchtliche Hindernisse in den Weg legen mußten; er tat dies jedoch zunächst in der Absicht, die *deutschen* Einflußmöglichkeiten in Osteuropa künftig zu begrenzen, und er betrieb auch die Eröffnung einer »Zweiten Front« auf dem Balkan (statt an der Atlantikküste), weil er sie militärisch für effektiver hielt, nicht, wie eine weitverbreitete ex-post-Interpre-

[7] Vgl. J. E. McSherry, *Stalin, Hitler and Europe.* 2 Bde, Cleveland 1968–70; Vojtěch Mástný, *Stalin and the Prospects of a Separate Peace in World War II.* In: American Historical Review 77 (1972), S. 43–66; ders., *Russia's Road*, S. 73–85; Bernd Martin, *Verhandlungen über separate Friedensschlüsse 1942–1945. Ein Beitrag zur Entstehung des Kalten Krieges.* In: Militärgeschichtliche Mitteilungen 7 (1976), S. 95–113.

tation lange Zeit meinte, um ein Vordringen der Sowjetunion in Südosteuropa zu verhindern. Auf der Konferenz von Teheran Ende November 1943 zeigte er sich folglich bereit, die Curzon-Linie (die am Nationalitätenprinzip orientierte Trennungslinie, die der britische Außenminister Lord Curzon 1920 vorgeschlagen hatte) als neue polnische Ostgrenze zu akzeptieren und im übrigen die sowjetischen Gebietserweiterungen anzuerkennen. Bei seinem Besuch in Moskau im Oktober 1944 schlug er Stalin eine Abgrenzung des beiderseitigen Einflusses im südosteuropäischen Raum vor: Rumänien sollte zu 90 Prozent sowjetischem Einfluß offenstehen, zu 10 Prozent britischem Einfluß; Griechenland umgekehrt 90:10 für die britische Seite, Bulgarien 75:25 für die sowjetische, Ungarn und Jugoslawien je 50 Prozent für beide. Stalin stimmte im Prinzip zu (wenigstens berichtet dies Churchill), ließ aber am folgenden Tag durch Molotow eine Revision der Prozentzahlen verlangen (75:25 statt 50:50 für Ungarn, 90:10 statt 75:25 für Bulgarien). Die beiden Delegationen trennten sich, ohne daß ein definitives Agreement über die Zahlen noch Klarheit darüber, was diese Teilung von Interessenanteilen real bedeuten würde, erreicht worden wäre; dennoch schien sich eine weitgehende britisch-sowjetische Verständigung über das Prinzip der Einflußzonen-Teilung in Europa anzubahnen[8].

Mit dem Anwachsen des amerikanischen Einflusses innerhalb der Kriegskoalition und dem Niedergang der britischen Weltmachtstellung verlor ein solches Agreement indessen an Bedeutung, während die Notwendigkeit der sowjetischen Interessensicherung im osteuropäischen Raum in sowjetischer Sicht sogar noch wuchs: Stellte man das jetzt entstandene amerikanisch-sowjetische Ungleichgewicht in Rechnung, so konnte sich eine erneute antisowjetische Orientierung der osteuropäischen Staaten zu einer tödlichen Bedrohung für das Sowjetregime aus-

---

[8] Vgl. die Zeugnisse über die Verhandlungen 1941 bei Anthony Eden, *The Eden Memoirs*. Bd. 2; London 1965, S. 289ff.; Winant an Hull 19. 1. 1942, FRUS 1942, III, S. 494–503; Winston Churchill, *The Grand Alliance*. London 1950, S. 628f.; anhand der britischen Akten Mástný, *Russia's Road*, S. 41–43; Churchills Osteuropapolitik ebd. S. 108f. Für 1944 Winston Churchill, *Triumph and Tragedy*. Boston 1953, S. 227f. sowie die Auswertung der britischen Akten bei Albert Resis, *The Churchill-Stalin Secret »Percentage« Agreement on the Balkans. Moscow, October 1944*. In: American Historical Review 83 (1978), S. 368 bis 387; Mástný, *Russia's Road*, S. 207–212 und Fraser J. Harbutt, *The Iron Curtain. Churchill, America and the Origins of the Cold War*. New York, Oxford 1986, S. 71–80.

weiten. Stalin war daher entschlossen, den prosowjetischen Umstrukturierungsprozeß der osteuropäischen Region fortzusetzen, selbst wenn dadurch die ansonsten so wünschenswerte amerikanisch-sowjetische Kooperation beeinträchtigt wurde.

Die wesentlichen Elemente dieser Umstrukturierungspolitik waren neben der Arrondierung des sowjetischen Territoriums die Bereinigung der Minoritätenprobleme durch gewaltige Umsiedlungsaktionen, die Zerstörung der materiellen Basis der antikommunistischen Kräfte durch Bodenreformen und Kollektivierungen, die Schaffung antifaschistischer Massenorganisationen, die Besetzung strategischer Schlüsselstellungen mit kommunistischen Vertrauensleuten, die Einbindung der politischen Parteien in eine antifaschistisch-demokratische Einheitsfront mit den Kommunisten und der Abschluß bilateraler Freundschafts- und Beistandspakte mit der Sowjetunion, all dies garantiert durch die Präsenz der sowjetischen Truppen oder durch die Drohung mit dieser Präsenz. Je nach Ausgangslage, Intensivität des sowjetischen Sicherheitsinteresses und Reaktion der betroffenen Länder wurden diese Elemente allerdings in unterschiedlicher Kombination und unterschiedlicher Intensität angewandt; innerhalb des ideologischen Rahmenbegriffs der »Volksdemokratie« waren daher in den osteuropäischen Ländern zunächst recht verschiedenartige Entwicklungen möglich.

Die vergleichsweise härteste Behandlung erfuhr *Polen*, das schon von der geographischen Lage und Größe her im Zentrum der sowjetischen Sicherheitsbemühungen in Osteuropa stand, und dessen Bevölkerung traditionell russenfeindlich eingestellt war. Die Polen mußten nicht nur die Westverschiebung ihrer Grenzen hinnehmen, sondern auch die physische Liquidierung eines Teils ihrer Führungskräfte: Vermutlich, um der antisowjetischen Politik ihre soziale Basis zu nehmen, wurden im Frühjahr 1940 unter den 217000 polnischen Soldaten, die im vorangegangenen Winter in sowjetische Kriegsgefangenschaft geraten waren, fast 15000 Offiziere erschossen. Beides, die Westverschiebungspolitik und die Ermordung der Offiziere, erschwerte Stalins Suche nach einer nicht-antisowjetischen polnischen Führung: Die aus Vertretern der bisherigen gemäßigten Oppositionsparteien gebildete polnische Exilregierung unter General Sikorski war zwar von der Aussicht auf deutsche Gebietserwerbungen angetan, weigerte sich jedoch, die polnisch-sowjetische Vorkriegsgrenze zu diskutieren und zeigte sich erst recht nicht mehr verhandlungsbereit, als ein Teil der ermordeten Offiziere im Frühjahr 1943 in den Massengräbern von Katyn entdeckt wurde. Als die Sikorski-Regierung das Internationale Rote Kreuz um eine Aufklärung der Verantwortlichkeit für Katyn anging (die Sowjets und die Deutschen bezichtigten sich gegenseitig des Verbrechens), brach die Sowjetregierung die diplomatischen Beziehungen zu ihr ab. Stalin hoffte jedoch weiterhin, in den Kreisen der Exilregierung kompromißbereite Führungskräfte zu finden; die Machtübernahme durch polnische Kommunisten schien ihm angesichts deren notorischer Schwäche lange Zeit keine akzeptable Alternative zu sein. Prosowjetische polnische Emigranten, die in Moskau einen »Verband polnischer Patrioten« gebildet hatten, und kommunistische Widerstandskräfte, die zum Jahresende 1943 einen revolutionären »Nationalrat der Heimat« proklamierten, hielt er bis Mitte 1944 hin. Erst als sich Sikorskis Nachfolger Mikolajczyk in erneuten Verhandlungen über die Grenzfrage ebenfalls zurückhaltend zeigte, US-Botschafter Harriman Molotow gegenüber eine gewisse Sympathie für die Emissäre des »Nationalrats« zeigte, und die Errichtung der »Zweiten Front« in der Normandie unterdessen die Gewißheit bot, daß die Rote Armee in Polen einmarschieren können würde, rang sich Stalin zu der Lösung eines sowjetisch kontrollierten Minderheitsregimes durch. Am 22. Juli 1944 konstituierte sich nach heftigen Auseinandersetzungen über die künftige polnische Westgrenze – Stalin hielt zunächst an der Oder-Linie fest, die polnischen Kommunisten wollten das Gebiet bis zur westlichen Neiße – das »Lubliner Komitee« als Kernstück einer kommunistisch dominierten Regierung. Als die Führer des nichtkommunistischen Widerstands in Warschau im August 1944 noch vor Eintreffen der sowjetischen Truppen einen Aufstand entfesselten (in der Absicht, sich einen definitiven Anteil an der Macht zu sichern, und noch ohne Kenntnis der soeben erfolgten Wende der sowjetischen Politik), verweigerte Stalin den Aufständischen zunächst jede Hilfe durch die Sowjetarmee und verhinderte selbst das Landen britischer und amerikanischer Hilfsflugzeuge; auf massiven britischen Druck hin fand er sich dann im September zu zurückhaltender Unterstützung bereit – freilich mit dem Ergebnis, daß durch die Verlängerung der Kämpfe in Warschau der größte Teil der aktiven Résistance durch die deutschen Besatzungstruppen aufgerieben werden konnte. Der Übernahme der Administration der befreiten Gebiete durch das Lubliner Komitee stand nun nichts mehr im Wege; im Januar 1945 wurde es von der Sowjetregierung offiziell als provisorische polnische Regierung anerkannt[9].

Anders als die bis zuletzt intransigente polnische Exilregierung verstand es die in London gebildete *tschechoslowakische* Exilregierung unter dem ehemaligen Staatspräsidenten Benesch, sich durch eine flexible und konzessionsbereite Politik einen Anteil an der Bestimmung der Nachkriegsordnung der Tschechoslowakei zu sichern. Aus der Erfahrung des Münchener Abkommens und der Kräfteverschiebung auf dem Kontinent infolge des Krieges hatte Benesch den Schluß gezogen, sein Land müsse sich nun statt Frankreich der Sowjetunion als Schutzmacht zuwenden, um seine Unabhängigkeit zu bewahren; und da es in der Tschechoslowakei nie eine der polnischen Situation vergleichbare antisowjetische Grundstimmung gegeben hatte, war es ihm möglich, auf der Basis dieses Kalküls eine Politik des Ausgleichs mit der Sowjetunion zu führen. Pläne zur Bildung einer polnisch-tschechoslowakischen Föderation gab er auf sowjetischen Widerspruch hin auf und schloß stattdessen (und gegen den Willen der Westmächte) im Dezember 1943 einen Freundschafts- und Beistandspakt mit der Sowjetunion ab, der diese zur alleinigen Schutzmacht der Tschechoslowakei werden ließ. Von sich aus forderte er die Sowjetregierung zur Ausrottung des »Feudalismus« in Ungarn und Polen auf; als Gegenleistung für seine diplomatische Mithilfe bei der Schaffung einer sowjetischen Sicherheitssphäre erbat er sich sowjetische Unterstützung bei der Vertreibung der Deutschen aus dem Sudetenland und bei der Eliminierung der faschistischen Kräfte der Slowakei. Mit den in Moskau exilierten Führungskräften der tschechischen Kommunisten verständigte er sich auf die Bildung einer »Nationalen Front« aus Kommunisten, Sozialdemokraten, National-Sozialisten und der Katholischen Volkspartei als Träger der künftigen Regierungsgewalt. An der zum tschechoslowakischen Staatsverband gehörigen Karpato-Ukraine bekundete er deutliches Desinteresse, so daß Stalin ab Oktober 1944, um eine direkte Grenze zu Ungarn zu bekommen, gefahr-

[9] Vgl. die *Documents on Polish-Soviet Relations 1939–1945.* 2 Bde, London 1961–1967; Mástný, *Russia's Road,* S. 53–55, 76 f., 167–190; J. K. Zawodny, *Zum Beispiel Katyn. Klärung eines Kriegsverbrechens.* München 1971; ders., *Nothing but Honour. The Story of the Warsaw Uprising.* Stanford 1977; George L. Bruce, *The Warsaw Uprising.* London 1972 (heftige Kritik des sowjetischen Verhaltens); Jan M. Ciechanowski, *The Warsaw Uprising of 1944.* Cambridge, Mass. 1974 (betont die Mitverantwortung der illusionären Widerstandspolitik).

los ihre Angliederung an die Sowjetunion betreiben konnte. Insgesamt erwies sich Benesch als ein derart verläßlicher Förderer sowjetischer Interessen, daß Stalin nicht im entferntesten daran dachte, seine Regierung durch ein Satellitenregime zu ersetzen. Daß die tschechischen und slowakischen Kommunisten bei der definitiven Konstituierung der Regierung der »Nationalen Front« im März 1945 in Moskau einen unverhältnismäßig hohen Anteil an Kabinettsposten erringen konnten, war keineswegs ein Ergebnis sowjetischen Drucks, sondern die Folge einer erstaunlichen Nachlässigkeit Beneschs, der, ohne in die Verhandlungen einzugreifen, sich die Position eines »über den Parteien« stehenden Schiedsrichters schaffen zu können glaubte. Immerhin blieben auf diese Weise die demokratischen Grundstrukturen erhalten, ließ sich unter allen Partnern der Regierungskoalition ein weitreichender Konsens hinsichtlich einer künftigen Demokratisierung der tschechoslowakischen Gesellschaft herstellen, und wurde das Land im Dezember 1945 von der Roten Armee (ebenso wie von den amerikanischen Truppen) wieder geräumt[10].

In *Rumänien*, das unter dem autoritären Regime Marschall Antonescus an der Seite der Achsenmächte gekämpft hatte, setzte Stalin zunächst auf eine Verschwörergruppe um König Michael, konservative Generäle und oppositionelle Politiker. Diese führten den Coup jedoch am 23. August 1944 unter weitgehender Umgehung der rumänischen Kommunisten durch; lediglich ein kommunistischer Minister (Pătrăşcanu) wurde nachträglich in das von Militärs gebildete Kabinett aufgenommen. Obwohl das Land nun unter Mithilfe des neuen Regimes von der Roten Armee befreit wurde, weigerte sich Stalin, dem Drängen seiner rumänischen Parteigenossen auf größeren Anteil an der Macht nachzugeben. Ein erster Versuch der Kommunisten, durch Massenaktionen eine Änderung der politischen Struktur des Landes zu erreichen, blieb im Dezember 1944 vergeblich; ein zweiter im Februar 1945 löste erhebliche Unruhen unter der antibolschewistisch eingestellten ländlichen Bevölkerung aus;

---

[10] Vgl. E. Táborský, *Beneš and Stalin – Moscow 1943 and 1945*. In: Journal of Central European Affairs 13 (1953/54), S. 154–181; Vojtěch Mástný, *The Beneš-Stalin-Molotov Conversations in December 1943: New Documents*. In: Jahrbücher für Geschichte Osteuropas N. F. 20 (1972), S. 387–402; ders., *Russia's Road*, S. 133–143, 227–229, 260f.; H. Gordon Skilling, *Revolution and Continuity in Czechoslovakia, 1945–1946*. In: Journal of Central European Affairs 21 (1961), S. 357–378; Diepenthal, *Drei Volksdemokratien*, S. 24–27, 45–67.

der sowjetische Vorsitzende des Alliierten Kontrollrats für Rumänien erzwang daraufhin am 27. Februar 1945 von König Michael ultimativ die Ablösung der Regierung Rădescu durch ein stärker prosowjetisch orientiertes Kabinett unter dem Bauernpartei-Politiker Groza. Die konservativen Kräfte der Bauernpartei (um Maniu) und der Liberalen (um Bratianu) behielten weiterhin starken Rückhalt im Lande, hatten jedoch keinen unmittelbaren Zugang zum Regierungsapparat mehr.

Auch in *Bulgarien*, das sich wohl mit den Westmächten, nicht aber mit der Sowjetunion im Kriegszustand befand, hoffte die Sowjetführung zunächst auf ein Arrangement mit den Vertretern der alten Ordnung; bis Ende August 1944 weigerte sich Stalin, einen Waffenstillstand der bulgarischen Regierung mit den Westmächten zu vermitteln. Als der Umsturz in Rumänien überraschend den Weg für eine militärische Eroberung des Landes durch die Rote Armee freimachte, organisierte die oppositionelle »Vaterländische Front« aus Kommunisten, Sozialisten, Bauernpartei und Zveno-Gruppe der Militärs im September einen Putsch, und nachdem die sowjetischen Truppen das Land besetzt hatten, konnten die Kommunisten im Laufe des ersten Halbjahres 1945 die Dominanz innerhalb dieser Koalition erringen. Im Januar 1945 mußte der Generalsekretär der Bauernpartei Dimitroff unter sowjetischem Druck zurücktreten; im Juli trat der Bauernpartei-Führer Petkoff unter Protest aus der Regierung aus. Was blieb, war die Bereitschaft der Regierung, um der Anerkennung durch die Westmächte willen auf manche Forderung der Opposition Rücksicht zu nehmen.

In *Ungarn* bemühte sich Stalin zunächst um die Zusammenarbeit mit Admiral Horthy; erst als dieser zögerte, an der Seite der Alliierten in den Krieg gegen seinen vormaligen deutschen Verbündeten einzutreten, ließ er unter dem Schutz der unterdessen eingerückten sowjetischen Truppen Ende Dezember 1944 eine Regierungskoalition aus Kleinlandwirte-Partei, Sozialisten und Kommunisten etablieren, an deren Spitze allerdings immer noch drei Generäle des Horthy-Regimes standen. Das neue Regime betrieb eine konservativ-vorsichtige Entfaschistisierungspolitik und geriet trotz Anwesenheit sowjetischer Truppen und drückender Reparationslasten erst vergleichsweise spät, vom Spätjahr 1946 an, unter sowjetischen Druck.

Dagegen blieb der sowjetische Einfluß in Jugoslawien und Finnland begrenzt: in *Jugoslawien,* weil die kommunistische Partisanenbewegung unter Tito weithin aus eigener Kraft und zunächst deutlich gegen den Willen Stalins die Macht im Lande übernahm; in *Finnland,* weil die finnische Armee den sowjetischen Vormarsch zweimal, 1939/40 und 1944, erfolgreich zum Stillstand brachte, die USA während des gesamten Krieges ein deutliches Interesse am Erhalt der demokratischen Ordnung Finnlands bekundeten, und die Regierung Paasikivi nach Kriegsende den sowjetischen Sicherheitsinteressen mit einer betont sowjetfreundlichen Außenpolitik entgegenkam[11].

So unterschiedlich die Methoden der sowjetischen Interessensicherung und deren Ergebnisse für die innere Ordnung der osteuropäischen Länder auch waren, in jedem Falle hatte die Sowjetführung bis zum Ende des Krieges erreicht, daß die nicht-sowjetfeindliche Ausrichtung ihres westlichen Vorfeldes zunächst einmal garantiert war. Wie dauerhaft diese Garantie war, blieb indessen ungewiß: Sowohl die Entwicklung der politisch-gesellschaftlichen Auseinandersetzungen in den Ländern der sowjetischen Einflußsphäre als auch die Haltung der Westmächte gegenüber den Vorgängen in Osteuropa konnten das jeweils erreichte prosowjetische Gleichgewicht erschüttern und zu einem Wandel der politischen Verhältnisse führen, sei es auf ein Mehr an Demokratie oder auf ein Mehr an Repression hin.

Stabilisierung Westeuropas

Während die Politik der Sowjetführung im Einflußbereich der Roten Armee also durchweg offensive Züge aufwies, war die sowjetische Politik in bezug auf den vermuteten amerikanischen Einflußbereich von vornherein defensiver Natur; es galt, dem Vordringen des amerikanischen Kapitalismus, wenn überhaupt möglich, Grenzen zu setzen, indem man die durch die Kriegsfolgen desorganisierten Länder so rasch wie möglich wieder stabilisierte. Für die kommunistischen Parteien in diesem Bereich bedeutete die Neuauflage der »Volksfront«-Strategie ebenfalls die Verpflichtung zu antifaschistischen Bündnissen auf

[11] Vgl. den vergleichenden Überblick bei Lundestad, *The American Non-Policy;* zu Rumänien näherhin Lynn Etheridge Davis, *The Cold War Begins. Soviet-American Conflict over Eastern Europe.* Princeton 1974, S. 256ff.; McCagg, *Stalin Embattled,* S. 168–173; Mástný, *Russia's Road,* S. 196–199, 255–257; zu Bulgarien ebd. S. 199–203; zu Ungarn ebd. S. 205–207, und McCagg, *Stalin Embattled,* S. 313–316 (Zeugnisse des ungarischen KP-Führers Ernö Gerö).

breitester Grundlage und zur Ausweitung des kommunistischen Einflusses in allen Bereichen des öffentlichen Lebens –
allerdings nicht, wie die meisten kommunistischen Wider-
standskämpfer während des Krieges erwartet hatten, zur Vorbereitung grundlegender gesellschaftlicher Umwälzungen, sondern, wie die bei Kriegsende aus ihrem Moskauer Exil zurückkehrenden Parteiführungen ihrer Basis sehr bald zu verstehen
gaben, um den umgehenden Wiederaufbau der zerstörten Länder aus eigenen Kräften zu garantieren. Die Massen waren unter
Einsatz aller Mittel zur Steigerung der industriellen und landwirtschaftlichen Produktion zu mobilisieren; patriotische Traditionen waren überall zu reaktivieren; gesellschaftliche Reformbewegungen nur soweit zu fördern, wie sie zur Effektivie-
rung des Produktionsprozesses beitragen konnten, aber immer
dann zu stoppen, wenn sie die Produktivität auch nur kurzfristig zu beeinträchtigen drohten; die traditionellen nationalen
Machteliten waren zu respektieren und soweit wie möglich auf
eine Politik der Unabhängigkeit zu verpflichten.

In *Frankreich*, dem wichtigsten Land der ausschließlich von
angelsächsischen Truppen befreiten Region des europäischen
Kontinents, nutzte die kommunistische Partei ihren in der inneren Résistance gewonnenen, vergleichsweise großen Einfluß
dazu, die Arbeiter für den Produktionskampf zu mobilisieren.
»Die Schlacht auf den Barrikaden ist gewonnen, begonnen hat
die Schlacht um die wirtschaftliche Wiedergeburt«, schrieb das
Parteiorgan *L'Humanité* drei Tage nach der Befreiung von Paris, am 28. August 1944. Als Koalitionspartner »tripartistischer«
Kabinette (im wesentlichen mit Sozialisten und Christdemokraten) boykottierten die Kommunisten die Forderungen der sozialistischen Partei nach Nationalisierung aller Großindustrien,
Wirtschaftsplanung und Partizipation; sie selbst übernahmen
vor allem die Ministerien für industrielle Produktion, Arbeit,
Soziales, Wirtschaft, Rüstung und Wiederaufbau und verfoch-
ten dort eine Politik rigoroser Produktions- und Ertragsraten-
steigerung bei gleichbleibenden oder gar sinkenden Reallöhnen.
Streikbewegungen gegen diese industriefreundliche Politik
wurden von der kommunistisch dominierten Gewerkschaftsor-
ganisation CGT bekämpft. Nachdem der Chef der Provisorischen Regierung, General de Gaulle, im Dezember 1944 einen
langfristigen Freundschafts- und Beistandspakt mit der Sowjetunion abgeschlossen hatte und der kommunistische Generalsekretär Maurice Thorez aus dem Moskauer Exil zurückgekehrt

war, wirkte die Partei sogar an der Entmachtung der von der Résistance geschaffenen Administrationsorgane mit, an denen sie sich zuvor einen dominierenden Anteil gesichert hatte. In der Außenpolitik unterstützte sie de Gaulles Forderungen nach Überführung großer Teile des westdeutschen Industriepotentials an Frankreich durch Internationalisierung der Ruhr, Abtrennung des Rheinlandes und massive Reparationslieferungen; und selbst in der Kolonialpolitik deckte sie die Bemühungen der französischen Regierung, die begonnene Emanzipation der kolonisierten Völker rückgängig zu machen und sie trotz des taktisch gemeinten Zugeständnisses größerer Partizipation wieder fest an das französische Mutterland zu binden. »Was Thorez betrifft«, so bestätigte de Gaulle rückblickend, »so sollte er bei allen Bemühungen, die Sache der Kommunisten voranzubringen, doch bei mehreren Gelegenheiten dem öffentlichen Interesse Dienste erweisen.«[12]

Das Gleiche galt für Togliattis Bemühungen in *Italien*. Auch hier war die kommunistische Partei neben Sozialisten und Christdemokraten die dritte maßgebliche politische Kraft; auch hier engagierte sie sich in Koalitionsregierungen mit diesen Parteien im Kampf um den nationalen Wiederaufbau im Rahmen des traditionellen kapitalistischen Systems. Zunächst war dabei noch an ein radikal-demokratisches Programm gedacht worden – auf einem antifaschistischen Kongreß in Bari im Januar 1944 hatten sich die italienischen Kommunisten mit den übrigen Parteien der Linken auf die Forderung nach sofortiger Abdankung des Königs und Übertragung der staatlichen Legitimität auf die Organe des Widerstands geeinigt. Drei Monate später erklärte Togliatti dann sogar die Bereitschaft seiner Partei, wie die Liberalen und anders als die Sozialisten das Problem der zukünftigen Institutionen bis zur Beendigung des Krieges zu verschieben; er signalisierte damit seine Bereitschaft, auch mit den konservativen Kräften aus Wirtschaft und Politik beim Wiederaufbau zu kooperieren. Die Kommunisten nahmen es hin, daß die Partisanen im Norden des Landes im Frühjahr 1944 entwaffnet

[12] Charles de Gaulle, *Mémoires du guerre*. Bd. 3: *Le Salut*. Paris 1959, S. 101; vgl. Wilfried Loth, *Frankreichs Kommunisten und der Beginn des Kalten Krieges*. In: Vierteljahrshefte für Zeitgeschichte 26 (1978), S. 12–24; für Einzelheiten auch Alfred J. Rieber, *Stalin and the French Communist Party 1941–1947*. New York, London 1962, S. 126–191, 212–237, 270–357; Ronald Tiersky, *Le mouvement communiste en France 1920–1972*. Paris 1973, S. 100–130; Jean-Jacques Becker, *Le parti communiste veut-il prendre le pouvoir?* Paris 1981, S. 125–207.

und die von ihnen eingerichteten lokalen Räte im Laufe des Jahres 1945 entmachtet wurden; als Justizminister half Togliatti sogar mit, »linke« Kräfte aus der Administration wieder zu entfernen. Die gemeinsame Basis der drei Parteien war dabei noch größer als in Frankreich: Infolge der langjährigen Illegalität war die KPI nie in dem Maße bolschewisiert worden wie ihre europäischen Bruderparteien; stattdessen hatte der gemeinsame Untergrundkampf mit Sozialisten, Christdemokraten, Liberalen usw. das Bewußtsein für die Gemeinsamkeit der demokratischen Ideale gestärkt. Das strategische Interesse der Moskauer Parteiführung an einer raschen Stabilisierung der westeuropäischen Staaten traf hier also auf eine autonome, die Gemeinsamkeit der Demokraten betonende »antifaschistische« Basisbewegung; beides zusammen ließ die KPI zum absolut loyalen Koalitionspartner werden, der sowohl die Abschaffung der Antimonopolgesetzgebung als auch die industriefreundliche Wirtschaftspolitik und die ständige Verschlechterung der kommunistischen Position von Kabinett zu Kabinett hinnahm, ohne den Parteikurs irgendwie zu korrigieren. Die Zusammenarbeit ging so weit, daß sich die italienischen Kommunisten in außenpolitischen Fragen – nun schon *gegen* das Interesse der Sowjetführung – zum Prinzip »einer Zusammenarbeit und immer enger werdenden politischen, wirtschaftlichen und kulturellen Bindungen mit allen europäischen Demokratien« bekannten[13].

Nichts anderes ist von der kommunistischen Partei *Belgiens* zu berichten, der es nach ihrer Beteiligung am Widerstand gelungen war, sich einen Platz in den ersten belgischen Nachkriegskabinetten zu erkämpfen; nichts anderes auch von den kleinen kommunistischen Parteien, die sich in den übrigen von angelsächsischen Truppen befreiten Ländern vergeblich um einen Anteil an der Macht bemühten. In *Griechenland* verweigerte Stalin der von kommunistischen Führungskräften wesentlich mitgetragenen nationalen Aufstandsbewegung gegen das autoritäre Athener Regime nicht nur jede Unterstützung; er hielt sich auch zurück, als die britische Regierung im Dezember

[13] Erklärung der KPI vom November 1944, zit. n. Wilfried Loth, *Die Schwäche-Situation Italiens, Belgiens und der Niederlande.* In: Walter Lipgens, *Die Anfänge der europäischen Einigungspolitik 1945–1950.* Bd. 1: *1945–1947.* Stuttgart 1977, S. 241–263, hier S. 250; vgl. Giuseppe Vaccarino, *Die Wiederherstellung der Demokratie in Italien (1943–1948).* In: Vierteljahrshefte für Zeitgeschichte 21 (1973), S. 285–324; Harald Hamrin, *Between Bolshevism and Revisionism. The Italian Communist Party 1944–1947.* Stockholm 1975; Paolo Spriano, *Storia di P. C. I..* Bd. 5, Turin 1975, Kap. 11–12.

1944 Truppen zur Pazifikation der Aufständischen einsetzte. Ähnlich zurückhaltend war die sowjetische Politik gegenüber der kommunistisch geführten Partisanenbewegung Titos in *Jugoslawien:* Stalin hat nicht nur lange gezögert, bevor er Tito als Staats- und Regierungschef anerkannte, sondern legte auch sein Veto ein, als Titos Truppen sich im Mai 1945 anschickten, sich das Gebiet von Triest im Kampf mit britischen und amerikanischen Streitkräften zu sichern. In *China* anerkannte die sowjetische Regierung Tschiang Kai-schek, den Führer des korrupten Kuomintang-Regimes und Erzfeind der chinesischen Kommunisten, förmlich als Staats- und Regierungschef; die Partei Mao Tse-tungs wurde aufgefordert, erneut eine nationale Einheitsfront mit den Kuomintang zu bilden, um so eine einseitig amerikanische Ausrichtung des Landes zu verhindern[14].

In den Zusammenhang dieser insgesamt defensiven Strategie gehört es auch, daß sich die Sowjetregierung 1944 den amerikanischen Plänen für eine Weltfriedensorganisation zur Überraschung der US-Regierung sehr schnell anschloß: es galt zu vermeiden, daß sich die UNO durch sowjetisches Abseitsstehen zu einem antisowjetischen System entwickeln würde. Schließlich müssen auch die diplomatischen Anstrengungen der Sowjetführung im Mittelmeerraum und Nahen Osten in diesem Zusammenhang gesehen werden: Die Moskauer Regierung nahm 1944 diplomatische Beziehungen mit Ägypten, Syrien, dem Libanon und dem Irak auf, suchte die Anwesenheit sowjetischer Truppen im nördlichen Iran zu politischer Einflußnahme zu nutzen und forderte 1945 von der Türkei die Zulassung sowjetischer Militärstützpunkte an den Meerengen sowie von den Westalliierten das Mandat über das ehemals italienische Libyen – gewiß in Anknüpfung an die früheren Traditionen russischer Großmachtpolitik, aber nun deutlich von der Sorge bestimmt, den Mittelmeerraum nach dem Niedergang der französischen und italienischen Kolonialmacht nicht gänzlich in die Hände der Briten und Amerikaner fallen zu lassen.

[14] Vgl. zu China Jacques Guillermaz, *History of the Chinese Communist Party.* New York 1972, S. 350ff., und Joyce und Gabriel Kolko, *The Limits of Power.* New York 1972, S. 246–276; zu Jugoslawien Walter R. Roberts, *Tito, Mihailovič and the Allies, 1941–1945.* New Brunswick, N. J. 1973; zu Griechenland Christopher F. Woodhouse, *The Struggle for Greece, 1941–1949.* London 1976, S. 95ff.; insgesamt zur sowjetischen Zurückhaltung auch McCagg, *Stalin Embattled,* S. 31–71, freilich mit der irreführenden Begründung, Stalin habe in der »demokratischen Methode« größere Chancen zur Durchsetzung des Kommunismus gesehen.

Die Erfolgsaussichten dieser antiamerikanischen Eindämmungspolitik wurden von der Sowjetführung selbst äußerst skeptisch beurteilt. Ein Teil der sowjetischen Führungskräfte betrachtete Frankreich bereits 1944 als definitiv an den angelsächsischen Einflußbereich verloren und forderte daher, die bisherige Zusammenarbeit mit de Gaulle zugunsten einer äußersten Zurückhaltung aufzugeben; erst nach entsprechend nachhaltigen Plädoyers von Thorez ließ sich Stalin davon überzeugen, »daß die Schwäche Frankreichs keine unabänderliche Gegebenheit darstellte und man den angelsächsischen Einfluß wenn schon nicht verhindern, so doch begrenzen könne, indem man Frankreich helfe, eine unabhängige Politik zu verfolgen«[15]. Aber gerade weil die Erfolgsaussichten minimal waren, mußte die Verpflichtung der kommunistischen Parteien zur Stabilisierung ihrer Länder aus eigenen Kräften total sein. Bis zur Gründung des Kominform im September 1947 haben die kommunistischen Parteien denn auch unbeirrt an dieser Politik festgehalten.

Die Grenzen der Stabilisierungsstrategie wurden allerdings in der Tat bald sichtbar. In dem Maße, wie sich die innenpolitische Situation nach Kriegsende wieder normalisierte, drängten traditionelle bürgerliche Kräfte, in Frankreich vor allem über die christdemokratische Partei, in Italien in Verbindung mit entsprechenden Initiativen des Vatikans, auf einen Ausschluß der Kommunisten aus den Regierungen; und das politische Gewicht dieser Forderungen verstärkte sich entscheidend durch gleichlautende Wünsche der amerikanischen Administration. Zugleich wuchs die Unzufriedenheit der kommunistischen Parteibasis und -klientel mit der von Moskau verfügten Opferpolitik. Diesem doppelten Druck standzuhalten konnte, wenn überhaupt, nur gelingen, solange auf globaler Ebene die Kooperation mit den Westmächten erhalten blieb – ein Grund mehr für die Sowjetführung, an der Fortsetzung dieser Kooperation interessiert zu sein[16].

[15] So das Zeugnis des Thorez-Begleiters Jean Richard Bloch im Dezember 1944, wiedergegeben in Le Monde 26. 11. 1969, zit. n. Loth, *Frankreichs Kommunisten*, S. 15.

[16] Daß das in Osteuropa praktizierte Modell kommunistischer Herrschaftssicherung »in Richtung Westeuropa *prinzipiell* keiner geographischen Beschränkung unterlag« (so zuletzt noch Detlef Junker, *Die Vereinigten Staaten und die Ursprünge des Kalten Krieges 1945–1947*. In: Oswald Hauser (Hrsg.), *Weltpolitik III 1945–1953*. Göttingen 1978, S. 13–38, hier S. 31), gehört zu den zentralen

In Deutschland trafen die Imperative sowjetischer Osteuropapolitik und sowjetischer Westeuropapolitik zusammen: Einerseits hatte das Deutsche Reich den Sowjetstaat beinahe vernichtet; es mußte also wie in den osteuropäischen Ländern durch grundlegende gesellschaftliche Umwälzungen und definitiven Anteil der Kommunisten an der Macht dafür Sorge getragen werden, daß sich eine solche Bedrohung der sowjetischen Sicherheit nicht wiederholen konnte. Andererseits war das Deutsche Reich nur unter Mithilfe westlicher Truppen zu besiegen; es mußte daher verhindert werden, daß das deutsche Industriepotential in den Einflußbereich des amerikanischen Kapitalismus geriet, zugleich mußte aber auch eine Lösung des Deutschlandproblems gesucht werden, die sich in Kooperation mit den Westmächten verwirklichen ließ. Anders als im Falle der östlichen und der westlichen Region ließ sich aus diesen Imperativen jedoch keine eindeutige Strategie für die Nachkriegsordnung Deutschlands ableiten. Sollte man versuchen, die gesellschaftliche Transformation zu sichern, die in Anbetracht der bisherigen Stärke und Expansivität des deutschen Kapitalismus besonders radikal sein mußte, und dabei einen Bruch mit den Westmächten riskieren, der letztlich wieder einem Wiederaufstieg Deutschlands zugute kommen mußte? Sollte man versuchen, die deutsche Industrie vor dem amerikanischen Zugriff zu schützen, dabei aber Gefahr laufen, die gesellschaftliche Transformation nicht weit genug voranzutreiben? Sollte man versuchen, die Expansionskraft des Deutschen Reiches durch seine Teilung in Einzelstaaten zu bändigen, dabei aber riskieren, daß ein Teil dieser Staaten zu Juniorpartnern der USA wurde? Sollte man umgekehrt auf die Einheit Deutschlands setzen, dabei aber unter Umständen in Kauf nehmen, daß sich die westlichen Vorstellungen in ganz Deutschland durchsetzten? Sollte man mit eigenen Initiativen warten, bis eine Verständigung unter allen Besatzungsmächten erreicht war, dabei aber riskieren, daß sich die Gegenkräfte mobilisieren konnten, oder sollte man die Transformation zumindest in der eigenen Besatzungszone vorantreiben, dabei aber in Kauf nehmen, daß sich die sowjetischen Einflußmöglichkeiten in den anderen Zonen verringer-

Mythen des Kalten Krieges, die durch die konkrete sowjetische Westeuropapolitik nicht zu belegen sind.

ten? Die Antwort konnte angesichts all dieser Imponderabilien nur lauten, sich auf *kein* deutschlandpolitisches Konzept a priori festzulegen, vielmehr alle denkbaren Wege versuchsweise zu erkunden, um herauszufinden, welche Kombination den sowjetischen Imperativen noch am ehesten gerecht werden konnte. Die sowjetische Deutschlandpolitik während des Krieges und in der Nachkriegszeit war daher von einer fundamentalen Polyvalenz geprägt – einer Polyvalenz, die den Westmächten einen breiten Spielraum in der Entscheidung über die tatsächliche Nachkriegsordnung Deutschlands überließ[17].

Die Polyvalenz der sowjetischen Deutschlandpolitik schloß zunächst einmal durchaus die Möglichkeit ein, daß die Sowjetunion von der »unconditional-surrender«-Forderung der Alliierten abrückte. Die wiederholten informellen diplomatischen Kontakte zur deutschen Regierung 1942 und insbesondere nach dem sowjetischen Sieg bei Stalingrad und vor dem sowjetischen Durchbruch bei Kursk, also zwischen Februar und Juli 1943, waren gewiß *auch* taktisch gedacht: als Drohung gegenüber den westlichen Alliierten, die helfen sollten, deren Anstrengungen zur Errichtung einer »Zweiten Front« auf dem europäischen Kontinent zu beschleunigen. Ebenso diente die Gründung des »Nationalkomitees Freies Deutschland« unter schwarz-weiß-roten Emblemen im Juli 1943 zunächst dazu, die Kampfmoral der deutschen Truppen an der Ostfront zu zersetzen. Beide Initiativen entsprangen jedoch vor allem der Furcht vor einer Verständigung der Westmächte mit Deutschland und lassen darüberhinaus deutlich das Motiv erkennen, sich unter Umständen mit einem nur geringfügig eingeschränkten Deutschen Reich zu arrangieren, um das deutsche Potential nicht in die Hände der westlichen Alliierten fallen zu lassen. Insbesondere hinter den 1943/44 intensiven Appellen zum Sturz des nationalsozialistischen Regimes von innen heraus ist eine solche Hoffnung zu spüren; sie schwand freilich im Laufe des Jahres 1944

---

[17] Auf diese polyvalente Struktur der sowjetischen Deutschlandpolitik hat erstmals Hans-Peter Schwarz, *Vom Reich zur Bundesrepublik*. Neuwied, Berlin 1966, S. 203 ff., hingewiesen; dokumentarisch auch anhand sowjetischer Quellen wurde sie nachgewiesen von Alexander Fischer, *Sowjetische Deutschlandpolitik im Zweiten Weltkrieg 1941–1945*. Stuttgart 1975. Nach dem Zeugnis des sowjetischen Reparations-Administrators Vladimir Rudolph fürchtete die Mehrheit des Politbüros Ende 1944, die Sowjetunion werde aus der Beteiligung an der Besatzung Deutschlands überhaupt keine Vorteile ziehen können; vgl. Robert Slusser, *Soviet Economic Policy in Postwar Germany: A Collection of Papers by Former Soviet Officials*. New York 1953, S. 19, 41.

mehr und mehr, als die Sowjetführung zur Kenntnis nehmen mußte, wie schwach die innerdeutsche Widerstandsbewegung tatsächlich war[18].

Gegenüber den Westmächten hat Stalin während des Krieges mehrfach von der Möglichkeit einer Zerteilung Deutschlands gesprochen, Fragen nach seinen weiteren Planungen für eine Lösung des Deutschlandproblems aber immer unbeantwortet gelassen. Im Dezember 1941 schlug er Eden »die Wiederherstellung Österreichs als unabhängigen Staat vor, die Loslösung des Rheinlandes von Preußen als unabhängigen Staat oder als Protektorat und eventuell die Bildung eines selbständigen Bayern«, ferner die Abtretung Ostpreußens und weiterer deutscher Gebiete an Polen, die Angliederung des Gebietes von Tilsit an die Sowjetunion und die Rückgabe des Sudetenlandes an die Tschechoslowakei[19]. Auf der Konferenz von Teheran Ende November 1943 ließ er eine gewisse Sympathie für Roosevelts Plan einer Teilung des Deutsches Reiches in fünf Teilstaaten erkennen, warnte aber zugleich vor dem Revanchismus, den eine solche Zerteilung hervorrufen könne, forderte die Einrichtung permanenter strategischer »Sicherheitsplätze« auf deutschem Territorium und regte Churchill gegenüber erstmals an, die »spezifischen Verhältnisse Deutschlands mit seinem Junkertum und seinen großen Rüstungskonzernen (...) zu ändern«[20]. Auf der Konferenz von Jalta im Februar 1945 verlangte er, wiederum ohne einen eigenen Plan vorzulegen, das allgemein anerkannte Prinzip der Aufteilung Deutschlands jetzt zu konkretisieren und (nicht ohne Seitenblick auf mögliche deutsche Versuche, sich mit den Westmächten allein zu arrangieren) die Westmächte jetzt öffentlich auf dieses Prinzip zu verpflichten. Zugleich forderte er erstmals eindeutig die Anerkennung der westlichen Neiße als polnische Westgrenze und meldete seinen Anspruch auf Reparationslieferungen aus der deutschen Produktion im Wert von 10 Milliarden Dollar an; weitere 10 Milliarden Dollar, so meinte er (wohl zu Recht!), könnten die übri-

[18] Vgl. Fischer, *Sowjetische Deutschlandpolitik*, S. 33–59; Mástný, *Russia's Road*, und Martin, *Verhandlungen*. Die in der amerikanischen Literatur verbreitete These, Stalin sei nie wirklich an einem Separatfrieden mit Deutschland interessiert gewesen (z. B. bei Adam B. Ulam, *The Rivals. America and Russia since World War II.* 2. Aufl. London 1973, S. 14), ist entsprechend zu korrigieren.

[19] Churchill, *The Grand Alliance*, S. 628 f.; vgl. oben Anm. 8.

[20] Valentin Berežko, *Tegeran 1943.* Moskau 1968, S. 110, zit. n. Fischer, *Sowjetische Deutschlandpolitik*, S. 70; ebd. S. 69–75 die vollständigste Analyse der Teheraner Deutschlandgespräche.

gen Kriegsopfer erhalten, ohne daß eine deutsche Friedenswirtschaft Schaden nehmen würde[21]. Solange sich die Westmächte zu weitreichenden Sanktionen gegenüber Deutschland bereit zeigten, schien es möglich, die deutsche Macht auf diese Weise zu brechen, ohne das deutsche Potential zugleich dem amerikanischen Zugriff auszuliefern; die Reduzierung des deutschen Potentials durch Reparationsverpflichtungen und gesellschaftliche Transformation mochten hier zusätzliche Garantien bieten.

Indessen hatten die sowjetischen Vorschläge zur Zerschlagung des agrarisch-industriellen Komplexes in Teheran wenig Echo gefunden, und die Forderungen nach Reparationsleistungen, Festlegung auf die Oder-Neiße-Grenze, ja selbst die Forderung nach Festschreibung der Aufteilungspläne in Jalta stießen auf den Widerstand insbesondere Churchills, so daß in diesen Fragen zunächst nur Formelkompromisse erzielt werden konnten[22]. Diese Enttäuschungen veranlaßten die Sowjetführung, die Gefahr einer »Amerikanisierung« Deutschlands nun wieder höher einzuschätzen und folglich ein sowjetisches Mitsprache- und Kontrollrecht für die Zukunft des gesamten Deutschen Reichs für vordringlich zu halten. Das Motiv der Sicherheit gegenüber Deutschland verlor demgegenüber an Gewicht, zumal die Rote Armee im Frühjahr 1945 die Oder überschritt und damit de facto die Verwirklichung der sowjetischen Vorstellungen hinsichtlich einer unter militärstrategischen Gesichtspunkten akzeptablen deutschen Ostgrenze sicherstellte. Im März 1945 erfolgte darum eine spektakuläre Kurskorrektur in der offiziellen sowjetischen Deutschlandpolitik: Stalin ließ erklären, daß er nicht länger an dem Prinzip der Aufteilung Deutschlands festhalten wolle, und in Verlautbarungen nach der deutschen Kapitulation ließ er wieder vernehmen, daß die Sowjetunion sehr wohl zwischen dem Faschismus und dem deutschen Volk zu unterscheiden wisse[23].

[21] Zur Jalta-Konferenz vgl. Herbert Feis, *Churchill, Roosevelt, Stalin.* Princeton 1957, S. 497–558; Diane S. Clemens, *Yalta.* New York 1970 (deutsch: *Jalta.* Stuttgart 1972); John Wheeler-Bennett, Anthony Nicholls, *The Semblance of Peace. The Political Settlement after the Second World War.* London 1972, S. 188–250; Fischer, *Sowjetische Deutschlandpolitik,* S. 120–131; Mástný, *Russia's Road,* S. 239–253. Zur Diskussion der sowjetischen Reparationsforderungen vgl. Kapitel 3.

[22] Vgl. ausführlicher Kapitel 3.

[23] Vgl. mit anderer Interpretation der Motive Fischer, *Sowjetische Deutschlandpolitik,* S. 131–135 (neben der Sicherheit infolge der Oderüberschreitung die Furcht, Reparationen an Frankreich zu verlieren, und die Hoffnung auf ein

71

Die nötige Garantie gegen einen Wiederaufstieg der deutschen Wirtschaft und gegen eine mögliche Verbindung des deutschen mit dem amerikanischen Kapitalismus war damit allerdings noch nicht erreicht. Die Sowjetführung ließ zwar die mit der Roten Armee aus dem Moskauer Exil zurückkehrenden Führungskräfte der KPD alsbald damit beginnen, die »demokratische Umwandlung« durch Entnazifizierung der Administration, Bodenreform und Enteignung der Kapitalherren in der sowjetischen Besatzungszone Deutschlands in die Wege zu leiten, sie fand jedoch keinen Hebel, diesen Prozeß auf die übrigen Besatzungszonen übergreifen zu lassen – im Gegenteil: die Notwendigkeit, der KPD-Führung in diesem Prozeß eine bestimmende Rolle zu sichern, hat in den westlichen Besatzungszonen sehr bald die Furcht vor einer Bolschewisierung aufkommen und damit die sowjetischen Transformationsforderungen inakzeptabel erscheinen lassen[24]. Daß die Sowjetführung mit ihren Vorstellungen in bezug auf Gesamtdeutschland seit dem Sommer 1945 nicht mehr weiterkam, veranlaßte sie dann allerdings nicht mehr, den in der eigenen Besatzungszone eingeleiteten Transformationsprozeß zu stoppen oder gar rückgängig zu machen. Immer noch zwischen den verschiedenen Imperativen ihrer Deutschlandpolitik unentschieden, hat sie damit *eine* Vorentscheidung in dem Prozeß getroffen, der zur tatsächlichen Teilung Deutschlands führte.

Insgesamt hat die sowjetische Nachkriegsplanung also anders als die amerikanische keine globale Vision für die Nachkriegsordnung Europas und der Welt entwickelt. Eine Reihe von Essentials und Optionen in bezug auf die sowjetische Sicherheit standen fest, eine Reihe von Methoden waren entwickelt worden, diese Essentials unter unterschiedlichen Bedingungen zu realisieren; wie die Nachkriegsordnung tatsächlich aussehen sollte, war jedoch offengeblieben, weil dies von der Reaktion

baldiges amerikanisches Disengagement) und Mástný, *Russia's Road*, S. 233, 237, 242, 261 f. (Hoffnung auf Dominanz über ganz Deutschland, die in Jalta nur zurückgestellt wurde, um durch Belebung der Zerteilungsformel eine Separatkapitulation der Deutschen gegenüber den Westmächten zu verhindern).

[24] Zur Aufgabenstellung der KPD 1945 Fischer, *Sowjetische Deutschlandpolitik*, S. 136–153; Arnold Sywottek, *Deutsche Volksdemokratie. Studien zur politischen Konzeption der KPD 1935–1946*. Düsseldorf 1971, S. 148–207; zum Beginn der »antifaschistisch-demokratischen Umwälzung« insbesondere Dietrich Staritz, *Sozialismus in einem halben Land. Zur Programmatik und Politik der KPD/SED in der Phase der antifaschistisch-demokratischen Umwälzung in der DDR*. Berlin 1976, S. 12–59, 84–154.

der Bündnispartner auf die sowjetischen Vorstellungen abhängig blieb. Der amerikanischen Führungsmacht verblieb damit in der Tat ein beträchtlicher Spielraum, über die zukünftige Weltordnung zu entscheiden. Sie hat diesen Spielraum dann allerdings kaum wahrnehmen können, weil das sowjetische Vorgehen in Osteuropa den Eindruck großer Entschlossenheit und Sicherheit der Sowjetmacht hervorrief.

3. Kapitel
Konflikte im Krieg

Die Kooperation zwischen den USA und der Sowjetunion konnte an einer ganzen Reihe gemeinsamer Interessen ansetzen: Zunächst und vor allem lag es im beiderseitigen Interesse, die Achsenmächte so schnell wie möglich militärisch niederzuringen. Dann gab es, damit eng verbunden, ein beiderseitiges Interesse an materieller Hilfe der USA für die Sowjetunion, nicht nur um den Krieg abzukürzen, sondern auch um die Kriegsfolgen – weitgehende Zerstörung der Sowjetunion, Überproduktionskrise in den USA – für beide Seiten erträglicher zu gestalten. Ebenso gab es ein gemeinsames Interesse, Deutschland den Weg zu einer erneuten Expansion nun anders als nach dem Ersten Weltkrieg definitiv zu versperren. Selbst die Garantie nichtantisowjetischer Regime im osteuropäischen Raum konnte als gemeinsames Interesse gelten – Roosevelt zumindest war zu der Überzeugung gelangt, daß eine solche Garantie ein legitimes sowjetisches Sicherheitsinteresse darstelle, und daß man um der künftigen friedlichen Zusammenarbeit bei der Sicherung des Weltfriedens willen diesem Interesse Rechnung tragen müsse. Schließlich lag es, dies alles umfassend und durch innenpolitische Notwendigkeiten auf beiden Seiten zusätzlich gestützt, im Interesse der USA wie der Sowjetunion, kriegerische Verwicklungen in Zukunft zu vermeiden. Beide Seiten unternahmen Anstrengungen, die Kooperation zu verwirklichen – Stalin, indem er trotz (oder wegen) aller Furcht, der amerikanische Kapitalismus werde sich letztlich gegen sein Land wenden, immer wieder die amerikanisch-britisch-sowjetische Freundschaft beschwor und auf gemeinsame Absprachen drängte, Roosevelt, indem er sein ganzes persönliches Prestige einsetzte, Stalin dieses Grund-Mißtrauen zu nehmen. Am Ende von nahezu vier Jahren der Zusammenarbeit im Kriege hatte sich die sowjetisch-amerikanische Freundschaft jedoch keineswegs gefestigt, vielmehr war das beiderseitige Mißtrauen stärker denn je zuvor. Wie konnte es dahin kommen?

Von Anfang an hat die Frage, ob und wann die amerikanischen und britischen Streitkräfte eine Zweite Front im Westen des europäischen Kontinents errichten und somit die im Osten kämpfende Sowjetarmee entlasten würden, die alliierten Beziehungen schwer belastet[1]. Dabei sprach auch hier zunächst alles für eine Identität der Interessen: Nicht nur Stalin wünschte ein baldiges Eingreifen amerikanischer Landstreitkräfte auf dem europäischen Kontinent, um den Krieg abzukürzen, auch Roosevelt war an einer baldigen Invasion der Nordatlantikküste interessiert – um der Sowjetführung ihr Mißtrauen zu nehmen, um der Gefahr eines deutsch-sowjetischen Separatfriedens zu begegnen, um das Kriegsgeschehen auf dem Kontinent mitzubestimmen, und nicht zuletzt, um der amerikanischen Öffentlichkeit gegen alle isolationistischen Neigungen den Ernst der Lage vor Augen zu führen. Als der sowjetische Außenminister Molotow Ende Mai 1942 nach Washington reiste, um Roosevelt auf eine rasche Errichtung der Zweiten Front zu verpflichten, versicherte ihm dieser, er »hoffe, noch in diesem Jahr eine Zweite Front errichten zu können«, und in dem von Molotow formulierten Kommuniqué der Unterredung präzisierten beide Seiten diese Aussage dahingehend, daß sie die Dringlichkeit anerkannten, »1942 eine Zweite Front in *Europa* zu schaffen«[2]. In der Tat hatte Roosevelt zuvor gegen die britischen Wünsche, zunächst mit einer Invasion Nordafrikas zu beginnen, den Entschluß durchgesetzt, baldmöglichst ein angloamerikanisches Invasionsheer von der britischen Insel auf den Kontinent übersetzen zu lassen.

Indessen stellten sich diesen politisch motivierten Absichtserklärungen bald militärische Notwendigkeiten entgegen. Die amerikanischen Militärs hatten Roosevelt schon im Frühjahr 1942 zu verstehen gegeben, daß eine solche Invasion frühestens im Frühjahr 1943 stattfinden könne; Großbritanniens Rüstungsbau werde nicht eher den notwendigen Stand erreicht haben. Als das War Department dann vorschlug, um des politi-

---

[1] Vgl. zum folgenden John L. Gaddis, *The United States and the Origins of the Cold War 1941–1947*. New York 2. Aufl. 1976, S. 66–80, und Mark A. Stoler, *The Politics of the Second Front: American Military Planning and Diplomacy in Coalition Warfare 1942–1943*. Westport, Conn. 1977.

[2] Aufzeichnung der Unterredung Roosevelt-Molotow in FRUS 1942, III., S. 577 u. 582f.; gemeinsames Kommuniqué ebd. S. 594.

schen Effektes willen zumindest kleinere Truppenverbände schon im Herbst 1942 an der französischen Küste landen zu lassen (»Operation Sledgehammer«), legte die britische Regierung ihr Veto ein, aus Furcht, wie schon im Ersten Weltkrieg durch einen zu frühzeitigen Angriff erhebliche Verluste an Menschen und Material zu riskieren. Roosevelt akzeptierte notgedrungen Churchills Alternativplan, im Herbst 1942 die Deutschen wenigstens in Nordafrika anzugreifen[3]. Stalin nahm die Nachricht von der Verschiebung der Zweiten Front im August 1942 äußerlich zurückhaltend auf, ließ aber dann keine Gelegenheit aus, in der Propaganda und in den bilateralen Verhandlungen seine westlichen Alliierten an ihr uneingelöstes Versprechen zu erinnern.

Aber auch die Absicht, die Zweite Front in Europa nun im Frühjahr 1943 zu eröffnen, ließ sich nicht realisieren. Die britischen und amerikanischen Truppen stießen in Nordafrika auf unerwartet hartnäckigen Widerstand sowohl der Truppen des französischen Vichy-Regimes als auch der Deutschen; es dauerte allein bis Mai 1943, bis die deutschen Truppen Tunesien aufgaben. Zudem entschlossen sich Roosevelt und Churchill in Casablanca, nach einem Sieg in Nordafrika zunächst noch Sizilien anzugreifen, um Italien aus der Front der Achsenmächte herauszubrechen. Eine Invasion der französischen Atlantikküste noch im Laufe des Jahres 1943 wurde damit immer unwahrscheinlicher, und ohne daß ein formeller Beschluß über ihre erneute Verschiebung gefaßt wurde, dauerte es doch bis zum Frühjahr 1944, ehe die Vorbereitungen zur »Operation Overlord« beginnen konnten. Churchill drängte seine amerikanischen Verbündeten sogar, das militärische Engagement im Mittelmeerraum auszudehnen und auf dem Balkan zu landen – eine Strategie, die gewiß geeignet war, die britische Position im Mittelmeer und im Nahen Osten wieder zu festigen und die Ausweitung des sowjetischen Einflußbereiches im südosteuropäischen Raum zu beschränken, die aber zugleich die Errichtung der Zweiten Front an der französischen Küste weiter verzögern mußte. Roosevelt und die amerikanischen Militärs weigerten sich zwar, auf diese Forderungen einzugehen oder überhaupt Überlegungen zur Nachkriegs-Kräfteverteilung in Europa in

[3] Vgl. Maurice Matloff, Edward L. Snell, *Strategic Planning for Coalition Warfare: 1941–1942 (United States Army in World War II: The War Department).* Washington D. C. 1953; Forrest C. Pogue, *George C. Marshall: Ordeal and Hope, 1939–1942.* New York 1966, S. 305 ff.

ihre strategischen Planungen miteinzubeziehen, warteten aber ihrerseits mit der Normandie-Invasion, bis genügend materielle Ressourcen beisammen waren, um den Erfolg der Operation zu garantieren und den Verlust an Menschen so gering wie irgend möglich zu halten. Ein Hasardspiel, bei dem größere Menschenverluste der amerikanischen Armee riskiert wurden, glaubten sie der amerikanischen Öffentlichkeit nicht zumuten zu können; in der Tat wäre es wohl kaum akzeptiert worden[4].

Daß die für 1942 zugesagte Zweite Front nun auch 1943 nicht verwirklicht wurde, hat das Mißtrauen der Sowjetführung gegenüber ihren westlichen Alliierten entscheidend verstärkt. Gewiß, dieses grundsätzliche Mißtrauen war älter als das Kriegsbündnis, gründete in der Erfahrung antisowjetischer Politik der Westmächte nach 1918[5] und wurde durch die Gewißheit vom imperialistischen Charakter kapitalistischer Staaten ideologisch untermauert; und es muß daher offen bleiben, ob eine Eröffnung der Zweiten Front schon 1942/43 trotz aller damit verbundenen Risiken das sowjetische Mißtrauen hinreichend gemindert hätte, um eine dauerhafte Kooperation zu begründen. Dennoch bleibt festzustellen, daß die lange Verzögerung der Zweiten Front die gleichzeitigen Bemühungen Präsident Roosevelts um sowjetischen good will konterkariert hat. Roosevelt ließ den Sowjets zwischen Juni 1941 und Juni 1944 10 Millionen Tonnen an Materiallieferungen zukommen, ohne irgendwelche Auflagen hinsichtlich des Verwendungszwecks zu machen oder Forderungen nach politischen Gegenleistungen zu erheben, er reiste zweimal um die halbe Welt, um Stalin im persönlichen Gespräch von der Aufrichtigkeit seiner Politik zu überzeugen, und er nahm ein beträchtliches innenpolitisches Risiko auf sich, indem er Verständnis für die sowjetische Sicherheitspolitik gegenüber Osteuropa zeigte – vergeblich: Nachdem die Zweite Front 1942 nicht errichtet worden war, setzte Stalin ab Frühjahr 1943 zunächst wieder deutliche Hoffnungen auf ein Arrange-

[4] Vgl. neben dem Überblick bei Gaddis, *The United States and the Origins*, Maurice Matloff, *Strategic planning for Coalition Warfare: 1943–1944 (United States Army in World War II: The War Department)*. Washington D. C. 1959; Gordon A. Harrison, *Cross-Channel Attack (United States Army in World War II: The European Theater of Operations)*. Washington D. C. 1951.

[5] Mehr als in einem durch jahrhundertelange Furcht geprägten russischen »Volkscharakter«, wie George F. Kennan (Telegramm vom 22. 2. 1946, *Memoiren eines Diplomaten*. München, 2. Aufl. 1971, S. 552–568) und ihm folgend Louis J. Halle, *Der Kalte Krieg*. Frankfurt 1969, S. 25–33, in etwas oberflächlicher Anwendung tiefenpsychologischer Deutungsmuster meinten.

ment mit Hitler bzw. mit einem entnazifizierten Deutschland und verhielt sich darum Roosevelts Drängen auf eine Gipfelkonferenz der Großen Drei gegenüber zurückhaltend. Erst ab September 1943, nachdem die Deutschen nicht im erhofften Sinne reagiert hatten, suchte er wieder die Verständigung mit den Westmächten; die Furcht, die Westmächte könnten sich hinter seinem Rücken mit den Deutschen verständigen, ließ ihn jedoch bis zum Frühjahr 1945 nicht mehr los[6].

Die Konsequenzen für die Nachkriegsordnung Europas, die sich aus der ungewollten Verzögerung der Zweiten Front ergaben, haben die amerikanischen Oberbefehlshaber in einem Memorandum vom September 1943 mit hinreichender Deutlichkeit formuliert: Die USA, so erklärten sie, könnten weder den Krieg gegen Deutschland noch den Krieg gegen Japan ohne russische Hilfe gewinnen; folglich werde der sowjetische Einfluß in Ost- und Mitteleuropa bis zum Ende des Krieges gewaltig ansteigen[7]. In der Tat trugen die sowjetischen militärischen Erfolge dazu bei, daß die amerikanische Armee Deutschland und Japan mit weniger als der Hälfte der Divisionen besiegen konnte, die in strategischen Berechnungen der Vorkriegsjahre für einen solchen Sieg als notwendig erachtet worden waren. Zu Beginn der Juni-Invasion 1944 standen den amerikanischen und britischen Streitkräften in Frankreich und Italien weniger als 90 feindliche Divisionen gegenüber, während die Sowjetarmee an der Ostfront nach drei Kriegsjahren immer noch gegen über 250 Divisionen zu kämpfen hatte. Gegenüber 20 Millionen Kriegstoten auf sowjetischer Seite hatten Amerikaner und Briten zusammen weniger als eine Million Tote zu beklagen[8]. Stalin mochte also nicht nur die Notwendigkeit empfunden haben, den osteuropäischen Raum den Vorstellungen von 1939–41 entsprechend zu ordnen, sondern auch die moralische Berechtigung, dies als Sieger zu tun. Ein amerikanischer Anspruch auf Mitspracherecht in Osteuropa, nachdem die Westmächte ihm ein solches Recht in bezug auf Westeuropa verweigerten, mußte ihm jedenfalls völlig unverständlich erscheinen. Weder die briti-

---

[6] Vgl. Vojtěch Mástný, *Russia's Road to the Cold War*. New York 1979, passim; aus sowjetischer Sicht insgesamt auch Viktor Issraelian, *Die Antihitlerkoalition. Die diplomatische Zusammenarbeit zwischen der UdSSR, den USA und England während des Zweiten Weltkrieges 1941–1945*. Moskau 1975.

[7] JCS 506 vom 18. 9. 1943, zit. bei Matloff, *Strategic Planning*, S. 292 f.

[8] Zit. nach der Zusammenstellung bei Gaddis, *The United States and the Origins*, S. 75 f.

sche Regierung 1942 noch die amerikanische Regierung 1943/44 waren bereit gewesen, den nötigen innenpolitischen Preis zu zahlen, um ein solches Mitspracherecht machtpolitisch abzusichern[9].

Ein amerikanischer Kredit für die Sowjetunion?

Eine weitere Ursache für das Auseinanderleben der Koalitionspartner im Krieg lag in der Entwicklung der beiderseitigen Wirtschaftsbeziehungen – obwohl auch hier zunächst alles auf eine Übereinstimmung der Interessen hindeutete[10]. Die USA hatten eine gewaltige Kriegsproduktion entwickelt, nicht nur für ihren eigenen Bedarf, sondern auch für den Bedarf ihrer Alliierten, und mußten sich daher für die Zeit nach dem Kriege Ersatzmärkte erschließen, um eine Überproduktionskrise mit hoher Arbeitslosigkeit und Rezession zu verhindern; die UdSSR benötigten eine erhebliche Zufuhr von Industriegütern und Industrieausrüstungen, einmal, um die Folgen der Kriegszerstörungen zu überwinden, dann aber auch, um dem im Krieg entstandenen Erwartungsdruck der Bevölkerung durch eine Steigerung des Konsums begegnen zu können. Die beiden Interessen waren komplementär: Unter der Voraussetzung, daß die USA der UdSSR zunächst entsprechende Anleihen gewähren würden, konnten die Sowjets ihre Importbedürfnisse aus der amerikanischen Produktion decken; die damit verbundene Öffnung der sowjetischen Märkte konnte dem amerikanischen Interesse an einem weltweiten multilateralen Handelssystem entgegenkommen; und zur Deckung ihres Handelsbilanzdefizits gegenüber den USA konnten die Sowjets ihre noch unerschlossenen Rohstoffbestände der amerikanischen Industrie zugänglich machen.

Überlegungen dieser Art waren in der amerikanischen Ge-

[9] Es kann also keine Rede davon sein, daß Osteuropa auf der Konferenz von Jalta 1945 »dem Bolschewismus ausgeliefert« wurde, wie Karl Dietrich Erdmann, *Das Zeitalter der Weltkriege* (= Gebhardt, *Handbuch der deutschen Geschichte*. 9. Aufl., Bd. 4). Stuttgart 1976, S. 600, eine unter »traditionellen« Autoren verbreitete Auffassung zusammenfaßt. Die grundlegenden machtpolitischen Entscheidungen hatten die Westmächte 1942/43 getroffen.

[10] Vgl. zum folgenden George C. Herring, Jr., *Lend-Lease to Russia and the Origins of the Cold War, 1944–1945*. In: Journal of American History 56 (1969), S. 93–114; ders., *Aid to Russia 1941–1946*. New York 1973, sowie auf schmalerer Quellenbasis, aber im Ergebnis gleichlautend Gaddis, *The United States and the Origins*, S. 174–197.

schäftswelt weit verbreitet und wurden von der sowjetischen Führung sichtlich gefördert. Der agile Präsident der amerikanischen Handelskammer, Eric Johnston, verbrachte im Sommer 1944 acht Wochen in der Sowjetunion, konnte sowjetische Industrieanlagen ohne jede Einschränkung besichtigen; Stalin erklärte ihm in einem langen Gespräch sein Interesse an Rohstoff-Exporten und schwerindustriellen Importen[11]. Nach seiner Rückkehr veröffentlichte Johnston enthusiastische Berichte über die Möglichkeiten sowjetisch-amerikanischer Wirtschaftskooperation, und die amerikanischen Handels- und Industriekreise begannen, dem künftigen »Rußland-Geschäft« mit großem Optimismus entgegenzusehen. Über 700 amerikanische Gesellschaften ließen sich in einen für sowjetische Einkäufer bestimmten Katalog eintragen, Banken bereiteten die Bildung eines Konsortiums zur Finanzierung des Handels mit der Sowjetunion vor, eine Kampagne zur Abschaffung des seit 1943 bestehenden Verbots amerikanischer Anleihen an die Sowjetunion lief an. Finanzminister Morgenthau engagierte sich für einen staatlichen Kredit an die Sowjetunion in Höhe von 10 Milliarden Dollar. Experten schätzten die künftige Höhe amerikanischer Exporte in die Sowjetunion auf 1 bis 2 Milliarden Dollar pro Jahr[12].

Zwar fehlte es nicht an warnenden Stimmen, nicht nur von Seiten der amerikanischen Erdöl- und Bergwerksgesellschaften, die die sowjetische Rohstoffkonkurrenz fürchteten, sondern auch von Experten der Roosevelt-Administration, wie Elbridge Durbrow, der es für ausgeschlossen hielt, daß das sowjetische Defizit im Handel mit den USA jemals geschlossen werden könne, oder George Kennan, der fürchtete, die Sowjets würden sich auf keinerlei Bedingungen einlassen, aber eine Abhängigkeit der USA von sowjetischen Aufträgen zum Schaden der amerikanischen Interessen ausnutzen[13]. Doch entschied sich Roosevelt unabhängig von Rentabilitätsüberlegungen aus politischen Gründen, der Sowjetführung eine umfangreiche Nachkriegsanleihe in Aussicht zu stellen. Nachdem sich die Errichtung der Zweiten Front verzögert hatte, hoffte er wenigstens

[11] Eric Johnston, *My Talk with Joseph Stalin*. In: Reader's Digest 45 (Oktober 1944), S. 1410; dazu nach Harriman an Hull 30. 6. 1944, FRUS 1944, IV, S. 973 f.
[12] Nach einem Bericht der Zeitschrift Fortune 31 (Januar 1945), S. 153 ff., zit. bei Gaddis, *The United States and the Origins*, S. 188.
[13] Memorandum Durbrows vom 29. 11. 1943 in FRUS 1943, III, S. 722 f.; Memorandum Kennans vom September 1944 (»Rußland nach sieben Jahren«) in Kennan, *Memoiren*, S. 501–534, bes. S. 507–509.

mit diesem Angebot den amerikanischen good will beweisen zu können. Dieses Kalkül schien auch aufzugehen: Als der neue (ab Oktober 1943) amerikanische Botschafter in Moskau, W. Averell Harriman, selbst ein begeisterter Anhänger des Anleihe-Gedankens, der Sowjetführung im Auftrag Roosevelts im Dezember 1943 die Möglichkeit eines umfangreichen amerikanischen Nachkriegskredits andeutete, schlug der sowjetische Außenhandelskommissar Mikojan alsbald einen Kredit in Höhe von einer Milliarde Dollar mit einer Laufzeit von 25 Jahren vor, zurückzahlbar erst vom 17. Jahr an mit einem Zinssatz von 1½ Prozent[14].

Indessen stellten sich der geplanten ökonomischen Kooperation in der Tat bald zwei Hindernisse entgegen, allerdings Hindernisse anderer Art, als die Skeptiker befürchtet hatten: die Weigerung des amerikanischen Kongresses, schon während des Krieges Gelder für Nachkriegsanleihen zu vergeben, und die in der amerikanischen Exekutive verbreitete Hoffnung, für den Kredit politische Konzessionen der Sowjets einhandeln zu können. Zum Zeitpunkt des ersten sowjetischen Kreditgesuchs waren die Mittel der amerikanischen Export-Import-Bank, die allein Kredite ohne Einzelbewilligung des Kongresses vergeben konnte, bereits nahezu ausgeschöpft, und Roosevelt erschien es innenpolitisch zu riskant, den Kongreß wenige Monate vor den Präsidentschaftswahlen 1944 um eine Aufhebung der gesetzlichen Beschränkungen von 1934 oder gar um eine massive staatliche Auslandsanleihe anzugehen. Gegen Harrimans Drängen auf eine rasche Kreditgewährung entschied sich die Roosevelt-Administration daher im Mai 1944 dafür, zunächst nur die Kriegsmaterial-Lieferungen aus dem lend-lease-Abkommen dahingehend zu erweitern, daß man die Sowjets ermunterte, auch Material anzufordern, das dem künftigen Wiederaufbau zugute kommen könne; um dieses zu bezahlen, sollte ein Kredit gewährt werden, zurückzahlbar vom dritten Jahr an mit einem Zinssatz von 3⅜ Prozent – ein Angebot, das weit unter den Erwartungen lag, die Roosevelts ursprüngliche Versprechungen bei der Sowjetführung geweckt hatten, aber wie die bisherigen lend-lease-Lieferungen immer noch frei von politischen Bedingungen irgendwelcher Art war[15].

[14] Gaddis, *The United States and the Origins*, S. 176–178; Herring, *Aid to Russia*, S. 149f.

[15] Herring, *Aid to Russia*, S. 150–159; vgl. W. Averell Harriman, Elie Abel, *Special Envoy to Churchill and Stalin 1941–1946*. New York 1975, S. 366–387.

Die sowjetische Regierung begann zwar mit Verhandlungen auf der Basis dieses Angebots, brach sie dann aber im September 1944 ab, als man sich nicht über die Höhe des Zinssatzes einig werden konnte. Stattdessen ließ Molotow Harriman am 3. Januar 1945 wissen, die UdSSR würden für 6 Milliarden Dollar Industrieausrüstung in den USA kaufen, wenn diese ihr einen entsprechenden Kredit mit einer Laufzeit von 30 Jahren, rückzahlbar vom zehnten Jahr an mit 2 $\frac{1}{4}$ Prozent Zinsen gewähren würden[16]. Offensichtlich hoffte die Sowjetführung noch immer, das wirtschaftliche Eigeninteresse der USA werde diese zu einem Abschluß unter sowjetischen Konditionen zwingen. Gegenüber 1944 hatten sich nun allerdings die politischen Voraussetzungen für einen Kredit geändert: Der Kongreß hatte seinen Unwillen bekundet, lend-lease-Lieferungen auch nur einen Tag länger als bis zum Kriegsende zu finanzieren; in der amerikanischen Öffentlichkeit hatten die Forderungen zugenommen, gegenüber sowjetischen Ansprüchen einen »harten« Standpunkt einzunehmen; und Harriman, dessen Engagement für einen Kredit an die Sowjetunion ursprünglich auf der Überzeugung beruht hatte, damit eine sowjetische Hegemonie über Osteuropa verhindern zu können, glaubte nun, durch eine dilatorische Behandlung des Kreditgesuchs sowjetisches Wohlverhalten in Osteuropa erzwingen zu können. Unter dem Druck des Kongresses, der Öffentlichkeit und seines Botschafters entschied sich Roosevelt, die Behandlung des sowjetischen Kreditgesuchs zunächst einmal zu verschieben. Die Zustimmung des Kongresses würde nur zu erreichen sein, wenn sich die Sowjetunion auch auf anderen Gebieten »kooperativ« zeigte, folglich mußte man, wie Harriman es forderte, sowjetisches Wohlverhalten zur Bedingung für den Kredit machen.

Roosevelt hat der Sowjetführung diesen Zusammenhang allerdings nicht deutlich gemacht, sondern sie nur wissen lassen (mit Datum vom 27. Januar 1945), daß langfristige Nachkriegsanleihen, so wichtig sie für die beiderseitigen Beziehungen seien, doch noch zeitraubender gesetzgeberischer Vorbereitungen bedürften[17]. Nichts war geeigneter, die sowjetischen Illusionen hinsichtlich der Priorität des amerikanischen Kreditinteresses und zugleich das sowjetische Mißtrauen angesichts der unverständlichen amerikanischen Taktik weiter zu fördern. Der

[16] Nach dem Bericht Harrimans an Stettinius 4. 1. 1945, FRUS 1945, V, S. 942–944.
[17] Grew an Kennan 27. 1. 1945, FRUS 1945, V, S. 968–970.

Kredit an die Sowjetunion, in Roosevelts Vorstellungen ein Mittel, die Kooperation der Sowjets zu erreichen, war nun von vorheriger sowjetischer Kooperation abhängig geworden. Als Waffe, sowjetisches Wohlverhalten zu erzwingen, war er aber, wie sich bald nach Kriegsende zeigen sollte, gänzlich ungeeignet; nicht zuletzt die Erfahrungen mit dem nicht eingelösten amerikanischen Kreditversprechen hatten der Sowjetführung inzwischen nahegelegt, sich beim Wiederaufbau ihres Landes nur auf die eigenen Kräfte zu verlassen.

Verhandlungen über Deutschland

Eine wesentliche weitere Belastung der sowjetisch-amerikanischen Beziehungen ergab sich aus der Unfähigkeit beider Seiten, sich über die Nachkriegsordnung Europas und insbesondere über das künftige Schicksal Deutschlands zu verständigen. Beide Seiten wußten, daß sie das Deutschlandproblem nur in Kooperation lösen konnten, und waren darum im Grundsatz an einer solchen Verständigung sehr interessiert; beide waren aber, was die Zukunft Deutschlands betraf, selbst in einem Maße unsicher und unentschlossen, das rechtzeitige konkrete Absprachen unmöglich machte.

Auf solche Absprachen drängte insbesondere die britische Regierung. Schon am 1. Juli 1943, also kurz vor der Landung der westlichen Truppen auf Sizilien, während die Rote Armee noch weit im Innern der Sowjetunion kämpfte, schlug sie der amerikanischen und sowjetischen Regierung die Errichtung einer »United Nations Commission for Europe« zur gemeinsamen Überwachung der befreiten und von den jeweiligen Befreiern verwalteten Gebiete vor. Auf der Moskauer Außenministerkonferenz im Oktober 1943 präzisierte Eden den Vorschlag zum Plan einer »European Advisory Commission«, die nicht nur die Waffenstillstandsverhandlung mit den besiegten Kriegsgegnern vorbereiten, sondern darüberhinaus alle Probleme beraten sollte, die die »Großen Drei« bearbeitet wissen wollten, insbesondere auch die Probleme der künftigen Friedensordnung. Und als die EAC dann nach zögernder sowjetischer und amerikanischer Zustimmung im Januar 1944 in London zusammentrat, legte die britische Delegation erste Entwürfe für die Behandlung Deutschlands bei der Kapitulation vor: Das Land sollte zunächst in drei Besatzungszonen aufgeteilt werden, eine sowjetische in Ost- und Mitteldeutschland, eine britische im

Nordwesten und eine amerikanische in Süddeutschland und Österreich, mit gemeinsamer alliierter Verwaltung der Hauptstadt Berlin; im übrigen sollte bei der Kapitulation die vollständige Entwaffnung, Festnahme der NS-Verantwortlichen und eine strenge Kontrolle des politischen Lebens verfügt werden[18].

Die sowjetische Regierung zeigte sich zwar an einer Institutionalisierung der Zusammenarbeit, wie die britische Regierung sie vorgeschlagen hatte, sehr interessiert, nicht aber an weitreichenden konkreten Absprachen über die deutsche Nachkriegsordnung: Solange sie unsicher war, ob die Westmächte sich nicht doch mit dem Deutschen Reich verständigen würden, mußte sie alles daran setzen, eine Separatkapitulation zu verhindern und die Westmächte auf ein gemeinsames Besatzungsregime zu verpflichten; solange die Zweite Front nicht zustandekam und die Rote Armee folglich keinen definitiven Durchbruch erzielen konnte, lag es in ihrem Interesse, Festlegungen für die Nachkriegsordnung zu verhindern, die die momentane ungünstige militärische Lage widerspiegelten; solange sich die Westmächte nicht verbindlich über ihre deutschlandpolitischen Vorstellungen äußerten, mußte es ihr schwerfallen, zwischen den vielen risikoreichen Wegen möglicher sowjetischer Deutschlandpolitik eine Wahl zu treffen. Auf die britische Initiative vom 1. Juli 1943 reagierte sie daher erst Ende August, als Marschall Badoglio den Westmächten schon die Kapitulation Italiens angeboten hatte; statt eines Planungs- und Lenkungsausschusses für die Tätigkeit der jeweiligen Besatzungsbehörden forderte sie eine »militärisch-politische Kommission« der drei Alliierten, die die Exekutivgewalt in den befreiten Gebieten direkt übernehmen sollte. Um sich ein Mitspracherecht in allen Fragen der Nachkriegsordnung zu sichern, war sie bereit, ein Mitspracherecht der westlichen Alliierten auch in den von der Roten Armee befreiten Gebieten hinzunehmen[19]. (Die West-

[18] FRUS 1944, I, S. 112–154; vgl. Bruce Kuklick, *The Cenesis of the European Advisory Commission.* In: Journal of Contemporary History 4 (1969), S. 189 bis 201; Keith Sainsbury, *British Policy and German Unity at the end of the Second World War.* In: English Historical Review 94 (1979), S. 786–804; Albrecht Tyrell, *Großbritannien und die Deutschlandplanung der Alliierten 1941–1945.* Frankfurt 1987, S. 108–133.

[19] *Correspondence between the Chairman of the Council of Ministers of the U.S.S.R. and the Presidents of the U.S.A. and the Prime Ministers of Great Britain during the Great Patriotic War of 1941–1945: Correspondence with Franklin D. Roosevelt and Harry S. Truman.* Moskau 1957, S. 84; FRUS 1943, I, S. 786; vgl. Mástný, *Russia's Road,* S. 106f.

mächte haben ihr ein solches Mitspracherecht nicht gewährt; die »militärisch-politische Kommission« wurde zwar im September 1943 in Algier eingerichtet, mußte sich aber den jeweiligen alliierten Oberbefehlshabern – das heißt im Falle Italiens nur den Briten und Amerikanern – unterordnen.) In der EAC griff die sowjetische Delegation den britischen Besatzungszonen-Vorschlag dankbar auf, weniger an der Art der territorialen Verteilung interessiert, als vielmehr am Prinzip der gemeinsamen Verantwortung für Kapitulation und Besatzung. Im übrigen hielt sie sich mit Vorschlägen zurück und arbeitete auf Zeitgewinn hin; lediglich hinsichtlich des Rechts der Sieger auf Reparationen forderte sie bereits präzise Festlegungen[20].

Indessen konnten selbst in dieser Frage keine Fortschritte erzielt werden, da der amerikanische Vertreter bei der EAC, John G. Winant, angewiesen worden war, sich nicht auf die Behandlung allgemeiner politischer Fragen einzulassen, und ihm – trotz geradezu verzweifelter Bemühungen – keinerlei Kompetenz über die Beratung der Kapitulationsbedingungen und der gemeinsamen Besatzungsorganisation hinaus zugestanden wurde[21]. Die Gründe für die amerikanische Entscheidung, eine gemeinsame Nachkriegsplanung zu verweigern, waren vielfältig: Traditionelles Mißtrauen gegenüber aller »Geheimdiplomatie« (die Wilson 1919 so schwer zu schaffen gemacht hatte), Sorge Hulls, die neue Institution könne in Konkurrenz zur universalen Weltorganisation treten, generelle Tendenz des State Department, Probleme der Friedensordnung erst nach Beendigung der Kampfhandlungen auf einer umfassenden Friedenskonferenz regeln zu wollen, Befürchtungen Roosevelts, sein eigener Spielraum im souveränen Verhandeln mit Stalin könne durch einen bürokratischen Apparat eingeengt werden, vor allem aber: das Fehlen einer eindeutigen Konzeption der Roosevelt-Administration in der Hauptfrage der Friedensordnung – der Deutschlandfrage.

Solange das State und das Treasury Department miteinander im Streit lagen, ob Deutschland als Wirtschaftskraft und Staat erhalten oder »agrarisiert« und geteilt werden sollte, konnte das War Department durchsetzen, daß die Planungen zur militärischen Niederringung und Besetzung Deutschlands nicht von politischen Überlegungen hinsichtlich der deutschen Zukunft

[20] FRUS 1944, I, S. 173–179; vgl. Mástný, *Russia's Road*, S. 145–153.
[21] Vgl. Hull an Winant 23. 12. 1943, FRUS 1943, I, S. 812, und insgesamt Gaddis, *The United States and the Origins*, S. 105–114.

gestört wurden; Winant wurde darum ausdrücklich verboten, sich über die Regelung der Besatzungsfragen hinaus mit dem Deutschlandproblem zu befassen. So konnte die EAC wohl den grundlegenden Plan zur Aufteilung Deutschlands in drei Besatzungszonen (bis auf die von der Sowjetunion durchgesetzte Dreiteilung auch Österreichs im wesentlichen dem britischen Vorschlag entsprechend) ausarbeiten, als das State Department und Winant sich jedoch anschickten, auch das Problem der deutschen Reparationsleistungen mit den Sowjets zu diskutieren, verhinderte Roosevelt im Oktober 1944 eine solche Diskussion[22]. Die sowjetische Führung mußte bis zur Konferenz von Jalta im Februar 1945 warten, bis sie das Reparationsproblem mit ihren Alliierten diskutieren konnte.

Bis dahin war der inneramerikanische Entscheidungsprozeß allerdings immer noch nicht vorangekommen. Um die amerikanischen Truppen für den Fall eines Zusammenbruchs des Deutschen Reichs (der nun schon für Ende 1944 »drohte«) nicht völlig ohne Anweisungen zu lassen, hatten die amerikanischen Oberbefehlshaber im September 1944 eine provisorische Direktive erlassen, die in dem Bemühen, die Armee nicht mit politischen Aufgaben zu belasten und künftigen politischen Entscheidungen nicht vorzugreifen, de facto Morgenthaus Vorstellungen von einem »geplanten Chaos« begünstigte: Deutschland sollte als besiegte, nicht befreite Nation behandelt werden, die Verantwortung für das Wirtschaftsleben sollte nicht von den Besatzungsbehörden übernommen werden, sondern deutschen Amtsträgern überlassen bleiben, andererseits waren alle nationalsozialistischen und nazifreundlichen Amtsträger (und das hieß: fast alle) zu arretieren. Schien sich mit dieser unter der Registriernummer JCS 1067 bekanntgewordenen Direktive[23] eine Deutschlandpolitik im Sinne Morgenthaus durchzusetzen, so gewannen andererseits bei der unmittelbaren Vorbereitung der Jalta-Konferenz wieder die Vertreter des State Department an Gewicht. In den Papieren, die die Experten des Außenministeriums als Konferenzunterlagen für Roosevelts Jalta-Reise ausarbeiteten, und die nun, nachdem Stettinius im November

---

[22] Roosevelt an Hull, 20. 10. 1944, FRUS Yalta, S. 158; zur Diskussion der Besatzungszonen-Abgrenzung Tony Sharp, *The Wartime Alliance and the Zonal Division of Germany*. Oxford 1975, S. 3–119.

[23] Text der Direktive vom 22. 9. 1944 in FRUS Yalta, S. 143–154; vgl. Paul Y. Hammond, *Directives for the Occupation of Germany: The Washington Controversy*. In: Harold Stein (Hrsg.), *American Civil-Military Decisions*. Birmingham, Ala. 1963, S. 311–464, hier S. 371–377 und 390f.

1944 die Nachfolge Hulls als Außenminister angetreten hatte, von Roosevelt doch mehr beachtet wurden als frühere State-Eingaben, wurde die »Eingliederung – auf der Basis der Gleichberechtigung – eines reformierten, friedlichen und wirtschaftlich nichtaggressiven Deutschland in ein liberales Welthandelssystem« als Ziel amerikanischer Deutschlandpolitik genannt und eine gemeinsame Wirtschaftspolitik der drei Besatzungszonen gefordert. Um eine indirekte Finanzierung der deutschen Reparationen durch die USA, wie sie nach dem Ersten Weltkrieg erfolgt war, diesmal zu vermeiden, sollten deutsche Reparationszahlungen nur in Form von Güterlieferungen und Dienstleistungen vereinbart werden, nicht als Geldtransfer; die Dauer der Reparationsverpflichtungen sollte von vornherein zeitlich begrenzt werden – auf höchstens zehn Jahre, eher auf fünf; eine Gesamtsumme der Leistungen sollte nicht festgelegt werden, um der Entwicklung der deutschen Leistungsfähigkeit Rechnung tragen zu können[24]. Ohne sich diese Vorstellungen explizit zu eigen zu machen, entschied sich Roosevelt doch, Stettinius mit nach Jalta zu nehmen, nicht aber Morgenthau.

In Jalta hielt sich Roosevelt tatsächlich zum Teil an die Empfehlungen des State Department[25], trug aber gerade dadurch dazu bei, daß die Regelung der vitalen deutschlandpolitischen Fragen erneut vertagt wurde. In der Reparationsfrage schien sich zunächst eine Verständigung anzubahnen, als die sowjetische Delegation dem Prinzip der Beschränkung auf zehn Jahre und auf Entnahme aus der Produktion zustimmte. Auch die Forderung nach Fixierung der Gesamtsumme der Reparationsleistungen auf 20 Milliarden Dollar schien akzeptabel: die reinen Kriegszerstörungen, die die Sowjetunion erlitten hatte, beliefen sich nach amerikanischen Schätzungen allein auf 35,7 Milliarden Dollar (nach sowjetischen Berechnungen von 1947 128 Milliarden plus 357 Milliarden Kriegsfolgeschäden); nach dem Ersten Weltkrieg hatten die Alliierten die Gesamtschulden des Deutschen Reiches auf 55 Milliarden fixiert (Konferenz von London 1921, umgerechnet auf den Dollarwert von 1945); und im »Briefing Book« für Jalta hatte das State Department deutsche Lieferungen im Werte von 6,5 Milliarden jährlich für vertretbar gehalten. Aus Furcht vor einer einseitigen Stärkung der

[24] Yalta briefing book papers, FRUS Yalta, S. 178–197.
[25] Vgl. die Literatur in Kapitel 2, Anm. 21; zur Reparationsfrage ergänzend John H. Backer, *The Decision to Divide Germany. American Foreign Policy in Transition*. Durham 1978, S. 34–38 und 61–72.

Sowjetunion auf Kosten Deutschlands erhob jedoch Churchill Einspruch gegen die von Stalin geforderte Reparationshöhe; und um nicht vor der eigenen Öffentlichkeit in Verdacht zu kommen, erneut eine Finanzierung deutscher Reparationen durch amerikanische Steuerzahler (wie nach dem Ersten Weltkrieg) zuzulassen, schreckte auch Roosevelt vor einer Fixierung zurück. Widerstrebend erklärte er sich schließlich bereit, die Zahl von 20 Milliarden Dollar als »Grundlage für (spätere) Verhandlungen« anzuerkennen, doch die britische Delegation verweigerte selbst dazu ihre Zustimmung, so daß die Sowjets erneut ohne feste Garantien blieben.

In der Frage der Aufgliederung Deutschlands ließ sich Roosevelt zwar zunächst, seiner Grundauffassung seit Teheran folgend und im Gegensatz zur State-Politik, auf die sowjetische Forderung ein, die Aufteilung jetzt prinzipiell zu beschließen, nahm dann aber hin, daß Churchill und Eden mit Unterstützung von Stettinius (der die State-Linie verfolgte) in der in Jalta beschlossenen Kapitulationsurkunde eine Formulierung durchsetzten, die die Möglichkeit einer Aufteilung Deutschlands nicht ausschloß, aber auch im Sinne einer bloßen Dezentralisierung gedeutet werden konnte[26] – so daß auch diese Frage offenblieb. In der Frage der deutschen Ostgrenze, dem dritten deutschlandpolitischen Essential, das Stalin in Jalta entschieden wissen wollte, blieb es bei der schon in Teheran beschlossenen »prinzipiellen« Einigung über die Westverschiebung Polens; die von Stalin geforderte Festlegung auf die Oder-Neiße-Linie unterblieb, nachdem Churchill argumentiert hatte, eine Westverschiebung der polnischen Grenze über die Oder hinaus bedeute eine solch gewaltige Umsiedlungsaktion von Deutschen, daß deren Folgen doch noch einmal in Ruhe überprüft werden müßten; Roosevelt hatte sich von diesem Argument beeindrukken lassen.

Tatsächlich war in Jalta zum ersten Mal der grundsätzliche Konflikt deutlich geworden, der die Weltmächte in der Deutschlandfrage trennte: das amerikanische Interesse, das deutsche Potential in den Wirtschaftsverbund der »One World« zu integrieren, gegen das sowjetische Interesse, dieses Potential nicht in die Hände der Briten und Amerikaner fallen zu lassen – ein Gegensatz, der wohl Churchill und Stalin, nicht aber Roose-

[26] Es wurden Maßnahmen zur »Aufgliederung« vereinbart, »die sie (d.h. die Alliierten) für den zukünftigen Frieden und die Sicherheit für erforderlich halten« – FRUS Yalta, S. 656f.

velt bewußt war. Daß auf der zweiten Konferenz der »Großen Drei« keine Anstrengungen unternommen wurden, diesen Konflikt zu bearbeiten, so daß alle entscheidenden Fragen vertagt werden mußten, war im wesentlichen der amerikanischen Unentschlossenheit zu verdanken[27]: Als die Sowjetführung in Jalta ihre deutschlandpolitischen Forderungen präsentierte, erwies sich die amerikanische Delegation als letztlich nicht genügend vorbereitet. Noch nie hatten amerikanische Planer, sei es der Morgenthau-Gruppe, sei es des State-Department, mitbedacht, welche deutschlandpolitischen Vorstellungen die Sowjetführung haben würde, und wie diese mit dem jeweils eigenen Konzept in Einklang zu bringen seien; und als sich die US-Delegation nun in Jalta plötzlich mit diesem Problem konfrontiert sah, wußte sie um so weniger damit umzugehen, als sie selbst über ihre eigenen Zielsetzungen noch nicht eindeutig entschieden hatte.

Die notwendigen Entscheidungen fielen nach Jalta ebensowenig: Die von Roosevelt akzeptierte Reparationspolitik des State Department wirkte zwar im Sinne der künftigen Integration Deutschlands und ließ die Morgenthauschen Pläne mehr und mehr in den Hintergrund treten, doch wurde im Mai 1945 auch die vom War Department favorisierte Direktive JCS 1067 in Kraft gesetzt, ohne daß die Modifizierungsbemühungen des State Department zu nennenswerten Änderungen geführt hatten[28]; die sowjetischen Interessen wurden auch jetzt nicht als Faktor in die deutschlandpolitischen Planungen miteinbezogen. Die sowjetische Führung zog aus der amerikanischen Verweigerung konkreter Absprachen den Schluß, daß ihr Mißtrauen gegenüber den Intentionen der kapitalistischen Bündnispartner berechtigt war, und daß sie folglich ihre Essentials nur im Ver-

[27] Nicht, wie Gabriel Kolko, *The Politics of War*. New York 1968, S. 353 meint, einer amerikanischen Taktik, angesichts der momentanen militärischen Stärke der Sowjetunion in Deutschland feste Absprachen zu vermeiden.
[28] Vgl. Hammond *Directives*, S. 422–427; Gaddis, *The United States and the Origins*, S. 129–131; Backer, *The Decision*, S. 38–41. – Wie Hermann Graml, *Zwischen Jalta und Potsdam. Zur amerikanischen Deutschlandplanung im Frühjahr 1945*. In: Vierteljahrshefte für Zeitgeschichte 24 (1976), S. 308–324, zeigt, begann nun aber auch das War Department, die Direktive JCS 1067 im Sinne einer künftigen Integration Deutschlands zu interpretieren. Die Durchsetzung der Reparationskonzeption des State Department in den ersten Monaten 1945 analysiert detailliert Bruce Kuklick, *American Policy and the Division of Germany. The Clash with Russia over Reparations*. Ithaca, London 1972. Kuklicks These, dieser Positionswandel sei Teil einer umfassenden antisowjetischen Strategie gewesen, findet jedoch in den Quellen keinen Beleg.

trauen auf die eigenen Möglichkeiten, ohne Rücksicht auf westliche Empfindungen, durchsetzen müsse. So wurde die Chance zu einer Verständigung über die – zum Teil gewiß gegensätzlichen – beiderseitigen Interessen in der Deutschlandfrage vertan, noch ehe diese Chance erkundet worden war.

Spannungen wegen Osteuropa

Der für die künftigen sowjetisch-amerikanischen Beziehungen bedeutendste Konflikt entwickelte sich in der Frage der Nachkriegsordnung der osteuropäischen Region. Anders als im Falle der Deutschlandfrage wußte die Roosevelt-Administration hier ziemlich genau, was sie wollte: Einerseits, dies wurde insbesondere von den Experten des State Department immer wieder betont[29], sollten die osteuropäischen Nationen nach dem Prinzip des Selbstbestimmungsrechts organisiert und in das multilaterale System der »One World« integriert werden – allein schon, um den eigenen Prinzipien Genüge zu tun, für die man in diesen Krieg gegangen war, aber auch, um eine Wiederholung jener Nationalitätenkonflikte zu vermeiden, die nach dem Ersten Weltkrieg zur Zerstörung der Friedensordnung beigetragen hatten, und nicht zuletzt, um die eigene Öffentlichkeit von der Möglichkeit der »One World« zu überzeugen und sie damit für die Idee der Weltfriedensorganisation zu gewinnen. Andererseits, und dies hatte zumindest Roosevelt ganz klar erkannt, mußten in der osteuropäischen Region sowjetfreundliche Regime errichtet werden – um den sowjetischen Sicherheitsinteressen gerecht zu werden, um den sowjetischen Ansprüchen als Siegermacht zu entsprechen, vor allem aber, um die notwendige Kooperation der Sowjetunion bei der Schaffung der Weltfriedensordnung sicherzustellen[30]. Daß beide Ziele nicht zugleich zu haben waren, daß sich etwa freie Wahlen nach demokratischen Prinzipien und die Etablierung sowjetfreundlicher Regime in weiten Teilen Osteuropas gegenseitig ausschlossen, wurde jedoch von der Roosevelt-Administration nicht realisiert

[29] Vgl. die Nachzeichnung der Osteuropa-Planung des State Department bei Lynn Etheridge Davis, *The Cold War Begins*. Princeton 1974, passim und bes. S. 62–88, die allerdings den Einfluß der State-Planung auf die tatsächlich realisierte amerikanische Osteuropapolitik überschätzt.

[30] Vgl. Kapitel 1 und Eduard Mark, *American Policy toward Eastern Europe and the Origins of the Cold War, 1941–1946. An Alternative Interpretation*. In: Journal of American History 68 (1981), S. 313–336.

– weder vom State Department, das genau wie bei seinen deutschlandpolitischen Planungen die sowjetische Interessenlage in Osteuropa nie in seine Planungen miteinbezog, noch von Roosevelt selbst, der in nur ungenauer Kenntnis der osteuropäischen Verhältnisse hoffte, die Prinzipien der Atlantikcharta und die sowjetischen Sicherheitsinteressen in Osteuropa würden sich »irgendwie« vereinbaren lassen und so die Widersprüche zwischen »innerer« und »äußerer« Außenpolitik aufheben.

Indem die amerikanische Führung Selbstbestimmung Osteuropas und sowjetische Freundschaft zugleich haben wollte, verspielte sie beides. Roosevelt gelang nicht, der Sowjetführung sein grundsätzliches Einverständnis mit einer prosowjetischen Orientierung der osteuropäischen Region mitzuteilen. Er hat sich zwar im persönlichen Kontakt mit Stalin immer wieder in diesem Sinne geäußert; seine Bemühungen wurden jedoch von der Politik des State Department konterkariert, die Regelung territorialer Fragen auf die Zeit nach der Beendigung der Kampfhandlungen zu verschieben und offizielle Einflußsphären-Abgrenzungen nach Möglichkeit ganz zu vermeiden. Als die britische Regierung die Roosevelt-Administration im Februar 1942 (also kurz nach Stalins Teilungsangebot an Eden) drängte, die sowjetischen Gebietsansprüche wenigstens im Prinzip offiziell anzuerkennen, um dafür eine Verpflichtung der Sowjetunion auf die Prinzipien der Atlantikcharta einzuhandeln, wies Roosevelt diesen Vorschlag nach entsprechenden Darlegungen des Außenministeriums nicht nur als »provinziell« zurück, sondern forderte die Sowjetregierung sogar im Alleingang auf, die Regelung ihrer Gebietsansprüche bis zu den Friedensverhandlungen zurückzustellen. Gegen die Versuche der Sowjets, ihre Ansprüche in einem Vertrag mit Großbritannien festzuschreiben, meldete er schärfsten Widerspruch an und erreichte es schließlich, daß sich Molotow Ende Mai 1942 gegen das Versprechen, die Zweite Front doch in diesem Jahr zu errichten, mit einem rein militärischen britisch-sowjetischen Vertrag zufriedengab. Als sich Churchill schließlich im Oktober 1944 nach vergeblichen Versuchen, die USA in ein Arrangement miteinzubeziehen, allein mit Stalin über die Teilung von Einflußsphären im südosteuropäischen Raum verständigte, weigerte sich die amerikanische Regierung, diese Absprache offiziell zur Kenntnis zu nehmen[31].

[31] »Provinziell«: Gespräch am 20. 2. 1942, FRUS 1942, III, S. 521; insgesamt Davis, *The Cold War Begins*, S. 24–37 und 143–159; zum britisch-sowjetischen

Das Ergebnis dieser Politik war, daß die sowjetische Regierung den Rooseveltschen Verständnisbeteuerungen keinen Glauben schenkte und ohne Rücksicht auf westliche Empfindungen, genauer: ohne Bemühungen, Roosevelt bei der innenpolitischen Absicherung seiner Verständigungspolitik zu helfen, damit begann, die notwendigen Garantien für eine Entwicklung Osteuropas in ihrem Sinne zu schaffen. Das Arrangement mit Benesch, der Bruch mit der polnischen Exilregierung, die Aushandlung der Kapitulationsbedingungen für Rumänien, Bulgarien und Ungarn, die Weigerung, dem Warschauer Aufstand Hilfe zu leisten, schließlich die Anerkennung des Lubliner Komitees als Polnische Provisorische Regierung: all dies geschah, ohne daß die Sowjetführung möglichen westlichen Reaktionen nennenswertes Gewicht beimaß.

Das einseitige sowjetische Vorgehen im Einflußbereich der Roten Armee förderte, wie nicht anders zu erwarten, die antisowjetischen Kräfte in der amerikanischen Öffentlichkeit und verschuf den Kritikern des Rooseveltschen Verständigungskurses innerhalb der Administration neue Einflußmöglichkeiten. Seit dem Frühjahr 1943 stand die amerikanische Regierung unter dem Druck insbesondere der sieben Millionen Amerikaner polnischer Herkunft. Durch den Bruch Moskaus mit der polnischen Exilregierung und das Schweigen der offiziellen Moskauer und Teheraner Verlautbarungen über alle Fragen territorialer Art alarmiert, suchten Polen, Katholiken und republikanische Abgeordnete des Mittelwestens, die von polnischen Wählerstimmen abhängig waren, den Präsidenten durch eine Fülle von Presseaufrufen, Kongressen und parlamentarischen Anfragen auf eine integrale Anwendung der Atlantikcharta in Osteuropa festzulegen. Die Bewegung war so stark, daß sie zeitweilig die Wiederwahl Roosevelts im November 1944 zu gefährden drohte. Die Polen, so wußte man, würden zumindest den Wahlausgang in Illinois und Ohio, vielleicht auch in New York und in Pennsylvania entscheiden. Darüberhinaus drohte das ganze Weltfriedensorganisationskonzept zu scheitern, wenn es nicht gelang, die Minoritäten osteuropäischer Herkunft zufriedenzustellen; Senator Vandenberg aus Michigan, selbst von

Vertrag ergänzend Gaddis, *The United States and the Origins*, S. 15–17. Mark, *American Policy toward Eastern Europe*, übersieht diese Halbherzigkeit der amerikanischen Osteuropapolitik, wenn er den sowjetischen Rückgriff auf kategorische Zwangsmaßnahmen für das Scheitern der Kooperation verantwortlich macht.

polnischen Wählerstimmen abhängig und nun der einflußreichste außenpolitische Sprecher der Republikaner, ließ die Regierung jedenfalls bald wissen, daß der Senat einen Beitritt der Vereinigten Staaten zu der in Dumbarton Oaks konzipierten Organisation nur dann erlauben werde, wenn die weltweite Respektierung der Atlantikcharta gesichert sei. All dies drängte den Präsidenten dazu, die nur rhetorisch gemeinte »innere« Außenpolitik nun zur tatsächlichen Außenpolitik werden zu lassen[32].

Roosevelt suchte dem Dilemma, etwas für die Selbstbestimmung der Osteuropäer tun zu müssen, aber tatsächlich kaum etwas für sie tun zu können, dadurch zu entgehen, daß er einerseits die Vertreter der Exilregierungen von der Notwendigkeit zu überzeugen versuchte, sich mit der Sowjetregierung zu arrangieren, andererseits Stalin für Lösungen zu gewinnen trachtete, die es allen Beteiligten ermöglichten, ihr Gesicht zu wahren. Im ersten Fall blieben seine Bemühungen erfolglos: Der polnische Exilpremier Mikolajczyk ließ sich zwar für eine Verständigung mit den Sowjets zumindest über die Grenzfragen gewinnen, konnte sich aber bei seinen Kollegen nicht durchsetzen und trat im November 1944 zurück. Unter seinem Nachfolger Arciczewski geriet die Exilregierung in völlige Isolation; weder Churchill noch Roosevelt sahen irgendeine Chance, der Sowjetführung diese Regierung als akzeptablen Verhandlungspartner präsentieren zu können. Im zweiten Falle war der Erfolg ebenfalls gering; Roosevelt hielt ihn jedoch zunächst für beträchtlich: Stalin kam dem ständigen Drängen Roosevelts auf »öffentliche Erklärungen (... die) ihm persönlich hilfreich sein würden«[33] schließlich dadurch entgegen, daß er auf der Konferenz von Jalta im Februar 1945 der Veröffentlichung einer gemeinsamen »Erklärung über das befreite Europa« zustimmte, die die Prinzipien der Atlantikcharta noch einmal bekräftigte.

Die drei verbündeten Regierungen verpflichteten sich in dem auf einer amerikanischen Vorlage basierenden Text, ihre Politik »gleichzuschalten, um den Völkern der früheren Vasallenstaaten der Achse bei der auf demokratischem Wege herbeizuführenden Lösung ihrer drängenden politischen und wirtschaftlichen Probleme beizustehen«, ihnen insbesondere beizustehen

---

[32] Zahlreiche Zeugnisse für den innenpolitischen Druck bei Gaddis, ebd., S. 139–157; zur amerikanischen Polenpolitik allgemein Richard C. Lukas, *The Strange Allies: The United States and Poland, 1941–1945,* Knoxville 1978.

[33] So schon in Teheran; FRUS Teheran, S. 594f.

»bei der Schaffung vorläufiger Regierungsgewalten, die eine umfassende Vertretung aller demokratischen Elemente der Bevölkerung darstellen und die zur baldestmöglichen Errichtung von dem Volkswillen entsprechenden Regierungen auf dem Wege freier Wahlen verpflichtet sind«, und »eine auf Recht und Gesetz gegründete Weltordnung zu schaffen«. Das Ganze war, ganz wie die sonstige amerikanische Rhetorik, ebenso emphatisch wie vielseitig interpretierbar (denn was war unter »demokratischen Elementen der Bevölkerung« zu verstehen?), und allein schon die tatsächlichen osteuropapolitischen Entscheidungen von Jalta konnten deutlich machen, wie wenig Gewicht der Text in Wirklichkeit besaß: Die aus dem Lubliner Komitee hervorgegangene Polnische Provisorische Regierung sollte durch Hinzuziehung von Vertretern der sonstigen »demokratischen Führer« auf »einer breiteren demokratischen Basis reorganisiert« und nicht, wie Roosevelt und Churchill gefordert hatten, durch eine neue, aus Lubliner und Londoner Vertretern paritätisch besetzte Regierung ersetzt werden; diese Regierung sollte alsbald freie Wahlen organisieren, aber nicht, wie Roosevelt verlangt hatte, unter gemeinsamer Aufsicht der Alliierten[34]. Roosevelt selbst zeigte, nachdem die sowjetische Zustimmung zu der »Erklärung über das befreite Europa« erst einmal erreicht war, keinerlei Interesse, Institutionen oder Regelungen zu schaffen, die der Verwirklichung der angekündigten »gemeinsamen Politik« hatten dienen können. Schon vor der Konferenz hatte er die dringende Empfehlung des State Department zurückgewiesen, zu diesem Zwecke die Schaffung einer »Hohen Kommission für Europa« zu betreiben; nun stand er mit wachsender Ungeduld abseits, als Churchill versuchte, eine ganze Reihe von Einzelfragen der Osteuropaproblematik zu klären, und unternahm selbst, entgegen dem Rat des State Department, keinerlei Anstrengungen, die Kompetenzen der westlichen Vertreter in den alliierten Kontrollkommissionen für Rumänien, Bulgarien und Ungarn zu klären. Die Verständigung mit der Sowjetunion sollte nicht gefährdet und Amerika nicht

---

[34] Text des Jalta-Kommuniqués in FRUS Yalta, S. 971 ff; die darin enthaltene »Erklärung über das befreite Europa« hier zitiert nach der deutschen Übersetzung in: Europa-Archiv 1 (1946), S. 212. Vgl. neben der in Kapitel 2, Anm. 21 angegebenen Literatur zur Behandlung der Osteuropafrage in Jalta bes. Davis, *The Cold War Begins*, S. 172–201; zu Roosevelts Konferenzpolitik Robert Dallek, *Franklin D. Roosevelt and American Foreign Policy, 1932–1945*. New York 1979, S. 506–522, und Fraser J. Harbutt, *The Iron Curtain. Churchill, America, and the Origins of the Cold War*. New York, Oxford 1986, S. 82–90.

allzusehr in die Nachkriegsquerelen des alten Kontinents verwickelt werden.

Nach seiner Rückkehr aus Jalta hat Roosevelt diese Ergebnisse der Konferenz sogleich dazu benutzt, den ins Wanken geratenen außenpolitischen Konsens der USA wieder herzustellen. Jalta, erklärte er am 1. März 1945 vor beiden Häusern des Kongresses, werde die Grundlage für einen dauerhaften Frieden »auf der Grundlage der gesunden und gerechten Prinzipien der Atlantikcharta« bilden; es seien zwar Kompromisse notwendig gewesen, aber insgesamt hätten die Vereinbarungen der unseligen Einflußsphärenpolitik früherer Jahre doch ein Ende gesetzt[35]. Der glühende Wilsonianismus dieser Rede überzeugte. Die Jalta-Agreements fanden fast in der gesamten amerikanischen Öffentlichkeit optimistische Zustimmung, und selbst ein Skeptiker wie Vandenberg, der den begrenzten Wert der Vereinbarungen sofort erkannte, wagte es nicht mehr, dem Präsidenten öffentlich entgegenzutreten. Die Ideale, für die man gekämpft hatte, schienen gesichert; der Traum von der »Einen Welt« schien allen jüngst erlebten Gefährdungen zum Trotz doch noch realisierbar; es herrschte allgemeines, verheißungsvolles »Roosevelt-Wetter« (Yergin)[36], auch beim Präsidenten, der über den innenpolitischen Erfolg sichtlich erleichtert war und sich wenig Gedanken über die tatsächliche Tragweite der Vereinbarungen machte.

Interpretierte die amerikanische Öffentlichkeit die Europa-Erklärung von Jalta also als eine Garantie für einen Frieden im Sinne der Atlantikcharta, so mußte Stalin sie nach allem, was Roosevelt gesagt und getan hatte, als das auffassen, was sie tatsächlich war: als ein verbales Zugeständnis an die amerikanische Öffentlichkeit, das für die konkrete Politik wenig Bedeutung hatte. Aus sowjetischer Sicht war die Bilanz von Jalta eher negativ: die Curzon-Linie war zwar als polnische Ostgrenze anerkannt und der »Lubliner« Regierung ein wesentlicher Anteil an dem künftigen Regime Polens zugesichert worden, aber an diesen Ergebnissen war ohnehin nicht zu zweifeln gewesen, nachdem die Rote Armee schon kurz vor der Oder stand[37]. Die

[35] Samuel I. Rosenman (Hrsg.), *The Public Papers and Addresses of Franklin D. Roosevelt*. Bd. 13, New York 1950, S. 570–586.
[36] Daniel Yergin, *Shattered Peace*. Boston 1977, S. 67. – Die beste Beschreibung der Hochstimmung dieses amerikanischen Vorfrühlings 1945 gibt Gaddis, *The United States and the Origins*, S. 165–171.
[37] Vgl. oben Anm. 9.

Sowjetregierung hatte nicht nur der »Erklärung über das befreite Europa« zugestimmt, sondern sich auch, für die amerikanische Seite mindestens ebenso wichtig, verpflichtet, zwei oder drei Monate nach Beendigung der Kriegshandlungen auf dem europäischen Kontinent in den Krieg gegen Japan einzutreten und an der Gründung der Organisation der Vereinten Nationen mitzuwirken. Als Gegenleistung für diese kooperativen Gesten war ihr die Wiederherstellung der russischen Rechte gegenüber China aus der Zeit vor dem russisch-japanischen Krieg von 1904/05 zugesichert worden (Rückgabe von Südsachalin, Internationalisierung des Hafens von Dairen, Verpachtung von Port Arthur, gemeinsame chinesisch-sowjetische Verwaltung der chinesischen Ostbahn und der südmandschurischen Eisenbahn); ebenso war die Abtretung der japanischen Kurilen an die Sowjetunion vereinbart worden. In bezug auf die Nachkriegsordnung Europas hatte die sowjetische Delegation ihre Forderungen jedoch nicht durchsetzen können: In den entscheidenden deutschlandpolitischen Fragen hatten die westlichen Alliierten jede Festlegung verhindert, durch die Hinzuziehung Frankreichs als vierter deutscher Besatzungsmacht mit Sitz und Stimme im Alliierten Kontrollrat für Deutschland (auf Betreiben Churchills) war das Gewicht der Westmächte in der Deutschlandpolitik verstärkt worden, nach über drei Jahren Kriegskoalition wußte man noch immer nichts über die tatsächlichen amerikanischen Absichten in Europa. Was lag nach einem solchen Konferenzergebnis näher, als sich nun wieder auf die Sicherung der eigenen Einflußsphäre zu konzentrieren – unabhängig von der »Erklärung über das befreite Europa«, deren Rahmen ja breit genug war?

Die Verständigung von Jalta war also nur eine scheinbare gewesen; jede Seite interpretierte die Ergebnisse anders. Die amerikanische Öffentlichkeit hielt am Traum von der »einen Welt« der liberalen und demokratischen Prinzipien fest, ohne die sowjetischen Sicherheitsinteressen jemals ernsthaft in Erwägung zu ziehen und ohne einen nennenswerten Preis für das weltpolitische Engagement zahlen zu wollen; selbst Roosevelt, der die Möglichkeiten amerikanischer Weltpolitik realistischer eingeschätzt hatte, als die meisten seiner Landsleute, gelang es nicht, seine Außenpolitik von den Implikationen des innenpolitisch notwendigen Wilsonianismus freizuhalten. Die Sowjetführung nahm den Widerspruch zwischen weltweitem Anspruch und geringer Einsatzbereitschaft der USA nicht wahr, sah in den idealistischen »One-World« – Vorstellungen nur den zynischen Ausdruck eines expandierenden amerikanischen Imperialismus und interpretierte ihre eigenen Sicherheitsinteressen daher extensiv. In bezug auf Osteuropa betrachtete die Sowjetführung die Garantie einer sowjetfreundlichen Orientierung darum immer weniger als mit liberalen und demokratischen Prinzipien vereinbar, während die Garantie eben dieser Prinzipien für die amerikanische Öffentlichkeit einen Symbolwert für die Richtigkeit des Kriegseintritts gewann. Der Konflikt über Osteuropa war also nur momentan suspendiert und mußte alsbald wieder zum Vorschein kommen. Die für beide Seiten unangenehme Erfahrung, daß die Einheit nur Schein gewesen war, sollte den Bruch, der sich in den Jahren der Kriegskoalition angebahnt hatte, dann definitiv werden lassen.

4. Kapitel
Die Wende von 1945

In dem gleichen Jahr 1945, in dem die Alliierten mit der Kapitulation Deutschlands (8. Mai) und Japans (14. August und 2. September) ihre militärischen Kriegsziele erreichten, brach die Kriegskoalition de facto auseinander, und die Konfrontation der beiden neuen Weltmächte begann die internationale Politik zu bestimmen. Im Abschlußkommuniqué von Jalta hatten die Alliierten ihre Absicht bekundet, »die Einheitlichkeit der Zielsetzung und des Vorgehens, welche den Vereinten Nationen den Sieg in diesem Krieg ermöglicht und gesichert haben, im kommenden Frieden aufrechtzuerhalten und zu stärken«; ein Jahr später sprach Molotow öffentlich von »unersättlichen Imperialisten« und »kriegshetzerischen Abenteurergruppen« in den »herrschenden Klassen« des Auslandes, die »das nicht ungefährliche Geschwätz über einen ›dritten Weltkrieg‹ begünstigen«, und Churchill antwortete mit dem Bild vom »Eisernen Vorhang«, den die Sowjetunion »von Stettin an der Ostsee bis hinunter nach Triest an der Adria über den Kontinent gezogen« habe[1]. Daß die in Jalta überdeckten Konflikte alsbald wieder hervortreten würden, war zu erwarten gewesen, ebenso, daß sie nun, nach der beiderseitigen Enttäuschung, schärfere Formen annehmen würden als zuvor, und daß sie nach dem Fortfall des wichtigsten gemeinsamen Interesses: der Niederringung der Achsenmächte die Fortdauer des Bündnisses bedrohen konnten. Zu klären bleibt allerdings, wieso die Auseinandersetzungen schon im Jahre des Kriegsendes eine derart existentielle Dimension annahmen, daß sie, obwohl beide Seiten zunächst an einer Fortsetzung der Kooperation interessiert waren, nicht mehr überbrückt werden konnten.

Transformationen in Osteuropa

Den Ausgangspunkt der Ost-West-Krise von 1945 bildeten die sowjetischen Bemühungen, die durch die Rote Armee geschaf-

---

[1] Text des Jalta-Kommuniqués in FRUS Yalta, S. 971 ff.; Molotows Rede vor einer Wählerversammlung in Moskau 6. 2. 1946 in: Wjatscheslaw M. Molotow, *Fragen der Außenpolitik, Reden und Erklärungen.* Moskau 1949, S. 26–38; Rede

fene sowjetische Einflußsphäre zu konsolidieren – Bemühungen, die in sowjetischer Sicht notwendig waren, nachdem man von den kapitalistischen Alliierten keine hinreichenden Garantien bezüglich der Nachkriegsordnung Europas erhalten hatte, und die möglich waren, nachdem auf der Konferenz von Jalta die inhaltliche Definition der im sowjetischen Einflußbereich zu fördernden »demokratischen Kräfte« unterblieben war. Für Stalin waren sie um so zwingender, als unterdessen innerhalb des sowjetischen Herrschaftssystems das Gewicht der ohnehin einer Zusammenarbeit mit den Westmächten skeptisch gegenüberstehenden Kräften der Partei erheblich zugenommen hatte[2]. »Dieser Krieg«, erläuterte Stalin dem Stellvertreter Titos, Milovan Djilas im April 1945 das Prinzip dieser Konsolidierungspolitik, »ist nicht wie in der Vergangenheit; wer immer ein Gebiet besetzt, er legt ihm auch sein eigenes gesellschaftliches System auf. Jeder führt sein eigenes System ein, soweit seine Armee vordringen kann. Es kann ja nicht anders sein«[3].

Wie groß das sowjetische Mißtrauen den Westmächten gegenüber dem Schein von Jalta zum Trotz inzwischen geworden war, zeigte alsbald die Auseinandersetzung um die Kapitulation deutscher Streitkräfte in Norditalien. Als der deutsche SS-General Wolff Anfang März 1945 nach Bern kam, um mit den britischen und amerikanischen Oberkommandierenden über eine mögliche Kapitulation seiner Truppen zu sprechen, verlangte die Sowjetregierung, an diesen Verhandlungen beteiligt zu werden. Die amerikanische Regierung lehnte eine sowjeti-

Churchills 5. 3. 1946 in Fulton in: *Vital Speeches of the Day.* Bd. 12 (March 15, 1946), S. 329–332.
[2] Soweit ist den Ergebnissen William D. McCaggs, *Stalin Embattled, 1943–1948.* Detroit 1978, S. 147–260, gewiß zuzustimmen. Sein Versuch, die sowjetische Außenpolitik *allein* aus den ermittelten innersowjetischen Kräfteverschiebungen zu erklären – sozusagen als Mittel Stalins, sich zwischen Partei, Armee und Staatsapparat zu behaupten – kann jedoch nicht überzeugen. Er basiert auf methodisch unzulässigen Kurzschlüssen von langfristigen innenpolitischen Trends auf außenpolitische Einzelaktionen, läßt die konkreten außenpolitischen Interessen des Sowjetstaates völlig außer Acht und gerät so vielfach zu irreführenden Schlußfolgerungen hinsichtlich der sowjetischen Motive.
[3] Milovan Djilas, *Gespräche mit Stalin.* Frankfurt 1962, S. 146. »Traditionelle« Autoren, die in diesem Zitat einen Beleg für ein vorgefaßtes Sowjetisierungskonzept sehen, übersehen Datum und Anlaß der Äußerung: Sie erfolgte, *nachdem* die sowjetischen Garantiebemühungen gegenüber den Westmächten gescheitert waren, und vor einer jugoslawischen Delegation, die auf eine Intensivierung der revolutionären Politik drängte. Tatsächlich belegt es *eine* Methode sowjetischer Außenpolitik, aber nicht die sowjetische Außenpolitik per se.

sche Beteiligung an den rein militärischen Vorverhandlungen von Bern ab und verwies ihre sowjetischen Partner auf die bevorstehenden formalen Kapitulationsverhandlungen im Alliierten Hauptquartier für Italien. Stalin vermutete daraufhin, aufs höchste erregt, die Berner Verhandlungen hätten zu einem Geheimabkommen geführt: Gegen die Zusicherung milder Friedensbedingungen habe die deutsche Heeresleitung den Briten und Amerikanern die Westfront geöffnet, damit diese soweit als möglich nach Osten vordringen könnten, während die Deutschen mit verstärkten Kräften an der Ostfront kämpften. Roosevelt empfand diesen Vorwurf zunächst als eine Ungeheuerlichkeit und sah seine Bemühungen um einen amerikanisch-sowjetischen Ausgleich ernsthaft in Frage gestellt, beschloß dann aber, aus dem Zwischenfall keine größere Krise der beiderseitigen Beziehungen entstehen zu lassen[4].

Dieses nicht mehr zu überbietende Mißtrauen steigerte noch die Tendenz der Sowjetführung, in Ermangelung anderer Mittel der Einflußsicherung in den größtenteils vorindustriellen und vordemokratischen Regionen Osteuropas auf polizeistaatliche Methoden zurückzugreifen. In Bulgarien fanden in den ersten Monaten des Jahres 1945 blutige Säuberungen statt, denen über 2000 antikommunistische Führungskräfte aller Ebenen zum Opfer fielen. In Rumänien erzwang die Sowjetregierung – wie geschildert – Ende Februar 1945 in einer spektakulären Intervention bei König Michael die Ablösung der offen antikommunistischen Regierung Rădescu. In Polen wurden Ende März sechzehn Résistance-Führer, die die Illegalität verlassen hatten, um mit den sowjetischen Behörden zu verhandeln, verhaftet und nach Moskau deportiert; ihr Verbleiben war über zwei Monate ungewiß, dann war zu hören, daß sie am 21. Juni wegen »zersetzender Tätigkeit im Rücken der Roten Armee« zu Freiheitsstrafen zwischen achtzehn Monaten und zehn Jahren verurteilt worden waren. (In der Tat war die innerpolnische Résistance entschlossen, nicht kampflos vor den Kommunisten abzudanken). In allen »befreiten« Ländern wurden die Innenmini-

---

[4] Die meisten Informationen zur »Berner Affäre« bei Allen Dulles, *The Secret Surrender*. New York 1966; vgl. ferner Gabriel Kolko, *The Politics of War*. New York 1972, S. 379; John L. Gaddis, *The United States and the Origins of the Cold War 1941–1947*. New York 2. Aufl. 1976, S. 92–94; Adam B. Ulam, *The Rivals*, 2. Aufl., London 1973, S. 60-62. Für Kolkos These, der Sowjetregierung sei eine unmittelbare Beteiligung verweigert worden, um die Machtübernahme durch eine revolutionäre Volksbewegung in Norditalien zu verhindern, gibt es keinen Beleg.

sterien kommunistischen Ministern anvertraut, wurden unter
dem Deckmantel der »Bestrafung faschistischer Kräfte« potentielle Gegner eines sowjetfreundlichen Regimes verhaftet, kontrollierten prosowjetische Kräfte Presse und Armee, und suchten die Kommunisten für die künftigen Wahlen »antifaschistische« Einheitslisten zu etablieren, die ihren vergleichsweise
schwachen Rückhalt in der Bevölkerung verdecken konnten.
Allein die Tschechoslowakei blieb von polizeistaatlichen Eingriffen weithin verschont; Benesch mußte es lediglich hinnehmen, daß mit dem Vorrücken der Roten Armee oft kommunistische Kräfte Schlüsselstellungen in den neugeschaffenen Ver-
waltungsorganen einnahmen[5].

Verstärkt wurde die teilweise polizeistaatliche Atmosphäre in
den besetzten Gebieten durch die Maßnahmen der Roten Armee. Zahlreiche Übergriffe der russischen Soldaten auf die Zi-
vilbevölkerung, insbesondere in Rumänien und Ungarn, aber
auch in den besetzten Teilen des Deutschen Reiches, in der
Tschechoslowakei, in Polen und selbst im verbündeten Jugoslawien riefen, obwohl nicht politisch vorausgeplant, doch ein Gefühl erheblicher Rechtsunsicherheit hervor und schüchterten
potentielle Gegner einer prosowjetischen Politik ein. Ebenso
führten unkoordinierte Kriegsbeuteaktionen zu einem gewaltigen Gütertransfer in die Sowjetunion; schwerindustrielle Anlagen, rollendes Eisenbahnmaterial, Erntevorräte und Viehbe-
stände, Rohstoff- und Warenlager, selbst private Konsumgüter
und Kunstschätze wurden in die Sowjetunion verbracht, um
dort den elementarsten Wiederaufbaunöten abzuhelfen. Allein
aus Rumänien wurden im August/September 1944 Güter im
Werte von zwei Milliarden Dollar abtransportiert, aus den
deutschen Ostgebieten bis zum Juli 1945 Industriewerke im
Werte von 500 Millionen Dollar, aus der Tschechoslowakei Güter und Kapitalien im Werte von 390 Millionen Golddollar.
Langfristig bedeutsamer waren die beträchtlichen Reparationen, die die ehemaligen Feindstaaten Rumänien, Ungarn und
Bulgarien an ihre osteuropäischen Nachbarn und vor allem an
die Sowjetunion zu zahlen hatten (37,5 Prozent des rumänischen und 26,4 Prozent des ungarischen Staatshaushalts von
1946/47), sowie die Errichtung gemischtnationaler Konzerne

[5] Vgl. die Überblicke bei Hugh Seton-Watson, *Die osteuropäische Revolution.*
München 1956; Geir Lundestad, *The American Non-Policy towards Eastern Eu-
rope 1943–1947.* Tromsö, New York, 2. Aufl. 1978, S. 435–465; Kolko, *Politics,*
S. 396–410.

unter sowjetischer Leitung, die im Sinne einer Ausrichtung der jeweiligen nationalen Industrieproduktion und Handelspolitik auf die Bedürfnisse des sowjetischen Wiederaufbaus hinwirkten. Insgesamt trug die sowjetische Wirtschaftspolitik im Einflußbereich der Roten Armee alle Zeichen einer Umorientierung von westlichen Märkten auf den sowjetischen Markt und einer Ausbeutung Osteuropas im Interesse einer raschen Wiedergutmachung der empfindlichen Rückschläge, die der Industrialisierungsprozeß der Sowjetunion durch den Krieg erlitten hatte[6].

Unmittelbar am folgenreichsten für die zukünftigen sowjetisch-amerikanischen Beziehungen wurde die sowjetische Politik der »faits accomplis« in der Polenfrage. Schon während der Konferenz von Jalta proklamierte der polnische Ministerpräsident Bierut die Übernahme Schlesiens und Ostpreußens in polnische Verwaltung; und obwohl die westlichen Alliierten die Frage der Westverschiebung Polens über die Odergrenze hinaus bis zur Oder-Neiße-Grenze bewußt offenhielten, wurden dann am 14. März 1945 in den bis dahin deutschen Ostgebieten bis zur Oder-Neiße-Linie vier polnische Woiwodschaften errichtet; die deutsche Bevölkerung wurde, soweit sie nicht ohnehin geflohen war, zu großen Teilen ausgesiedelt. In Moskau zerstritt sich unterdessen die aus Außenminister Molotow, dem britischen und dem amerikanischen Botschafter gebildete Kommission zur »Reorganisierung« der polnischen Regierung über die Frage, welche polnischen Repräsentanten zu den Verhandlungen über die Regierungsneubildung eingeladen werden sollten, und ob zunächst in einer ersten Verhandlungsrunde mit den »Lubliner« Polen allein verhandelt werden sollte. Nachdem die Diskussionen Ende März einen toten Punkt erreicht hatten, schloß die Sowjetregierung am 21. April einen Freundschaftsvertrag allein mit der bisherigen Provisorischen Regierung ab, der die Gebiets- und Machtverschiebungen völkerrechtlich legitimierte. Als Zeichen des Protestes verweigerten die Westmächte der nicht umgebildeten Regierung den Zutritt zu der am 25. April in San Francisco beginnenden Gründungskonferenz der Vereinten Nationen[7].

    [6] Vgl. die Zusammenstellung der wichtigsten Daten bei Jörg K. Hoensch, *Sowjetische Osteuropapolitik 1945–1975.* Kronberg 1977, S. 16–19.
    [7] Vgl. Lynn Etheridge Davis, *The Cold War Begins.* Princeton 1974, S. 202–212; W. Averell Harriman, Elie Abel, *Special Envoy to Churchill and Stalin 1941–1946.* New York 1975, S. 426–431.

Diese Methoden der sowjetischen Interessensicherung im Einflußbereich der Roten Armee führten nun im Frühjahr 1945 zu einer Wende in der amerikanischen Einstellung gegenüber der Sowjetunion – einer Wende, die sich auf vier Ebenen zugleich vollzog:

Erstens erlebten zahlreiche Amerikaner, vom einfachen Soldaten bis zum Minister, die nun zum ersten Mal in direkten Kontakt mit Sowjetrussen gerieten, die profunde Andersartigkeit der sowjetischen Zivilisation und interpretierten sie erneut, wie schon die enttäuschten Diplomaten der »Riga-Schule« in der Zwischenkriegszeit, als Indiz für die Dominanz nichteuropäischer Traditionen und Lebensformen in der Sowjetunion. Botschafter Harriman etwa sprach im April 1945 davon, daß die USA einer »Invasion Europas durch Barbaren« gegenüberstünden, und daß es Hitlers größtes Verbrechen gewesen sei, »Asien die Tore Europas geöffnet« zu haben. Kriegsminister Stimson fand die russischen Beuteaktionen »ziemlich orientalisch«, General George S. Patton berichtete, die sowjetischen Offiziere wirkten meist »wie kürzlich zivilisierte mongolische Banditen«, und Kennan, nun Harrimans Stellvertreter in Moskau, fand bei einem Flug über Ostpreußen, »die einheimische Bevölkerung (sei) in einer Manier hinausgefegt, die seit den Tagen der asiatischen Horden nicht mehr dagewesen war«[8].

Zweitens stärkten diese emotionalen Eindrücke und mehr noch die sowjetische Politik der »faits accomplis« die Position der »hardliners« in der amerikanischen Öffentlichkeit und in den republikanischen Fraktionen des Kongresses, die Roosevelts Verständigungspolitik schon 1944 kritisiert hatten. In ihren Jalta-Hoffnungen enttäuscht, beschuldigten sie die Sowjetführung einer massiven Verletzung der in Jalta getroffenen Vereinbarungen und forderten eine Einlösung der Zusagen, so, wie sie sie interpretiert hatten. Senator Vandenberg, den Roosevelt zur Teilnahme an der UNO-Gründungskonferenz eingeladen hatte, um den amerikanischen Beitritt zu der neuen Weltorganisation innenpolitisch abzusichern, nutzte die Konferenz in San Francisco als Forum zur Anprangerung sowjetischer Verstöße gegen die Atlantik-Charta. »Ich weiß nicht, ob wir hier in Frisco oder in München sind«, notierte er in seinem Tagebuch.

[8] Mit zahlreichen weiteren Äußerungen ähnlicher Art zitiert bei Ernst Nolte, *Deutschland und der Kalte Krieg*. München 1974, S. 174–176.

»Wir müssen Gewehr bei Fuß stehen (...). Wir sind jetzt an dem Punkt, daß wir (...) gewinnen müssen und Schluß machen müssen mit diesem Appeasement der Roten, bevor es zu spät ist.«[9] Wie der »amerikanische Traum« verwirklicht werden sollte, wußte freilich auch er nicht zu sagen; die Gründungskonferenz der Vereinten Nationen erschöpfte sich darum in heftiger Polemik zwischen der amerikanischen und der sowjetischen Delegation. Dem Bedürfnis großer Teile des amerikanischen Publikums nach Demonstration der eigenen Stärke kam diese Polemik sehr entgegen; in der übrigen Weltöffentlichkeit rief sie indessen erhebliche Beunruhigung über die Möglichkeit eines Auseinanderbrechens der Kriegskoalition hervor.

Drittens bestanden nun auch die amerikanischen Diplomaten auf einer Auslegung der Jalta-Vereinbarungen im Sinne der in der amerikanischen Öffentlichkeit vorherrschenden Interpretation. Die Kritiker der »Riga-Schule«, die Roosevelt mangelnde machtpolitische Entschlossenheit gegenüber der Sowjetunion vorgeworfen hatten, fanden jetzt Gehör; die Diplomaten Hullscher Prägung, die gehofft hatten, das sowjetische Sicherheitsinteresse lasse sich durch die Schaffung einer Weltfriedensorganisation befriedigen, sahen sich in ihren Hoffnungen enttäuscht, waren aber nicht bereit, ihre liberalen Ideale in Bezug auf Osteuropa aufzugeben; und auch Roosevelt fand nicht mehr den Weg von der »inneren« zur »äußeren« Außenpolitik zurück. Im gleichen Maße, wie die Notwendigkeiten sowjetischer Interessensicherung bisher unterschätzt worden waren, wurde nun der sowjetische Expansionswille überschätzt; eine irrationale Perspektive ersetzte die andere. »Die russischen Pläne zur Errichtung von Satellitenstaaten«, erklärte Botschafter Harriman, der wichtigste Wortführer dieser diplomatischen Wende, im April 1945 vor Beamten des State Department, »stellen eine Bedrohung für die Welt und für uns dar. Wenn die Sowjetunion erst einmal die Kontrolle über ihre Nachbarregionen erlangt hat, wird sie versuchen, die nächsten angrenzenden Länder zu durchdringen.« Die sowjetischen Forderungen nach Errichtung von Militärstützpunkten an den Meerengen der Türkei und nach einem Protektorat über das ehemals italienische Libyen (tatsächlich Versuche zur präventiven Eindämmung des angel-

[9] Arthur Vandenberg, Jr. (Hrsg.), *The Private Papers of Senator Vandenberg.* Boston 1972, S. 176–180; vgl. Kolko, *Politics,* S. 467–477; Daniel Yergin, *Shattered Peace.* Boston 1977, S. 98 f.; zur Konferenz von San Francisco insgesamt auch Herbert Feis, *Churchill, Roosevelt, Stalin.* Princeton 1957, S. 550–560.

sächsischen Kapitalismus) und auch die jugoslawischen Ansprüche auf Triest galten als Beweis für die Richtigkeit dieser »Dominotheorie«. Ende Mai notierte State-Unterstaatssekretär Joseph C. Grew, das Ergebnis des Zweiten Weltkrieges sei »die Übertragung totalitärer Diktatur und Macht von Deutschland und Japan auf die Sowjetunion, die in Zukunft eine ebenso große Gefahr für uns darstellen wird, wie sie die Achsenmächte gebildet haben«. Was in Osteuropa geschehen sei, stelle »das Modell für die zukünftige Welt« dar, wie Rußland sie verwirklichen wolle, Schritt für Schritt, zunächst in Europa, dann im Nahen und schließlich im Fernen Osten. Ein Krieg mit der Sowjetunion »ist so sicher wie nur irgend etwas in dieser Welt sicher sein kann«. Selbst Kriegsminister Stimson, der ansonsten für sehr zurückhaltende und nüchterne Analysen bekannt war, warnte, das wirtschaftliche Chaos in West- und Mitteleuropa könne zu »politischer Revolution und kommunistischer Infiltration« führen. Analysen dieser Art häuften sich im Frühjahr und Sommer 1945 in der amerikanischen Administration, und auch die Schlußfolgerungen liefen stets in die gleiche Richtung: Insistieren auf »Erfüllen« der Jalta-Agreements, keine neuen »Zugeständnisse«, Stabilisierung derjenigen Regionen, die nicht von der Roten Armee besetzt waren[10].

Viertens gelang die schwierige Balance zwischen »innerer« und »äußerer« Außenpolitik nun um so weniger, als Präsident Roosevelt während dieser Krise der sowjetisch-amerikanischen Beziehungen am 12. April 1945 starb, und sein Nachfolger Harry S. Truman, der im November 1944 nur als Kompromißkandidat zwischen Wallace und Byrnes Vizepräsident geworden war und nach eigenem Bekunden von Außenpolitik nichts verstand, zunächst Mühe hatte, sich in den Widersprüchen der Rooseveltschen Politik zurechtzufinden. Obwohl von Hause aus überzeugter Wilsonianer, entschloß sich Truman doch sehr rasch zu einer Politik »realistischer« Standfestigkeit gegenüber der Sowjetunion: Um Autorität als Präsident zu gewinnen, demonstrierte er große Entscheidungsfreudigkeit, blieb aber in seinen Entscheidungen von den Ratschlägen seiner Umgebung

[10] Harriman: FRUS 1945, V, S. 841 und 843; Grew: Memorandum vom 19. 5. 1945, auszugsweise in Joseph C. Grew, *Turbulent Era*. Boston 1952, S. 1445 f.; Stimson: Tagebucheintragung vom 19. 4. und 16. 5. 1945, zit. n. Yergin, S. 95; ebd., Kapitel 4 und 5 zahlreiche parallele Äußerungen. Für ähnliche Überlegungen im Kriegsministerium siehe Melvyn P. Leffler, *The American Conception of National Security and the Beginnings of the Cold War, 1945-48*. In: American Historical Review 89 (1984), S. 346-381.

abhängig; und da nun in der Administration die Befürworter eines außenpolitischen Kurswechsels an Zahl und Einfluß zugenommen hatten, geriet er trotz seiner erklärten Absicht, die Politik Roosevelts unverändert fortsetzen zu wollen, mehr und mehr auf einen Konfrontationskurs. »Die Sowjetunion braucht uns mehr als wir sie«, erklärte er eine Woche nach Amtsantritt dem ebenso überraschten wie erleichterten Harriman; daher bestehe begründete Aussicht, in den Osteuropa-Fragen wenn schon nicht 100 Prozent, so doch 85 Prozent der amerikanischen Vorstellungen durchsetzen zu können[11].

Seinen Entschluß zur Durchsetzung der amerikanischen Interpretation der Jalta-Vereinbarungen machte er sogleich dem sowjetischen Außenminister Molotow deutlich, als dieser auf dem Wege zur Konferenz von San Francisco am 23. April Truman aufsuchte. Vergeblich suchte Molotow zu erklären, daß sich die Sowjetregierung korrekt an das halte, was tatsächlich vereinbart worden war; Truman schnitt ihm das Wort ab und erklärte ihm in drastischem Amerikanisch, mit der »Einbahnstraße« in den sowjetisch-amerikanischen Beziehungen müsse jetzt Schluß sein. Molotow war sprachlos: »Noch nie in meinem Leben hat jemand so mit mir gesprochen«, entfuhr es ihm, und Truman konterte lakonisch, er solle in Zukunft seine Abmachungen einhalten, dann werde auch niemand mehr so mit ihm sprechen[12]. Roosevelt hätte in der Sache nicht viel anderes zu sagen gehabt als Truman, die Form dieser ersten Begegnung mit dem neuen Präsidenten führte die Sowjets jedoch zu der Überzeugung, daß Truman mit der (aus sowjetischer Sicht ohnehin unzulänglichen) Kooperationspolitik seines Vorgängers gebrochen habe, und nun endgültig ein westliches »roll back«: ein Übergreifen der USA auf die osteuropäische Sicherheitszone drohe.

Kooperation und Pressionen

Tatsächlich bedeutete die Wende in der amerikanischen Einstellung gegenüber der Sowjetunion keineswegs schon eine eindeutige Wende in der amerikanischen Sowjetpolitik. Zwar waren Truman und sein politischer Mentor Byrnes, den er nun zum Außenminister berief, entschlossen, die Sowjetisierung Osteu-

[11] FRUS 1945, V, S. 232f.
[12] Harry S. Truman, *Memoirs. Years of Decisions.* Garden City, N. Y. 1955, S. 79–82; FRUS 1945, V, S. 256–258.

ropas aufzuhalten und, wenigstens zum Teil, rückgängig zu machen, doch wurde die amerikanische Außenpolitik zunächst auch noch von anderen Impulsen mitbestimmt. Noch gab es einflußreiche Roosevelt-Anhänger, die dem Ziel der friedlichen Kooperation mit der Sowjetunion einen hohen Eigenwert beimaßen. Noch hoffte Truman, bei genügender Standfestigkeit schließlich doch noch zu einem Arrangement mit den Sowjets zu kommen, und noch beschlichen ihn gelegentlich Zweifel, ob eine unnachgiebige Haltung wirklich im Sinne Roosevelts war. Noch wurden alle Kräfte für die Niederwerfung Japans benötigt, und noch hoffte man auf die sowjetische Unterstützung gegen Japan. Noch wirkten in der weitläufigen Maschinerie der amerikanischen Administration die Traditionen der Nichteinmischung in die politischen Verwicklungen Europas und der Furcht vor militärischen Engagements in Friedenszeiten fort. Vor allem aber: Noch immer war die amerikanische Öffentlichkeit nicht bereit, für die in Anspruch genommene Weltführungsrolle spürbare Opfer zu leisten; gegen die mit Herannahen des Kriegsendes immer mächtiger werdenden Forderungen nach rascher Entlassung der Wehrpflichtigen (»Bring the boys home«) war selbst der Präsident machtlos.

Churchill fand darum für *seine* Konzeption der Eindämmungspolitik in Truman ebensowenig einen Bundesgenossen, wie er ihn in Roosevelt gefunden hatte. Der britische Premier hatte kurz vor Roosevelts Tod darauf gedrängt, die britischen und amerikanischen Truppen sollten bei ihrem Vormarsch in Mitteleuropa vor den Russen nach Berlin vorstoßen; dagegen hatte der amerikanische Oberbefehlshaber in Europa, General Eisenhower, geltend gemacht, eine solche Strategie zögere die Kampfhandlungen unnötig hinaus, und er hatte sich mit diesem Argument durchgesetzt. Von Truman forderte Churchill nun, die amerikanischen Truppen sollten an der Elbe stehenbleiben und sich nicht sogleich auf die Grenze der amerikanischen Besatzungszone in Deutschland zurückziehen, wie sie in der ECA vereinbart worden war; auch sollten sie Vorstöße nach Wien und nach Prag unternehmen. Eisenhower antwortete mit dem gleichen Argument, und Truman entschied, daß die Vereinbarungen über die Besatzungszonen einzuhalten waren. Als der britische Oberkommandierende Feldmarschall Montgomery am 4. Mai die Teil-Kapitulation der Regierung Dönitz nur für die Westfront annahm, erzwang Eisenhower am 7. Mai die Gesamtkapitulation. Churchill hielt zunächst noch an der Regierung Dönitz fest, nicht ohne den Hintergedanken, im Falle eines sowjetischen Vormarsches bis an die Nordsee die deutschen Truppen gegen die Sowjetarmee verwenden zu können, mußte sie dann aber unter beträchtlichem amerikanischen Druck am 23. Mai fallenlassen[13]. Selbst in der britischen Öffentlichkeit fand Churchill nicht den nötigen Rückhalt für eine solche antisowjetische Faustpfandpolitik; das zeigte sich, als in den Unterhauswahlen vom 25. Juli überraschend die Labour-Party gewann, die den Wahlkampf mit dem Argument geführt hatte, eine »sozialistische« Regierung könne die Verständigung mit der Sowjetunion eher sichern als der konservative Kriegspremier.

Der Widerspruch zwischen der erklärten Absicht, Osteuropa nach liberalen Prinzipien zu organisieren, und den mangelnden Möglichkeiten, diese Absicht zu realisieren, führte die amerikanische Diplomatie zunächst zu einer widersprüchlichen Politik des Drohens *und* Werbens, der Verweigerung *und* der Zugeständnisse. Die Truman-Administration weigerte sich, die sowjetische Interpretation des Jalta-Agreements anzuerkennen, weigerte sich aber auch, konkrete Schritte zur gewaltsamen Durchsetzung ihrer Vorstellungen zu unternehmen. Um den toten Punkt zu überwinden, den die beiderseitigen Verhandlungen so erreicht hatten, schickte Truman Ende Mai den Roosevelt-Intimus Harry Hopkins nach Moskau; diesem gelang es, den Geist der Kooperation noch einmal zu beschwören und, sehr zum Mißvergnügen Churchills, für Polen eine vorläufige Kompromißlösung auszuhandeln: Stalin und Hopkins einigten sich auf den Namen von vier Vertretern des Londoner Exils und der inneren Résistance, unter ihnen der frühere Premier Mikolajczyk, die eingeladen wurden, mit den Vertretern der »Lubliner« Regierung eine neue Kabinettsformel auszuhandeln. Tatsächlich verständigte sich diese polnische Kommission dann Ende Juni auf die Erweiterung der bestehenden Regierung um vier Vertreter der Bauernpartei und einen Sozialisten, und die Truman-Regierung erkannte diese erweiterte Regierung alsbald diplomatisch an[14]. Freie Wahlen in Polen waren damit freilich ebensowenig garantiert wie eine demokratische Orientierung

[13] Stephen E. Ambrose, *Eisenhower and Berlin 1945.* New York 1967, S. 54 ff.; Kolko, *Politics,* S. 382–388, 411–414; Gaddis, *The United States and the Origins,* S. 206–211; Arthur Smith, *Churchills deutsche Armee. Die Anfänge des Kalten Krieges 1943–1947.* Bergisch-Gladbach 1978.
[14] Vgl. Gaddis, *The United States and the Origins,* S. 231–236, und Davis, *The Cold War Begins,* S. 234–241.

der übrigen osteuropäischen Länder. Trumans Diplomaten fuhren fort, »diplomatischen Druck« auszuüben, ohne sich in den osteuropäischen Ländern materiell zu engagieren[15].

Ein Ausweg aus dieser für das amerikanische Selbstbewußtsein kaum erträglichen Lage schien sich nun dadurch anzubahnen, daß man die amerikanische Stärke bewußt gegen die Sowjetunion ausspielte – sowohl, wie Harriman seit Herbst 1944 gedrängt hatte, die wirtschaftliche Überlegenheit und die sowjetische Kreditbedürftigkeit, als auch, mit der Zündung der ersten Atombombe am 16. Juli 1945 neu in die Diskussion kommend, das amerikanische Atomwaffenmonopol. Außenminister Byrnes, der sich als Erbe Roosevelts empfand und von Mitte 1945 an die amerikanische Außenpolitik ebenso selbstherrlich wie dieser am State Department vorbei formulierte, suchte, von Truman unterstützt, diese doppelte Überlegenheit der USA dazu zu nutzen, eine Revision der in Osteuropa geschaffenen »faits accomplis« zu erzwingen.

Truman hatte schon vor Byrnes' Amtsantritt zweimal versucht, die ökonomische Überlegenheit der USA als Druckmittel zu verwenden: Auf Anraten Harrimans, der eine Wende in den Moskauer Polen-Verhandlungen erzwingen wollte, und zugleich unter dem Druck des Kongresses, der am 17. März beschlossen hatte, keine unbezahlten lend-lease-Lieferungen für den Wiederaufbau der verbündeten Länder zuzulassen, hatte er am 11. Mai den Stop aller nicht für den Krieg gegen Japan bestimmten Lieferungen an die Sowjetunion verfügt. Der Beschluß wurde, was Truman nicht vorausgesehen hatte, in äußerst abrupter und extensiver Form durchgeführt; sogar schon auf dem Meer befindliche Frachtschiffe wurden wieder zurückbeordert. Auf sowjetischen Protest hin wurden daher nachträglich doch noch einzelne Lieferungen zugelassen; prinzipiell aber blieb es bei dem Entschluß, die Sowjetregierung ihre Abhängigkeit von amerikanischen Lieferungen spüren zu lassen. Ebenso hatte Truman einer Revision der Leitlinien für die amerikanische Reparationspolitik gegenüber Deutschland zugestimmt:

[15] Wie dies Davis, *The Cold War Begins*, S. 241–287 und 335–368 im einzelnen nachweist. Davis irrt jedoch, wenn sie in dieser Politik den Ausdruck mangelnden amerikanischen Interesses an Osteuropa sieht. Tatsächlich war die Durchsetzung liberaler Prinzipien in Osteuropa nun zum zentralen Bestandteil außenpolitischen Denkens in den USA geworden; es fehlten nur die Mittel, dieses Ziel durchzusetzen. – Einen zuverlässigen Überblick über die Politik Trumans bis zur Potsdamer Konferenz bietet auch Lisle A. Rose, *After Yalta*. New York 1973, S. 32–51.

Entnahmen aus der laufenden Produktion sollten so niedrig wie möglich gehalten werden; Exporte aus der Produktion sollten zunächst dazu verwandt werden, Importgüter aus dem Westen zu bezahlen; nur was darüber hinausging, sollte für Reparationsleistungen an die Sowjetunion zur Verfügung stehen. Das wichtigste Motiv für diese Entscheidung war die Entschlossenheit des Kongresses gewesen, die deutschen Reparationen nicht wieder – wie nach dem Ersten Weltkrieg – vom amerikanischen Steuerzahler finanzieren zu lassen. Darüberhinaus hatten das State Department und der ehemalige Präsident Herbert Hoover Truman gegenüber die negativen Effekte hoher Reparationsverpflichtungen für die Wiederherstellung eines gesunden deutschen Marktes hervorgehoben; aus der entgegengesetzten Furcht, Reparationsforderungen könnten als Vorwand für eine Beibehaltung des deutschen Industriepotentials dienen, hatte auch die Morgenthau-Gruppe für einen niedrigen Reparationslevel plädiert; und schließlich sollte nun eine restriktive Haltung in der Reparationspolitik die Sowjetführung kooperationswilliger machen. Daß in Jalta die sowjetischen Vorstellungen von Reparationen im Gesamtwert von 20 Milliarden Dollar als Verhandlungsgrundlage akzeptiert worden waren, war unterdessen nahezu in Vergessenheit geraten[16].

Byrnes bestätigte beide Entscheidungen und hielt darüberhinaus an der dilatorischen Behandlung des sowjetischen Kreditgesuches vom Januar 1945 fest. Zwar verabschiedete der Kongreß Ende Juli ein Gesetz, das der Export-Import-Bank die Gewährung eines Kredits in Höhe von einer Milliarde Dollar erlaubte (statt der von der Sowjetregierung erbetenen sechs!); als die Sowjets daraufhin am 28. August eine erste Anleihe in ebendieser Höhe vorschlugen, unterband Byrnes jedoch vorläufig alle Verhandlungen mit dem Hinweis auf die nötigen politischen Konzessionen der sowjetischen Seite und ließ es zu, daß das Gesuch im Gestrüpp der US-Bürokratie verschwand[17]. Was

---

[16] Gaddis, *The United States and the Origins*, S. 196f., 215–224; George C. Herring, *Aid to Russia, 1941–1946*. New York 1973, S. 171–230; Yergin, *Shattered Peace*, S. 93–98; John H. Backer, *The Decision to Divide Germany*. Durham 1978, S. 41–45. – Herrings detaillierte Erzählung führt zu der These eines bürokratischen Chaos in der US-Wirtschaftspolitik gegenüber der Sowjetunion; dabei geht verloren, daß der vielfältige innenpolitische Druck auf die Administration nicht zuletzt aus außenpolitischen Motiven ausgeübt wurde: es galt, gegenüber der Sowjetunion »hart« zu bleiben, um die Erfüllung der Jalta-Agreements zu erzwingen.

[17] Herring, *Aid to Russia*, S. 248–256.

an Konzessionen inzwischen erwartet wurde, zeigte der Bericht einer Delegation von Kongreß-Abgeordneten, die unter dem Vorsitz von William M. Colmer im September 1945 die Sowjetunion besuchten: Die Abgeordneten empfahlen nach ihrer Rückkehr umfangreiche Kredite sowohl an die Sowjetunion als auch an die osteuropäischen Länder – unter der Voraussetzung, daß die Moskauer Regierung nicht nur amerikanisches Eigentum garantierte und die Verbreitung amerikanischer Filme, Bücher und Zeitungen gestattete, sondern auch überall (auch in der Sowjetunion!) Religionsfreiheit, Pressefreiheit und freie Wahlen gewährte und natürlich die Jalta-Vereinbarungen einhielt[18]. Byrnes selbst hat sich zu seinen Vorstellungen über notwendige sowjetische Gegenleistungen nicht geäußert; er teilte gewiß nicht die Blauäugigkeit der Colmer-Delegation, doch wurde sein Verhandlungsspielraum, wie dieses Beispiel zeigt, auch innenpolitisch immer enger.

Mit der gleichen dilatorischen Taktik suchte Byrnes das amerikanische Atomwaffenmonopol zur Durchsetzung seiner Vorstellungen zu nutzen. Zwar drohte er nie, die Atomwaffe gegen die Sowjetunion einzusetzen (daran war auch innenpolitisch gar nicht zu denken), aber er schloß sich auch nicht dem Vorschlag von Kriegsminister Stimson an, der Sowjetregierung gegen ein Einlenken in den strittigen Osteuropa-Fragen eine nukleare Partnerschaft anzubieten. Vielmehr schob er alle Initiativen für eine Internationalisierung der neuen Waffe auf die lange Bank und demonstrierte die atomare Überlegenheit der USA – in der Hoffnung, die Sowjetführung werde sich durch diese Demonstration beeindrucken lassen und dann eher auf die amerikanischen Wünsche bezüglich Osteuropas eingehen. In Übereinstimmung mit Byrnes zögerte Truman den Beginn der von Churchill und Stalin gewünschten nächsten Konferenz der »Großen Drei« in Potsdam bis zum 16. Juli hinaus, um näher an den Termin der ersten Atomtestzündung heranzurücken. Nachdem die Nachricht von dem erfolgreichen Versuch in New Mexico den Präsidenten am 21. Juli in Potsdam erreicht hatte, ließ er Stalin wissen, die USA besäßen nun »eine neue Waffe mit ungeheurer Zerstörungskraft«, und Byrnes führte die Verhandlungen von nun an, wie Stimson bemerkte, »sozusagen mit der Bombe in der Tasche, als einer großen Waffe, um die Sache durchzubekommen«, sowohl in Potsdam als auch auf der fol-

[18] Gaddis, *The United States and the Origins*, S. 258–260.

genden ersten Tagung des Alliierten Außenministerrates, die am
11. September in London begann. Dabei kalkulierte er auch den
Demonstrationseffekt des Atombombenabwurfs auf Hiroshima
und Nagasaki in seine Überlegungen mit ein (obschon dieser
Abwurf nicht zu diesem Zweck erfolgte, sondern ganz eindeutig, um den Krieg gegen Japan abzukürzen und den sowjetischen Anteil am Sieg über Japan möglichst gering zu halten[19]);
er sollte helfen, die seit März strittigen Fragen nun im amerikanischen Sinne zu lösen.

Das Scheitern der amerikanischen Pressionspolitik

Indessen erwiesen sich sowohl das Atomwaffenmonopol als
auch die wirtschaftliche Überlegenheit als stumpfe Waffe. Die
Sowjetregierung zeigte sich von der Atombombe demonstrativ
wenig beeindruckt und insistierte auch nicht auf ihren Kredit-
forderungen – mit gutem Grund: Die Drohung mit der Bombe
war nicht glaubwürdig, weil sie nur total, nicht aber abgestuft
eingesetzt werden konnte. Die Atombombe konnte potentielle
Gegner von einem Angriff auf die USA abschrecken; aber es
war völlig undenkbar, daß sie von der amerikanischen Regierung zur Durchsetzung von Zielen eingesetzt werden konnte,
die für die tatsächlichen amerikanischen Sicherheitsinteressen so
nebensächlich waren wie etwa freie Wahlen in Rumänien. Die
Drohung mit der Kreditverweigerung war zwar real, aber ebenfalls nicht glaubwürdig, einmal, weil die USA ihrerseits gleich-
falls wirtschaftlich an dem Kreditgeschäft interessiert waren,
zum anderen, weil die Sowjetführung die unmittelbare politi-

[19] Dies ist der Haupteinwand gegen die Darstellung bei Gar Alperowitz, *Ato-matic Diplomacy* (deutsch: *Atomare Diplomatie. Hiroshima und Potsdam*. Ber-lin, München 1966); ebensowenig läßt sich Alperowitz' These halten, die Tru-man-Regierung habe offen mit der Bombe gedroht. Vgl. übereinstimmend Gad-dis, *The United States and the Origins*, S. 247–252; Martin J. Sherwin, *A World Destroyed*. New York 1975, Kap. 7; ders., *The Atomic Bomb and the Origins of the Cold War: U.S. Atomic Energy Policy and Diplomacy 1941–1945*. In: Ameri-can Historical Review 78 (1973), S. 945–968; Lundestad, *The American Non-Policy*, S. 359–364; Barton J. Bernstein, *Roosevelt, Truman and the Atomic Bomb, 1941–1945: A Reinterpretation*. In: Political Science Quarterly 15 (1975), S. 23–69; Thomas Hammond, *Did the United States Use Atomic Diplomacy?* In: Peter Potichnyi, Jane Shapiro (Hrsg.): *From the Cold War to Detente*. New York 1976, S. 26–56. – Rose, *After Yalta*, S. 52–85, unterschätzt die Rolle, die die Bombe in Byrnes' Kalkül für Potsdam gespielt hat. – Stimson-Tagebucheintra-gung vom 4. 9. 1945, zit. n. Lundestad, *The American Non-Policy*, S. 363.

sche Durchschlagskraft dieses ökonomischen Interesses im amerikanischen Entscheidungsprozeß überschätzte. Auch war für sie die Sicherung des eigenen Glacis wichtiger als die Wirtschaftshilfe aus den USA; zur Not konnten auch die ost- und mitteleuropäischen Ressourcen zur Unterstützung des sowjetischen Wiederaufbaus herangezogen werden.

Byrnes' dilatorische Taktik führte darum nicht zu größerer Kooperationsbereitschaft der sowjetischen Seite, im Gegenteil: Das Verschleppen des Kreditgesuches stärkte das sowjetische Interesse an wirtschaftlicher Ausbeutung der osteuropäischen Länder und an massiven Reparationen aus Deutschland; die Demonstration des Atomwaffenmonopols förderte mehr je die Konzentration aller sowjetischen Kräfte auf den Ausbau der eigenen Sicherheitssphäre (nun einschließlich einer Forcierung der eigenen Atomwaffen-Pläne); die amerikanische Einmischung in die Verhältnisse in Osteuropa, das doch allem Anschein nach spätestens in Jalta von den Westmächten schon als sowjetischer Einflußbereich anerkannt worden war, erhöhte nur das Maß an Garantien, die für eine sowjetfreundliche Orientierung dieser Region notwendig erschienen.

Weil sich die amerikanische Diplomatie die »Ohnmacht der Allmacht« (Gaddis[20]) nicht eingestehen wollte, prallten nun auf den Konferenzen nach Kriegsende die Gegensätze stärker denn je aufeinander. Diese Gegensätze waren durch eine beiderseitige Interessenabgrenzung lösbar, und es ist auch, nachdem sich die atomare und die Dollar-Diplomatie als untaugliche Waffen erwiesen hatten, und die wechselseitige Polemik am toten Punkt angelangte, mehrfach versucht worden, sie so zu lösen. Byrnes kehrte damit zur »Four-Policeman«-Politik Roosevelts mitsamt ihrem alten Dilemma zurück: der Notwendigkeit, realpolitische

---

[20] Gaddis, *The United States and the Origins*, S. 244. – Die Erfahrungen, die Byrnes mit seiner Atom- und Kreditdiplomatie machen mußte, belegen die Gegenstandslosigkeit der Kritik Ulams (*Rivals* S. 52 u.ö.) und Vojtěch Mástnýs (*Russia's Road to the Cold War*. New York 1979, S. 310f. u.ö.), die USA seien sich bei Kriegsende ihrer Stärke nicht bewußt gewesen und hätten sie nicht genutzt. Tatsächlich war sie nur begrenzt nutzbar, nicht, weil sie von einer politischen Stärke der Sowjetunion konterkariert worden wäre (so Ernst Nolte, *Kalter Krieg und deutsche Ostpolitik*. In: Neue Politische Literatur 20 (1975), S. 308–338 und 448–490, hier S. 322f. in unzulässiger Gleichsetzung amerikanischer Ressourcen und sowjetischen Einflusses auf auswärtige kommunistische Parteien, die doch gegen diese Ressourcen kaum ins Gewicht fielen), sondern weil auch eine wirtschaftlich-technologische Überlegenheit nicht Allmacht bedeutete.

Kompromisse mit idealistischer Rhetorik innenpolitisch absichern zu müssen.

Schon in Potsdam (16. Juli bis 2. August 1945) bestimmten die Gegensätze zwischen amerikanischen und sowjetischen Vorstellungen zur Nachkriegsplanung den Konferenzverlauf derart nachhaltig, daß die Delegierten mehrfach am Rande einer offenen Krise standen. Ein Bruch, der auch nach außen sichtbar geworden wäre, konnte nur dadurch vermieden werden, daß Byrnes nach zwei Wochen weitgehend ergebnislosen Verhandelns ein provisorisches Kompromiß-Paket zustandebrachte: Vorbehaltlich einer endgültigen Regelung in einem künftigen Friedensvertrag mit Deutschland anerkannten die Westmächte die polnische Verwaltung der ehemals deutschen Ostgebiete bis zur Oder-Neiße-Grenze; dafür mußte die Sowjetführung ihre Reparationsforderungen gegenüber Deutschland vorläufig zurückstellen: Zunächst sollte jeder Besatzungsmacht nur erlaubt sein, Reparationen aus der eigenen Besatzungszone zu entnehmen; darüberhinaus sollten Russen und Polen fünfzehn Prozent der »unnötigen« Industriegüter der Westzonen gegen entsprechende Nahrungsmittel- und Rohstofflieferungen aus dem Osten erhalten, ebenso weitere zehn Prozent ohne Gegenleistungen. (Zuvor hatte Stalin vergeblich versucht, von den in Potsdam anwesenden Vertretern der polnischen Regierung die Zustimmung zum Verzicht auf die Neiße-Grenzlinie zu erreichen, um damit größere Reparationslieferungen aus den Westzonen einhandeln zu können). In der Tendenz liefen diese Entscheidungen auf eine Stabilisierung des Status quo hinaus: Jede Seite machte dort Zugeständnisse, wo sie ohnehin kaum noch über Einflußmöglichkeiten verfügte. Die sowjetischen Forderungen nach Internationalisierung der Ruhrindustrie, Zugang zu den Meerengen und einem Mandat über Libyen blieben ebenso unerfüllt wie die amerikanischen Forderungen nach Internationalisierung der großen europäischen Wasserstraßen (das heißt insbesondere der Donau); die westlichen Bemühungen um ein größeres Mitspracherecht in den osteuropäischen Ländern wurden von der sowjetischen Delegation mit dem Hinweis auf die absolute Dominanz des westlichen Einflusses in Italien und Griechenland blockiert. In der Deutschlandfrage bekundeten beide Seiten ihr Interesse am Fortbestand einer ungeteilten Nation, beschlossen, Deutschland als wirtschaftliche Einheit zu behandeln und einem Vier-Mächte-Kontrollrat aus den Oberkommandierenden der Besatzungsstreitkräfte die Verantwor-

tung für die Verwaltung Deutschlands zu übertragen. Doch
taten sie das aus unterschiedlichen Motiven, die USA um der
künftigen Integration Deutschlands in das multilaterale Freihandelssystem willen, die Sowjetunion, um ebendiese Integration in die USA-beherrschte »One-World« zu verhindern. Der
vitale Konflikt in der deutschen Frage war damit nur vertagt,
und die »provisorischen« Vereinbarungen in der Reparationsfrage wirkten auch hier im Sinne einer Teilung der Einflußsphären[21].

Innenpolitisch akzeptabel war dieser Kompromiß von Potsdam in den USA nur deshalb, weil die wirklich entscheidenden
Fragen noch einmal offengelassen worden waren. Stalin, Truman und der neue britische Premier Attlee waren einem Vorschlag von Byrnes folgend übereingekommen, alle ausstehenden Fragen von einem Alliierten Rat der Außenminister klären
zu lassen, an dem neben den drei Großmächten auch Frankreich
und China beteiligt sein sollten. Zunächst sollte dort der Friedensvertrag mit Italien beraten werden, dann die Verträge für
die »anerkannten demokratischen Regierungen« Rumäniens,
Bulgariens und Ungarns (ein Musterbeispiel für die protokolla-
rische Vernebelung der tatsächlichen Kontroverspunkte!),
schließlich der Friedensvertrag mit Deutschland. Das Ergebnis-
protokoll der Potsdamer Konferenz wurde nur in einer Kurz-
fassung veröffentlicht, die die wesentlichen Streitfragen uner-
wähnt ließ, und Byrnes ließ in der Öffentlichkeit keinen Zweifel
daran, daß diese auf der bevorstehenden ersten Außenministerratstagung in London im Sinne des amerikanischen »One-
World«-Traums gelöst werden könnten; die atomare und wirtschaftliche Überlegenheit der USA im Blick, glaubte er das auch
noch selbst.

In London (11. September bis 2. Oktober 1945) zeigte sich jedoch, daß zumindest die Osteuropa-Problematik nicht im ame-

---

[21] Vgl. William H. McNeill, *America, Britain and Russia*. London 1953,
S. 615–630; Boris Meissner, *Rußland, die Westmächte und Deutschland*. Ham-
burg, 2. Aufl. 1954, S. 60–76; Herbert Feis, *Zwischen Krieg und Frieden. Das
Potsdamer Abkommen*. Frankfurt, Bonn 1962; ders., *From Trust to Terror*. New
York 1970, S. 36–55; Ernst Deuerlein, *Deklamation oder Ersatzfrieden? Die
Konferenz von Potsdam 1945*. Stuttgart 1970; ders., *Potsdam 1945. Ende und
Anfang*. Köln 1970; Kolko, *Politics*, S. 568–593; Davis, *The Cold War Begins*,
S. 288–299; Yergin, *Shattered Peace*, S. 111–119; Mástný, *Russia's Road*, S. 292
bis 303; zu den deutschlandpolitischen Entscheidungen im einzelnen Albrecht
Tyrell, *Großbritannien und die Deutschlandplanung der Alliierten 1941–1945*.
Frankfurt 1987, S. 330–344, 563–601.

rikanischen Sinne lösbar war. Molotow legte schriftliche Vorschläge für die Friedensverträge mit Rumänien, Bulgarien und Ungarn vor, die den Status quo fortschrieben, das heißt den USA keine neuen Einflußmöglichkeiten in dieser Region einräumten; Byrnes bestand dagegen auf der »polnischen Formel«, das heißt auf der Umbildung der betroffenen Regierungen auf breiter demokratischer Basis und baldmöglichster Organisation freier Wahlen als Voraussetzung für Friedensverträge. In endlosen Sitzungen beharrten beide Seiten auf ihrem Standpunkt – bis Molotow, um der drohenden Isolierung zu entgehen, am 22. September unter Berufung auf entsprechende Potsdamer Vereinbarungen den Ausschluß des französischen und des chinesischen Außenministers aus den Osteuropa-Verhandlungen forderte. (Tatsächlich war in Potsdam nur beschlossen worden, daß diese über Osteuropa-Fragen nicht mit abstimmen durften). Damit war die Konferenz am toten Punkt angelangt. Byrnes begann zu entdecken, wie wenig die amerikanische Überlegenheit in politische Münze umsetzbar war, und rang sich nach einer Woche weiteren Zuwartens schließlich dazu durch, nun auch in der Osteuropa-Frage Kompromisse einzugehen, Kompromisse, die die sowjetischen Sicherheitsinteressen im wesentlichen unangetastet ließen und damit den amerikanischen Traum zerstören mußten.

Im letzten Moment schreckte er jedoch noch einmal davor zurück, diese Kompromisse zu verwirklichen. John Foster Dulles als führendes republikanisches Mitglied der amerikanischen Verhandlungsdelegation machte ihm in einem Gespräch unter vier Augen klar, daß er und damit die republikanische Öffentlichkeit Kompromisse in der Osteuropa-Frage als gefährliche Appeasement-Politik bekämpfen würden; wenn Byrnes ohne wesentliche Fortschritte in bezug auf das Selbstbestimmungsrecht mit den Russen abschließen würde, würde er ihn öffentlich als Appeaser attackieren. Byrnes beugte sich dem Diktat, und da ein Abschluß im Dullesschen Sinne natürlich nicht zu erreichen war, brach er die Konferenz ab. Noch nicht einmal ein gemeinsames Abschlußprotokoll wurde unterzeichnet[22].

²² Die Konferenzdarstellungen bei McNeill, *America, Britain and Russia*, S. 696–704, und Rose, *After Yalta*, S. 120–126, schildern den Abbruch zu einseitig als Folge sowjetischer Aggressivität; Joyce and Gabriel Kolko, *The Limits of Power*. New York 1972, S. 37f. unterstellen der amerikanischen Delegation eine ungebrochene Politik der Stärke. Für den tatsächlichen Desillusionierungsprozeß Byrnes' vgl. Gaddis, *The United States and the Origins*, S. 263–275; für die Rolle Dulles' Yergin, *Shattered Peace*, S. 122–132.

Damit waren die Gegensätze in aller Öffentlichkeit sichtbar geworden. Die amerikanische Öffentlichkeit war mit der Haltung ihres Außenministers zufrieden, und Präsident Truman bekräftigte in einer Rede am 27. Oktober die Prinzipientreue der amerikanischen Außenpolitik, wobei er gleichzeitig ankündigte, daß die Vereinigten Staaten das Atomwaffengeheimnis zunächst nicht teilen würden, sondern als »heiliges Treuegut« für den Frieden der Welt aufbewahren würden[23].

Byrnes war unterdessen über das sowjetische Verhalten höchst irritiert und voller Zweifel über den richtigen außenpolitischen Kurs. Wie schon Roosevelt suchte er angestrengt nach Möglichkeiten, die amerikanischen »One-World«-Vorstellungen und die Sicherheitsvorstellungen der Sowjetführung in bezug auf Osteuropa gleichermaßen zufriedenzustellen. Der sowjetischen Regierung signalisierte er in einer öffentlichen Rede am 31. Oktober Sympathie »mit den Anstrengungen der Sowjetunion, zu engeren und freundschaftlichen Beziehungen mit ihren osteuropäischen Nachbarn zu gelangen«, und »volle Anerkennung ihrer speziellen Sicherheitsinteressen in diesen Ländern«; der eigenen Öffentlichkeit versicherte er zugleich, ohne den Widerspruch zu bemerken, sein Festhalten am Prinzip des »Weltsystems« und die Ablehnung einer »in exklusive Einflußsphären geteilten Welt«[24]. Um sich ein realistischeres Bild über die Situation in den osteuropäischen Ländern zu machen, als es die (wie er nicht ganz zu Unrecht vermutete) konstant antikommunistisch eingefärbten Berichte seines diplomatischen Personals erlaubten, schickte er Mark Ethridge, einen renommierten liberalen Journalisten, der als Fürsprecher einer amerikanisch-sowjetischen Aussöhnung bekannt war, auf eine ausgedehnte Informationsreise durch Osteuropa. Zugleich ergriff er die Initiative zu einem neuen Treffen der Außenminister, diesmal, wie Molotow es verlangt hatte, ohne Beteiligung der Franzosen und Chinesen.

In Moskau, wo die drei Außenminister vom 16. bis 26. Dezember 1945 tagten, zeigte sich, daß bei einer wechselseitigen Respektierung der Sicherheitsinteressen tatsächlich Kompromisse möglich waren, allerdings, wie schon in Potsdam, keine Kompromisse, die eine gemeinsame Politik begründeten, sondern solche, die auf eine Teilung der Welt in Einflußsphären

---

[23] *Vital Speeches of the Day.* Vol. XII, 15. 11. 1945, S. 68.
[24] Ebd. S. 69.

hinausliefen. Die Sowjetregierung sagte zu, in Rumänien und Bulgarien für die Aufnahme von je zwei nichtkommunistischen Ministern in die Regierungen sorgen zu wollen; dafür sagte Byrnes zu, sich nun an der raschen Vorbereitung der Friedensverträge mit den ehemaligen Verbündeten Deutschlands beteiligen zu wollen. Die Sowjetregierung verzichtete auf eine effektive Beteiligung an der Kontrolle über Japan und gestand den USA zu, ihre Truppen bis zur vollständigen Entwaffnung der Japaner in China zu belassen; dafür lud Byrnes Molotow ein, sich an einer amerikanisch-britisch-kanadischen Initiative zur Etablierung eines UN-Kontrollsystems für Atomwaffen zu beteiligen. Selbst über ein Verfahren zur Einigung des in eine amerikanische und eine sowjetische Besatzungszone geteilten Korea wurde Einvernehmen erzielt. Kontrovers blieb allein die Frage des sowjetischen Truppenrückzugs aus dem Iran. Byrnes kehrte befriedigt zurück und verkündete der Nation in einer Rundfunkansprache am 30. Dezember, die Moskauer Verhandlungen hätten die USA einem Frieden näher gebracht, der auf »Gerechtigkeit und Weisheit« basiere[25].

Anders als Roosevelt gelang es Byrnes jedoch nicht, die amerikanische Öffentlichkeit von der Übereinstimmung der von ihm getroffenen Agreements mit den Prinzipien der Atlantikcharta zu überzeugen. Moskau war nicht Jalta, konnte es nach der Enttäuschung vom vergangenen Frühjahr auch nicht mehr sein. Die Republikaner und die »realistischen« Experten des State Department hatten Byrnes' selbstherrliche Politik mit wachsender Bitterkeit verfolgt und sahen nun im Ergebnis der Moskauer Konferenz ihre schlimmsten Befürchtungen bestätigt: Byrnes, so meinten sie, *war* ein Appeaser, er hatte den Sowjets zu viele Zugeständnisse gemacht, und er hatte den weltweiten Expansionsdrang der Sowjetunion nicht erkannt. Gegen Byrnes organisierte sich eine breite Front – im State Department, wo nun, wie Elbridge Durbrow berichtet, »allen, die die Entwicklung genau verfolgten, die tatsächlichen Absichten (der Russen) mehr als deutlich wurden«; im Kongreß, dessen Mitglieder von Vandenberg und Dulles mit ständiger Byrnes-Kritik überhäuft wurden; und in der öffentlichen Meinung, wo die Anzahl derer, die an die Möglichkeit langfristiger Kooperation

[25] Text der Ansprache in: Department of State Bulletin XII, 30. 12. 1945, S. 1033–1036; zum Konferenzverlauf McNeill, *America, Britain and Russia*, S. 704–712; Feis, *From Trust to Terror*, S. 53–55; Gaddis, *The United States and the Origins*, S. 276–281; Yergin, *Shattered Peace*, S. 147–151.

mit der Sowjetunion glaubten, von 54 Prozent im September 1945 auf 34 Prozent im Februar 1946 fiel[26].

Entscheidend für die künftige amerikanische Politik gegenüber der Sowjetunion wurde nun, daß sich Truman dieser Anti-Byrnes-Bewegung anschloß. Der Präsident war seit November 1945 der Quasi-Bevormundung durch seinen politischen Mentor überdrüssig geworden, hatte sich während der Moskauer Konferenz über mangelnde Unterrichtung durch den Außenminister erregt, und bekam nun nach Moskau den Bericht Ethridges zu lesen, der, anders als dies Byrnes erwartet hatte, die Verhältnisse in Osteuropa nach seiner Informationsreise in den dunkelsten Farben schilderte und vor der Konzedierung einer begrenzten sowjetischen Einflußsphäre warnte: eine solche Konzession müsse notwendigerweise zu immer weiterer Ausdehnung des sowjetischen Einflußbereiches in der Zukunft führen. All dies brachte Truman zu dem Entschluß, eine außenpolitische Kurskorrektur vorzunehmen. »Ich bin nicht der Meinung«, notierte er sich für eine Grundsatz-»Aussprache« mit Byrnes am 5. Januar 1946, »daß wir noch länger Kompromisse spielen sollten. Wir sollten uns weigern, Rumänien und Bulgarien anzuerkennen, bis sie unsere Forderungen erfüllen; wir sollten über unsere Haltung in der Iran-Frage keine Zweifel aufkommen lassen, und wir sollten auf der Internationalisierung der Wasserstraßen (...) bestehen, und wir sollten die vollständige Kontrolle über Japan und den Pazifik in der Hand behalten. (...) *I'm tired of babying the Soviets.*«[27]

Byrnes akzeptierte diese Desavouierung seiner Moskauer Politik[28]. Von nun an sollte es keine Kompromisse mehr geben, kein Bemühen um Kooperation mit der Sowjetunion in der

[26] Durbrow laut Yergin, *Shattered Peace*, S. 152; weitere Zeugnisse ebda. S. 152–158; Meinungsumfragen laut Gaddis, *The United States and the Origins*, S. 289; weitere Zeugnisse bis in den März 1946 hinein ebda. S. 281–315, sowie bei Rose, *After Yalta*, S. 151–155, 157–162.

[27] Harry S. Truman, *Memoirs. Years of Decisions.* Garden City, N. Y. 1955, S. 550–552.

[28] Obwohl einiges dafür spricht, daß Truman diese Philippika Byrnes nicht *wörtlich* vorgelesen hat (Byrnes bestreitet das in seinen Memoiren: James F. Byrnes, *All in One Lifetime.* New York 1958, S. 402f.), ist an der Schärfe der Truman-Byrnesschen Auseinandersetzungen um die Jahreswende 1945/46 nicht zu zweifeln; vgl. Gaddis, *The United States and the Origins*, S. 287–289; Yergin, *Shattered Peace*, S. 160f. und Robert L. Messer, *The End of an Alliance. James F. Byrnes, Roosevelt, Truman, and the Origins of the Cold War.* Chapel Hill 1982, S. 157–165.

Sicherung des Weltfriedens, stattdessen eine Politik der »Festigkeit«, die auf dem Axiom eines potentiell weltweiten sowjetischen Expansionismus basierte. Byrnes selbst hoffte zwar immer noch auf ein Arrangement mit der Sowjetunion, hatte aber keinen Verhandlungsspielraum mehr; so entschloß er sich im April 1946, von seinem Amt zurückzutreten, sobald die in Moskau ausgehandelte Friedensvertrags-Prozedur abgeschlossen sein würde, und führte unterdessen die Außenpolitik in dem von Truman definierten Sinne: Konzessionen hatten künftig allein von der sowjetischen Seite zu kommen. Aus der Wende in der Einschätzung der Sowjetunion war nun eine Wende in der amerikanischen Sowjetpolitik geworden[29]; Roosevelts »Grand Design« mußte endgültig der »Politik der Eindämmung« weichen[30].

Zwischenbilanz 1945

Im Rückblick lassen die Vorgänge des Jahres 1945 einige für die Entstehung des Kalten Krieges zentrale Sachverhalte erkennen.

Erstens: Die Wende von 1945 war eine Wende der amerikanischen Politik, nicht der sowjetischen. Während die amerikanische Regierung ihre Interessen durchzusetzen suchte und Konfliktlösungen nur noch in Form von Zugeständnissen der sowjetischen Seite erwartete, räumte die sowjetische Regierung zwar der Konsolidierung ihres Hegemonialbereiches Priorität ein, blieb aber im übrigen bis in den Herbst 1947 hinein um die Herstellung eines kooperativen Verhältnisses zu den USA bemüht.

Zweitens: Diese Wende in der amerikanischen Politik war gewiß durch die sowjetische Osteuropa-Politik ausgelöst wor-

[29] Die Widersprüchlichkeit der Durchsetzungsphase dieser neuen amerikanischen Sowjetpolitik hat, wie nicht anders zu erwarten, kontroverse Interpretationen erfahren. Feis und vom entgegengesetzten Standpunkt her Kolko überbetonen die Kontinuität in der Politik des Jahres 1945; Alperovitz überakzentuiert den Bruch beim Übergang von Roosevelt zu Truman. Fraser J. Harbutt, *The Iron Curtain. Churchill, America, and the Origins of the Cold War.* New York, Oxford 1986 bietet zwar viele Präzisierungen der diplomatischen Auseinandersetzung, überschätzt aber das Ausmaß amerikanischer Zurückhaltung zwischen April 1945 und Februar 1946.

[30] Über ein Jahr vor der offiziellen Proklamation dieser Politik. Wie das folgende Kapitel zeigen wird, war 1946, anders als die »traditionellen« Autoren meinen, tatsächlich schon ein Jahr der »Eindämmung«.

den; unvermeidlich geworden war sie aber erst dadurch, daß sich die amerikanische Öffentlichkeit Illusionen über die Systemnotwendigkeiten der Sicherheitspolitik des Sowjetstaates gemacht hatte. Diese Illusionen wiederum waren in den Traditionen der amerikanischen Politik tief verwurzelt und bildeten geradezu eine Voraussetzung für die amerikanische Teilnahme am Weltkrieg; insofern wird in dem Konflikt über Osteuropa der tiefgreifende strukturelle Gegensatz der beiden Weltmächte und ihrer Politik deutlich: Gegen das Interesse des expandierenden Kapitalismus der USA an weltweitem Freihandel und weltweiter Durchsetzung liberaler Prinzipien stand das Interesse der sowjetischen Mobilisierungsdiktatur an einer Abschirmung gegen diese Prinzipien und gegen den ökonomischen Vormarsch der USA.

Drittens: Dieser Gegensatz mußte zwar zum Ausbruch kommen, aber es war zunächst keineswegs entschieden, daß er zu einer Teilung der Welt in einander absolut feindlich gegenüberstehende Machtblöcke führen würde, die sich wechselseitig bedroht fühlten[31]. Natürlich war das amerikanische Wirtschaftssystem auf eine immer stärkere Ausrichtung der Weltwirtschaft auf die amerikanischen Bedürfnisse hin angelegt, aber die ökonomischen Interessen der Sowjetunion und der USA waren zunächst einmal weithin komplementär, so daß nicht von vornherein feststand, daß Kooperationsgewinne einseitig zugunsten der USA gehen mußten. Der expandierende Kapitalismus der USA war um so weniger definitiv imperialistisch, als die amerikanischen Führungskräfte zunächst weder bereit noch in der Lage waren, sich in Europa auch politisch dauerhaft zu engagieren. Selbst die Zusammenarbeit mit der europäischen Linken und die Tolerierung sozialistischer Transformationsprozesse waren zunächst keineswegs ausgeschlossen[32]. Ebenso hielten

[31] Die deterministische Auffassung, der Kalte Krieg sei aufgrund der Unterschiedlichkeit der Systeme »so unvermeidlich [gewesen], wie nur je ein historisches Ereignis unvermeidlich war« (so Nolte, *Deutschland*, S. 599), läßt sich nicht belegen. Der strukturelle Gegensatz der beiden Weltmächte erklärt nur, daß es zur Konkurrenz und zu Auseinandersetzungen der Systeme kommen mußte, nicht aber, daß diese Auseinandersetzungen dann zu Blockbildung, Zweiteilung der Welt, gegenseitiger Sicherheitsbedrohung und innenpolitischem Belagerungszustand führten.
[32] Zu Recht hat Werner Link (*Die amerikanische Außenpolitik aus revisionistischer Sicht.* In: Neue Politische Literatur 16 [1971], S. 205–220) an Kolkos Arbeit kritisiert, daß die Kernthese »revisionistischer« Literatur, »der behauptete *unausweichliche* Kausalzusammenhang zwischen amerikanischer Gesellschafts- und

die Sowjetregierung und die kommunistischen Parteien der anderen Länder natürlich an ihrem revolutionären Selbstverständnis und Anspruch fest, aber in den Methoden der sowjetischen Interessensicherung in Osteuropa herrschten Pragmatismus und Flexibilität vor, und an eine Ausweitung des sowjetischen Einflußbereiches über den Machtbereich der Roten Armee hinaus war im Rahmen konkreter Perspektiven überhaupt nicht zu denken, so daß die tatsächliche sowjetische und kommunistische Politik hier alles andere als systemgefährdend war[33].

Viertens: Aufgrund ihrer strukturellen Überlegenheit besaßen die USA größere Möglichkeiten, die tatsächliche Gestaltung des künftigen sowjetisch-amerikanischen Verhältnisses zu bestimmen. In ihrer Macht lag es, die bestehende Asymmetrie in der Sicherheitslage der beiden Mächte abzubauen, etwa durch eindeutigere Anerkennung der sowjetischen Sicherheitsinteressen in Osteuropa, durch eine tatsächliche internationale Atomwaffenkontrolle oder durch eine Wirtschaftshilfe, die den ökonomischen Interessen beider Seiten entsprach[34]. Indem die amerikanische Regierung die sowjetische Sicherheitssphäre de facto nicht anerkannte und die atomare und wirtschaftliche Überlegenheit, wenn auch vergeblich, zur Revision der in Osteuropa geschaffenen Lage einzusetzen versuchte, initiierte sie 1945 einen Mechanismus wechselseitiger Fehlwahrnehmungen und

Wirtschaftsordnung und konterrevolutionärer Außenpolitik leider nirgends *systematisch* untersucht wird« (S. 209). Tatsächlich ist der Beweis für einen solchen Zusammenhang auch nicht zu erbringen; vgl. für die ursprüngliche Offenheit der amerikanischen Politik für Transformationsprozesse in Europa etwa das Memorandum des State Department für die Konferenz von Jalta: »Judging from recent indications the general mood of the people of Europe is to the left and strongly in favor of far-reaching economic and social reforms, but not, however, in favor of a left-wing totalitarian regime to achieve these reforms. (...) These governments [= Osteuropas] *must be sufficiently to the left to satisfy the prevailing mood in Europe* [Hervorhebung von mir, W. L.] and to allay Soviet suspicions. Conversely, they should be sufficiently representative of the center and *petit bourgeois* elements of the population so that they would not be regarded as mere preludes to a communist dictatorship.« – FRUS Yalta, S. 103.

[33] Die für die »traditionelle« Position zentrale These vom prinzipiell unbegrenzten sowjetischen Expansionismus läßt sich also ebensowenig halten; vgl. Kapitel 2, Anm. 16.

[34] Vgl. auch Werner Link, *Das Konzept der friedlichen Kooperation und der Beginn des Kalten Krieges.* Düsseldorf 1971, der zeigt, daß Symmetrie als Grundbedingung für friedliche Kooperation 1945 nicht nur nicht vorhanden war, sondern auch von den USA nicht hergestellt wurde. Vgl. auch ders., *Handlungsspielräume der USA in der Entstehung des Ost-West-Gegensatzes 1945 bis 1950.* In: Aus Politik und Zeitgeschichte B 25/1983, S. 19–26.

Konflikteskalation: Die amerikanischen Entscheidungsträger mißdeuteten die Sicherheitspolitik der Sowjetunion als Beleg für prinzipiell unbegrenzten sowjetischen Expansionismus und reagierten mit der Verweigerung weiterer Kooperation; die sowjetische Führung mißdeutete diese Kooperationsverweigerung als Beleg für einen notwendigerweise aggressiven Charakter des expandierenden US-Kapitalismus und reagierte mit weiterer Verhärtung ihrer Sicherheitspolitik. Dieser Circulus vitiosus ist in den Jahren nach 1945 nicht mehr unterbrochen worden; und so wurde die Blockbildung dann mehr und mehr definitiv.

Der durch die Wende der amerikanischen Politik des Jahres 1945 hervorgerufene Mechanismus wechselseitiger Fehlwahrnehmungen der beiden Weltmächte kam zu einem Zeitpunkt in Gang, da die meisten Probleme der Nachkriegsordnung, und gerade die strittigsten Probleme, noch nicht gelöst waren. Ein halbes Jahr nach Kriegsende hatten die Verhandlungen über die Friedensverträge mit den ehemaligen Feindstaaten noch nicht begonnen; das Deutschlandproblem war kaum andiskutiert worden. Die Wirtschaft der europäischen Länder litt unter den unmittelbaren Folgen des Kriegsgeschehens: Produktionsrückgang, Hunger, Inflation, Verschuldung; die USA sahen die gefürchtete Überproduktionskrise auf sich zukommen; die Sowjetunion stand erst am Anfang ihres Wiederaufbaus. Das machtpolitische Gefüge des internationalen Systems hatte große Veränderungen erfahren: die USA waren zur Weltführungsmacht aufgestiegen und hatten die Atomwaffe entwickelt, Großbritannien war zum Juniorpartner der USA geworden, die Sowjetunion hatte ihre Macht insbesondere in Europa ausdehnen können, in der Mitte des europäischen Kontinents und in der europäischen Peripherie war ein Machtvakuum entstanden; doch noch waren die Folgen dieser Veränderungen für die Sicherheitslage der einzelnen Nationen nicht klar; noch herrschte darum allgemeine Unsicherheit über die Bedingungen künftiger Sicherheit.

All diese Probleme wurden nun von dem Grundsatzkonflikt zwischen den USA und der Sowjetunion überlagert, oder genauer: diese Probleme gaben für den Konflikt der beiden Weltmächte, der zunächst nur ein vermuteter, partieller und potentieller Konflikt war, die materiellen Grundlagen her, auf denen er sich zu immer umfassenderen Dimensionen entwickeln konnte. Die Probleme drängten zu Entscheidungen, und die Entscheidungen fielen nun, weil die Perspektive auf den amerikanisch-sowjetischen Konflikt immer gegenwärtig war, im Sinne eines Abbaus der Gemeinsamkeiten und einer Teilung der Einflußsphären.

Entscheidend für die amerikanische Perzeption des beginnenden Ost-West-Konflikts wurde ab Anfang 1946 die Doktrin der »Eindämmung«, die zuvor schon von den Vertretern der »Riga-Gruppe« des diplomatischen Dienstes entwickelt worden war und nun von George F. Kennan äußerst wirkungsvoll formuliert wurde. Von dem Axiom der prinzipiellen Feindschaft der Sowjetunion mit der Außenwelt und der Unmöglichkeit einer dauerhaften Kooperation überzeugt, hatte Kennan während des Krieges die Kooperationspolitik Roosevelts erbittert bekämpft. »Sollte die westliche Welt (...) die politische Mannhaftigkeit aufbringen, Rußland die moralische und materielle Hilfe bei der Konsolidierung seiner Macht in Ost- und Mitteleuropa zu versagen, dann«, davon war er überzeugt, »würde es vermutlich auf die Dauer nicht das ganze Gebiet, das es sich heute abgesteckt hat, im Griff behalten können. In diesem Falle müßten die Markierungen wenigstens teilweise zurückgenommen werden.« Wenn der Westen aber nicht »aufs Ganze gehen« wolle, dann bleibe nichts anderes zu tun, als Deutschland zu teilen, den europäischen Kontinent in Einflußsphären aufzuteilen und die Linie festzulegen, »von der an wir es uns nicht mehr leisten können, den Russen zu erlauben, unangefochtene Macht auszuüben oder völlig einseitige Aktionen zu unternehmen«[1]. Resigniert hatte er im Winter 1944/45 seinen Vorgesetzten, Botschafter Harriman, gedrängt, die Teilung der Welt in Einflußsphären zu akzeptieren und die amerikanische Öffentlichkeit gegen den neuen Feind zu mobilisieren.

Es war für die Wende in der amerikanischen Politik bezeichnend, daß der Chef der Europa-Abteilung des State Department, H. Freeman Matthews, nun ausgerechnet diesen Diplomaten mit der Abfassung eines grundsätzlichen Exposés über die Grundzüge der sowjetischen Politik und die notwendigen Folgerungen für die Politik der USA beauftragte.

Kennans berühmt gewordenes »langes Telegramm« vom 22. Februar 1946 beschrieb die sowjetische Außenpolitik, das

---

[1] Zitate: (1) aus einem Memorandum Kennans vom Mai 1945, veröffentlicht in George F. Kennan, *Memoiren eines Diplomaten*. 2. Aufl. München 1971, S. 535–551, hier S. 551; (2) aus einem Schreiben Kennans an seinen Kollegen Charles Bohlen vom Februar 1945, veröffentlicht in Charles Bohlen, *Witness to History 1929–1969*. New York 1973, S. 173 f.; für weitere Zeugnisse vgl. Daniel Yergin, *Shattered Peace*. Boston 1977, S. 75.

bekannt gewordene Mißtrauen und die Aggressivität der Sowjetführung nicht als Folge einer aktuellen politischen Entwicklung, sondern als notwendigen Bestandteil des sowjetischen Systems. »Die Erfordernisse ihrer eigenen vergangenen und gegenwärtigen Position sind es, die die sowjetische Führung dazu zwingen, ein Dogma zu verkünden, nach dem die Außenwelt böse, feindselig und drohend, aber zugleich von einer schleichenden Krankheit befallen und dazu verurteilt ist, von immer stärker werdenden inneren Kämpfen zerrissen zu werden, bis sie schließlich von der erstarkenden Macht des Sozialismus den Gnadenstoß erhält und einer neuen und besseren Welt weicht. Diese These liefert den Vorwand für das Anwachsen von Militär und Polizei im russischen Staat, für die Isolierung der russischen Bevölkerung von der Außenwelt und für die ständigen Versuche, die russische Polizeigewalt noch mehr auszuweiten, alles Dinge, die seit je den natürlichen Instinkten russischer Herrscher entsprechen.« In Kennans Sicht galt das Dogma von der feindseligen kapitalistischen Umwelt unabhängig von den tatsächlichen Erfahrungen der Sowjetführung (die doch, so meinte er, das Gegenteil nahelegen müßten); folglich war es auch durch noch so große Kooperationsbereitschaft der USA nicht möglich, der Sowjetpolitik ihre Aggressivität zu nehmen. »Alles in allem haben wir es mit einer politischen Kraft zu tun, die sich fanatisch zu dem Glauben bekennt, daß es mit Amerika keinen dauernden Modus vivendi geben kann, daß es wünschenswert und notwendig ist, die innere Harmonie unserer Gesellschaft, unsere traditionellen Lebensgewohnheiten und das internationale Ansehen unseres Staates zu zerstören, um der Sowjetmacht Sicherheit zu verschaffen.« Die Sowjets würden alles tun, um das sozialistische Lager zu stärken und zugleich die kapitalistischen Nationen zu schwächen und untereinander aufzuhetzen; mit Hilfe der kommunistischen Parteien, gelenkt von einem »Untergrundsgeneralstab des Weltkommunismus«, einer »heimlichen, von Moskau straff koordinierten und dirigierten Komintern«, würden sie versuchen, »die allgemeine strategische und politische Potenz der stärkeren Westmächte auszuhöhlen«, würden sie Druck ausüben, um Regierungen, die »den sowjetischen Bestrebungen im Wege sind«, von der Türkei über die Schweiz bis zu England, aus dem Amt zu entfernen, würden sie »im Ausland (…) in der Regel auf die Zerstörung aller Formen der persönlichen Unabhängigkeit, der wirtschaftlichen, politischen und moralischen, hinarbeiten«. Als Gegenmittel forderte er eine Politik der Stärke und der Sammlung der westlichen Nationen: Der Erfolg der sowjetischen Politik hänge »von dem Maß an Zusammenhalt, Festigkeit und Kraft ab, das die westliche Welt aufbringen kann«. Und: »Viele fremde Völker, zum mindesten in Europa, sind durch die erlittenen Erfahrungen ermüdet und verschreckt und interessieren sich weniger für abstrakte Freiheit als für Sicherheit. Sie suchen Führung eher als Verantwortung. Wir sollten besser befähigt sein als die Russen, sie ihnen zu geben.«[2]

Kein Zweifel: Kennan hatte die Bedeutung der Sowjetideologie für die sowjetische Politik ebenso überschätzt wie die Einflußmöglichkeiten Moskaus auf die kommunistischen Parteien und die Einflußmöglichkeiten dieser Parteien in den Ländern diesseits der Roten Armee, er hatte das Wissen um die Schwäche der Sowjetunion mit tiefem Pessimismus hinsichtlich der Zukunftschancen des liberalkapitalistischen Systems in Europa kompensiert, er hatte der sowjetischen Politik eine Geschlossenheit und Inflexibilität unterstellt, die an den tatsächlichen elementaren Nöten der Sowjetführung vorbeiging und jede Differenzierung zwischen der osteuropäischen Sicherheitssphäre und der übrigen Welt unterschlug. Daß die sowjetische Politik seiner Meinung nach *nicht* auf die Etablierung kommunistischer Revolutionen in Ost- und Westeuropa zielte, sondern »nur« auf die Sicherung der sowjetischen Dominanz, hatte er nicht gesagt[3]; ebensowenig hatte er deutlich gemacht, daß die von ihm empfohlene Politik, für die er ein Jahr später den Begriff der »Eindämmung« einführte, auf eine Zweiteilung zumindestens Deutschlands und Europas hinauslief.

Von den Zeitgenossen ist dieser letztgenannte Zusammenhang auch nicht sogleich verstanden worden; im übrigen aber lieferte Kennans Telegramm eine auf den ersten Blick brillante intellektuelle Rechtfertigung der »Dominotheorie«, der Furcht vor einer sowjetischen Bedrohung und des Gefühls, bislang gegenüber der Sowjetführung nicht »hart« genug gewesen zu sein, wie sie die amerikanische Administration spätestens seit der

---

[2] Text des Kennan-Telegramms (an Byrnes) vom 22. 2. 1946 in FRUS 1946, VI, S. 696–706; zit. n. der deutschen Übersetzung in Kennan, *Memoiren*, S. 552–568.

[3] Weswegen er sich später immer beklagte, mißverstanden worden zu sein. Daß es der Sowjetführung nicht etwa um die Förderung des »Kommunismus« gehe, sagte er etwa in einem Schreiben an Admiral Hill vom 7. 10. 1946; *Forrestal Papers*, zit. bei John L. Gaddis, *The United States and the Origins of the Cold War 1941–1947*. 2. Aufl. New York 1976, S. 323.

Jahreswende 1945/46 beherrschten. Byrnes sah in dem Telegramm eine »glänzende Analyse«, Matthews fand es »wundervoll«, Marineminister Forrestal verschickte begeistert Hunderte von Kopien an alle Dienststellen der Navy, das State Department versandte Kopien an alle diplomatischen Missionen im Ausland, an General Eisenhower und an die Spitzen des War Department. Bis auf wenige Ausnahmen fand der Inhalt des Telegramms ungeteilte Zustimmung. Kennan war berühmt geworden; im April 1946 wurde er aus Moskau abberufen, um künftig in den Akademien und Planungsstäben Amerikas die »Grundzüge des sowjetischen Verhaltens« zu erläutern[4]. Zur gleichen Zeit setzte eine publizistische Kampagne ein, die die Kerngedanken des Eindämmungskonzepts in immer neuen Varianten wiederholte: Am 27. Februar mahnte Vandenberg im Senat zur Festigkeit gegenüber sowjetischem Expansionsdrang (»What is Russia up to now?«) und warnte vor »fellow-travellers« in den eigenen Reihen; am 28. antwortete Byrnes mit einem Bekenntnis zum Widerstand gegen jede Verschiebung des Status quo zuungunsten der USA (»Wir können und wir werden nicht einem Konflikt fernbleiben, sobald Gewalt oder Drohung mit Gewalt im Gegensatz zu den Grundsätzen und Absichten der [UN-]Charta angewendet werden.«); am 5. März rief Churchill in Anwesenheit Trumans in Fulton/Missouri zur Bildung einer amerikanisch-britischen Allianz gegen den sowjetischen Expansionismus auf (»Was sie wünschen, das sind die Früchte des Krieges und die unbeschränkte Ausdehnung ihrer Macht und ihrer Doktrin«); *Time* veröffentlichte am 1. April ein von Kennans Telegramm inspiriertes Dossier, das den Iran, die Türkei und die Mandschurei als von »kommunistischer Verseuchung infiziert« und Saudi-Arabien, Ägypten, Afghanistan und Indien als »gefährdet« bezeichnete; am 3. und 10. Juni warnte Dulles in *Life* vor einer »Pax Sovietica« und forderte seine Landsleute zu militärischer Stärke, Wirtschaftshilfe an die gefährdeten Regionen und Standfestigkeit gegenüber den Sowjets auf[5].

[4] Byrnes an Kennan, 27. 2. 1946, Matthews an Kennan, 25. 5. 1946, *State Department Papers*, zit. n. Yergin, *Shattered Peace*, S. 170f.; weitere positive Reaktionen ebd. Die »traditionelle« These, Kennans Telegramm sei erst sehr allmählich auf positives Echo gestoßen (so etwa Eric F. Goldman, *The Crucial Decade: America 1945–1955*. New York 1955, S. 70f.), läßt sich nicht halten.
[5] Vandenberg: *The Private Papers of Senator Vandenberg*. Boston 1952, S. 246–249; Byrnes: Department of State Bulletin XIV (March 10, 1946), S. 355–358; Churchill: *Vital Speeches of the Day*. Bd. 12 (March 15, 1946),

Mit Kennans »langem Telegramm« hatte sich die Politik der »Festigkeit« gegenüber der Sowjetunion in der Truman-Administration endgültig durchgesetzt. Als Clark Clifford und George Elsey vom Weißen Haus im Juli 1946 im Auftrag des Präsidenten von Verantwortlichen aller Abteilungen der Administration Stellungnahmen für einen Bericht über die sowjetisch-amerikanischen Beziehungen erbaten, erhielten sie ausschließlich Memoranden, die die Gefährdung der amerikanischen Sicherheit durch die bloße Existenz der Sowjetunion und die Notwendigkeit einer Eindämmung der sowjetischen Gefahr bestätigten. Cliffords abschließender Bericht, am 24. September Truman übermittelt, empfahl darum »Geduld mit Festigkeit« und »die Sprache der militärischen Macht«, um die amerikanischen Interessen und die Rechte der kleineren Nationen zu sichern. Die Vereinigten Staaten müßten militärisch in die Lage versetzt werden, weiterer russischer Expansion zu widerstehen; zugleich sollte allen Nationen, »die jetzt nicht zur sowjetischen Sphäre gehören, großzügige wirtschaftliche Hilfe und politische Unterstützung in ihrem Widerstand gegen sowjetische Durchdringung gegeben werden. (...) Militärische Unterstützung im Falle eines Angriffes ist ein letztes Zufluchtsmittel; eine weitaus effektivere Barriere gegen Kommunismus ist kräftige wirtschaftliche Unterstützung. Handelsvereinbarungen, Anleihen und technische Missionen festigen unsere Bindungen zu befreundeten Nationen und stellen wirkungsvoll unter Beweis, daß der Kapitalismus dem Kommunismus zumindest ebenbürtig ist.«[6]

Wer an den früheren Überzeugungen festhielt, wer auf die Schwäche der Sowjetunion und die Vorsicht der sowjetischen Führer hinwies oder eine Verständigung mit den Sowjets nicht prinzipiell ausschließen wollte, gehörte nun zu einer von nostal-

S. 329–332; Time 1. 4. 1946; Life 3. und 10. 6. 1946. – Über Stalins heftige Reaktion auf die Churchill-Rede erschreckt, weigerten sich Truman und Byrnes, sich öffentlich mit dem Inhalt der Rede zu identifizieren; tatsächlich hatten beide den Text vor Churchills Auftritt gelesen und waren mit dem Inhalt einverstanden. Vgl. zum Hintergrund der Rede und zu weiteren Belegen für die Publizitätskampagne des Frühjahrs 1946 Gaddis, *The United States and the Origins*, S. 290–309, 313–315; Yergin, *Shattered Peace*, S. 171–178; Fraser J. Harbutt, *The Iron Curtain. Churchill, America, and the Origins of the Cold War*. New York, Oxford 1986, S. 159–208.

[6] Text in Arthur Krock, *Memoirs. Sixty Years on the Firing Line*. New York 1968, S. 225–231, 421–482; vgl. Yergin, *Shattered Peace*, S. 241–245, und P. Leffler, *American Conception of National Security*, S. 370f.

gischen Erinnerungen an den New Deal lebenden, politisch einflußlosen Minorität. Für Henry Wallace, den früheren Vizepräsidenten und jetzigen Handelsminister, der Truman wiederholt um eine differenziertere Analyse der sowjetischen Politik ersuchte und auf die für die Sowjetführung bedrohlichen Züge der amerikanischen Politik hinwies, war kein Platz mehr in der Regierung. Als er am 16. September öffentlich davon sprach, daß »die Russen um so härter werden, je härter wir werden«, und forderte, der Westen solle die sowjetische Einflußsphäre in Osteuropa anerkennen, entließ ihn Truman unter dem Druck Vandenbergs und Byrnes' (dieser hatte sogar mit seinem Rücktritt gedroht) aus dem Amt. Truman hielt diesen Schritt für unvermeidlich, obwohl Wallace noch der anerkannte Führer des liberalen Flügels der Demokraten war, und in zwei Monaten Kongreßwahlen bevorstanden; Zweifel an der außenpolitischen Neuorientierung seiner Regierung sollte es nicht geben[7].

Wie konnte sich das Konzept der »Eindämmung« in so kurzer Frist durchsetzen, obwohl, wie der rückschauende Betrachter leicht erkennt, seine wesentlichen Voraussetzungen nicht mit den tatsächlichen Gegebenheiten bei Kriegsende übereinstimmten? Fünf Gründe lassen sich ausmachen:

Erstens legte die historische Erfahrung mit der nationalsozialistischen Expansionspolitik eine Politik der »Festigkeit« gegenüber der Sowjetunion nahe. Churchills These, die Appeasement-Politik habe Hitler den Weg zum Weltkrieg geebnet, war allgemein akzeptiert worden; subsumierte man nun Nationalsozialismus und Sowjetkommunismus unter dem Begriff des Totalitarismus und unterstellte man der sowjetischen Diktatur den gleichen systemnotwendigen Expansionismus, wie er bei der nationalsozialistischen Diktatur tatsächlich vorhanden war, so mußte man in der Tat eine neue Bedrohung der eigenen Sicherheit befürchten. In der Natur des Naziregimes hatte man sich getäuscht, in der Natur des Sowjetregimes wollte man sich nun

[7] Vgl. Alonzo L. Hamby, *Henry A. Wallace, the Liberals and Soviet-American Relations.* In: Review of Politics 30 (1968), S. 153–169; Gaddis, *The United States and the Origins*, S. 338–341; Yergin, *Shattered Peace*, S. 245–255; J. Samuel Walker, *Henry A. Wallace and American Foreign Policy.* Westport, Conn. 1976, Kap. 11; Richard J. Walton, *Henry Wallace, Harry Truman and the Cold War.* New York 1976, S. 99 ff.; zum Hintergrund seiner politischen Entwicklung auch Edward L. and Frederick H. Schapsmeier, *Prophet in Politics: Henry A. Wallace and the War Years, 1940–1945.* Ames, Iowa 1970; Norman D. Markowitz, *The Rise and Fall of People's Century: Henry A. Wallace and American Liberalism 1941–1948.* New York 1973.

nicht mehr täuschen lassen (und täuschte sich damit um so mehr).

Zweitens war mit der amerikanischen Macht infolge des Krieges nicht die amerikanische Sicherheit gewachsen, sondern hatte paradoxerweise das Gefühl der Unsicherheit zugenommen. Die Erfahrung, auf den Angriff der Achsenmächte nicht vorbereitet gewesen zu sein, führte nun zu einer verschärften Interpretation der Sicherheitsrisiken; die gewaltige Ausdehnung des amerikanischen Einflußbereiches ließ weit mehr Vorgänge auf der Welt als für die Sicherheit der USA relevant erscheinen als zuvor; die Beschleunigung der technologischen Entwicklung der Waffensysteme zwang dazu, die Sicherheitslage ständig neu zu definieren.

Drittens: Die Unsicherheit wurde entscheidend verstärkt durch die Furcht vor einer Überproduktionskrise als Folge des Krieges und einer Rückkehr zu den durch den New Deal kaum überwundenen Zuständen der Weltwirtschaftskrise. Unternehmer wie Gewerkschaftler suchten nach Wegen, die drohende Depression zu vermeiden; Vertreter des bürgerlichen Liberalismus sahen ihr Gesellschaftssystem geschwächt, in Europa sogar dem Untergang nahe; die Rettung wurde allgemein in der Erschließung neuer Märkte und der Liberalisierung des Welthandels gesehen. Wenn man die sowjetische Einflußsphärenpolitik als mit dieser Öffnung der Märkte unvereinbar betrachtete (tatsächlich war sie es nicht!), mußte man in ihr eine Gefährdung amerikanischer Interessen sehen, erst recht, wenn man sie mit dem Zuwachs der sozialistischen Bewegungen in Europa und der nationalistischen Bewegungen in den bisherigen europäischen Kolonien in Verbindung brachte.

Viertens ließ sich die Wirtschaftskrise, die aus der Beendigung des Krieges hervorzugehen drohte, am besten dadurch vermeiden, daß man für die Kriegsziele politisch motivierte Ersatzziele fand, die geeignet waren, die Öffentlichkeit zu hohen Leistungen zu mobilisieren und der Industrie neue Aufgaben im Ausland zu verschaffen. Auch wenn niemand diesen Zusammenhang bewußt formulierte, drängten doch alle Kräfte zu einer solchen erneuten Mobilisierung, und als Kennan die Auseinandersetzung mit der Sowjetunion »mit demselben Aufwand an Planung (...) wie im Kriege ein großes strategisches Problem« zu führen forderte[8], war der Anlaß für die Mobilisierung

---

[8] So in seinem Telegramm vom 22. 2. 1946; Kennan, *Memoiren*, S. 565.

gefunden. Wie der Weltkrieg sollte nun der Kalte Krieg der amerikanischen Wirtschaft zugute kommen und eine Fortsetzung der Partizipationspolitik des New Deal ermöglichen.

Fünftens fanden die im Kriege angewachsenen Militärapparate in der angeblichen sowjetischen Gefahr einen willkommenen Nachweis für ihre Existenzberechtigung. Dieser Nachweis war um so notwendiger, und die sowjetische Gefahr wurde nun um so öfter ins Feld geführt, als nach Kriegsende die drei Apparate des Heeres, der Marine und der Luftwaffe in einem Ministerium vereint werden sollten, und jede Gruppe um die Sicherung ihrer bisherigen Bedeutung rang. Es ist darum kein Zufall, daß Marineminister Forrestal als Sprecher der (durch die technologische Entwicklung) am meisten bedrohten Gruppe zu den militantesten Befürwortern der Eindämmungspolitik gehörte.

Die Politik der Eindämmung war also in den unmittelbaren historischen Erfahrungen und strukturellen Notwendigkeiten der amerikanischen Politik fest verwurzelt[9]; sie hatte sozusagen »die Logik der Geschichte« für sich – auch wenn sie *nicht* die einzige Möglichkeit amerikanischer Politik nach Kriegsende darstellte.

Der Beginn der amerikanischen Eindämmungspolitik

Von der Notwendigkeit, der Sowjetführung keine weiteren Zugeständnisse mehr machen zu können, überzeugt und unter dem ständigen Druck der Republikaner, deren Vertreter ihn auf allen Konferenzen begleiteten, führte Byrnes die amerikanische Außenpolitik des Jahres 1946 in dem von Kennan definierten Sinne. Die sowjetischen Forderungen stießen nun auf noch härteren Widerstand als zuvor, Anstrengungen, ein gemeinsames Sicherheitssystem im Sinne des Rooseveltschen »Four-Policeman« – Konzepts zu errichten, wurden nicht mehr unternommen, die Kontroversen wurden, anders als 1945, bewußt in die Öffentlichkeit getragen, und zugleich begannen erste Maßnahmen zur Stabilisierung des außerhalb des Einflußbereichs der Roten Armee verbliebenen Europas gegen kommunistische »Bedrohung«.

[9] Viel Material zu diesen strukturellen Hintergründen findet sich bei Hans Günter Brauch, *Struktureller Wandel und Rüstungspolitik der USA (1940–1950). Zur Weltführungsrolle und ihren innenpolitischen Bedingungen.* Diss. Heidelberg 1976; eine Gewichtung der einzelnen Faktoren steht freilich noch aus.

In der Krise um den Iran im Februar/März 1946 wurde die neue Politik erstmals praktiziert. Wie in vielen Regionen der Welt trafen auch hier die amerikanischen und sowjetischen Interessen aufeinander: Die Sowjets waren an den Erdölvorkommen des Irans interessiert und fürchteten sich vor einer Ausweitung des britischen und amerikanischen Einflusses in dieser Region, der schließlich auch die eigene Erdölproduktion in dem an den Nordiran angrenzenden russischen Aserbeidschan gefährden konnte; die Amerikaner hofften, das bisherige britische Erdölmonopol im Nahen Osten brechen und der sowjetischen Konkurrenz zuvorkommen zu können, zugleich fürchteten sie eine Ausweitung des sowjetischen Einflusses über den Iran hinaus bis nach Saudi-Arabien. Während des Krieges hatten sowjetische und britische Truppen das Land besetzt, um einen Anschluß des Schahs an die Achsenmächte zu verhindern; diese sollten spätestens ein halbes Jahr nach Kriegsende (also bis zum 2. März 1946) wieder abziehen. Die Krise entstand, als die Sowjetführung im Winter 1945/46 versuchte, die Anwesenheit ihrer Truppen zur Durchsetzung ihrer Interessen zu nutzen: Sie forderte von der persischen Regierung eine Förderkonzession für die von ihr besetzten nördlichen Provinzen und förderte die traditionelle Autonomiebewegung des Nordiran, die nun im persischen Aserbeidschan eine separatistische Regierung bildete. Als die persische Regierung daraufhin Ende Januar 1946 den Sicherheitsrat der Vereinten Nationen anrief, war Byrnes zunächst damit einverstanden, daß der Streitfall in bilateralen Verhandlungen zwischen der Sowjetunion und dem Iran geklärt werden sollte. Am 22. Februar ermutigte er den persischen Ministerpräsidenten Qavam jedoch, den Fall erneut vor den Sicherheitsrat zu bringen; und nachdem die Sowjets ihre Truppen tatsächlich über den 2. März hinaus im Land beließen und sie augenscheinlich sogar noch weiter nach Süden bewegten (offensichtlich, um eine günstige Ölkonzession zu erzwingen), brandmarkte er das sowjetische Verhalten öffentlich und vor dem Sicherheitsrat als imperialistische Gewaltpolitik. Daraufhin lenkte die Sowjetregierung ein: Am 4. April verständigte sie sich mit Qavam auf einen vollständigen Truppenabzug innerhalb von sechs Wochen gegen das Zugeständnis einer gemischten iranisch-sowjetischen Gesellschaft zur Ausbeutung der Ölfelder im Norden; dieses Abkommen mußte dann vom iranischen Parlament ratifiziert werden.

Damit war die Krise eigentlich zu Ende; die Sowjetunion

hatte sich angesichts der britischen und amerikanischen Übermacht in der Nahost-Region und in der UNO mit der Aussicht auf einen vergleichsweise bescheidenen Anteil am persischen Erdöl zufriedengeben müssen. (Tatsächlich hat das persische Parlament das Abkommen über die Ölgesellschaft dann später nicht ratifiziert, und die Führer der Autonomiebewegung in Aserbeidschan wurden hingerichtet.) Byrnes bestand jedoch darauf, daß der Sicherheitsrat den Truppenabzug überprüfte, und sorgte so dafür, daß die Sowjetunion bis in den Mai hinein auf der Anklagebank blieb. Die amerikanische Öffentlichkeit sollte sehen, daß ihr Außenminister doch kein Appeaser war, und sie ließ sich in der Tat von Byrnes' Aktion überzeugen. Die Iran-Krise, in Wirklichkeit ein geradezu klassischer Fall der Interessenkollision von Großmächten, wurde nun als Beleg für die Richtigkeit der Eindämmungsdoktrin interpretiert: Die sowjetischen Pressionen gegenüber der persischen Regierung galten als Beweis für den Versuch, den Iran dem sowjetischen Machtbereich einzuverleiben, und der sowjetische Rückzug wurde den lautstarken amerikanischen Drohungen in der UNO zugeschrieben. Die sowjetische Expansion über den im Kriege erlangten Einflußbereich hinaus erschien erstmals als Realität, die amerikanische Eindämmungspolitik als Erfolg; dies hat viel zu ihrer definitiven Durchsetzung beigetragen[10].

Auf der zweiten Tagung des Alliierten Außenministerrates, die am 25. April in Paris begann und entsprechend der in Moskau im Dezember 1945 ausgehandelten Prozedur die Friedensverträge vorbereiten sollte, setzte Byrnes die scheinbar so erfolgreiche und von der Öffentlichkeit unterstützte Politik der »Festigkeit« fort. Nahezu alle sowjetischen Forderungen wurden abgelehnt, die Forderung nach hohen Reparationszahlungen aus den ehemaligen Feindstaaten ebenso wie die Forderung nach Errichtung einer Viermächte-Kontrolle für die Ruhr, der jugoslawische Anspruch auf die Region von Triest (die, obwohl mehrheitlich italienisch bevölkert, durch ihren Hafen für die

[10] Die amerikanischen Dokumente zur Iran-Krise in FRUS 1945, VIII, S. 388 bis 522, und FRUS 1946, VII, S. 289–415. Vgl. Gary R. Hess, *The Iran Crisis of 1945/46 and the Cold War.* In: Political Science Quarterly 29 (1974), S. 117–146; Bruce R. Kuniholm, *The Origins of the Cold War in the Near East. Great Power Conflict and Diplomacy in Iran, Turkey and Greece.* Princeton 1980 (dazu die Kritik von Melvyn P. Leffler, *From Cold War to Cold War in the Near East.* In: Reviews in American History 9 [1981], S. 124–130); zur innenpolitischen Dimension Yergin, *Shattered Peace,* S. 179–190, und besonders Harbutt, *The Iron Curtain,* S. 142–148, 168–170, 214–266.

jugoslawische Wirtschaft von zentraler Bedeutung war) ebenso
wie die Forderung nach einem Mandat über die ehemals italienische Kolonie Libyen. Stattdessen attackierte Byrnes die sowjetische Praxis in Osteuropa und verlangte erneut die Internationalisierung der europäischen Wasserstraßen sowie die Öffnung
der ehemaligen Achsenmächte für den amerikanischen Markt
durch den Abbau jeglicher Handelspräferenzen. »Byrnes hat
sich hundertprozentig ermannt«, schrieb Vandenberg, der in die
amerikanische Delegation berufen worden war, aus Paris voller
Genugtuung an Dulles; und den *Time*-Herausgeber Henry Luce ließ er wissen: »Ich denke, wir hatten in Paris letztlich
nur das eine zu tun – zu zeigen, daß die Appeasement-Tage
vorbei sind (...) Paris war das Gegenteil von München«; die
amerikanischen Vertreter hatten »Kompromißprinzipien« zurückgewiesen, obwohl »Molotow in Handelslaune war«[11]. In
der Tat mußte die erste Verhandlungsrunde am 15. Mai ohne
konkrete Ergebnisse abgebrochen werden.

Während der zweiten Verhandlungsrunde, die vom 15. Juni
bis 12. Juli dauerte, wurde eine tendenzielle Einigung in der
Frage der Friedensverträge mit den ehemaligen Verbündeten
Deutschlands nur dadurch erreicht, daß die sowjetische Delegation auf alle wesentlichen Forderungen, die über ihren bisherigen tatsächlichen Einflußbereich hinausgingen, verzichtete. Sie
akzeptierte die Verschiebung der Mandatsfrage auf die künftige
UN-Vollversammlung (das heißt de facto ein amerikanisches
Veto gegen sowjetischen Einfluß in Libyen), ebenso vereinzelte
italienische Übersee-Guthaben und Besitztümer anstelle der geforderten 100 Millionen Dollar Reparationen aus Italien und die
Errichtung einer autonomen Stadt Triest unter UNO-Aufsicht.
Auf der anderen Seite gelang es Byrnes nicht, die amerikanischen
Open-door-Forderungen in die Friedensvertrags-Entwürfe
hineinzuschreiben; und in der Deutschlandfrage, in der allein
noch beide Seiten über Einflußmöglichkeiten verfügten, prallten die Gegensätze härter denn je aufeinander, diesmal sogar in
aller Öffentlichkeit[12]. Überhaupt hatte es Byrnes verstanden,

---

[11] Vandenberg an Dulles 13. 5. 1946, Dulles Papers; Vandenberg an Luce 28. 5.
1946, Vandenberg Papers; beide zit. n. Yergin, *Shattered Peace*, S. 223; der Brief
an Luce auch bei Joyce and Gabriel Kolko, *The Limits of Power*. New York
1972, S. 48. – Die amerikanischen Dokumente zur Pariser Ratstagung in FRUS
1946, II, S. 88–440 und 493–940; an Darstellungen Herbert Feis, *From Trust to
Terror*, S. 121–135; Kolko, *Limits*, S. 46–50; Yergin, *Shattered Peace*, S. 221–233.
[12] Vgl. unten S. 142.

die Sowjetunion in der amerikanischen und europäischen Öffentlichkeit als expansive, kompromißunwillige Macht erscheinen zu lassen und ihr die Schuld an einem eventuellen Scheitern des Friedensvertrags-Unternehmens zuzuschieben. Erst recht galt das für die Pariser Friedenskonferenz, in der nun vom 29. Juli bis 15. Oktober die Vertreter aller 21 gegen die Achsenmächte verbündeten Alliierten über die Vertragsentwürfe des Außenministerrats berieten: Byrnes hatte durchgesetzt, daß alle Verhandlungen öffentlich geführt wurden, und so geriet die Konferenz nur zur lautstarken Selbstdarstellung der kleineren Nationen, die das Selbstbestimmungsrecht beschworen und oft auch die sowjetische Politik verurteilten. Mehr noch als die Außenministerratstagung war diese Konferenz um der Publizität willen inszeniert worden; auf die tatsächliche Gestaltung der Friedensordnung konnten die Delegierten kaum Einfluß nehmen, blieb diese doch von einer nochmaligen Stellungnahme des Außenministerrats abhängig. In der Tat verabschiedete die dritte Tagung des Außenministerrates vom 4. November bis 12. Dezember in New York die Friedensverträge im wesentlichen so, wie sie auf der Pariser Ratstagung vorentschieden worden waren[13].

Unterdessen kam es zu einer neuen Krise in den sowjetisch-amerikanischen Beziehungen, einer Krise, in der die Truman-Regierung diesmal sogar bis an den Rand der militärischen Konfrontation ging. Am 7. August forderte die sowjetische Regierung von der Türkei die unmittelbare Aufkündigung der Montreux-Konvention von 1936, in der der Türkei das Recht auf Kontrolle der Kriegsschiffahrt der Anrainer-Staaten des Schwarzen Meeres in den Meerengen zugesprochen worden war. Die Sowjetregierung wollte nun an den Kontrollen beteiligt werden und außerdem gemeinsame türkisch-sowjetische Befestigungsanlagen an den Meerengen errichten. Churchill hatte bereits im Oktober 1944 die Berechtigung dieser traditionellen russischen Forderung anerkannt, und die Potsdamer Konferenz hatte den sowjetischen Anspruch auf Revision der Montreux-Konvention bestätigt. Nun aber, im Lichte der Eindämmungsdoktrin, galt auch diese Forderung als Beleg für bedrohlichen sowjetischen Expansionismus. Die Anerkennung der sowjetischen Forderung, erläuterte Unterstaatssekretär

---

[13] Die Dokumente zur Pariser Friedenskonferenz befinden sich in FRUS 1946, III und IV, passim, zur New Yorker Ratstagung in FRUS 1946, II, S. 965–1566.

susceptibility

Dean Acheson dem Präsidenten, würde zur sowjetischen Kontrolle über die Türkei führen, diese wiederum zur sowjetischen Kontrolle über Griechenland und den ganzen Nahen und Mittleren Osten, und diese wiederum würde der Sowjetunion entscheidend helfen, »ihre Ziele in Indien und China zu erreichen«. Die Russen ließen sich von ihrem Vorhaben nur abbringen, wenn sie erführen, daß die USA »bereit sind, der Aggression nötigenfalls mit Waffengewalt zu begegnen«[14]. Der sowjetischen Regierung wurde eine scharfe Protestnote gesandt, die türkische Regierung zur Festigung ermahnt, und zugleich wurden beträchtliche amerikanische Flotteneinheiten in das östliche Mittelmeer entsandt. Einen Monat später verfügte Forrestal die dauerhafte Stationierung der Flotte in dieser Region – die Eindämmung hatte begonnen, militärisch materiell zu werden.

Einen entscheidenden weiteren Schritt zur Eindämmung unternahm Byrnes schließlich, indem er die amerikanische Anleihepolitik definitiv umorientierte. Das Ziel dieser Politik war es bekanntlich gewesen, die auswärtigen Märkte für den amerikanischen Kapital- und Warenexport zu öffnen, um so insbesondere die drohende Überproduktionskrise abzufangen; auch die Sowjetunion und ihre Nachbarn in Osteuropa sollten in dieses multilaterale Freihandelssystem miteinbezogen werden. Dieses Ziel blieb zwar im Prinzip erhalten, weil sich auch die ihm zugrundeliegenden ökonomischen Notwendigkeiten nicht änderten, wurde aber nun mit einem neuen Ziel verbunden: der Stabilisierung »gefährdeter« Regionen gegen kommunistischen Einfluß. Totalitarismus, das wußte man seit der Weltwirtschaftskrise, war auf dem Boden wirtschaftlicher Not entstanden; nun sollte die allseitige Wiederankurbelung der Wirtschaft nach liberalen Grundsätzen helfen, den im potentiellen Expansionsbereich der Sowjetunion liegenden Nationen die »Anfälligkeit« für den Kommunismus zu nehmen. Entgegen dem ökonomischen Interesse schieden damit Kredite an die Sowjetunion oder an prosowjetische Staaten aus, und im Konfliktfall gewann der Eindämmungseffekt Priorität vor der Durchsetzung der Open-door-Forderungen[15].

[14] FRUS 1946, VII, S. 840–847. Vgl. Dean Acheson, *Present at the Creation: My Years in the State Department*. New York 1970, S. 261–265; Yergin, *Shattered Peace*, S. 233–235, und Jonathan Knight, *American State Craft and the 1946 Black Sea Straits Controversy*. In: Political Science Quarterly 90 (1975), S. 451–475.

[15] Die »revisionistische« These, die amerikanischen Anleihen nach Kriegsende seien *nur* um des ökonomischen Interesses willen erfolgt, und die USA hätten

In den wachsenden Forderungen amerikanischer Politiker nach politischen Konzessionen für eine Anleihe an die Sowjetunion hatte sich diese ökonomisch widersinnige Verbindung von Markterweiterungs- und Eindämmungspolitik schon 1945 angekündigt; nun wurde das bislang dilatorisch behandelte sowjetische Kreditgesuch offiziell mit amerikanischen Gegenforderungen beantwortet, die das sowjetisch-amerikanische Kreditprojekt definitiv zum Scheitern brachten. Die Verhandlungen um einen Kredit, so ließ das State Department die Sowjetregierung am 21. Februar 1946 wissen, sollten auch die Ansprüche auf Erstattung beschlagnahmten US-Eigentums in den befreiten Nationen umfassen, ebenso ein größeres Mitspracherecht der USA beim wirtschaftlichen Wiederaufbau der osteuropäischen Staaten (der den Prinzipien der Erklärung über das befreite Europa entsprechend erfolgen müsse), die Frage der Internationalisierung der Wasserstraßen, eine endgültige Regelung der lend-lease-Verpflichtungen, einen Handels- und Schiffahrtsvertrag und schließlich generell Methoden zum Abbau der Handelsschranken[16]. Auf solche Bedingungen, die das amerikanische Open-door-Interesse sehr extensiv auslegten und nicht auf Wirtschaftsverflechtung zum beiderseitigen Gewinn, sondern auf ökonomische Durchdringung der Sowjetunion und Osteuropas durch die USA zielten und damit tendenziell das gesamte sowjetische Sicherheitssystem in Osteuropa in Frage stellten, wollte und konnte die sowjetische Regierung nicht eingehen; nach einigen ergebnislosen Nachhutgefechten kamen die sowjetisch-amerikanischen Kreditverhandlungen im Juni 1946 darum ganz zum Erliegen.

Die Gelder, die die Export-Import-Bank für den Kredit an die Sowjetunion bereitgestellt hatte, wurden nun zum größten Teil für eine Anleihe an Frankreich verwandt, das trotz einer

---

sich vom osteuropäischen Markt nur abgewandt, weil sie ihre Open-door-Forderungen nicht durchsetzen konnten (z.B. Kolko, *Limits*, S. 197), läßt sich halten. Tatsächlich standen die Open-door-Forderungen 1946 nicht im Vordergrund der amerikanischen Osteuropapolitik.

[16] FRUS 1946, VI, S. 828f.; vgl. George C. Herring, *Aid to Russia, 1941–1946*. New York 1973, S. 256–267. – Das sowjetisch-amerikanische Kreditgeschäft scheiterte also nicht, wie Ernst Nolte an zentraler Stelle seines Buches behauptet (*Deutschland*, S. 180), an der Unvereinbarkeit der Systeme, sondern an der Entscheidung der USA, ihre Open-door-Forderungen nun, anders als 1944, auf ein *Maß* hochzuschrauben, das mit der Herrschaftssicherung des bisherigen sowjetischen Systems nicht mehr vereinbar war, eine Entscheidung, die politisch motiviert war.

amerikanischen Wirtschaftshilfe in Höhe von 1675 Millionen Dollar im Februar 1945 und eines US-Kredits in Höhe von 550 Millionen Dollar im Dezember 1945 jetzt im Frühjahr 1946 erneut ein Haushaltsdefizit in Höhe von 1800 Millionen Dollar aufwies, und dessen Regierung als zusätzliches Motiv für eine Wirtschaftshilfe die Stärkung der nichtkommunistischen Kräfte des Landes anführte. Nach mehr als zweimonatigen Verhandlungen, in denen die amerikanischen Vertreter mehrfach auf eine Eliminierung der Kommunisten aus der französischen Regierung drängten (allerdings vergeblich), und die französischen Delegierten Léon Blum und Jean Monnet immer wieder die amerikanische Kommunistenfurcht gegen die Open-door-Forderungen auszuspielen suchten, wurde am 28. Mai ein Vertragspaket verabschiedet, das die Reduzierung der französischen Kriegsschulden von 3474 Millionen Dollar auf 700 Millionen Dollar, einen Kredit zum Kauf amerikanischer Überschüsse zu 20 Prozent ihres Neupreises in Höhe von 300 Millionen Dollar, einen Kredit der Export-Import-Bank in Höhe von 650 Millionen Dollar zu 3 Prozent und einen Verzicht Frankreichs auf die bisherige Methode der Importkontingentierung enthielt. Nahm man zu diesen Krediten das von der Internationalen Wiederaufbau-Bank in Aussicht gestellte Wiederaufbau-Darlehen in Höhe von 500 Millionen Dollar, so ließen sich damit allerdings nur knapp drei Viertel des französischen Defizits abdecken[17].

Generell sollten Gelder, die bisher für Geschäfte im sowjetischen Einflußbereich vorgesehen waren, nun der Stabilisierung Westeuropas dienen. »Ich bin überzeugt«, schrieb Byrnes Anfang September an Acheson, »daß die Zeit gekommen ist, sich in der Frage der Überschuß-Verkäufe und der sonstigen verfügbaren Hilfen mit allen fairen Mitteln um Hilfe für unsere Freunde in Westeuropa und Italien zu bemühen, anstatt weiterhin materielle Hilfe auf die Länder Osteuropas auszudehnen, die gegenwärtig dabei sind, die Vereinigten Staaten zu verunglimpfen und unsere Motive und Politik verzerrt darzustellen.« Die Verhandlungen um einen 50-Millionen-Dollar-Kredit zum Kauf amerikanischer Überschüsse an die Tschechoslowakei wurden am 28. September gestoppt, nachdem die tschechoslo-

[17] Amerikanische Verhandlungsdokumente in FRUS 1946, V, S. 409–464; Analyse bei Wilfried Loth, *Sozialismus und Internationalismus. Die französischen Sozialisten und die Nachkriegsordnung Europas 1940–1950.* Stuttgart 1977, S. 98–104.

wakische Regierung auf der Pariser Friedenskonferenz der sowjetischen Verurteilung des amerikanischen Wirtschaftsimperialismus applaudiert und damit, wie Byrnes meinte, ihre Zugehörigkeit zum sowjetischen Lager unter Beweis gestellt hatte. Im November beschloß die amerikanische Regierung, einem Grundsatzbeschluß des Kongresses von 1945 folgend zum Jahresende ihre Leistung für die UN-Hilfsorganisation UNRRA einzustellen, deren Budget bislang zu zwei Dritteln von den USA bestritten worden war, und deren humanitäre (das heißt auch gegen »Totalitarismus« gerichtete) Hilfe zu großen Teilen den osteuropäischen Ländern zugute gekommen war und dort eine wesentliche Rolle im Wiederaufbau gespielt hatte. Anträge Polens, der Tschechoslowakei und Ungarns, nach dem Ende der UNRRA-Hilfe langfristige Kredite von der Weltbank zu erhalten, wurden zurückgewiesen. Stattdessen wurden schon 1946 insgesamt 5,7 Milliarden Dollar an Krediten und Unterstützung an Länder außerhalb des kommunistischen Einflußbereichs gewährt; auch die Anleihe an Großbritannien vom Dezember 1945, obwohl ursprünglich noch im Rahmen der globalen Exportsicherungs-Politik konzipiert, wurde nun im Lichte der Eindämmung des Kommunismus gesehen[18].

Entscheidungen in der Atomwaffen- und Deutschlandfrage

Obwohl die amerikanische Regierung nach wie vor nicht bereit war, eine Einflußsphärenabgrenzung im Sinne traditioneller Machtpolitik vorzunehmen, wie sie etwa Churchill gefordert hatte, vielmehr an ihrem universalistischen Anspruch auf Gestaltung der Weltordnung nach liberalen Prinzipien festhielt, führten diese Bemühungen zur Eindämmung der vermeintlichen kommunistischen Expansion mehr und mehr zur Konzentration des amerikanischen Interesses auf die Regionen, die außerhalb des sowjetischen Einflußbereiches verblieben waren, zur Beschränkung der beanspruchten Weltführungsrolle auf die Nationen dieser Gebiete, und damit zu dem, was Kennan als Konsequenz der Eindämmungspolitik vorgedacht, aber nicht

[18] Byrnes: FRUS 1946, VI, S. 216 f.; Tschechoslowakei: Geir Lundestad, *The American Non-Policy towards Eastern Europe 1943–1947*. Tromsö, New York, 2. Aufl. 1978, S. 167–171; vgl. auch Walter Ullmann, *The United States in Prague 1945–1948*. New York 1978; UNRRA: Lundestad, *Non-Policy*, S. 394–397; 5,7 Milliarden: errechnet von Kolko, *Limits*, S. 26.

gesagt hatte: zur tendenziellen Zweiteilung der Welt. Der Universalismus wurde so mehr und mehr zur bloßen Rhetorik, die die außenpolitischen Aktionen der USA innenpolitisch und vor den Augen der »Weltöffentlichkeit« absichern sollte, während die amerikanische Regierung tatsächlich mit der Schaffung einer westlichen Hemisphäre als Antwort auf die sowjetische Sicherheitssphäre begann. Der Anspruch auf Mitsprache in Osteuropa blieb, aber de facto konzentrierte sich nun das amerikanische Interesse auf die Konsolidierung Westeuropas; die Teilung wurde nicht als solche geplant und gewollt, aber sie ergab sich als Konsequenz der neuen Definition amerikanischer Sicherheitsinteressen. Zwei Entscheidungskomplexe des Jahres 1946 belegen diese Entwicklung besonders deutlich: die Entscheidungen in der Atomwaffenfrage und die Deutschlandpolitik, die beiden Problembereiche also, die für die künftige Sicherheit der beiden Weltmächte die größte Relevanz besaßen.

In der Atomwaffenfrage entschied sich die Truman-Administration 1946 definitiv, der Sicherheit durch Wahrung des Atomwaffen-Monopols Priorität vor der Vermeidung atomaren Wettrüstens einzuräumen. Wie erinnerlich, hatte ein Teil der amerikanischen Administration durch Kriegsminister Stimson im Sommer 1945 dafür plädiert, der Sowjetunion als Gegenleistung für kooperatives Verhalten atomare Partnerschaft anzubieten, und Byrnes dagegen durchgesetzt, daß das Partnerschaftsangebot zunächst zurückgehalten wurde, um die Sowjetführung kooperationswilliger zu machen. Nachdem sich die »atomare Diplomatie« auf der Londoner Außenministerratstagung als wirkungslos erwiesen hatte, wurde der Gedanke an ein unmittelbares Angebot jedoch keineswegs wieder aufgegriffen; vielmehr entwickelte die Truman-Administration nun eine Art Testprogramm, das die sowjetische Kooperationsbereitschaft in der Atomwaffenfrage überprüfen sollte und eine Internationalisierung der Atomwaffen erst als Ergebnis eines langwierigen Kontrollprozesses vorsah.

Kerngedanke dieses von Vannevar Bush, dem Direktor des nationalen Wissenschafts- und Entwicklungsamtes, im November 1945 formulierten Plans war es, die Internationalisierung der Atombombe von der vorherigen Errichtung einer Reihe von Kontrollmechanismen abhängig zu machen, die jeweils der Zustimmung aller Beteiligten, insbesondere also der Sowjetunion und der USA, bedurften. Zunächst sollte ein Austausch aller wissenschaftlichen Informationen erfolgen; dann, wenn beide

Seiten darin übereinstimmten, daß dieser Schritt erreicht war, sollte unter den Auspizien der Vereinten Nationen eine Inspektionskommission errichtet werden, die nach und nach alle mit Atomfragen befaßten wissenschaftlichen Einrichtungen kontrollieren sollte; drittens sollte alles spaltbare Material kaserniert und dann auf die ausschließliche Verwendung zu friedlichen Zwecken hin kontrolliert werden. Bis zur vollständigen Errichtung dieses Kontrollsystems sollten die USA die Produktion des für Bomben notwendigen Materials fortsetzen, jedoch keine fertigen Atombomben ansammeln[19]. Mit diesem Plan, der von Byrnes alsbald als Grundlage für die Verhandlungen mit Briten, Kanadiern und den Sowjets verwandt wurde, sah sich die Sowjetführung vor die Entscheidung gestellt, den USA zu vertrauen und auf die Entwicklung einer eigenen Atomwaffe zu verzichten, dabei aber unter Umständen nur wichtige Zeit im atomaren Wettrüsten zu verlieren oder aber das kostspielige Risiko des atomaren Wettrüstens von vornherein einzugehen. Beide Risiken mußten in sowjetischer Sicht gleich groß erscheinen, darum war die Entscheidung zunächst durchaus offen. Für den Fall einer sowjetischen Ablehnung aber legte sich die amerikanische Regierung mit diesem Plan auf das atomare Wettrüsten fest; er hatte dann lediglich noch die Funktion, vor der öffentlichen Meinung der Sowjetunion die Schuld für das Scheitern des Universalismus zuschieben und möglicherweise (im Falle einer Ablehnung erst des zweiten oder dritten Schrittes) den Beginn der sowjetischen Atombewaffnung hinausschieben zu können.

Bevor dieser Plan am 15. Juni 1946 vor dem Forum der Vereinten Nationen präsentiert wurde, erfuhr er jedoch noch im Zuge der zunehmenden »Festigkeit« gegenüber der Sowjetunion entscheidende Veränderungen. Erstens: Das gesamte Kontrollsystem sollte nun nicht von internationalen Kommissionen geleistet werden, sondern einer supranationalen »Atomaren Entwicklungs-Behörde« unter der Aufsicht des UN-Sicherheitsrates unterstehen; diese Behörde sollte zugleich Eigentümer allen spaltbaren Materials werden und die gesamte friedliche Atomkraft-Nutzung lenken. Zweitens: Bis zur vollständigen Errichtung des Kontrollsystems sollten sich die USA auch die Entscheidung darüber vorbehalten, ob sie weiter Bomben produzierten oder nicht. Und drittens (dies gegen Byrnes' Absicht, aber unter dem Druck des im Kongreß populären

[19] FRUS 1945, II, S. 69–73.

Atomkontroll-Kommissionsleiters Bernard M. Baruch): Im Sicherheitsrat sollte in allen Fragen der Atomwaffenkontrolle das Vetorecht der Großmächte aufgehoben werden; Verstöße gegen die beschlossenen Restriktionen sollten bestraft werden. Damit wurde die sowjetische Sicherheit de facto von der (damals pro-amerikanischen) UNO-Mehrheit abhängig; und es überraschte niemanden, daß der sowjetische UNO-Botschafter Gromyko diesen sogenannten »Baruch-Plan« sogleich ablehnte und stattdessen forderte, *zunächst* alle bestehenden Atomwaffen und -produktionsanlagen zu zerstören und *dann* ein weltweites Kontrollsystem einzurichten. Nach monatelangen Debatten billigte die UN-Atomenergie-Kommission mit 10 zu 0 Stimmen und Stimmenthaltung der Sowjetunion und Polens am 30. Dezember 1946 den amerikanischen Plan, anschließend blockierte die Sowjetunion im Sicherheitsrat jede weitere Beratung des Projekts. Damit war der Propagandaeffekt erreicht, und zugleich hatte das Zeitalter atomaren Wettrüstens definitiv begonnen[20].

In der Deutschlandfrage begann die amerikanische Regierung im Jahre 1946, die sowjetische Deutschlandpolitik den Dogmen der Eindämmungsdoktrin folgend als Versuch, ganz Deutschland in den sowjetischen Einflußbereich einzubeziehen, zu interpretieren; vor der vermeintlichen Alternative, Deutschland an die Sowjetunion zu verlieren oder die Teilung Deutschlands zu akzeptieren, entschied sie sich, dem Aufbau eines westdeutschen Teilstaates Priorität vor einer gesamtdeutschen Lösung einzuräumen.

Auch hier zeigte Kennan, der die Teilung Deutschlands 1945 als Konsequenz der Eindämmungspolitik vorausgesagt hatte, den Weg. Von Matthews befragt, schrieb er am 6. März an das State Department, die Sowjets würden die Errichtung einer zentralen deutschen Verwaltungsstruktur (gegen die gegenwärtig die französische Regierung, unterstützt von den französischen Kommunisten, ihr Veto einlegte) nur gestatten, wenn sie sicher sein könnten, diese unter ihre Kontrolle zu bringen. Es blieben daher für die amerikanische Deutschlandpolitik nur zwei Möglichkeiten, nämlich: »1. das verbliebene Deutschland nominal geeint, aber außerordentlich anfällig für politische Durchdrin-

[20] Vgl. Gaddis, *The United States and the Origins*, S. 331–335; Kolko, *Limits*, S. 98–110; Yergin, *Shattered Peace*, S. 237–241; Gregg F. Herken, *The Winning Weapon. The Atomic Bomb in the Cold War 1945–1950*. New York 1981 und Larry G. Gerber, *The Baruch Plan and the Origins of the Cold War*. In: Diplomatic History 6 (1982), S. 69–95.

gung durch die Sowjets und sowjetischen Einfluß zu lassen, oder 2. den Prozeß der Teilung, der im Osten begonnen worden ist, zu seinem logischen Ende zu führen und sich um die Rettung der westlichen Zonen zu bemühen, indem man sie gegen östliche Durchdringung abschließt und sie statt in ein geeintes Deutschland in die westeuropäische Region integriert. Ich bin sicher, daß die Russen davon überzeugt sind, in einem unter einer einzigen Administration geeinten Rumpfdeutschland westlich der Oder-Neiße werde es keine einzige politische Kraft geben, die gegen den von Rußland unterstützten Linksblock aufstehen kann.«[21]

Daß die Sowjetführung tatsächlich versuchte, ganz Deutschland unter sowjetische Herrschaft zu bringen, wird man schwerlich sagen können. Sie hatte zwar in ihrer eigenen Besatzungszone den Transformationsprozeß zur Zerstörung der gesellschaftlichen Grundlagen des Nationalsozialismus fortgesetzt – pragmatisch, Basisinitiativen aufgreifend, mehr und mehr bürokratisch reglementierend. Ebenso hatte sie wie in Osteuropa zunächst planlos Industrieanlagen demontiert und dann, ab der Jahreswende 1945/46, die industriellen Ressourcen zum größten Teil für den sowjetischen Wiederaufbau arbeiten lassen, sowohl durch hohe Reparationsleistungen, als auch durch die Umwandlung sequestrierter Betriebe in sowjetische Aktiengesellschaften. Auf der anderen Seite war die KPD mit einem Programm angetreten, das explizit nicht auf sozialistische Umwälzungen zielte, sondern die gescheiterte bürgerliche Revolution von 1848 »nachzuholen« versprach; die republikanischen Parteien wurden wieder zugelassen, ein breites Bündnis »antifaschistischer« Kräfte angestrebt und die Gründung einer »Einheitsfront« der Parteien betrieben, die Kommunisten und Demokraten in die gemeinsame Verantwortung für die Beseitigung der gesellschaftlichen Wurzeln des Nationalsozialismus einbinden sollte. Die gleiche Politik sollte in sowjetischer Sicht für Gesamtdeutschland gelten; die Sowjetregierung forderte nach wie vor (und seit dem Scheitern der amerikanisch-sowjetischen Kreditverhandlungen intensiver denn je) Reparationen in der in Jalta notierten Höhe, daneben die Ausdehnung der »Demokratisierungs«-Maßnahmen auch auf die westlichen Besatzungszonen und eine Vier-Mächte-Kontrolle der Ruhr. Da die Westmächte keinerlei Anstalten machten, auf diese Forderungen ein-

[21] FRUS 1946, V, S. 516–520.

zugehen, geriet die Absicherung des Transformationsprozesses in der eigenen Zone alsbald in den Vordergrund der sowjetischen Deutschlandpolitik, und gewannen die Einheitsparolen mehr und mehr die Funktion, die mit der separaten Transformation drohende Separation propagandistisch abzuschirmen; die Sowjetführung schreckte vor Eingriffen des Alliierten Kontrollrats in ihre Zone zurück und nahm es hin, daß sich gerade durch die separate Transformation ihre Einflußmöglichkeiten in den Westzonen rapide verringerten. Nimmt man all dies zusammen, so sieht man erneut das grundsätzliche strategische Ziel der Sowjetregierung bestätigt, nämlich: Deutschland nicht oder zumindest nicht ganz in die Hände des angelsächsischen Kapitalismus fallen zu lassen; wobei dieses Grundsatzziel nun mehr und mehr von dem unmittelbaren Interesse an deutscher Hilfe für den Wiederaufbau der zerstörten Sowjetunion überdeckt wurde. In der Konsequenz dieses strategischen Denkens lag es wohl (wie auf der Gegenseite), eine Teilung Deutschlands der Einbeziehung auch der eigenen Besatzungszone in die amerikanische »One World« vorzuziehen, aber nicht, ein geeintes Deutschland exklusiv in den sowjetischen Machtbereich einzubeziehen und nach sozialistischen Ordnungsvorstellungen zu gestalten; dazu waren die eigenen Kräfte doch viel zu schwach[22].

Wie begrenzt die sowjetische Position in Deutschland war, zeigt exemplarisch die Geschichte der SED-Gründung. Die »Vereinigung der Parteien der Arbeiterklasse« war zunächst im Sommer 1945 von der sozialistischen Basis, insbesondere von

[22] Vgl. Dietrich Staritz, *Sozialismus in einem halben Land*. Berlin 1976, S. 84 bis 154; ders., *Die Gründung der DDR. Von der sowjetischen Besatzungsherrschaft zum sozialistischen Staat*. München 1984, S. 75–112; Gregory Sandford, *From Hitler to Ulbricht. The Communist Reconstruction of East Germany, 1945–1946*. Princeton 1983; aus DDR-Sicht Günter Benser, *Die KPD im Jahre der Befreiung. Vorbereitung und Aufbau der legalen kommunistischen Massenpartei*. Berlin (DDR) 1985 (mit zu einseitiger Festlegung auf die DDR-Option); zum Verhalten im Kontrollrat Gunther Mai, *Der Alliierte Kontrollrat in Deutschland 1945–1948. Von der geteilten Kontrolle zur kontrollierten Teilung*. In: Aus Politik und Zeitgeschichte B 23/1988, S. 3–14. – Traditionelle Autoren, die in der sowjetischen Deutschlandpolitik ein von der Hoffnung auf baldigen Abzug der amerikanischen Besatzungstruppen beflügeltes Streben nach Sowjetisierung ganz Deutschlands sehen, lassen nicht nur die nachweisliche Furcht der Sowjetführer vor einer Expansion des amerikanischen Kapitalismus außer acht, sondern übersehen auch, daß sie mit ihrem Drängen auf Ausbau der Vier-Mächte-Verantwortung selbst aktiv dazu beitrugen, die US-Truppen auf Dauer auf deutschem Boden zu halten.

Sozialdemokraten gefordert worden; die KPD-Führung hatte sie jedoch abgelehnt, aus Furcht, sich innerhalb einer Einheitspartei mit einer Minderheitenrolle zufriedengeben zu müssen. Von Mitte September an wurde sie dann von der KPD betrieben, nun aus Furcht, bei Wahlen (die die Führung der Ost-SPD um Otto Grotewohl jetzt ansteuerte) ihren vergleichsweise geringen Rückhalt in der Bevölkerung offenlegen zu müssen; unter den Sozialdemokraten waren aber inzwischen die Bedenken gewachsen. Zwar beschloß eine kommunistisch-sozialistische Delegiertenkonferenz der sowjetischen Besatzungszone Ende Dezember 1945 grundsätzlich die Bildung einer gemeinsamen Arbeiterpartei, doch setzten die SPD-Vertreter dabei durch, daß es zunächst keine gemeinsame Wahlliste geben sollte, und die Delegationen der Parteiführungen aus den Westzonen im Januar 1946 lehnten das Einigungsangebot ab, um das eigene Konzept einer antikommunistischen Bewegung nicht in Gefahr zu bringen. In Westberlin, dem einzigen Parteibezirk, in dem eine freie Basisabstimmung stattfand, votierten am 31. März weniger als 13 Prozent der SPD-Mitglieder für die unmittelbare Vereinigung, dagegen 63 Prozent für ein Aktionsbündnis mit der KPD; der Vereinigungsparteitag am 21./22. April lief nur mit schwacher Beteiligung aus den Westzonen ab[23]. Einen »Linksblock« unter sowjetischer Kontrolle, wie ihn Kennan für Gesamtdeutschland zu erkennen glaubte, gab es also nicht; wohl gab es eine breite sozialistische Bewegung, die auf eine Wiedervereinigung der Arbeiterparteien ohne sowjetische Bevormundung hoffte.

Daß es der amerikanischen Führung nicht möglich gewesen wäre, sich trotz gegenteiliger Interessen mit der sowjetischen Deutschlandpolitik zu arrangieren, wird man ebenfalls nicht sagen können. Wohl gab es im Alliierten Kontrollrat sowjetisch-amerikanische Differenzen, insbesondere in der Frage, welches deutsche Industrieproduktionsniveau als »friedensnot-

---

[23] Vgl. Albrecht Kaden, *Einheit oder Freiheit. Die Wiedergründung der SPD 1945/46.* Hannover 1964 (der KPD zu weitreichende Sowjetisierungsabsichten unterstellend); Frank Moraw, *Die Parole der »Einheit« und die Sozialdemokratie.* Bonn-Bad Godesberg 1973; Werner Müller, *Die KPD und die »Einheit der Arbeiterklasse«.* Frankfurt, New York 1979; Klaus Sühl, *Arbeiterbewegung, SPD und deutsche Einheit 1945/46.* In: R. Ebbinghausen, F. Tiemann (Hrsg.), *Das Ende der Arbeiterbewegung in Deutschland?* Opladen 1984, S. 274–300; Lucio Caracciolo, *Der Untergang der Sozialdemokratie in der sowjetischen Besatzungszone. Otto Grotewohl und die »Einheit der Arbeiterklasse« 1945/46.* In: Vierteljahrshefte für Zeitgeschichte 36 (1988), S. 281–318.

wendig« angesehen werden konnte, und von welchem Moment an Reparationsleistungen möglich wären, doch entstanden die meisten Schwierigkeiten im Kontrollrat nicht durch die Sowjetunion, sondern durch Frankreich, das alle Initiativen zur Errichtung einer deutschen Zentralverwaltung blockierte. Dem sowjetischen Vertreter im Kontrollrat, so ließ General Clay, der stellvertretende amerikanische Militärgouverneur in Berlin, Anfang April 1946 das State Department wissen, »kann nicht vorgeworfen werden, die Potsdamer Vereinbarungen zu verletzen«; im Gegenteil, »sie waren äußerst gewissenhaft in ihrer Anwendung«; und sie zeigten »den aufrichtigen Wunsch nach Freundschaft mit uns und ebenso einen gewissen Respekt für die USA«. Diese Erfahrungen »vor Ort« ließen Clay zu einem der wenigen Gegner der Kennan-Doktrin werden: »Wir haben keinen Augenblick an das Bevorstehen einer sowjetischen Aggression geglaubt und wir glauben auch jetzt noch nicht daran.«[24]

Byrnes wollte den Kennanschen Deutschland-Thesen zunächst auch nicht recht glauben und beschloß daher, mit dem Vorschlag eines Vier-Mächte-Garantiepaktes zur Entmilitarisierung Deutschlands auf 25 Jahre die sowjetische Kooperationsbereitschaft in der Deutschlandfrage zu testen. Wenn die sowjetische Deutschlandpolitik tatsächlich nur auf Sicherheit vor Deutschland zielte, dann mußte die Sowjetführung seiner Überzeugung nach diesen Vorschlag akzeptieren, lehnte sie ihn ab, dann war der Beweis für eine expansive Zielsetzung gegeben. Die Alternativen waren indessen schlecht gewählt; tatsächlich ging es der Sowjetführung ja weniger um Sicherheit vor Deutschland per se als vielmehr um Schutz vor Einbeziehung Deutschlands in die »One World«. Molotow, zu Beginn der Pariser Außenministerratstagung mit Byrnes Vorschlag konfrontiert, antwortete darum mit einem Gegentest: er lehnte den Paktgedanken zwar nicht grundsätzlich ab, forderte aber zunächst die Erfüllung der sowjetischen Reparationswünsche (als Bestandteil der Demilitarisierung), um so zu prüfen, wie substantiell das amerikanische Garantieversprechen tatsächlich

[24] Murphy [State-Berater Clays] an Matthews 3. 4. 1946; State Department Papers, mitgeteilt von Prof. Jean Edward Smith, Toronto, der gegenwärtig eine Clay-Biographie vorbereitet. Vgl. vorläufig Jean Edward Smith, *The View from UFSET: General Clay's and Washington's Interpretation of Soviet Intentions in Germany, 1945–1948*. In: Hans A. Schmitt (Hrsg.), *U. S. Occupation in Europe after World War II*. Lawrence 1978, S. 64–85.

war[25]. Beide Tests fielen negativ aus, und so endete die Pariser
Ratstagung damit, daß beide Kontrahenten ihre Konsequenzen
in der Deutschlandfrage vor das deutsche Publikum trugen.
Molotow beschwor am 10. Juli in einer Presseerklärung das
Prinzip der deutschen Einheit; Byrnes antwortete am 6. September
in seiner Stuttgarter Rede mit dem Versprechen baldiger
Rückkehr zur deutschen Selbstbestimmung und wirtschaftlichem
Wiederaufbau. Daß er dabei nur noch eine Rekonstruktion
Westdeutschlands im Sinne hatte, sagte er freilich nicht[26].

Unter diesen Umständen führten nun Clays Versuche, die in
Potsdam beschlossene Wirtschaftseinheit zu realisieren, um
dem drohenden wirtschaftlichen Kollaps in den Westzonen zu
entgehen, und diese nicht unter sowjetischen Einfluß geraten zu
lassen, zur tatsächlichen Teilung. Um Frankreich zur Aufgabe
seines Vetos gegen die Wirtschaftseinheit zu zwingen, und so
auch die Sowjetunion auf die Wirtschaftseinheit verpflichten zu
können, stoppte Clay am 3. Mai alle Reparationslieferungen aus
der amerikanischen Zone bis zur Verabschiedung eines gemeinsamen
Export-Import-Plans für Gesamtdeutschland. Dieser
kam freilich nicht zustande, weil die britische Regierung unterdessen
aus Furcht vor sowjetischer Expansion eindeutig auf die
Spaltung setzte und den Franzosen folglich insgeheim Rücken-

[25] Hermann Graml hat gegen diese Interpretation eingewandt, daß die Sowjets
wissen mußten, daß ihre Reparationsforderung für die Westmächte völlig unakzeptabel
war, und daraus die These abgeleitet, daß es ihnen tatsächlich um die
Verhinderung jeder gesamtdeutschen Regelung ging (*Die Alliierten und die Teilung
Deutschlands*. Frankfurt 1985, S. 171 u. 231 f.). Diese These übersieht jedoch
dreierlei: 1. die elementaren sowjetischen Wiederaufbaunöte und die sowjetische
Furcht vor einer Dominanz des US-Kapitalismus; 2. den Umstand,
daß westliche Experten die sowjetische Forderung als durchaus angemessen betrachteten
(vgl. oben S. 87) und Clay auf der Basis solcher Einschätzungen im
Winter 1946/47 auf ein substantielles Reparationsangebot drängte (siehe John
H. Backer, *Die deutschen Jahre des Generals Clay*. München 1983, S. 178–181,
201, 206–208, und Wolfgang Krieger, *General Lucius D. Clay und die amerikanische
Deutschlandpolitik 1945–1949*. Stuttgart 1987, S. 188–197); und 3. das sowjetische
Bemühen um Kompromisse, die den westlichen Einwänden gegen die
Reparationsforderung entgegenkamen (vgl. unten S. 149 f. u. 162).

[26] Wenigstens nicht öffentlich; einem Journalisten vertraute er während der
Pariser Verhandlungen an, »daß er die Hoffnung auf ein geeintes Deutschland so
ziemlich aufgegeben hat«. Mowrer an Pollock 4. 6. 1946, Pollock Papers, zit. n.
Yergin, *Shattered Peace*, S. 226. – Vgl. neben der in Anm. 10 angegebenen Konferenzliteratur
Gaddis, *The United States and the Origins*, S. 328–331; Yergin,
Shattered Peace, S. 224–226; Axel Frohn, *Deutschland zwischen Neutralisierung
und Westintegration*. Frankfurt 1985, S. 63–65, und Anm. 24. Wjatscheslaw
M. Molotow, *Fragen der Außenpolitik, Reden und Erklärungen*. Moskau 1949,
S. 218 ff.; Byrnes: Europa-Archiv 1 (1946), S. 261–264.

deckung gab. Nachdem Molotow den Paktvorschlag abgelehnt hatte, und zudem sein britischer Kollege Bevin mit der vollständigen Verweigerung von Reparationslieferungen aus der industriereichen britischen Zone und der einseitigen Produktionserhöhung gedroht hatte (was besonders für Frankreich katastrophal geworden wäre), gab Byrnes dem Drängen Clays nach, nun wenigstens für eine Zusammenlegung der britischen und amerikanischen Zonen zu sorgen. Am 11. Juli kündigte er seine Bereitschaft an, »sich mit jeder anderen Besatzungsmacht oder mehreren Besatzungsmächten zusammenzutun, um unsere jeweiligen Zonen als wirtschaftliche Einheit zu behandeln«; wie erwartet, stimmte nur die britische Regierung zu (am 27. Juli); damit war der Weg frei zur Bildung der Bizone, die nach dramatischen Auseinandersetzungen über die beiderseitige Lastenverteilung im Dezember beschlossen wurde und am 1. Januar 1947 offiziell in Kraft trat. Byrnes hatte die Hoffnung auf ein geeintes Deutschland, das nicht sowjetischer Expansion anheimfallen würde, aufgegeben[27]. Auch das sowjetische Angebot

[27] Vgl. John Gimbel, *Byrnes' Stuttgarter Rede und die amerikanische Nachkriegspolitik in Deutschland.* In: Vierteljahrshefte für Zeitgeschichte 20 (1972), S. 39–62; ders., *Die Vereinigten Staaten, Frankreich und der amerikanische Vertragsentwurf zur Entmilitarisierung Deutschlands. Eine Studie über Legendenbildung im Kalten Krieg.* Ebd. 22 (1974), S. 258–286; ders., *The American Reparations Stop in Germany. An Essay on the Political Uses of History.* In: The Historian 37 (1975), S. 276–296; ders., *Byrnes und die Bizone – eine amerikanische Entscheidung zur Teilung Deutschlands?* In: Wolfgang Benz, Hermann Graml (Hrsg.), *Aspekte deutscher Außenpolitik im 20. Jahrhundert.* Stuttgart 1976, S. 193–210; ders., *The Origins of the Marshall Plan.* Stanford 1976, S. 67 bis 126; zur Rolle Bevins Sean Greenwood, *Bevin, the Ruhr and the division of Germany, August 1945–December 1946.* In: Historical Journal 29 (1986), S. 203 bis 212; und Martina Kessel, *Britische und französische Deutschlandpolitik auf den Außenministerkonferenzen von 1945 bis 1947.* Diss. München 1988, S. 54–57, 64–86. – Gimbel beschreibt die Byrnesschen Aktionen minutiös und zerstört dabei manche holzschnittartigen Legenden der Literatur des Kalten Krieges; dabei geraten ihm jedoch oft selbst die strategischen Zusammenhänge aus dem Blick: Gewiß zielte Byrnes' Vertragsentwurf *auch* darauf, Frankreich eine Sicherheitsgarantie gegen Deutschland zu bieten und es damit zur Aufgabe seiner Obstruktion zentraler Behörden zu veranlassen, aber die Beamten des State Department hatten den Pakt eindeutig als Test gegenüber der Sowjetunion empfohlen, und Byrnes hatte ihn auch so verstanden. Ebenso war es die britische Drohung, notfalls die eigene Zone ganz aus dem Reparationsverband herauszunehmen, die bei Byrnes »den Krug zum Überlaufen« brachte, aber das belegt noch nicht, daß er im Juli 1946 die Teilung Deutschlands als Konsequenz seiner Handlungen nicht vorhergesehen habe; vgl. dagegen z. B. das Zitat in Anm. 26 sowie Bevins Eindruck einer durchaus antisowjetischen Haltung Byrnes' in dieser Konferenzphase, ermittelt von Rolf Steininger, *Die Rhein-Ruhr-Frage im Kontext der britischen Deutschlandpolitik 1945/46.* In: Heinrich August Winkler

vom 14. Oktober, als Gegenleistung für Reparationen in der geforderten Höhe die Westzonen mit Rohstoffen zu versorgen und für den Ausgleich der Handelsbilanz eines geeinten Deutschland zu sorgen, vermochte an dem neuen Kurs der amerikanischen Deutschlandpolitik nichts mehr zu ändern[28].

Konsolidierung im sowjetischen Machtbereich

Ebenso wie sich die amerikanische Politik 1946 auf die Konsolidierung der vermeintlich von sowjetischer Expansion bedrohten Regionen konzentrierte, konzentrierte sich die sowjetische Politik auf die Konsolidierung eines eigenen Einflußbereiches. Die Erfahrungen, die die Sowjetführung im ersten Nachkriegsjahr mit der amerikanischen Politik machen mußte, bestätigten die pessimistischen Lageanalysen vollauf, die vor Kriegsende erstellt worden waren: Die USA hatten die doch anscheinend schon konzedierte sowjetische Sicherheitspolitik in Osteuropa mit ihrer Selbstbestimmungskampagne in Frage gestellt, sie hatten die doch beinahe schon zugesagten Reparationen aus Deutschland verweigert, sie hatten ihre ökonomische Überlegenheit als politisches Druckmittel eingesetzt, sie hatten versucht, die Sowjetunion vom Atomwaffenbesitz fernzuhalten, und sie suchten nun die Sowjetunion überall in der Welt als Aggressor darzustellen. All das bestärkte die aus Ideologie und Erfahrung genährte Überzeugung, daß die kapitalistischen Staaten keineswegs ihren imperialistischen Charakter abgelegt hätten, und führte zu dem Schluß, daß das eigene Macht- und

(Hrsg.), *Politische Weichenstellungen im Nachkriegsdeutschland 1945–1949.* Göttingen 1979, S. 111–166, bes. S. 129f. Schließlich enthielt Byrnes' Stuttgarter Rede *auch* ein Warnsignal gegenüber Frankreich, entscheidend war aber die Botschaft dieses Signals: Die Entschlossenheit der USA, sich für den Wiederaufbau Deutschlands ebenso einzusetzen wie die Sowjetunion, und diese Botschaft war in erster Linie an die Deutschen selbst gerichtet, um den positiven Eindruck der Molotow-Erklärung wettzumachen. Wie Klaus Schwabe gezeigt hat (*Die amerikanische Besatzungspolitik in Deutschland und die Entstehung des »Kalten Krieges« 1945/46.* In: *Rußland-Deutschland-Amerika.* Festschrift f. Fritz T. Epstein zum 80. Geburtstag. Wiesbaden 1978, S. 311–332), zielten Clays Aktionen einschließlich der von ihm betriebenen Stuttgarter Rede in erster Linie darauf, die USA nicht gegenüber der Sowjetunion ins Hintertreffen geraten zu lassen. Im Unterschied zu Byrnes orientierte sich »die Militärregierung auch weiterhin an dem Leitgedanken einer Zusammenarbeit der vier Siegermächte in Deutschland« (S. 324).

[28] FRUS 1946, V, S. 611f., 622–625, 792f.

Sicherheitssystem nun nach der Niederringung der Achsenmächte erneut gefährdet war, wenn auch noch nicht akut, so doch potentiell und auf lange Sicht hin. Diese Analyse bestätigte die Richtigkeit der kommunistischen Stabilisierungspolitik in Westeuropa, machte sie nötiger als je zuvor; ebenso verlieh sie dem sowjetischen Wiederaufbauprogramm zusätzliche Dringlichkeit; und schließlich engte sie den Bewegungsspielraum der Osteuropäer ein.

In einer Bilanz der Kriegserfahrungen, die Stalin in einer Wahlrede am 9. Februar 1946 dem sowjetischen Publikum vorgelegt hat, wird diese Konzentration aller Kräfte auf die Vorbereitung einer neuen Auseinandersetzung deutlich: Gegen alle Erwartungen, die Sowjetunion werde nach dem gewonnenen Kriege nun zu friedensmäßigen Zuständen zurückfinden, werde etwa die Konsumgüterproduktion und den Lebensstandard steigern, kündigte er die erneute Mobilisierung des Landes an. So wie die gewaltsame Industrialisierung in der Zeit der ersten Fünfjahrespläne die Sowjetunion stark genug werden ließ, den Ansturm des Nationalsozialismus zurückzuwerfen – Stalin feierte den Sieg als Beweis für die Leistungsfähigkeit des Sowjetsystems – sollen nur »drei, wenn nicht mehr, neue Fünfjahrespläne« erneut die Sowjetunion in ein schwerindustrielles Land verwandeln; »nur unter diesen Bedingungen wird unser Land gegen jede Eventualität gesichert sein.« In den USA ist diese Rede als »Kriegserklärung des Dritten Weltkrieges« mißverstanden worden; tatsächlich war sie die Ankündigung, daß sich die Sowjetregierung auf den Kalten Krieg einrichtete[29].

Dies war für die Sowjetregierung um so wichtiger, als sich die Lage in der osteuropäischen Sicherheitsregion ja noch keineswegs stabilisiert hatte. Ohne ein festes Konzept für die künftige gesellschaftliche Ordnung der Länder dieser Region hatten die Sowjets versucht, durch Entmachtung antisowjetischer Führungseliten, rasche ökonomische Stabilisierung nach den anfänglichen Beutezügen, demokratische Teilreformen (die längst nicht so weit gingen, wie sie etwa die Sozialisten forderten) und definitiven Anteil der Kommunisten an der Macht, Garantien für eine nicht-sowjetfeindliche Politik zu schaffen, aber gerade dadurch hatte sie (mit Ausnahme der Tschechoslowakei, in der

[29] Text der Stalin-Rede in: Neue Welt (Berlin) 1946, Nr. 1, S. 3–12; Dritter Weltkrieg: William O. Douglas zu Forrestal, *The Forrestal Diaries*. New York 1951, S. 134.

sich ein breiter demokratischer Grundkonsens entwickelt hatte)
die oppositionellen Kräfte auf den Plan gerufen. Diese hofften,
von der amerikanischen Selbstbestimmungs-Rhetorik geblen-
det, mehr und mehr auf amerikanische Unterstützung und zeigten sich entsprechend wenig kompromißbereit; die Folgen waren im Laufe des Jahres 1946/47 scharfe innenpolitische Spannungen und als Ergebnis dieser Spannungen ein verstärkter Zugriff der von der Roten Armee gedeckten Kommunisten. Ein
Teil der in den Koalitionsregierungen vertretenen nichtkommunistischen Kräfte (insbesondere die auf »Modernisierung« drängenden Bürgerlichen) schloß sich nun, teils aus Opportunismus,
teils aus Überzeugung, nur so den Wiederaufbau ihrer Länder
sichern zu können, der kommunistischen Führung an, der andere Teil wurde mehr und mehr von der außerhalb der Einheits-
fronten verbliebenen Oppositionsbewegung erfaßt; und diese
wurden dann von den inzwischen erstarkten Kommunisten mit
oft brutalen Methoden vernichtet[30].

So geriet in *Polen* Stanislas Mikolajczyk, nun stellvertretender
Ministerpräsident und als Vorsitzender der 600000 Mitglieder
zählenden Bauernpartei Führer der potentiell stärksten Kraft im
Lande, durch die Partisanenaktionen und Terroranschläge der
im Untergrund verbliebenen Teile der antisowjetischen »Hei-
matarmee« in immer größere Schwierigkeiten. Die Stärke des
Widerstandes gegen das neue Regime und die Hoffnung auf
Unterstützung durch die Amerikaner verleiteten ihn dazu, sich
den kommunistischen Forderungen nach Eintritt in die von
Kommunisten und Sozialisten beherrschte »Demokratische
Front« zu verschließen; daraufhin verschoben die Kommunisten die für Februar 1946 vorgesehenen Wahlen und nahmen die
Terrorakte zum Anlaß, die Bauernpartei aufs schwerste zu behindern. Mikolajczyk verlor mehr und mehr an Unterstützung
im Land. Nach den Wahlen, die dann am 10. Januar 1947 doch

[30] Eine genaue Beobachtung der Vorgänge in Osteuropa zeigt, daß man der
Sowjetunion nicht, wie die meisten »traditionellen« Autoren dies tun (z.B. Ernst
Birke, Rudolf Neumann [Hrsg.], *Die Sowjetisierung Ost-Mitteleuropas. Untersuchungen zu ihrem Ablauf in den einzelnen Ländern*. Bd. 1, Frankfurt, Berlin
1959), eine planmäßige Sowjetisierungsabsicht nach einheitlichem Konzept unterstellen kann, daß man ihrer Politik aber auch nicht, wozu »revisionistische«
Autoren neigen (z.B. Kolko, *Politics*, S. 176–217) gänzlich imperialistische Züge
absprechen kann. Zu den Unterschieden in den Transformationsprozessen Polens, der Tschechoslowakei und der Sowjetischen Besatzungszone Deutschlands
vgl. Wolfgang Diepenthal, *Drei Volksdemokratien*. Köln 1974; eine detaillierte
vorurteilsfreie Untersuchung steht jedoch noch aus.

stattfanden und von den Kommunisten (wie sie nachher selbst eingestanden) weit mehr als nötig manipuliert wurden, verfügte seine Partei nur noch über 28 von 444 Parlamentssitzen. Die Kommunisten waren zur beherrschenden Macht im Lande geworden.

In *Bulgarien* hatte die Bauernpartei unter dem Eindruck des britischen Vorgehens gegen die prokommunistische Partisanenbewegung im benachbarten Griechenland die »Vaterländische Front« verlassen, und war daraufhin von den Kommunisten ebenfalls behindert worden, so daß die Wahlen vom 19. November 1945 eine Majorität von 90 Prozent für die nun kommunistisch dominierte »Vaterländische Front« erbrachten. Diese weigerte sich, den Moskauer Vereinbarungen entsprechend Vertreter der Opposition in die Regierung aufzunehmen, behauptete bei erneuten Wahlen am 27. Oktober 1946 366 von 465 Abgeordnetensitzen, und begann dann, die angeschlagene Bauernpartei durch Repressionsmaßnahmen zu zerschlagen.

In *Rumänien* blieben die Nationale Bauernpartei und die Liberalen grundsätzliche Gegner des Regimes, potentiell unterstützt von König Michael, der Ende August 1945 in der Hoffnung auf amerikanische Unterstützung versucht hatte, den Rücktritt der Regierung Groza zu erzwingen. Je ein Vertreter der beiden Oppositionsparteien wurde zwar im Januar 1946 den Moskauer Beschlüssen folgend in die Regierung aufgenommen, doch konnten sie dort keinerlei Einfluß erlangen. Der Widerstand gegen das Regime wuchs unterdessen so stark, daß die Ergebnisse der Wahlen vom 10. November 1946 für die Kommunisten katastrophal ausfielen. Die Wahlergebnisse wurden daraufhin gefälscht: der »Block demokratischer Parteien« erhielt 347 Sitze, die Bauernpartei 39, die Liberalen ganze drei. Der kommunistisch dominierte Block fühlte sich nun stark genug, eine Hungersnot im Sommer 1947 zur Durchsetzung einer Währungsreform zu nutzen, die dem Mittelstand die materiellen Grundlagen entzog; anschließend fiel es leicht, die bürgerliche und bäuerliche Opposition auch politisch zu zerstören.

In *Ungarn* war die Opposition gegen die sowjetische Vorherrschaft noch stärker als in Rumänien, Bulgarien und selbst Polen. Bürokratie und Armee waren noch die gleichen wie unter dem Horthy-Regime, und die katholische Kirche unter Kardinalprimas Mindszenty bekämpfte offen alle Versuche, die vordemokratischen Zustände des Landes zu ändern. In freien Wahlen, die die Sowjets unter amerikanischem Druck schließ-

lich zugestanden hatten, gewann die (meist bürgerlich-prote-
stantische) Kleinlandwirtepartei am 7. November 1945 57 Prozent der Stimmen, während die Kommunisten mit knapp
17 Prozent eine Niederlage erlitten. Der Kleinlandwirteführer
Ferenc Nagy wurde nun von den Sowjets als Ministerpräsident
akzeptiert, geriet aber immer mehr unter den Druck seiner
kommunistischen Kabinettskollegen, die wie in Polen Putschversuche und angebliche Putschversuche der oppositionellen
Kräfte zum Anlaß nahmen, den Spielraum der Kleinlandwirte-
partei mit »Salamitaktik« (so der kommunistische Parteiführer
Rákósi) zusehends einzuengen: Im Februar 1946 mußten 20
»reaktionäre« Abgeordnete die Kleinlandwirtsfraktion verlassen. Im Februar 1947 wurde eine Reihe weiterer Abgeordneter,
unter ihnen der Generalsekretär der Kleinlandwirte, Béla Ko-
vács, der Verwicklung in einen Putschversuch beschuldigt und
verhaftet. Ende Mai 1947 wurden die profiliertesten Kleinland-
wirtevertreter aus dem Kabinett entfernt, woraufhin Nagy, der
gerade Urlaub machte, im Ausland blieb. Neuwahlen fanden
am 31. August 1947 unter schweren Behinderungen für die
Kleinlandwirte statt, ergaben aber dennoch noch 35 Prozent für
die nichtkommunistischen Kräfte; doch fühlten sich die Kommunisten nun stark genug, sie ganz auszuschalten[31].

Insgesamt hatte in diesen Ländern – Polen, Bulgarien, Rumänien, Ungarn – die beginnende Ost-West-Konfrontation den
Gegensatz zwischen traditionellen antisowjetischen Kräften
und der kommunistischen Minderheit derart verstärkt, daß die
Basis für eine Zusammenarbeit auf der Grundlage eines antifaschistischen Minimalkonsenses immer geringer wurde; die
Kommunisten hatten die potentielle oder tatsächliche Gewalt
der Regimegegner mit massiver Gegengewalt beantwortet, und
so mehr und mehr die Macht monopolisiert. Ganz anders als in
diesen Ländern gab es in den ersten beiden Nachkriegsjahren in
Jugoslawien und der Tschechoslowakei keine Spannungen, in
Jugoslawien nicht, weil die autochthone kommunistische Partisanenbewegung so vollständig gesiegt hatte, und ihren Sieg mit
so drastischen Mitteln verteidigte, daß den auf Druck der westlichen Alliierten aufgenommenen Vertretern der ehemaligen
Londoner Exilregierung kaum Einflußmöglichkeiten blieben;
in der Tschechoslowakei nicht, weil es dort eine bürgerlich-

[31] Stephen D. Kertesz, *Between Russia and the West, Hungary and the illusion of peacemaking 1945–47*. Notre Dame 1984.

demokratische Basis für eine sowjetfreundliche Politik gab, und die Kommunisten mit 38 Prozent der Stimmen in den – freien – Wahlen vom 26. Mai 1946 über breiten Rückhalt in der Bevölkerung verfügten. Gewiß machte sich auch in der Tschechoslowakei die Tätigkeit der sowjetischen NKWD bemerkbar; ernsthaft behindert wurden die nichtkommunistischen Kräfte jedoch erst vom Sommer 1947 an, als sich ernstliche Schwierigkeiten im wirtschaftlichen Wiederaufbau auftaten, und zudem die Konfrontation der Weltmächte in eine neue Phase getreten war[32].

Indem die Sowjetregierung die Gewaltaktionen der kommunistischen Parteien nicht nur deckte, sondern auch förderte, hat sie die Teilung Europas ebenso vorangetrieben wie die amerikanische Führung; zugleich hat sie der amerikanischen Öffentlichkeit ständig neue Anlässe geliefert, die These vom aggressiven Charakter des internationalen Kommunismus bestätigt zu sehen und damit die Eindämmungspolitik weiter gefördert. Beide Seiten hatten ihre Sicherheitsinteressen nun so definiert, daß sie in den Aktionen der Gegenseite eine Bestätigung für die Richtigkeit ihrer Befürchtungen sahen; damit wurde die Teilung Deutschlands, Europas und tendenziell der ganzen Welt, die zunächst niemand gewollt hatte, immer unvermeidlicher und immer tiefgreifender.

[32] Martin Myant, *Socialism and Democracy in Czechoslovakia, 1945–1947.* New York 1981.

Das erste Jahr der amerikanischen Eindämmungspolitik war
»erfolgreich« gewesen, was den nicht intendierten, aber unvermeidlichen Nebeneffekt der Eindämmung betraf: die tendenzielle Zweiteilung der Welt in konkurrierende Einflußsphären,
aber noch keineswegs erfolgreich in ihrem Hauptziel: der Stabilisierung der vermeintlich von kommunistischer Expansion bedrohten Regionen. Zu viele Hindernisse standen noch im Weg:
Die wirtschaftliche Zerrüttung Europas war weitaus tiefgreifender, als es die amerikanischen Planer erwartet hatten; so erwiesen sich die bereits gewährten US-Anleihen als ungenügend,
und in allen europäischen Ländern drohte die Rückkehr zum
Protektionismus. Gegen neue und umfangreichere Kredite
sperrte sich der Kongreß; trotz aller Popularität der Eindämmungspolitik war die amerikanische Öffentlichkeit immer noch
nicht bereit, einen nennenswerten Preis für die beanspruchte
Weltführungsrolle zu zahlen. Und gegen den Wiederaufbau der
deutschen Industrie, Kernstück des ganzen Restaurationspro-
gramms für Europa, sperrte sich die französische Regierung,
die, von einem kräftigen Nationalismus in der französischen
Öffentlichkeit unterstützt, die deutschen Ressourcen für den
Wiederaufbau Frankreichs nutzen wollte. Der Marshall-Plan,
den die amerikanische Regierung nun im Frühjahr 1947 entwikkelte, war der Versuch, diese Hindernisse in einer gemeinsamen
Anstrengung zu überwinden – ein Versuch, der natürlich auch
dem grundlegenden ökonomischen Open-door-Interesse der
USA Rechnung tragen wollte, in seinem Zeitpunkt und seiner
spezifischen Ausformung aber eindeutig von dem politisch motivierten Interesse an der Eindämmung der sowjetischen Expansion bestimmt war.

Europa in der Krise?

Soweit sich das amerikanische Publikum mit außenpolitischen
Fragen beschäftigte, war Byrnes' Eindämmungspolitik, insbesondere ihre antikommunistische Rhetorik und ihr kompro-
mißloses Festhalten an den Prinzipien der Atlantik-Charta, populär; Kritiker des neuen Kurses wie Wallace konnten nur einen

kleinen Rest der New-Deal-Liberalen um sich versammeln. Indessen stellten die außenpolitisch Interessierten insgesamt nur eine Minderheit unter den amerikanischen Wählern dar; die Mehrheit war nach dem Ende der Kriegsanstrengungen in politische Apathie zurückgefallen; gerade bei den Anhängern der Republikanischen Partei, deren Abgeordnete am entschiedensten auf »Festigkeit« gegenüber der Sowjetunion drängten, war die Tendenz weitverbreitet, die Kosten für die Außenpolitik nicht nur nicht zu erhöhen, sondern sogar merklich zu reduzieren. Trumans Versuch, ein allgemeinverbindliches militärisches Trainingsprogramm auch in Friedenszeiten einzuführen, scheiterte am vereinten Widerstand religiöser, pazifistischer, erzieherischer, landwirtschaftlicher und gewerkschaftlicher Organisationen. Der 3,75-Milliarden-Dollar-Kredit an Großbritannien war trotz seiner für die Open-door-Interessen so günstigen Bedingungen im Kongreß lang umstritten und konnte von der Administration nur unter großen Anstrengungen durchgesetzt werden. Die Republikaner gewannen die Kongreßwahlen im November 1946 mit einem Wahlprogramm, das eine Kürzung der Einkommensteuer um 20 Prozent und eine entsprechende Ausgabenbeschränkung der Regierung vorsah; und als Truman dem neuen Kongreß Anfang Januar 1947 den Ausgabenplan für das am 1. Juli beginnende Haushaltsjahr vorlegte, kürzte die Budgetkommission den Haushalt zunächst von 37,7 auf 31,5 Milliarden Dollar, darunter die Militärausgaben von 11,2 auf knapp 9 Milliarden. General George C. Marshall, der Byrnes unterdessen als Außenminister abgelöst hatte, fürchtete »unmögliche« Zustände in den besetzten Ländern als Ergebnis dieser Restriktionen[1].

In der Tat war die Situation in den deutschen Westzonen und in den westeuropäischen Ländern vom amerikanischen Standpunkt aus als katastrophal zu bezeichnen. Die Anleihen von

[1] Zit. n. Joseph M. Jones, *The Fifteen Weeks (February 21–June 5, 1947)*. New York 2. Aufl. 1964, S. 90f.; vgl. John L. Gaddis, *The United States and the Origins of the Cold War 1941–1947*. 2. Aufl. New York 1976, S. 341–346. – Der Bericht von Jones, ursprünglich 1955 erschienen, ist trotz der inzwischen erfolgten Öffnung der Archive immer noch grundlegend für die Vorgänge innerhalb der US-Administration im Frühjahr 1947. Von den übrigen älteren Arbeiten sind weiterhin zu nennen: Warren L. Hickman, *Genesis of the European Recovery Program. A Study of the Trend of American Economic Policies*. Diss. Genf 1949; sowie William C. Mallalieu, *The Origin of the Marshall Plan. A Study in Policy Formation and National Leadership*. In: Political Science Quarterly 73 (1958), S. 481–504. Zu den neueren Arbeiten vgl. die folgenden Anmerkungen.

1945/46 waren viel zu niedrig gewesen, um einen Stabilisierungsprozeß einzuleiten. Die 650-Millionen-Dollar-Anleihe an Frankreich hatte zusammen mit den anderen Unterstützungsmaßnahmen nur knapp gereicht, drei Viertel des französischen Haushaltsdefizits von 1946 abzudecken. Auch die 3,75-Milliarden-Anleihe an Großbritannien war weitaus schneller als erwartet aufgebraucht. Als die britische Regierung am 15. Juli 1947 dem Leihe-Abkommen entsprechend die freie Konvertibilität des Pfundes einführte, sanken die Reserven aus der Anleihe binnen vier Wochen um 1300 Millionen Dollar, so daß am 20. August die Konvertibilität wieder aufgehoben werden mußte; ganze 400 Millionen Dollar waren von dem Kredit verblieben. Die Industrieproduktion hatte in Frankreich, Belgien und den Niederlanden Ende 1946 etwa 85 Prozent des Vorkriegsstandes erreicht, in Italien 60 Prozent; in Großbritannien und Skandinavien hatte sie den Vorkriegsstand etwas überschritten; in Deutschland stagnierte sie, die übrigen Länder lähmend, bei etwa 36 Prozent des Standes von 1936. Zusammengenommen belief sich der Produktionsindex der sechzehn späteren Teilnehmerländer des Marshall-Plans auf 83 Prozent des Vorkriegsstandes; zwischen dem ersten und letzten Quartal 1946 stieg die Produktion um 23 Prozent, die Gewinne, die zu neuen Investitionen genutzt hätten werden können, aber nur um 1 Prozent. Auch sonst gab es wenig Investitionsmöglichkeiten: Private amerikanische Anleger investierten in Europa wegen des hohen Risikos sogar noch weniger als die finanzschwachen Europäer in den USA. Europa lebte von der Substanz und von Importen, die es nicht mehr bezahlen konnte. 1947 erzielten die sechzehn Länder ein Zahlungsbilanzdefizit von 7,5 Milliarden Dollar, während die USA im gleichen Jahr einen Überschuß von 10 Milliarden erwirtschafteten[2]. Daß die Talfahrt der europäischen Wirtschaft bereits beendet war, und der später so spektakuläre Rekonstruktionsprozeß bereits begonnen hatte[3] – nicht so sehr aufgrund der amerikanischen Gelder, sondern vor allem, weil ein Überangebot qualifizierter Arbeitskräfte bald

[2] Vgl. die Zusammenstellung der einschlägigen Daten bei S. E. Harris, *The European Recovery Program*. Cambridge, Mass. 1948, hier zitiert S. 30f., 41–51, 92, 168f., 249, 252–259; sowie die Sammlung zeitgenössischer Impressionen (von einer Studienreise des Autors im Sommer 1947 durch Europa im Auftrag des National War College) bei Thomas A. Bailey, *The Marshall Plan Summer. An Eyewitness Report on Europe and the Russians in 1947*. Stanford 1977.

[3] Wie dies Werner Abelshauser, *Wirtschaft in Westdeutschland. Rekonstruktion und Wachstumsbedingungen in der amerikanischen und britischen Zone*.

hohe Investitionsraten ermöglichte –, wurde von den Zeitgenossen kaum wahrgenommen; vielmehr verschärften der Mangel an Nahrungsmitteln nach einer klimatisch bedingten schlechten Ernte 1946, Kohlemangel im extrem kalten Winter 1946/47 und Transportschwierigkeiten im kriegszerstörten Deutschland den Eindruck einer hereinbrechenden Krise, die nach allem, was die europäischen Länder im Kriege an Zerstörungen erlitten hatten, noch schlimmere Auswirkungen haben mußte als die Weltwirtschaftskrise. *precipice*

Diese Krise, darin waren sich alle amerikanischen Beobachter im Frühjahr 1947 einig, galt es mit allen Mitteln zu vermeiden, nicht nur, weil die akute Notlage die europäischen Regierungen wieder zu protektionistischen Maßnahmen trieb und so die Open-door-Politik in Gefahr geriet (dieses Argument wurde im Augenblick kaum mehr genannt), und auch nicht nur, weil ein Zusammenbruch Europas den ohnehin von einer Überproduktionskrise bedrohten USA den wichtigsten Handels- und Absatzmarkt nehmen und so eine weltweite Rezession unvorstellbaren Ausmaßes auslösen würde, sondern auch, weil diese Krise, wenigstens schien es so, von den kommunistischen Bewegungen ausgenutzt werden konnte, um im Interesse Moskaus die Macht an sich zu reißen. In der Sicht der amerikanischen Planer fügten sich so die Erinnerungen an die Weltwirtschaftskrise und die Dogmen der Eindämmungsdoktrin zu einem geradezu apokalyptischen Bild zusammen. Voller »Hunger, wirtschaftlichem Elend und Enttäuschungen«, so formulierte es etwa William Clayton, der Unterstaatssekretär im Wirtschaftsministerium in einer Note vom 5. März an die Spitzen der Administration, stünden die meisten der europäischen Länder »hart am Rande des Abgrunds und können jederzeit hinuntergestoßen werden; andere sind schwer bedroht«; in Griechenland und Frankreich sei abzusehen, wie auf den wirtschaftlichen Zusammenbruch kommunistische Machtübernahmen folgen würden; ohne amerikanische Hilfe größten Ausmaßes »wird sich die Lage so hoffnungslos verschlimmern, daß sie zwangsläufig zum Dritten Weltkrieg führen wird«[4].

Stuttgart 1975, am Extremfall der besonders zerstörten und dann besonders erfolgreichen deutschen Westzonen nachgewiesen hat. Vgl auch ders., *Wiederaufbau vor dem Marshall-Plan. Westeuropas Wachstumschancen und die Wirtschaftspolitik in der zweiten Hälfte der vierziger Jahre.* In: Vierteljahrshefte für Zeitgeschichte 29 (1981), S. 545–578.

[4] Text dieses laut Dean Acheson, *Present at the Creation.* New York 1970,

Geradezu ausweglos mußte vor diesem Hintergrund die Lage in der Deutschlandpolitik erscheinen: Die deutsche Industrie bildete seit jeher den Kern der europäischen Wirtschaft; ihr Zusammenbruch hatte die europäische Krise wenn nicht ausgelöst, so doch entscheidend verschärft; ihr Wiederaufbau mußte daher, das hatten die Experten des State Department seit ihrem Kampf gegen den Morgenthau-Plan betont, im Zentrum der Bemühungen um eine Rekonstruktion des europäischen Marktes stehen. Ein rascher Wiederaufbau Deutschlands oder, nachdem es nicht anders zu gehen schien, der deutschen Westzonen war um so notwendiger, als, wie nun auch die amerikanische Militärregierung mehr und mehr argwöhnte, mit der Fortdauer des Elends eine Orientierung an der sowjetischen Besatzungsmacht auch für die Bevölkerung in den Westzonen attraktiv zu werden schien, und damit ganz Deutschland in den sowjetischen Einflußbereich zu fallen drohte. Um den Wiederaufbau Westdeutschlands in die Wege zu leiten, war es notwendig, den Widerstand der französischen Regierung zu brechen, die durch ihr Veto im Alliierten Kontrollrat bisher jeden Schritt zu gesamtdeutschen Organen und wirtschaftlicher Rekonstruktion blockiert hatte, solange nicht die Abtrennung der Ruhr und des Rheinlandes vom deutschen Staatsverband und ihre ökonomische (Mit-)Nutzung durch Frankreich gesichert waren; und Clay hatte, vom Kriegsministerium unterstützt, das die Verantwortung für die hohen Besatzungskosten nicht länger tragen wollte, das Außenministerium seit Frühjahr 1946 gedrängt, entsprechenden Druck auf Frankreich auszuüben. Den Experten des Außenministeriums schien ein solcher Druck aber nur sehr begrenzt vertretbar, denn, so fürchteten sie, und so wurde ihnen von den Vertretern der französischen Regierung auch immer wieder sehr geschickt eingeredet, ein erzwungener Verzicht der Franzosen auf ihre deutschlandpolitischen Forderungen mußte einen allgemeinen nationalen Aufruhr hervorrufen, aus dem schließlich die französischen Kommunisten siegreich hervorgehen würden. »Clay macht sich für Deutschland stark«, so beschrieb der damalige Leiter der deutsch-österreichischen Abteilung im State Department, Charles P. Kindleberger, im August

S. 226 für die weitere Diskussion grundlegenden Memorandums bei Ellen Clayton-Garwood, *Will Clayton. A Short Biography*. Austin, Texas 1958, S. 115–118; zahlreiche ähnliche Zeugnisse bei Daniel Yergin, *Shattered Peace*. Boston 1977, S. 279–282, und Walter Lipgens, *Die Anfänge der europäischen Einigungspolitik 1945–1950*. Bd. 1: *1945–1947*. Stuttgart 1977, S. 465 f., 471–478.

1946 das Problem, »doch das State Department versucht ihm von Zeit zu Zeit die Notwendigkeit klarzumachen, den Konsequenzen für Drittländer Beachtung zu schenken. Insbesondere galt das für Frankreich, wo es unsere Politik war, die Regierung pfleglich zu behandeln, aus Furcht, die Kommunisten würden aus unserer Härte Kapital schlagen, während Frankreich unserer Deutschlandpolitik in den Rücken gefallen ist.« Die Verhältnisse in Frankreich galten den State-Experten als äußerst instabil. »Was Frankreich betrifft,« erklärte etwa Acheson im Februar 1947 führenden Kongreßmitgliedern, »so brauchen die Russen nur noch, wann immer es ihnen gefällt, den Ast zu schütteln, um die Frucht zu ernten. Mit vier Kommunisten in der Regierung, davon einer im Verteidigungsministerium, mit Kommunisten, die die Verwaltung, die Fabriken und die Armee unterwandern, und mit ständig wachsenden Schwierigkeiten ist Frankreich reif zu fallen, wenn Moskau zuschlägt.«[5] Die Bemühungen, die sowjetische Expansion in Deutschland einzudämmen, förderten also die sowjetische Expansion in Frankreich und umgekehrt; tat man aber nichts, so förderte die Wirtschaftskrise die sowjetische Expansion überall – ein unüberwindliches Dilemma, immer unter der Voraussetzung, daß man an die These vom sowjetischen Expansionismus glaubte; aber deren Richtigkeit wagte unterdessen in Washington niemand mehr zu bezweifeln.

Das Bewußtsein, einer gefährlichen Krise gegenüberzustehen, wurde nun noch dadurch zusätzlich akzentuiert, daß man die sowjetische Politik als bewußte Förderung der Verelendung Europas im Interesse kommunistischer Machtübernahme interpretierte. Auf der vierten Tagung des Außenministerrates in Moskau, auf der vom 10. März bis 24. April 1947 über den Friedensvertrag mit Deutschland verhandelt wurde, schien das sowjetische Beharren auf den Reparationsforderungen (in so-

---

[5] Kindleberger an J. K. Galbraith und E. Mason 13. 8. 1946, Kindleberger, *Papers*, zit. n. Yergin, *Shattered Peace*, S. 458; Acheson zit. n. Jones, *Fifteen Weeks*, S. 140. – Vgl. zur französischen Obstruktionspolitik Ernst Deuerlein, *Frankreichs Obstruktion deutscher Zentralverwaltungen 1945*. In: Deutschland-Archiv 1 (1971), S. 455–491; zu den Zielen der französischen Außenpolitik Walter Lipgens, *Bedingungen und Etappen der Außenpolitik de Gaulles 1944–1946*. In: Vierteljahrshefte für Zeitgeschichte 21 (1973), S. 52–102; zu den Bemühungen Clays und des War Department John Gimbel, *The Origins of the Marshall Plan*. Stanford 1976, passim; zum Motiv für die Zurückhaltung des State Department Wilfried Loth, *Frankreichs Kommunisten und der Beginn des Kalten Krieges*. In: Vierteljahrshefte für Zeitgeschichte 26 (1978), S. 56f.

wjetischer Sicht der Testfall für die amerikanische Kooperationsbereitschaft) diese Interpretation zu bestätigen. Molotow zeigte sich konzessionsbereit, um einen einseitigen Wiederaufbau Westdeutschlands zu verhindern, und so wurde es denn möglich, daß man sich am 2. und 3. April (allerdings in Abwesenheit Bidaults) auf die Schaffung deutscher Zentralverwaltungen, eines deutschen Konsultativrates und den von Bevin vorgelegten Plan zum schrittweisen Aufbau einer provisorischen deutschen Regierung verständigte. Gemeinsam beschlossen alle vier Außenminister, noch 1947 in ganz Deutschland eine Bodenreform durchzuführen. Nachdem all dieses erreicht war, ließ Marshall, von Bevin und Truman gedrängt, jedoch die Konferenz an der kategorischen Verweigerung der Reparationen scheitern – entgegen Clays Rat, in der Reparationsfrage etwas nachzugeben, um die deutsche Wirtschaftseinheit zu retten. Selbst Molotows Angebot, die Reparationen auf 20 Jahre zu strecken und sich an der Deckung des bisherigen britischen Defizits zu beteiligen, vermochte ihn nicht mehr umzustimmen. Stalins kooperativ gemeinte Bitte um geduldiges Weiterverhandeln in der Reparationsfrage (»Schwierigkeiten hat es auch schon in anderen Fragen gegeben, und gewöhnlich sieht man ja, wenn man sich im Disput erst einmal erschöpft hat, die Notwendigkeit von Kompromissen ein«) interpretierte er als bewußte Verzögerung jeder Lösung der deutschen Frage bis zum Zusammenbruch ganz Europas. »Auflösende Kräfte werden sichtbar«, erklärte Marshall am Tage nach seiner Rückkehr aus Moskau in einer Rundfunkbotschaft an die Nation. »Der Patient wird schwächer, während die Ärzte beraten. Darum glaube ich nicht, daß wir einen Erschöpfungskompromiß abwarten dürfen.«[6]

[6] Gespräch Marshall-Stalin am 15. 4. 1947 in FRUS 1947, II, S. 337–344; Rundfunkrede Marshalls am 28. 4. 1947 deutsch in Europa-Archiv 2 (1947), S. 748–751; die amerikanischen Dokumente zur Konferenz in FRUS ebd. S. 234 bis 491; die britischen und französischen Dokumente ausgewertet bei Martina Kessel, *Britische und französische Deutschlandpolitik auf den Außenministerkonferenzen von 1945 bis 1947*. Diss. München 1988, S. 321–408; die sowjetischen Erklärungen in Wjatscheslaw M. Molotow, *Fragen der Außenpolitik, Reden und Erklärungen*. Moskau 1949, S. 367–495. Konferenzdarstellungen, die vor der Publikation der FRUS-Akten erschienen sind, geben nur die Interpretation Marshalls wieder, so Boris Meissner, *Rußland, die Westmächte und Deutschland*. 2. Aufl. Hamburg 1954, S. 105–131, und Herbert Feis, *From Trust to Terror*. New York 1970, S. 208–220. Zur Perzeption der Konferenz durch die amerikanische Delegation vgl. Yergin, *Shattered Peace*, S. 296–302; zur Niederlage Clays John H. Backer, *Die deutschen Jahre des Generals Clay*. München 1983, S. 204–208.

Der Widerspruch zwischen der Zahlungsunwilligkeit des Kongresses und der Krise, wie sie die Truman-Administration perzipierte, war also im Frühjahr 1947 ebenso ins Unermeßliche gestiegen wie das Dilemma, das die französische Deutschlandpolitik ausgelöst hatte. Daß ein neues, viel umfangreicheres, vor allem auf Westeuropa ausgerichtetes Hilfsprogramm dringend erforderlich war, stand völlig außer Frage; herauszufinden war nur, wie der Widerstand des Kongresses und der französischen Regierung überwunden werden konnte. Beides hat die Truman-Administration, dank Marshalls Koordinierungsfähigkeit wesentlich effektiver arbeitend als zu Zeiten Byrnes', schließlich geleistet[7], das erste planmäßig, das zweite unter Druck und improvisiert.

Die Truman-Doktrin

Den Schlüssel zur Lösung des Problems der innenpolitischen Durchsetzung der Stabilisierungspolitik hatten die Beamten des State Department während der Debatte um die Anleihe an Großbritannien im Frühjahr 1946 entdeckt. Solange dort mit der Notwendigkeit der Politik der Offenen Tür argumentiert wurde, erschienen die Widerstände unüberwindbar; als aber Unterstaatssekretär Acheson die Anleihe als Hilfe gegen eine kommunistische Bedrohung Großbritanniens darstellte, gelang der Durchbruch. Um den Kongreß zu entsprechenden Hilfeleistungen zu mobilisieren, war es also notwendig, auf die antikommunistischen Tendenzen in der amerikanischen Öffentlichkeit zurückzugreifen und die Bedrohung durch die sowjetische Expansion bewußt vereinfacht und überdimensioniert darzustellen[8]. Den Anlaß zu einer solchen Operation, die seit Jahres-

[7] Daß die Schwierigkeiten trotz der düsteren Perspektiven vom Frühjahr 1947 überwunden werden konnten, hat bei allen Beteiligten einen nachhaltigen Eindruck hinterlassen; so ist die Legende entstanden, diese Wende der amerikanischen Politik zur »Eindämmung« sei erst unter Marshall erfolgt. – Vgl. als besonders eindrucksvolles Zeugnis die Darstellung des Kennan-Mitarbeiters Louis J. Halle, *Der Kalte Krieg*. Frankfurt 1969, S. 108–137.

[8] Grundlegend zu diesem Zusammenhang Richard M. Freeland, *The Truman Doctrine and the Origins of McCarthyism. Foreign Policy, Domestic Politics, and Internal Security 1946–1948*. New York 1972. Freelands weitergehende These, die Truman-Administration habe die antikommunistische Hysterie bewußt entfacht, um ihr außenpolitisches Programm durchzubringen (S. 10), wird jedoch durch das von ihm selbst beigebrachte Material widerlegt. Tatsächlich stützte sich die Regierung auf eine bereits vorhandene antikommunistische Bewegung,

beginn in einer Reihe von Memoranden gefordert worden war, fand das State Department in der Ankündigung der britischen Regierung vom 21. Februar, ihre militärische und wirtschaftliche Unterstützung für Griechenland und die Türkei wegen interner wirtschaftlicher Schwierigkeiten zum kommenden 31. März einstellen zu müssen.

Diese Ankündigung, vom britischen Schatzkanzler Hugh Dalton gegen den zähen Widerstand seines Kollegen Bevin erzwungen, kam im Zeitpunkt gewiß überraschend, nicht aber der Sache nach. Schon im Oktober 1946 hatten die britische und die amerikanische Regierung vereinbart, sich wegen der britischen Finanznot die Unterstützung Griechenlands und der Türkei zu teilen: Großbritannien sollte weiterhin Waffen liefern, die USA die sonstigen Mittel bereitstellen und bei Engpässen auch mit Waffen aushelfen[9]. Es bestand kein Zweifel, daß die Administration bereit war, die Verantwortung für die Stabilisierung der beiden Länder auch allein zu übernehmen, denn, so Kriegsminister Robert Patterson, »die Unabhängigkeit Griechenlands und der Türkei sind für die strategische Position der USA lebenswichtig«[10], und beide Länder schienen nun, wenn man sie nicht unterstützte, in den sowjetischen Machtbereich zu fallen.

Daß die Lage in den beiden Ländern tatsächlich keineswegs so eindeutig war, störte dabei wenig. Gegenüber der Türkei hatte die Sowjetunion die Beteiligung an der Kontrolle der Meerengen gefordert – aber das hatte noch bis zur Potsdamer Konferenz nicht als Versuch gegolten, die Türkei in den sowjetischen Machtbereich einzubeziehen; in Griechenland hatte die von kommunistischen Elitegruppen nur teilweise kontrollierte »Nationale Befreiungsbewegung« (EAM) breiter Arbeiter- und

---

suchte sie sogar mit innenpolitischen Mitteln unter Kontrolle zu bringen, konnte allerdings nicht verhindern, daß sie nun durch ihre außenpolitische Rhetorik weiter verstärkt wurde. Erst recht ist die Argumentation von Kolko (*The Limits of Power*. New York 1972, S. 68 f., 331, 341, 376–379) überzogen, die Truman-Administration habe die sowjetische Expansionsdrohung zynisch »erfunden«, um ihre Open-door-Politik durchzusetzen. Die internen Dokumente zeigen, daß die amerikanischen Politiker in der Substanz schon glaubten, was sie nach außen vergröbernd sagten; anders bliebe auch ihre ganze Eindämmungspraxis seit Anfang 1946 unverständlich.

[9] Vgl. FRUS 1946, VII, S. 255. Zur Vorgeschichte der amerikanischen Intervention Robert Frazier, *Did Britain Start the Cold War? Bevin and the Truman Doctrine*. In: The Historical Journal 27 (1984), S. 715–727.

[10] FRUS 1947, V, S. 57.

Bauernschichten nach ihrer Niederschlagung durch britische Truppen um die Jahreswende 1944/45 als Antwort auf den »weißen Terror«, der brutalen Verfolgung aller oppositionellen Kräfte durch die autoritäre Regierung, im Sommer 1946 ihren Partisanenkampf wieder fortgesetzt – aber Stalin hatte sich, der Einflußsphären-Absprache mit Churchill entsprechend, aus der Auseinandersetzung herausgehalten und später sogar Jugoslawen und Bulgaren für ihre Unterstützung der Partisanen scharf getadelt[11]. Natürlich konnte eine sowjetische Mitkontrolle der Meerengen nicht im strategischen Interesse der USA liegen, und ein Sieg der »Nationalen Befreiungsbewegung« angesichts der stalinistischen Ausrichtung der damaligen griechischen kommunistischen Partei drohte zu einem politischen Kurswechsel Griechenlands in Richtung des jugoslawischen Modells zu führen; als Belege für aggressiven sowjetischen Expansionismus ließen sich die beiden Fälle bei näherem Hinsehen jedoch nicht verwenden.

Ein solches näheres Hinsehen ist darum trotz des Zweifels mancher Liberaler im State Department bewußt vermieden worden; von der grundsätzlichen Richtigkeit der These vom sowjetischen Expansionswillen auch in Griechenland und der Türkei überzeugt, präsentierte die Exekutive die beiden Fälle als sowjetische Anschläge auf die freiheitlich-demokratische Ordnung des Westens. Vor führenden Kongreßabgeordneten, die zur Beratung des britischen Hilfsgesuchs bei Präsident Truman zusammengerufen worden waren, erklärte Acheson am 27. Februar, daß »ein sowjetischer Durchbruch« im Nahen Osten »höchst wahrscheinlich« war, und daß dann »dem sowjetischen Vordringen drei Kontinente offen« stehen würden. »Wie Äpfel in einem Sack von der Fäulnis eines einzigen Exemplars angesteckt werden, so würde der Niedergang Griechenlands den Iran und alle östlichen Länder anstecken, (... ebenso) Afrika (...), Italien und Frankreich. (...) Seit Rom und Karthago hat es eine solche Polarisierung der Macht auf dieser Erde nicht mehr

[11] Vgl. George Kousoulas, *The Truman Doctrine and the Stalin-Tito Rift: A Reappraisal.* In: The South Atlantic Quarterly 72 (1973), S. 431 ff.; als kenntnisreichste Darstellung der Verhältnisse John Iatrides, *Revolt in Athens: The Greek Communist »Second Round«, 1944–1945.* Princeton 1982; Heinz Richter, *British Intervention in Greece. From Varzika to Civil War.* London 1985; George M. Alexander, *The Prelude to the Truman Doctrine. British Policy in Greece, 1944–1947.* Oxford 1982. Für den weiteren Konfliktverlauf Christopher M. Woodhouse, *The Struggle for Greece 1941–1949.* London 1976; und Lawrence S. Wittner, *American Intervention in Greece, 1943–1949.* New York 1982.

gegeben.« Und vor beiden Häusern des Kongresses schilderte Truman dann am 12. März die Ereignisse in Griechenland und der Türkei als Teil eines globalen Kampfes zwischen zwei alternativen Lebensformen: »Die eine Lebensform beruht auf dem Willen der Mehrheit und ist gekennzeichnet durch freie Institutionen, ein Repräsentationssystem der Regierung, freie Wahlen, Garantien für die Freiheit des einzelnen, Freiheit der Rede und Religion und Freiheit von politischer Unterdrückung. Die zweite Lebensform beruht auf dem Willen einer Minderheit, der der Mehrheit gewaltsam aufgezwungen wurde. Sie beruht auf Terror und Unterdrückung, kontrolliertem Presse- und Rundfunkwesen, unfreien Wahlen und der Unterdrückung der persönlichen Freiheiten.« Um in diesem Kampf nicht unterzugehen, müsse es »die Politik der Vereinigten Staaten sein, die freien Völker zu unterstützen, die sich der Unterwerfung durch bewaffnete Minderheiten oder durch Druck von außen widersetzen«[12].

Auch wenn man an das Dogma vom sowjetischen Expansionismus glaubte, grenzte es an Zynismus, Griechenland als Beispiel für den Kampf totalitärer Minderheiten gegen die demokratische Mehrheit zu bezeichnen, und es war unverantwortlicher Leichtsinn, allen Ländern, die »Druck von außen« vermeldeten, einen Blankoscheck auf amerikanische Hilfe auszustellen. Doch paßte diese holzschnittartige dichotomische Sicht der Welt und die missionarische Rolle, die den Vereinigten Staaten darin zugeschrieben wurde, haargenau in die historische Tradition der »Neuen Welt« und das ideologische Selbstverständnis der vom Modellcharakter ihres »way of life« überzeugten amerikanischen Gesellschaft; und Truman und seine Mitarbeiter nahmen die Verzerrungen und Überziehungen dieser »Truman-Doktrin« bewußt in Kauf, um den Kongreß und die amerikanische Öffentlichkeit nicht nur für die Unterstützung Griechenlands und der Türkei, sondern insgesamt für ein nun auch finanziell substantielles Engagement in der Eindämmungspolitik zu mobilisieren[13]. Der Erfolg gab ihnen recht: Innerhalb von zwei Monaten bewilligte der Kongreß die beantragten 300 Millionen

[12] Acheson: Jones, *Fifteen Weeks*, S. 140f. (vgl. Anm. 5); Truman: *Public Papers of the Presidents of the United States: Harry S. Truman 1947*. Washington 1963, S. 177ff., deutsch in Europa-Archiv 2 (1947), S. 819–821.
[13] Kritiker der »Überdimensionierung« der Truman-Doktrin (z.B. Halle, *Der Kalte Krieg*, S. 124–129) übersehen, daß ihre Hauptfunktion eine innenpolitische war.

Dollar für Griechenland und 100 Millionen für die Türkei (nicht ohne zu betonen, daß er damit *keinen* Blankoscheck geben wollte). Die griechische Regierung erhielt soviel materielle Unterstützung, daß sie nach weiteren zwei Jahren blutiger Kämpfe die Partisanenbewegung im Sommer 1949 zerschlagen konnte; die Truman-Administration fand künftig bei ihrer Eindämmungspolitik nicht nur Zustimmung, sondern auch Bereitschaft zur Unterstützung bei der großen Mehrheit der amerikanischen Bevölkerung.

Indessen erkaufte sich die Truman-Administration mit dieser erfolgreichen »Public-relations-Operation« auch – und das ahnten zum Zeitpunkt der Truman-Rede nur wenige Kritiker wie Walter Lippmann und, privat viel differenzierter wie in seinen öffentlichen Äußerungen, Kennan[14] – eine neue wesentliche Einschränkung der außenpolitischen Bewegungsfreiheit der USA: Die antikommunistische Rhetorik der Truman-Doktrin gab in ihrer bewußten Simplizität der antikommunistischen Bewegung in den USA einen solchen Auftrieb, daß die Dogmen der Eindämmungsdoktrin bald zum Bestandteil des nationalen Grundkonsens wurden und von dort – notwendigerweise vereinfacht – auf die Regierung zurückwirkten. Die Regierung hatte sich schon bisher eine Reihe alternativer Entscheidungsmöglichkeiten entgehen lassen, weil sie sich angewöhnt hatte, alle Probleme der Weltpolitik unter dem Blickwinkel des sowjetisch-amerikanischen Gegensatzes zu sehen; jetzt mußte sie auf alternative Optionen beinahe ganz verzichten, weil sie sich vor der Öffentlichkeit signifikante Abweichungen von dem durch die Truman-Doktrin vorgeschriebenen Verhalten kaum mehr leisten konnte. Obwohl die Doktrin »eigentlich« nicht so gemeint war, wie sie formuliert wurde, mußte sich die Regierung doch mehr und mehr nach ihr richten. So fand das griechische Beispiel der Unterstützung einer autoritären repressiven Macht im Namen der Freiheit bald verhängnisvolle Nachahmung (nach dem Iran vor allem Südkorea und Indochina); zugleich

[14] Zu Kennan vgl. Jones, *Fifteen Weeks*, S. 154f. und George F. Kennan, *Memoiren eines Diplomaten*. 2. Aufl., München 1971, Kap. 13; zu Lippmann die Sammlung seiner im August-September 1947 in der *New York Herald Tribune* erschienenen Artikel in Walter Lippmann. *The Cold War. A Study in U.S. Foreign Policy*. New York 1947. Ironischerweise schrieb Lippmann seine Artikel in Auseinandersetzung mit Kennans berühmt gewordener (in der Tat sehr mißverständlicher) Popularisierung der Eindämmungsdoktrin, dem »Mr. X«-Artikel in der Julinummer 1947 der *Foreign Affairs* (vgl. Einleitung, Anm. 2).

ging das Bewußtsein für die imperialistischen Züge der eigenen Politik oder auch nur für die Realität der eigenen Macht, weil nun als Defensive gegenüber der sowjetischen Bedrohung interpretiert, völlig verloren.

Das Angebot Marshalls

Das zweite Hindernis – Frankreichs Weigerung, eine rasche Rekonstruktion der deutschen Wirtschaft zuzulassen – wurde nur unter massivem innen- und außenpolitischen Druck überwunden[15]. Clay und das War Department hatten für ihre Forderungen nach raschem Wiederaufbau der Wirtschaft zumindest in der Bizone unterdessen mächtige Verbündete gewonnen: die britische Regierung und die republikanische Mehrheit des neuen Kongresses. Die Republikaner hatten im Zuge ihrer Steuersenkungskampagne auch die hohen Kosten für die amerikanische Besatzung ins Visier genommen und, einen Generalangriff auf das »Versagen« der Regierung in der Besatzungspolitik seit 1945 vorbereitend, eine umgehende Selbstfinanzierung der Besatzungszonen durch Produktionssteigerung gefordert. Von der Argumentation des früheren Präsidenten Herbert Hoover beeindruckt, der nach einer regierungsoffiziellen Informationsreise durch Deutschland im Januar/Februar die Befreiung der deutschen Industrie (insbesondere der Schwerindustrie) von jeglichen Restriktionen forderte, »um so die amerikanischen Steuerzahler von den Lasten der Unterstützung zu erleichtern und zu einem wirtschaftlichen Wiederaufbau Europas zu gelan-

[15] Wie Gimbel in seiner für die Entstehungsgeschichte der Marshall-Plan-Politik bahnbrechenden Arbeit nachgewiesen hat (*Origins*, bes. S. 179–206). Gimbels weitergehende These, der Marshall-Plan sei »nicht als Antwort auf die Sowjetunion oder als ein Element im Kalten Krieg« konzipiert worden, sondern nur als Versuch, das deutschlandpolitische Dilemma zu lösen, läßt sich freilich nicht halten; sie geht an der Tatsache vorbei, daß, wie oben beschrieben, dieses Dilemma überhaupt erst durch die Implikationen der Eindämmungspolitik entstanden war, und läßt, wie im folgenden zu zeigen sein wird, eine Reihe von Entwicklungszusammenhängen des Frühjahrs 1947 außer acht. – Vgl. auch Manfred Knapp, *Das Deutschlandproblem und die Ursprünge des europäischen Wiederaufbauprogramms. Eine Auseinandersetzung mit John Gimbels Untersuchung »The Origins of the Marshall Plan«.* In: Politische Vierteljahrsschrift 19 (1978), S. 48–65; und Axel Frohn, *Deutschland zwischen Neutralisierung und Westintegration.* Frankfurt 1985, S. 98–105.

gen«[16], schickten sie sich im Verein mit dem War Department an, während Marshall zur Außenministerratstagung in Moskau weilte, dem State Department eine neue Deutschlandpolitik ohne Rücksichtnahme auf eine mögliche Gefährdung Frankreichs zu diktieren. Zur gleichen Zeit machte der britische Außenminister Bevin seinem amerikanischen Kollegen unmißverständlich klar, daß die britische Finanznot kein längeres Zuwarten in Deutschland mehr erlaube; die jährliche Stahlproduktion der Bizone, erklärte er am 14. April, müsse unmittelbar auf 10 Millionen Tonnen erhöht werden (im Industrieplan vom März 1946 waren 7,8 Millionen für Gesamtdeutschland vereinbart worden); andernfalls werde Großbritannien die Bizone wieder auflösen und die Ruhrindustrie nur noch für die Selbstfinanzierung der britischen Zone arbeiten lassen[17].

Dem doppelten Druck vermochte Marshall nicht länger standzuhalten. Unter dem Eindruck, daß die Sowjetführung auf eine weitere Verelendung insbesondere Deutschlands spekulierte, gestand er Bevin am 18. April eine allgemeine Produktionserhöhung in der Bizone zu, darunter die Erhöhung der Stahlproduktion auf 10 bis 12 Millionen Tonnen (genaueres sollten die Militärgouverneure aushandeln), ebenso eine effektivere Neuorganisation der bizonalen Wirtschaftsverwaltungen und ihre Zusammenlegung an einem Ort; Bevin mußte lediglich zugestehen, daß diese Neuorganisation nicht schon zur Errichtung einer provisorischen Regierung führte, und daß die öffentliche Bekanntgabe der Beschlüsse um etwa sechs Wochen hinausgeschoben wurde[18]. Das Dilemma der amerikanischen Deutschlandpolitik war damit gewaltsam gelöst: Marshall stand nicht länger vor dem Problem, zwischen dem Zusammenbruch Deutschlands und dem Zusammenbruch Frankreichs wählen zu müssen und doch nicht wählen zu können; die umgehende Rekonstruktion Westdeutschlands ohne Rücksicht auf die deutsche Einheit und die französischen Forderungen war entschie-

---

[16] So im Titel des dritten von Hoover vorgelegten Memorandums, datiert vom 18. 3. 1947, zit. n. Gimbel, *Origins*, S. 183. Zu Hoovers Deutschlandreise vgl. Louis P. Lochner, *Herbert Hoover and Germany*. New York 1960, S. 178 ff.

[17] FRUS 1947, II, S. 315–317, 473–475.

[18] FRUS 1947, II, S. 357 f. – Für die Interpretation scheint mir höchst bedeutsam, daß zwischen Bevins ursprünglichen Forderungen (am 8. April), seiner Drohung mit der Auflösung der Bizone (am 14. April) und Marshalls Zustimmung (am 18. April) Marshalls Schlüsselgespräch mit Stalin liegt (am 15. April; vgl. oben bei Anm. 6) – was von Gimbel, *Origins* (hier S. 189–192) völlig übersehen wird.

den, und es bleib »nur« noch das Problem, den Zusammenbruch Frankreichs zu verhindern.

Dieses Problem mußte nun nach Möglichkeit innerhalb der nächsten sechs Wochen gelöst werden. Frankreichs Außenminister Bidault war zwar während der Moskauer Ratstagung zu der Überzeugung gelangt, daß die sowjetische Politik auf Expansion bis an den Atlantik ziele; er hatte seinen Anspruch auf Vermittlung zwischen Ost und West aufgegeben, drängte nun ebenfalls auf »Eindämmung« und konnte dementsprechend von der amerikanischen Regierung leichter unter Druck gesetzt werden – aber er bleib weiterhin bis zu einem gewissen Grade von den nationalistischen Kräften, insbesondere den Kommunisten und der wachsenden gaullistischen Oppositionsbewegung, abhängig, und das State Department blieb davon überzeugt, daß ein Sturz Bidaults über kurz oder lang zu einer kommunistischen Machtübernahme führen würde[19]. Von Marshall zur Eile gedrängt, griffen die Planer des State Department, insbesondere der nun unter der Leitung von George Kennan installierte Politische Planungsstab, auf ein schon zuvor entwickeltes und in der amerikanischen Öffentlichkeit wie in der Administration diskutiertes Konzept zurück, das den Wiederaufbau Deutschlands und Frankreichs zugleich zu lösen versprach: das Konzept einer *gemeinsamen* Wirtschaftshilfe für die europäischen Länder einschließlich (West-)Deutschlands, verbunden mit einer weitgehenden Integration der nationalen Volkswirtschaften.

Als Urheber dieses Konzeptes kann John Foster Dulles gelten, der wie kaum ein zweiter Verfechter der Eindämmungspolitik schon 1946 immer wieder auf die Notwendigkeit hingewiesen hatte, Frankreich wegen seiner innenpolitischen Instabilität nicht mit allzu harten deutschlandpolitischen Forderungen zu konfrontieren. Als Ausweg aus der Aporie, in die diese Politik führte, forderte er in einer spektakulären Rede am 17. Januar 1947 in New York, »die Zukunft Deutschlands (...) eher in der Perspektive einer wirtschaftlichen Einheit Europas zu sehen, als in der Perspektive der in Potsdam beschlossenen Formel von der ›Wirtschaftseinheit‹ Deutschlands«. Die Welt, insbesondere Westeuropa, sei von einer neuen »sowjetischen Herausforderung« bedroht, gefährlicher als die sowjetische Expansion bis

---

[19] Was Gimbel ebenfalls übersieht. – Vgl. Wilfried Loth, *Die europäischen Regierungen und der Anstoß durch Marshall.* In: Lipgens, *Anfänge,* S. 491–514, hier S. 500.

zum Eisernen Vorhang, der revolutionär-subversiven Herausforderung, die durch das »wirtschaftliche Elend« gefördert
werde; die Siegermächte müßten darum – wie einst die Grün-
dungsväter der USA – auch in Europa »Angelegenheiten, die
alle betreffen, einer Administration unterstellen, die allen verantwortlich ist. (…) Ein in lauter kleine Wirtschaftseinheiten
zerteiltes Europa kann nicht prosperieren. Alle wirtschaftlichen
Entwicklungsmöglichkeiten Europas müssen genutzt werden,
und der europäische Markt sollte groß genug sein, um moderne
Methoden billiger Produktion für Massenverbrauch zu rechtfertigen.«[20] Anders als noch Churchills Züricher Plädoyer für
»eine Art Vereinigter Staaten von Europa« vom 19. September
1946 fand diese Rede in der amerikanischen Öffentlichkeit ein
durchweg positives Echo, sowohl auf republikanischer wie auf
demokratischer Seite, etwa bei Walter Lippmann, der am
20. März 1947 eine »europäische Wirtschaftsunion« zur Abwendung des drohenden Zusammenbruchs der europäischen
Volkswirtschaften forderte, oder im Kongreß, der am 31. März
»die Schaffung der Vereinigten Staaten von Europa im Rahmen
der UN« grundsätzlich befürwortete[21]. In der Administration
wurde unterdessen ein »Ad-hoc«-Komitee des State-War-
Navy-Koordinationskomitees gebildet, das die Notwendigkeiten und Möglichkeiten neuer Auslandsanleihen prüfen sollte;
dieses legte am 21. April – also noch vor Marshalls Rückkehr
aus Moskau – einen »vorläufigen Bericht« vor, der nicht nur
erneut feststellte, daß im Interesse der amerikanischen Sicherheit ganz erhebliche Hilfeleistungen notwendig seien, sondern
darüberhinaus darauf hinwies, daß »die Kosten und die Dauer
der amerikanischen Wirtschaftshilfe unmittelbar von einer erfolgreichen Integration und Koordination der Wirtschaftspro-
gramme in den gefährdeten Ländern abhängen, sowohl untereinander, als auch mit vergleichbaren Programmen in Ländern,
die keine spezielle US-Hilfe erhalten«[22].

[20] *Vital Speeches of the Day.* Bd. 13 (1947), S. 234–236 – dies der dritte und
wesentlichste Zusammenhang, der von Gimbel übersehen wird.
[21] Vgl. mit einer Reihe weiterer Zeugnisse Lipgens, *Anfänge*, S. 471–474; weitere Zeugnisse bei Ernst H. van der Beugel, *From Marshall Aid to Atlantic Partnership. European Integration as a Concern of American Foreign Policy.* Amsterdam, London, New York 1966, S. 100–103; insgesamt auch Pierre Melandri, *Les
Etats-Unis face à l'unification de l'Europe 1945–1954.* Paris 1980.
[22] FRUS 1947, III, S. 204–213. Die SWNCC-Gruppe hat ihre Vorstellungen in
der Folgezeit weiter präzisiert; ihr abschließendes Memorandum vom 12. 6. 1947

Ein koordiniertes europäisches Wiederaufbauprogramm, wie es hier konzipiert wurde, hatte gegenüber den bisherigen Einzel-Anleihen drei entscheidende Vorteile: *Erstens* – so wurde in den Planungstexten bis Ende April ausgeführt – trug es der tatsächlichen Interdependenz der europäischen Volkswirtschaften besser Rechnung, ermöglichte einen rationelleren Einsatz der amerikanischen Mittel, nicht zuletzt durch effektivere Arbeitsteilung der europäischen Länder, und besaß damit größere Chancen, eine dauerhafte ökonomische Stabilisierung in diesen Ländern herbeizuführen; es bot zudem bessere Garantien für die Durchsetzung eines multilateralen Freihandelssystems und gegen die allgemeine Tendenz zum Rückgriff auf protektionistische Maßnahmen. *Zweitens* – dies kam nun nach der Moskauer Entscheidung in der Deutschlandfrage hinzu – versprach das Programm das Frankreichproblem zu lösen, das dem für den Wiederaufbau Europas unerläßlichen Wiederaufbau Deutschlands noch im Wege stand: indem es Frankreich statt der deutschen Reparationen neue amerikanische Kredite anbot, einen Wiederaufstieg der französischen *und* der deutschen Wirtschaft in Aussicht stellte, der es Frankreich ermöglichte, die benötigten deutschen Produkte zu kaufen, und die Interdependenz der deutschen und französischen Wirtschaft in einem Maße institutionalisierte, das die französischen Befürchtungen vor einer neuen deutschen Dominanz gegenstandslos machte. *Drittens* – dies zeigten die günstigen Reaktionen in der amerikanischen Öffentlichkeit – hatte das Programm den Vorteil, im Verein mit der antikommunistischen Rhetorik der Truman-Doktrin beträchtliche neue Anleihen innenpolitisch akzeptabel zu machen, versprach es doch mit der »Einigung« Europas einen qualitativen Sprung, der künftige weitere Hilfsgelder überflüssig machen würde, einen Sprung, für den es außerdem in der Geschichte der »Vereinigten Staaten« von Amerika (zumindest scheinbar) eine äußerst erfolgreiche Parallele gab.

Was zuvor höchst wünschenswert war, war durch die Moskauer Vereinbarungen zwischen Marshall und Bevin dringend notwendig geworden und schien nun auch realisierbar. Sogleich nach Marshalls Rückkehr aus Moskau kamen darum alle Kräfte der Truman-Administration in dem Entschluß überein, das

(auszugsweise bei Jones, *Fifteen Weeks*, S. 149–201 und 243 f.) empfahl »einen europäischen Wiederaufbauplan, der durch wirtschaftliche und funktionale Einigung Europas der europäischen Produktion und Konsumption wieder auf die Beine hilft«.

neue multilaterale Hilfsprogramm jetzt zu lancieren[23]. Mit Blick auf die europäische Öffentlichkeit, die die Truman-Doktrin anders als das amerikanische Publikum sehr ungünstig aufgenommen hatte, formulierte Kennans Politischer Planungsstab in einem am 23. Mai fertiggestellten Memorandum die wesentlichen taktischen Momente der jetzt beginnenden Operation: Das amerikanische Angebot sollte nicht als ein Programm zur Bekämpfung des Kommunismus präsentiert werden, sondern als ein Programm zur Bekämpfung des wirtschaftlichen Desasters in Europa, »das die europäische Gesellschaft für die Ausbeutung durch totalitäre Bewegungen anfällig macht«. Es sollte nicht von der amerikanischen Regierung formuliert werden, sondern von den Europäern; »die formale Initiative muß von Europa kommen«, und es sollte aus politischen und ökonomischen Gründen »eine gemeinsame Initiative, unterstützt von mehreren europäischen Nationen« sein. Das Angebot sollte im Prinzip auch den osteuropäischen Ländern und selbst der Sowjetunion offenstehen – sofern die (west-)europäischen Initiatoren dies wünschten –, aber es sollte dann in einer solchen Form vorgeschlagen werden, »daß sich die russischen Satellitenländer entweder aus Unwillen, die vorgeschlagenen Bedingungen zu akzeptieren, selber ausschließen oder einwilligen, die einseitige Ausrichtung ihrer Wirtschaft aufzugeben«[24].

Marshall hat sich in seiner Rede vom 5. Juni in der Harvard-Universität, die die weltweite Diskussion über das bald als »Marshall-Plan« bezeichnete Vorhaben auslöste, im wesentlichen an die Empfehlungen Kennans gehalten. Er schilderte die Wirtschaftsmisere Europas, wie sie in den Analysen des State Department beschrieben worden war, regte »ein gemeinsames Programm« für den Wiederaufbau an, »hinter dem, wenn nicht alle, so doch eine Anzahl von europäischen Nationen stehen«, und kündigte darüberhinaus (um der Entscheidungskompetenz des Kongresses formal nicht vorzugreifen) lediglich seine Bereitschaft an, »den Entwurf eines europäischen Programms freundschaftlich zu fördern und später dieses Programm zu un-

[23] Es fand zwar keine Konferenz statt, die einen solchen Beschluß formell gefaßt hätte, aber alle Überlegungen und Aktivitäten der Administration trafen sich in diesem Punkt, und Marshalls Aktion, von der im folgenden zu sprechen sein wird, blieb unbestritten.

[24] FRUS 1947, III, S. 223–229; vgl. zur Entstehungsgeschichte Kennan, *Memoiren*, S. 330–345, und Michael J. Hogan, *The Marshall Plan*. Cambridge 1987, S. 40–45.

terstützen, soweit das für uns praktisch ist«. Auf Nachfragen hin präzisierte er am 12. Juni in einer Presseerklärung, dieses Angebot gelte für »alle Länder westlich von Asien«, auch die Sowjetunion sei willkommen[25]. Damit waren die Europäer und die Sowjets eingeladen, das neue amerikanische Hilfsangebot zu diskutieren.

Die Bedeutung des Marshall-Plans

Das Angebot Marshalls war, wie seine Entstehungsgeschichte zeigt, taktisch zunächst als Mittel gedacht, den Wiederaufbau (West-)Deutschlands als Kernstück des europäischen Wiederaufbaus in Europa – besonders in Frankreich – aber auch in den USA innenpolitisch akzeptabel zu machen[26], strategisch aber darüberhinaus als Mittel, durch diesen Wiederaufbau die europäische Region vor sowjetischer Expansion zu schützen und als Absatz- und Handelspartner der USA zu restituieren. Beides, Eindämmung gegen kommunistische Subversion und ökonomische Stabilisierung im liberalen Sinne, war in der Vorstellung der amerikanischen Führung untrennbar miteinander verbunden, und beides wirkte darum auch tatsächlich zusammen. So wenig sich das Interesse an einer Rekonstruktion der deutschen Industrie und an einer Integration der europäischen Wirtschaft *allein* aus der Furcht vor einer Expansion des sowjetischen Machtbereichs erklären läßt, so wenig lassen sich die Konzentration der Wirtschaftshilfe auf (West-)Europa und ihre Massierung im Frühjahr 1947 *allein* aus dem Interesse an einem multilateralen Freihandelssystem erklären. In der amerikanischen Öffentlichkeit und zum Teil auch bei der amerikanischen Führung ist die Sicherung des Freihandels fast nur als Mittel zur Eindämmung des Kommunismus gesehen worden; tatsächlich hatte die Eindämmungsrhetorik ebenso die Funktion, die Anleihen in den USA und die Open-door-Politik in Europa innen-

[25] Der Text der Harvard-Rede ist vielfach gedruckt worden, z. B. in: *A Decade of American Foreign Policy. Basic Documents, 1941–49.* Washington D.C. 1950, S. 1268–1270; deutsche Übersetzung in Europa-Archiv 2 (1947), S. 821 f. – Presseerklärung bei Harvey B. Price, *The Marshall Plan and its Meaning.* Ithaca, N.Y. 1955, S. 21.

[26] Soweit ist Gimbel recht zu geben; aber das war eben noch nicht der ganze Plan.

politisch durchzusetzen. Die Eindämmungspolitik hat der amerikanischen Wirtschaft die Aussicht auf die Durchdringung des europäischen Marktes eröffnet, sie aber auch in ihrer Bewegungsfreiheit eingeschränkt: Verteilungsprinzip für die staatlichen Hilfsgelder war nicht länger die ökonomische Rentabilität, sondern der jeweilige Grad an (vermeintlicher) politischer Gefährdung. (Natürlich hat die amerikanische Wirtschaft versucht, nachdem der Marshall-Plan erst einmal in Gang gesetzt war, spezifische ökonomische Interessen gegen dieses politische Verteilungsprinzip durchzusetzen, doch ist ihr das nur – wie noch zu zeigen sein wird – partiell gelungen.)[27]

Die Feststellung, daß der Marshall-Plan politisch als Instrument zur Eindämmung einer sowjetischen Expansion gedacht war, steht nicht im Widerspruch zu der Tatsache, daß Marshalls Angebot auch an die Sowjetunion und die osteuropäischen Länder gerichtet war; und dieses Angebot darf auch nicht bloß taktisch verstanden werden, als Versuch, der Sowjetführung in der Öffentlichkeit die Verantwortung für die Teilung Europas zuzuschieben. Natürlich war es das *auch;* die Verantwortlichen in Washington hatten den Vorschlag, Osteuropa und die Sowjetunion einzubeziehen, mit Blick auf die Westeuropäer entwickelt, die zu diesem Zeitpunkt in ihrer großen Mehrheit noch nichts von einer westlichen Blockbildung wissen wollten; sie hatten bei ihrer Prioritätensetzung seit 1946 ausdrücklich Westeuropa (einschließlich Westdeutschlands) in den Mittelpunkt des Wiederaufbauprogramms gestellt, rechneten kaum mit einer sowjetischen Zusage und hatten nicht die Absicht, durch besondere politische Anstrengungen auf eine solche Zusage hinzuwirken. Doch hat ein Teil der Experten, die an der Konzipierung der Marshall-Plan-Politik beteiligt waren, die Beteiligung der osteuropäischen Länder ausdrücklich als wünschenswert erklärt, um der ökonomischen Interdependenz Ost- und Westeuropas Rechnung zu tragen und so Kosten und Dauer des Wie-

---

[27] Jede Interpretation, die den Marshall-Plan einseitig auf die ökonomischen – so die meisten »Revisionisten« – oder politischen – so die »Traditionalisten« – Interessen zurückführt, greift darum zu kurz. Eine solche verkürzte Interpretation läßt sich, von der Funktionsanalyse einmal abgesehen, auch im Bereich der Motivationsanalyse nicht halten: In den internen Diskussionspapieren zur Vorbereitung der Marshall-Rede fehlt es weder an »references to Communism« (anders, als dies Kolko, *Limits*, S. 376 behauptet) noch an Hinweisen auf die Notwendigkeit einer Umwelt, die den Interessen des amerikanischen Kapitalismus entgegenkommt.

deraufbaus Westeuropas merklich zu verringern[28]. Darüberhinaus bot eine Einbeziehung der osteuropäischen Länder die Chance, den sowjetischen Einfluß in dieser Region zu begrenzen, unter Umständen sogar zu reduzieren, erst recht natürlich, wenn sich die Sowjetunion selbst aus dem Programm heraushielt (was darum in manchen Planungstexten als Wunschvorstellung erscheint)[29]. Auf jeden Fall konnten die USA bei einer Beteiligung Osteuropas und der Sowjetunion nichts verlieren, und das amerikanische Angebot enthielt darum in der Tat nur die eine Bedingung, die öffentlich genannt wurde: die Koordination der Wiederaufbauprogramme aller beteiligten Länder und den Beginn der wirtschaftlichen Integration dieser Länder.

Für die Sowjetunion hätte ein Eingehen auf diese Bedingung den Verzicht auf die einseitig prosowjetische Orientierung der Wirtschaftspolitik in den osteuropäischen Ländern bedeutet und damit notwendigerweise verbunden eine Lockerung der politischen Bindungen an den Sowjetstaat. Eine solche Entscheidung war nach allem, was an Ost-West-Konfrontation bereits vorausgegangen war, gewiß nicht mehr wahrscheinlich. Aber: Es war bei *diesem* Angebot (anders als bei dem Kreditangebot vom Februar 1946) noch keineswegs entschieden, ob es auf Wirtschaftskooperation zum beiderseitigen Nutzen oder wirtschaftliche Penetration im einseitigen Interesse der USA zielen würde. Es war zugleich an die westeuropäischen Nationen gerichtet, die damals in ihrer Mehrheit noch nicht gewillt waren, sich die Wirtschaftshilfe mit politischer Vorherrschaft der USA zu erkaufen, und enthielt damit die Möglichkeit, in den europäischen Ländern einen Bundesgenossen gegen eine politische Übermacht der USA zu finden. Es war wohl auf den Export der liberalen Wirtschaftsprinzipien der USA gerichtet (zum Nutzen der Europäer, wie man wie selbstverständlich annahm, aber natürlich auch zum Nutzen der USA), jedoch nicht

[28] Diese Argumentation am deutlichsten in einem Memorandum von Van Cleveland, Moore und Kindleberger, drei Angehörigen der SWNCC-»Ad-hoc«-Gruppe, vom 9. 5. 1947, Joseph M. Jones Papers, Truman Library; mitgeteilt von Geir Lundestad, Oslo.

[29] Insbesondere in den Memoranden von William C. Clayton, FRUS 1947, III, S. 232, 235 f., 244, 290 f. – Vgl. zur Diskussion der Administration über die Einbeziehung Osteuropas Geir Lundestad, *The American Non-Policy towards Eastern Europe 1943–1947*. Tromsö, New York, 2. Aufl. 1978, S. 397 bis 408.

gegen die europäische Linke[30], und es bot mit der europäischen Integration zugleich ein Instrument an, mit dem sich die Europäer vor einseitigen Maßnahmen der amerikanischen Wirtschaftsmacht schützen konnten. Es zielte auf die Bekämpfung einer Bedrohung, die es in Wirklichkeit gar nicht gab, traf sich aber in dieser Wirklichkeit mit der sowjetischen Strategie, die ja ebenfalls auf eine ökonomische Stabilisierung West- und Osteuropas hinarbeitete. Es war darum nicht völlig auszuschließen, daß sich nun doch einmal das ökonomische Interesse – an amerikanischen Geldern hier und Einbeziehung der Sowjetunion und Osteuropas in ein multilaterales Freihandelssystem da – gegen die wechselseitige Expansionsfurcht durchsetzen und so den Eskalationsmechanismus des Ost-West-Konfliktes stoppen würde.

Die Zeitgenossen jedenfalls haben eine solche Möglichkeit durchaus gesehen. Liberale und Sozialisten aller Schattierungen von Prag bis San Francisco verbanden mit Marshalls Rede die Hoffnung auf ein geeintes und unabhängiges Europa, das auf die sowjetisch-amerikanischen Auseinandersetzungen mäßigend einwirken würde. »Es gibt Gründe für die Annahme«, beschrieb etwa Walter Lippmann diese Vision, »daß die Russen nicht in der Lage sein werden, den Eisernen Vorhang aufrechtzuerhalten, und daß wir Westeuropa nicht als ein Bollwerk der Eindämmung wiederaufbauen können. Die vitalen Bedürfnisse der europäischen Völker werden nämlich stärker sein: Die wechselseitige wirtschaftliche Abhängigkeit West- und Osteuropas wird die Nationen des Kontinents zwingen, ihre Güter über die militärischen, politischen und ideologischen Grenzlinien hinweg auszutauschen, die sie gegenwärtig voneinander trennen. Das große Verdienst von Marshalls Vorschlag ist es, bei uns und im Ausland Studien in Gang gebracht zu haben, die übereinstimmend zeigen werden, daß die Spaltung Europas nicht auf ewig fortdauern kann. Und da die Spaltung Europas daher rührt, daß sich die Rote Armee und die anglo-amerikanischen Truppen in der Mitte Europas getroffen haben, ist zur Wiedervereinigung Europas der Rückzug dieser Truppen notwendig. Die Harvard-Rede verlangt daher nach einer Politik

[30] Für die entsprechende These in der »revisionistischen« Literatur (z.B. Kolko, *Limits*, S. 358) gibt es keinen Beleg; sie verwechselt die ursprünglichen Intentionen mit den späteren Wirkungen. Tatsächlich erschien zumindest dem State Department die sozialdemokratische Fraktion der europäischen Linken geradezu als Wunschpartner.

der Verständigung, die auf eine militärische Evakuierung des Kontinents zielt, nicht nach einer Politik der Eindämmung, die die nichteuropäischen Armeen auf Dauer im Herzen von Europa festnageln würde.«[31]

Wozu der Marshall-Plan über die imaginäre »Eindämmung« hinaus tatsächlich führen würde – zur definitiven Zweiteilung Europas oder zur Überwindung seiner Spaltung, zur Amerikanisierung Westeuropas oder zur Wiederherstellung der Unabhängigkeit des Kontinents – hing indessen nicht nur davon ab, wieweit sich die amerikanische Politik von den Fesseln freimachen konnte, die ihr die Dogmen der Truman-Doktrin unterdessen angelegt hatten, sondern auch und noch mehr von der Antwort der Sowjetführung und der Europäer auf das amerikanische Angebot. Es spricht für die Offenheit der Situation des Sommers 1947, daß nicht nur die Europäer diese Antwort in dem von Lippmann beschriebenen Sinne diskutiert haben, sondern daß sich auch die sowjetische Führung diese Antwort sehr ernsthaft überlegt hat.

[31] Lippmann, *The Cold War*, S. 56f.

7. Kapitel
Die sowjetische Antwort: Von der Pariser Konferenz bis zum
Bruch mit Tito

Seit dem Beginn der amerikanischen Eindämmungspolitik hatte
die Sowjetführung immer wieder in scharfen Worten vor der
Gefährlichkeit »imperialistischer Kriegstreiber« im Westen ge-
warnt, zugleich aber nachdrücklich ihre Kooperationsbereitschaft betont, ihre außenpolitischen Ziele (insbesondere in der
Reparationsfrage) in geduldigen Verhandlungen zu erreichen
versucht und ihre Stabilisierungsbemühungen in Westeuropa
intensiviert. Auch die Verkündigung der Truman-Doktrin hatte
daran nichts geändert, im Gegenteil: die *Prawda* hatte nach
einer deutlichen Warnung, »irgendwelche Pläne einer Weltherr-
schaft zu verwirklichen«, geschwiegen, und Stalin hatte in einem Interview mit dem Republikaner Harold Stassen, ohne die
Truman-Rede auch nur zu erwähnen, erneut die Zusammenarbeit zwischen Sowjetunion und USA als »wünschenswert« bezeichnet – unter der Voraussetzung, daß jede Seite »die vom
Volk gebilligten Systeme achtet«[1]. Marshalls Angebot, das anders als noch die Griechenland-Türkei-Hilfe auch an die Länder
des sowjetischen Einflußbereiches gerichtet war, entsprach nun
einerseits dem sowjetischen Wunsch nach Zusammenarbeit zur
Vermeidung einer einseitigen amerikanischen Vorherrschaft in
Europa, enthielt aber andererseits auch die Möglichkeit einer
Bedrohung des sowjetischen Sicherheitssystems, und stellte damit die sowjetische Führung vor eine äußerst schwierige Entscheidung: Sollte sie die amerikanische Wirtschaftshilfe als entscheidenden Beitrag zur Bewältigung der immensen Wiederauf-
bauprobleme der Sowjetunion und Osteuropas sowie zu der
auch von ihr gewünschten Stabilisierung Westeuropas annehmen, dabei aber unter Umständen riskieren, daß sich die osteuropäischen Staaten aus ihrer einseitigen Bindung an die Sowjetunion befreiten, und der europäische Kontinent ganz unter die
Vorherrschaft der USA geriet? Oder sollte sie den Plan als Gefahr für die sowjetische Sicherheit torpedieren, damit aber in

[1] Prawda 15. 3. 1947; das Stassen-Interview in: Joseph W. Stalin, *Werke.*
Bd. 15: *Mai 1945–Oktober 1952.* Dortmund 1976, S. 62 ff. Zur Fortdauer der
Stalinschen Entspannungsbemühungen auch William Taubman, *Stalin's Ameri-*
can Policy. From Entente to Détente to Cold War. New York, London 1982,
S. 128 f.

179

Kauf nehmen, daß ein westeuropäischer Block unter amerikanischer Führung entstand, jede Aussicht auf amerikanische Gelder und auf Reparationsleistungen aus Westdeutschland schwand und die Sowjetunion als »Spalter« Europas erschien? Die Frage ist in Moskau offensichtlich lange und, wie es scheint, wohl auch kontrovers diskutiert worden.

Absage an den Marshall-Plan

Auf Marshalls Rede vom 5. Juni 1947 reagierte die Sowjetführung zunächst überhaupt nicht. Erst nach elf Tagen, am 16. Juni, kommentierte die *Prawda* den amerikanischen Vorschlag – und zwar negativ, als »im Grunde genommen denselben Trumanplan der Einmischung in die inneren Angelegenheiten anderer Staaten«. Als aber der britische Außenminister Bevin und sein französischer Kollege Bidault am 18. Juni von Paris aus den sowjetischen Außenminister zu baldigen Konsultationsgesprächen über Marshalls Vorschlag einluden, nahm Molotow diese Einladung mit der Bemerkung an, auch seine Regierung befürworte einen raschen Wiederaufbau Europas, wozu die USA mit ihren gewaltigen Produktionsmöglichkeiten gewiß entscheidend beitragen könnten. Die *Prawda* veröffentlichte am 23. Juni die positive sowjetische Antwortnote an Bevin und Bidault, und für die französische kommunistische Partei, die noch am 25. Juni den Marshall-Plan als »Falle des Westens« attackierte, dementierte Generalsekretär Maurice Thorez am 27. diese Wertung als Fehlinformation der Presseabteilung der Partei: »Wir sind uns unserer Verantwortung viel zu bewußt, als daß wir Schwierigkeiten unter den Alliierten schaffen oder irgend etwas tun könnten, was der notwendigen Eintracht der Alliierten und letztlich auch der Wiederaufrichtung unseres Landes schaden könnte.« Am gleichen Tage traf Molotow, begleitet von 89 sowjetischen Experten, in Paris ein, offensichtlich ernsthaft daran interessiert, mit Bevin und Bidault über die Möglichkeiten einer gemeinsamen europäischen Nutzung des amerikanischen Angebots zu verhandeln[2].

---

[2] Prawda 16. und 23. 6. 1947; L'Humanité 26. und 27. 6. 1947; vgl. Adam B. Ulam, *Expansion und Coexistence.* London, 2. Aufl. 1974, S. 432–435; zur Widerspiegelung der sowjetischen Unsicherheit bei den französischen Kommunisten Wilfried Loth, *Frankreichs Kommunisten und der Beginn des Kalten Krieges.* In: Vierteljahrshefte für Zeitgeschichte 26 (1978), S. 59.

In Paris präsentierten ihm Bevin und Bidault zwei weitgehend parallele Vorschläge, die (so der britische Text) die Schaffung eines »Steuerungskomitees« der interessierten europäischen Staaten vorsahen, »das im Detail unverzüglich ein Vierjahresprogramm für den Wiederaufbau Europas ausarbeitet«, dabei Deutschland, vertreten durch die alliierten Militärgouverneure, miteinbezieht und, um »ein zahlungsfähiges und gedeihendes Europa zu schaffen, (…) die Selbsthilfe in den Vordergrund« stellt. Molotow stimmte dem Prinzip eines solchen Koordinationskomitees zu, wollte aber seine Funktion auf die Sammlung von Anforderungen der europäischen Staaten und deren »Zusammenstellung« zu einem Wiederaufbauprogramm, das den USA vorgelegt werden sollte, beschränkt wissen, und forderte, Deutschland, weil in die Kompetenz des Außenministerrates gehörend, ganz aus den Beratungen auszuklammern. In der Sache waren beide Positionen nicht allzuweit voneinander entfernt: Bevin und Bidault plädierten für ein koordiniertes Programm, »ohne daß dadurch auch nur im geringsten die Souveränität irgendeines Staates oder die Entwicklung nationaler Pläne beeinträchtigt wird«; Molotow widersetzte sich nicht dem Wiederaufbau Deutschlands per se, sondern wollte nur sicherstellen, daß der Sowjetunion Möglichkeiten blieben, dabei auch ihren Anspruch auf Reparationen durchzusetzen. Dennoch kam es zu keiner Annäherung der Standpunkte. Bevin sah gerade in der Einbeziehung der deutschen Besatzungszonen ein wesentliches Motiv für das gesamte Unternehmen und hielt es »unter praktischen Gesichtspunkten für besser, (die Russen) definitiv draußen als halbherzig drin zu haben«, da sie sonst »selbst bei einer Beteiligung zu unseren Bedingungen nahezu unbegrenzte Möglichkeiten der Verzögerung und der Obstruktion hätten« (so in seinem anschließenden Bericht an das britische Kabinett). Von Bidault unterstützt, der Bevins Beurteilung der sowjetischen Absichten teilte und sie gegen anderslautende Auffassungen im französischen Kabinett durchzusetzen wußte, legte er es darum »von Anfang an darauf an, die grundsätzlichen Differenzen zwischen uns herauszustellen und es darüber zum Bruch kommen zu lassen«. Molotow blieb unsicher in der Einschätzung der amerikanischen, britischen und französischen Zielsetzungen und hielt sich deshalb mit Konzessionen zurück, um sich eine Rückzugsmöglichkeit offenzuhalten. Die Entscheidung fiel in Moskau: Am 1. Juli erhielt Molotow ein Telegramm von Stalin, »nach dessen Lektüre er für den Rest des

Tages kein Wort mehr sagte«; am folgenden Tag lehnte er die britisch-französischen Vorschläge definitiv als »zur Beseitigung der wirtschaftlichen Unabhängigkeit führend« und »mit der Wahrung der nationalen Souveränität unvereinbar« ab und verließ die Konferenz[3]. Angesichts der Unbeweglichkeit der westeuropäischen Alliierten hatte sich die Sowjetführung dazu durchgerungen, die Nachteile einer Absage geringer einzuschätzen als die Nachteile einer Zusage, und um den Bruch zu rechtfertigen, wurden nun die an sich minimalen Differenzen in der Frage der Organisation des Wiederaufbauprogramms zu einem unüberwindlichen Grundsatzkonflikt hochstilisiert.

Bevin und Bidault waren über Molotows Abreise sichtlich erleichtert. Unter dem Druck des linken Flügels der Labour-Party in Großbritannien und vor allem der sozialistischen Partei Frankreichs (SFIO), die beide auf ein gesamteuropäisches Wiederaufbauprogramm größten Wert legten, bemühten sie sich dennoch, nun wenigstens die Teilnahme der osteuropäischen Staaten an dem Programm zu erreichen. Am 4. Juli wurden 22 europäische Regierungen, das heißt alle Regierungen des Kontinents mit Ausnahme der sowjetischen und der spanischen, für den 12. Juli nach Paris eingeladen, um den britisch-französischen Verfahrensvorschlägen entsprechend über das Marshall-Angebot zu beraten[4]. Zur Überraschung der meisten westlichen Beobachter reagierten die angesprochenen osteuropäischen Regierungen fast durchweg positiv. Die tschechoslowakische Regierung war der notwendigen Westorientierung ihrer Wirtschaft wegen von Anfang an zur Teilnahme am Marshall-Plan

[3] Sammlung der Konferenzdokumente in: Ministère des Affaires Etrangères, *Documents de la Conférence des Ministres des Affaires Etrangères de la France, du Royaume Uni et de l'URSS tenue à Paris du 27 juin au 3 juillet 1947.* Paris 1947; Prawda 28. 6.–3. 7. 1947; Wjatscheslaw M. Molotow, *Fragen der Außenpolitik, Reden und Erklärungen.* Moskau 1949, S. 499–510 und 657–659; FRUS 1947, III, S. 296–309. – Memorandum Bevins für das britische Kabinett 5. 7. 1947, Cab 129/19, Public Record Office; vgl. auch das Zeugnis von Averell Harriman bei Charles L. Mee, *The Marshall Plan.* New York 1984, S. 136. – Molotows Reaktion auf das Stalin-Telegramm laut Bevin, zit. bei W. Bedell Smith, *My three Years at Moscow.* Philadelphia 1950, S. 198; ebenfalls bezeugt bei Dean Acheson, *Present at the Creation.* New York 1970, S. 234.
[4] Zur britischen und französischen Haltung bezüglich einer Teilnahme der Sowjetunion und Osteuropas vgl. FRUS 1947, III, S. 255, 259f., 292–294, 296, 298, 301–303, 305, 328–330, und Wilfried Loth, *Die westeuropäischen Regierungen und der Anstoß durch Marshall.* In: Walter Lipgens (Hrsg.), *Die Anfänge der europäischen Einigungspolitik 1945–1950.* Bd. 1: *1945–1947.* Stuttgart 1977, S. 493f. und 500.

entschlossen; obwohl sie von der Sowjetregierung am 6. Juli über die Gründe für die sowjetische Absage informiert wurde, beschloß ihr Präsidium unter dem Vorsitz des KPČ-Generalsekretärs Gottwald am 7. Juli einstimmig, einen Vertreter nach Paris zu entsenden. Zur gleichen Zeit ließ der polnische Außenminister Modzelewski den amerikanischen Botschafter in Warschau wissen, daß Polen eine Delegation nach Paris schicken werde; und die ungarische Nachrichtenagentur meldete, die ungarische Regierung habe sich einstimmig für eine Teilnahme an dem europäischen Wiederaufbauprogramm entschieden und die sowjetische Militäradministration um Erlaubnis gebeten, an der Pariser Konferenz teilnehmen zu können. Die jugoslawische Regierung, die ebenso wie die polnische schon Ende Juni gegenüber der amerikanischen Regierung ihr Interesse an einem Hilfsprogramm gemäß »den Prinzipien des Status der Vereinten Nationen« bekundet hatte, fragte nun in Moskau an, wie sie sich gegenüber der britisch-französischen Einladung verhalten solle; das gleiche tat die rumänische Regierung. Auch die Regierungen Bulgariens und Albaniens scheinen interessiert gewesen zu sein, nach Paris zu kommen[5].

Die Bereitschaft der Osteuropäer, auch ohne die Sowjetunion am Marshall-Plan teilzunehmen, versetzte die Sowjetführung in beträchtliche Unruhe: Nun drohte der negative Aspekt des amerikanischen Angebots – Öffnung Osteuropas für westlichen Einfluß – Wirklichkeit zu werden, ohne daß noch Aussicht auf Realisierung der positiven Möglichkeiten – insbesondere Unterstützung des sowjetischen Wiederaufbaus – bestand. Die osteuropäischen Regierungen wurden darum sogleich unter massi-

---

[5] Wenigstens wird von Milovan Djilas, *Gespräche mit Stalin*. Frankfurt 1962, S. 163f. berichtet, daß schließlich allein die Sowjetunion und Jugoslawien gegen eine Einbeziehung Osteuropas in das Marshall-Programm gewesen seien. – Vgl. insgesamt die Berichte aus Osteuropa in FRUS 1947, III, S. 313 bis 327, und Vincent Auriol, *Journal du septennat*. Bd. 1: 1947. Paris 1970, S. 338f.; zur Tschechoslowakei die Protokolle der Regierungssitzungen im Archiv des Amtes des Regierungspräsidiums in Prag, mitgeteilt bei Karel Kaplan, *Der kurze Marsch. Kommunistische Machtübernahme in der Tschechoslowakei 1945–1948.* München, Wien 1981, S. 107f.; hierzu und zu Polen ferner den Bericht des damaligen tschechoslowakischen Außenhandelsministers Hubert Ripka, *Czechoslovakia Enslaved. The Story of the Communist Coup d'Etat.* London 1950, S. 51–55; zu Ungarn Stephen D. Kertecz, *The Fate of East Central Europe.* Notre Dame 1956, S. 239; Anfragen Jugoslawiens und Rumäniens laut einer Depesche Gottwalds aus Moskau nach Prag 10. 7. 1947, mitgeteilt bei Kaplan, ebd.

vem Druck aufgefordert, ihre Zusagen zur Pariser Konferenz
zurückzunehmen. Dem tschechoslowakischen Ministerpräsidenten Gottwald und seinem Außenminister Masaryk, die am
8. und 9. Juli in Moskau über die Teilnahme der Tschechoslowakei verhandelten, wurde die sofortige Kündigung des tschechoslowakisch-sowjetischen Vertrages von 1943 angedroht,
sollten sie tatsächlich nach Paris fahren. Am 9. Juli sagten die
jugoslawische und die bulgarische Regierung ihre Teilnahme ab,
die letztere erst, nachdem Radio Moskau diese Absage schon
berichtet hatte; am 10. Juli folgten die Tschechoslowakei und
Ungarn, am 11. Rumänien, Albanien, Polen und selbst Finnland, dessen Regierung nach heftigen inneren Auseinandersetzungen einen Verzicht auf Hilfe der Zugehörigkeit zu einem
von der Sowjetunion bekämpften Westblock vorzog. Damit
war eine wesentliche neue Stufe in der Einschränkung der Bewegungsfreiheit der osteuropäischen Länder erreicht und die
Teilung des europäischen Kontinents entscheidend vertieft. Zu
Recht urteilte Masaryk nach seiner Rückkehr aus der sowjetischen Hauptstadt: »Ich fuhr nach Moskau als der Außenminister eines souveränen Staates und kehre als Lakai der Sowjetregierung zurück.«[6]

Mit der Absage der sowjetischen Regierung an den Marshall-
Plan und der erzwungenen Ablehnung der osteuropäischen Regierungen war die bisherige sowjetische Europa-Strategie der
Kooperation mit den Westmächten und der Stabilisierung
Westeuropas praktisch gescheitert. Der Aufbau eines Westblocks, dessen Verhinderung die sowjetische Strategie gegolten
hatte, war nun unvermeidlich, nicht nur, weil die amerikanische
Regierung auf eine Konsolidierung Westeuropas drängte, sondern entscheidend erst, weil sich die Sowjetführung entschlossen hatte, das sachlich erforderliche Maß an Kooperation und
Multilateralismus in dem europäischen Wiederaufbauprogramm als mit der Aufrechterhaltung ihrer Kontrolle über den
osteuropäischen Raum unvereinbar zu betrachten. Die außerhalb des sowjetischen Einflußbereiches verbliebenen Europäer,
die in ihrer Mehrheit nach wie vor Gegner einer Ost-West-
Spaltung waren, sahen sich nun gezwungen, um in den Genuß
der dringend benötigten amerikanischen Gelder zu kommen

[6] Zit. n. R. B. Lockhardt, *My Europe*. London 1952, S. 125; zur Moskau-Reise
die Depesche Gottwalds vom 10. 7. 1947 und Ripka, *Czechoslovakia Enslaved*,
S. 56–71; zu den Absagen Peter Calvocoressi, *Survey of International Affairs
1947–48*. London 1952, S. 37f.

und die erhoffte Konsolidierung ihrer Länder voranzubringen, de facto an der Bildung eines westeuropäischen Blockes mitzuwirken.

Die Kominform-Strategie

Alternativen zu der gescheiterten sowjetischen Stabilisierungsstrategie waren in Moskau schon seit Kriegsende diskutiert worden: eine »Politik der Isolation« (so Stalin im Oktober 1945 zu US-Botschafter Harriman), eine Politik sozialistischer Umgestaltung durch die auswärtigen kommunistischen Parteien (so die stärker dogmatischen Kräfte der KPdSU um Molotow und Shdanow), eine »aggressive und kompromißlose Politik gegen die kapitalistischen Großmächte England und Amerika in der Gestalt der Formierung eines panslawistischen Blocks, eine Konsolidierung der gegenwärtigen strategischen Situation, eine Teilung Deutschlands in einen westlichen und östlichen Teil, sowie eine offensive Diplomatie gegenüber dem anglo-amerikanischen imperialistischen Block« (so Stalin 1946 zu dem Labour-Führer Harold Laski). Diese Alternativen hatten sich jedoch nicht durchsetzen können[7] und konnten sich selbst jetzt, nach der Absage an den Marshall-Plan, nicht unmittelbar durchsetzen. Den ganzen Sommer 1947 über blieb die Sowjetführung unsicher, wie sie der offensichtlich erfolgreichen amerikanischen Offensive begegnen sollte. Vergeblich hofften die französischen, italienischen und belgischen Kommunisten auf Moskauer Direktiven für ihr Verhalten angesichts der beginnenden Organisation eines westeuropäischen Wiederaufbauprogramms; in Ermangelung neuer Anweisungen stritten sie weiter für die rasche ökonomische Stabilisierung ihrer Länder und befürworteten den Marshall-Plan unter der Voraussetzung,

[7] Gegenüber westlichen Gesprächspartnern hat Stalin stets Molotow als Exponent dieses Kurses bezeichnet und sich selbst als Freund der Kooperationspolitik dargestellt – was für den tatsächlichen Diskussionsverlauf nicht viel besagt, lediglich die Existenz der unterschiedlichen Positionen bezeugt. – Harriman: FRUS 1945, IV, S. 567ff. und VI, S. 782, sowie W. Averell Harriman, Elie Abel, *Special Envoy to Churchill and Stalin 1941–1946*. New York 1975, S. 514f. – Molotow/ Shdanow: nach den Ermittlungen von William D. McCagg, *Stalin Embattled*, passim. – Laski: vor Labour-Funktionären, Bericht im Archiv des Zentralkomitees der KPČ, Gottwald-Fonds, mitgeteilt von Kaplan, *Der kurze Marsch*, S. 91 f.

daß das Programm der UNO-Wirtschaftskommission für Europa (ECE) unterstellt würde. »Welcher Franzose könnte anders als mit Genugtuung die Hilfe unserer amerikanischen Freunde akzeptieren?« versicherte Thorez am 23. Juli. »Wir können nicht die Unterstützung abweisen, die uns für den Wiederaufbau unseres Landes angeboten wird«; und noch am 4. September äußerte sich das Zentralkomitee der KPF im gleichen Sinne[8].

Erst Mitte September stand die sowjetische Antwort auf den Marshall-Plan in Grundzügen fest. Die Parteiführungen der jugoslawischen, bulgarischen, rumänischen, ungarischen, tschechoslowakischen, französischen und italienischen Kommunisten wurden für den 22. September in den Landsitz Szlarska Preba im jetzt polnischen Schlesien eingeladen und erfuhren dort von dem sowjetischen Delegationsleiter Shdanow, welche Lagebeurteilung inzwischen in der Sowjetführung dominierte: Die USA hatten sich, so Shdanow, zur »Hauptkraft des imperialistischen Lagers« entwickelt; dessen Hauptziel sei »die Festigung des Imperialismus, die Vorbereitung eines neuen imperialistischen Krieges, der Kampf gegen Sozialismus und Demokratie sowie die Unterstützung reaktionärer und antidemokratischer profaschistischer Regimes und Bewegungen«. Auch der Marshall-Plan sei Ausdruck des »aggressiven, unverhüllt expansionistischen Kurses«, den die amerikanische Politik nach dem Zweiten Weltkrieg eingeschlagen habe, ein »Plan zur Versklavung Europas«, dessen Wesen darin bestehe, »einen Block von Staaten, die durch Verpflichtungen den USA gegenüber verbunden sind, zusammenzuzimmern und die amerikanischen Anleihen als Gegenleistung für den Verzicht der europäischen Staaten auf ihre wirtschaftliche und später auch auf ihre politische Selbständigkeit zu gewähren«. Eine besondere Perfidie des Plans sei es, die »von den amerikanischen Monopolen kontrollierten Industriegebiete« bevorzugt wiederaufbauen und damit die »verarmten Siegerländer (...) in Abhängigkeit von der wiederherzustellenden Wirtschaftsmacht Deutschlands« und vom »deutschen Imperialismus« bringen zu wollen.

Die Strategie, die das »antiimperialistische und demokratische Lager« unter Führung der Sowjetunion in Anbetracht der amerikanischen Offensive entwickeln sollte, skizzierte Shdanow

[8] Vgl. mit weiteren Belegen Loth, *Frankreichs Kommunisten*, S. 54–56 und 59f.; das Thorez-Zitat aus L'Humanité 24. 7. 1947.

nur andeutungsweise: Ohne ihre Kräfte zu unterschätzen, »müssen die kommunistischen Parteien sich an die Spitze des Widerstandes gegen die Pläne der imperialistischen Aggression und Expansion auf allen Gebieten stellen« – dies galt im wesentlichen für die westeuropäischen Parteien, die mit den sozialdemokratischen Parteien als Werkzeugen des USA-Imperialismus brechen sollten –; »sie müssen sich zusammenschließen, alle ihre Anstrengungen auf der Grundlage einer allgemeinen antiimperialistischen und demokratischen Plattform vereinigen und alle demokratischen und patriotischen Kräfte des Volkes um sich sammeln« – dies galt vor allem den osteuropäischen Parteien, denen damit eine einheitlichere Ausrichtung der kommunistischen Parteien angekündigt und eine straffere Kontrolle ihrer jeweiligen Länder angewiesen wurde[9]. Die Beschwörung einer von Deutschland ausgehenden imperialistischen Gefahr sollte helfen, die osteuropäischen Länder gegen weitere Annäherungsversuche der Westmächte zu immunisieren, der Appell an nationalistische Ressentiments sollte die latenten Widersprüche innerhalb des westlichen Lagers fördern.

Deutlicher wurden die jugoslawischen Delegierten Kardelj und Djilas, die nach entsprechender Absprache mit Shdanow die Tätigkeitsberichte der französischen und italienischen Delegierten einer heftigen Kritik unterzogen: Die beiden westlichen Parteien hätten nach Kriegsende ihre revolutionäre Chance nicht genutzt, sie hätten immer innerhalb der Legalität bleiben wollen, sie hätten opportunistisch an ihren Ministersesseln geklebt, ohne die Gefährlichkeit ihrer Klassenfeinde zu erkennen, ja sie hätten begonnen, ernsthaft an die Tugenden des Parlamentarismus zu glauben. In der gleichen Weise wurden die tschechoslowakischen Kommunisten wegen ihrer »bürgerlichen« Rolle in der Nationalen Front angegriffen. Gefordert wurde also eine radikale Abkehr von der seit 1943 verfolgten Stabilisierungsstrategie, ein Bruch mit allen Volksfronttaktiken und eine Rückbesinnung auf die »revolutionären« Grundlagen der kommunistischen Bewegung. Die Konferenz endete mit dem Beschluß, ein gemeinsames »Kommunistisches Informationsbüro« (Kominform) der beteiligten Parteien in Belgrad einzurichten, die Kräfte des eigenen Lagers zu »konsolidieren,

---

[9] Text des Shdanow-Referats in: Informationskonferenz der Vertreter einiger kommunistischer Parteien in Polen Ende September 1947, Moskau 1948; Auszüge in: Curt Gasteyger (Hrsg.), *Einigung und Spaltung Europas 1942–1965.* Frankfurt 1965, S. 175–181.

ein gemeinsames Aktionsprogramm auszuarbeiten und seine Taktik gegen die Hauptkräfte des imperialistischen Lagers, gegen den amerikanischen Imperialismus, gegen seine britischen und französischen Alliierten, gegen die rechtsgerichteten Sozialisten – vor allem in Großbritannien und Frankreich – zu wenden«[10].

Den Direktiven der Kominform-Gründungskonferenz entsprechend gaben die westeuropäischen kommunistischen Parteien ihre bisherige Stabilisierungsstrategie auf. Sie ließen dem beträchtlichen sozialen Unmut freien Lauf, der sich durch die bisherige kommunistische Politik der Produktionssteigerung durch Konsumverzicht in den Kreisen der Arbeiterschaft angesammelt hatte, und dem die Parteiführungen ohnehin kaum mehr widerstehen konnten; und sie suchten die nun ausbrechenden Streikbewegungen dazu zu nutzen, den Marshall-Plan in den westeuropäischen Ländern innenpolitisch zu Fall zu bringen. In Frankreich begann die Streikwelle am 18. November und nahm bisweilen den Charakter eines allgemeinen Aufruhrs an: Zwei Millionen Arbeiter traten in den Ausstand, Kohle wurde nicht mehr gefördert, die Lebensmittelversorgung wurde unterbrochen, Sabotageakte und Anschläge auf Verkehrsverbindungen verübt; im Parlament häuften sich die Tumulte, einmal hielten kommunistische Abgeordnete die Tribüne eine ganze Nacht hindurch besetzt, der sozialistische Innenminister Jules Moch, Jude und Soldat beider Weltkriege, wurde mit »Heil Hitler!« niedergeschrien, in Marseille lieferten sich Sicherheitskräfte und Streikende heftige Straßenschlachten[11]. Am 9. Dezember brachen die Streiks, weil immer noch ohne konkrete Ergebnisse, zusammen; in Italien dagegen, wo die Unruhen zur gleichen Zeit eingesetzt hatten, flackerten sie den ganzen Winter 1947/48 über immer wieder auf.

Das Ergebnis dieser spektakulären Streikaktionen – die die KP-Führungen nur zum Teil im Griff hatten– war allerdings

[10] Text des Schlußkommuniqués in: Informationskonferenz..., erneut in: Boris Meissner (Hrsg.), *Das Ostpakt-System*. Frankfurt, Berlin 1955, S. 97–99; die Angriffe gegen KPI und KPF nach dem Bericht des italienischen Delegierten Eugenio Reale, *Avec Jacques Duclos au banc des accusés*. Paris 1958; Analysen der Konferenz bei Lilly Marcou, *Le Kominform*. Paris 1977, S. 39–58, und McCagg, *Stalin Embattled*, S. 261–284. Es ist denkbar, daß Stalin selbst ein anderes Ergebnis der Konferenz beabsichtigt hatte, nämlich eine Niederlage der Parteidogmatiker (so McCagg), allerdings ist diese Absicht gründlich mißlungen.
[11] Vgl. als eindrucksvolle Schilderung Jacques Fauvet, *Histoire du Parti communiste français 1920–1976*. Paris, 2. Aufl. 1977, S. 393–400.

keineswegs ein Scheitern des Marshall-Plans in Westeuropa, sondern im Gegenteil eine Konzentration aller nichtkommunistischen Kräfte auf den Aufbau Westeuropas im Rahmen des Marshall-Plans und die nahezu vollständige Isolierung der westlichen kommunistischen Parteien. Im Frühjahr 1947 waren die Kommunisten aus den westeuropäischen Regierungen ausgeschieden: In Frankreich hatte die KP-Führung unter dem Druck ihrer Basis eine Regierungskrise provoziert, um ihre Position zu stärken, und war dann aus der Kraftprobe als Verlierer hervorgegangen. In Italien hatten der rechte und der linke Flügel der Democrazia Cristiana den christdemokratischen Ministerpräsidenten de Gasperi zur Eliminierung der Kommunisten gedrängt; dessen Versuch, dem Druck durch Erweiterung der Regierungskoalition um Republikaner, Liberale und Sozialdemokraten zu begegnen, war am Widerstand der Republikaner und Sozialdemokraten gescheitert, so daß nur noch ein christdemokratisches Minderheitskabinett zustande kam. In Belgien hatten es die Kommunisten wegen der Kohlesubventionspolitik zu einer Regierungskrise kommen lassen, in der sich die bis dahin opponierende katholische Partei den regierenden Sozialisten als Koalitionspartner anbot, so daß für diese eine kommunistische Unterstützung überflüssig wurde. All dies waren jedoch »normale«, durch die Argumentation mit der Ost-West-Spannung zwar verschärfte, aber doch letztlich innenpolitisch bedingte Krisen gewesen; und obwohl sich nach der sowjetischen Absage an den Marshall-Plan die Stimmen mehrten, die eine erneute kommunistische Regierungsbeteiligung gegenwärtig für inopportun hielten, rechnete bis in den Herbst 1947 noch kaum jemand damit, daß die Kommunisten auf Dauer in der Opposition bleiben würden. Insbesondere die meisten Sozialisten wünschten eine baldige Rückkehr ihrer Bruderparteien, und die Kommunisten gaben sich selbst noch ganz als verantwortliche Regierungsparteien. Erst das Spektakel der Novemberstreiks diskreditierte die kommunistischen Parteien in den Augen ihrer möglichen Koalitionspartner als auf den Sturz der bestehenden Ordnung hinarbeitende Werkzeuge Moskaus. Der verbale Revolutionarismus wurde geglaubt, alle antikommunistischen Ängste der Vergangenheit wiederbelebt, die Kommunisten in das Getto ihrer »Gegenkultur« abgedrängt. Was die Sammlungsaufrufe Churchills seit Frühjahr 1946 nicht vermocht hatten, brachten nun die Aktionen der Kommunisten selbst zustande: Jetzt erst, um die Jahreswende

1947/48, wurde der Kalte Krieg in Europa zu einer innenpoliti-schen Realität[12].

Ob sich die sowjetischen Führungskräfte überhaupt eine Chance ausgerechnet hatten, mit dieser Kominform-Politik den Marshall-Plan in Westeuropa torpedieren zu können, ist zwei-felhaft. Ganz sicher haben sie der Konsolidierung ihrer Macht in Osteuropa vor der Sorge um die Zukunft der westeuropäi-schen Kommunisten Priorität eingeräumt. Die unerwartet posi-tiven Reaktionen der osteuropäischen Regierungen auf die Ein-ladung der Westeuropäer hatten ihnen gezeigt, wie gefährdet der sowjetische Kontrollanspruch in Osteuropa trotz des in-zwischen erreichten Grades an kommunistischer Durchdrin-gung im Grunde immer noch war; dies führte sie dazu, den Marshall-Plan nun als bewußten amerikanischen Angriff auf das sowjetische Sicherheitssystem in Osteuropa zu interpretieren, bzw. verhalf einer solchen Interpretation in der Sowjetführung zum Durchbruch. Die Konsequenz lautete, nun die Länder der eigenen Sicherheitssphäre zu einem tatsächlichen »Ost*block*« zusammenzuschmieden.

Waren die osteuropäischen Kommunisten bis dahin sehr pragmatisch vorgegangen, wobei die Ideologie der »Demokratie neuen Typs« oder »Volksdemokratie« einen höchst oberfläch-lichen Deckmantel für so unterschiedliche Aktionsformen wie demokratischen Parlamentarismus und Polizeiherrschaft, kapi-talistische und kollektivistische Wirtschaftsführung gebildet hatte, so wurden nun das sowjetische Gesellschaftsmodell und seine Interpretation durch Stalin zur alleinverbindlichen Richt-schnur für alle »Volksdemokratien« erklärt. Die noch verblie-benen organisierten Oppositionsgruppen wurden bald vollstän-dig ausgeschaltet, die sozialdemokratischen Parteien nach aus-giebigen Säuberungen mit den Kommunisten verschmolzen, alle Arbeiterorganisationen der kommunistischen Kontrolle un-terworfen und die KP-Führungen nach und nach von Kräften gesäubert, die im Verdacht standen, sich Stalin gegenüber nicht jederzeit absolut loyal zu verhalten. Nach sowjetischem Muster wurden dem Aufbau der Schwerindustrie überall Vorrang ein-geräumt, zentralistische Planungsmethoden eingeführt und ge-gen erhebliche Widerstände auch die Kollektivierung des fla-chen Landes vorangetrieben. Die Wirtschaftsproduktion, die sich trotz der erzwungenen Umorientierung von 1945 unter

[12] Zu Frankreich vgl. Loth, *Frankreichs Kommunisten*, passim; zu Italien und Belgien ders., *Die westeuropäischen Regierungen*, S. 503 f. und 507.

dem Druck der ökonomischen Notwendigkeiten wieder mehr und mehr auf den Austausch mit den westlichen Märkten eingerichtet hatte, wurde erneut ganz auf die Bedürfnisse des sowjetischen Wiederaufbaus hin ausgerichtet, so daß die einzelnen Volkswirtschaften weit mehr an dirigistischen Eingriffen von außen hinnehmen mußten, als dies bei einer auf freier Vereinbarung beruhenden Koordination im Rahmen des Marshall-Plans notwendig gewesen wäre. Tendenziell wurde eine Autarkie des osteuropäischen Blocks angestrebt, auf jeden Fall aber neben der politischen auch die ökonomische Dominanz der Sowjetunion in Osteuropa gesichert. Auch in Osteuropa hat also erst die sowjetische Antwort auf den Marshall-Plan die Blockbildung definitiv werden lassen[13].

Die Sowjetisierung der Tschechoslowakei

Indessen war diese Entwicklung in Osteuropa nicht *nur* die Folge einer veränderten sowjetischen Strategie. Die Sowjetisierung Osteuropas vollzog sich 1947 bis 1949 vielmehr erst im komplexen Zusammenwirken der Dynamik der inneren gesellschaftlichen Auseinandersetzungen und der zunehmenden Bipolarisierung der internationalen Politik. Exemplarisch läßt sich dieser Zusammenhang am Beispiel der Tschechoslowakei zeigen: Bislang noch eine in ihrem Selbstverständnis zwischen Ost und West angesiedelte parlamentarische Demokratie, entwikkelte sie sich unter dem vereinten Druck innerer und äußerer Faktoren innerhalb weniger Monate des Winters 1947/48 zu einer »Volksdemokratie« in dem im Zuge der Kominform-Politik definierten Sinne.

Ausgangspunkt der politischen Krise dieses Winters war eine ökonomische Krise im Sommer 1947, in der ebenfalls schon interne und externe Faktoren unlösbar zusammenwirkten: Aufgrund der strukturellen Schwäche der tschechoslowakischen Volkswirtschaft waren die Ergebnisse des Rekonstruktions- und Transformationsprozesses weit hinter den 1945 gesteckten

---

[13] Vgl. den Überblick bei Jörg K. Hoensch, *Sowjetische Osteuropapolitik 1945–1975*. Kronberg 1977, S. 44–72; zur Wandlung der Ideologie und ihrer Funktion infolge des Bruchs von 1947 Heinrich Heiter, *Vom friedlichen Weg zum Sozialismus zur Diktatur des Proletariats. Wandlungen der sowjetischen Konzeption der Volksdemokratie 1945–1949*. Frankfurt 1977; zum Vordringen der Dogmatiker in Moskau Werner G. Hahn, *Postwar Soviet Politics. The fall of Zhdanov and the defeat of moderation, 1946–53*. Ithaca, London 1982, S. 20–25, 67–113.

Erwartungen zurückgeblieben; trotz der seit zwei Jahren andauernden Anspannung aller Kräfte stand keine Besserung des Lebensstandards in Aussicht. Im Gegenteil, infolge der allgemeinen Dürrekatastrophe des Sommers 1947 mußten die ursprünglich für den internen Verbrauch bestimmten Konsumgüter exportiert werden, um ein Minimum an lebensnotwendigen Nahrungsmitteln importieren zu können; so bahnte sich eine allgemeine Senkung des Lebensstandards an, die Handelsbilanz wies immer größere Defizite auf, und an eine geordnete Fortsetzung der Sozialisierungspläne war vorerst kaum mehr zu denken[14]. Entscheidend verschärft wurde die Krise, weil nun die dringend benötigten amerikanischen Hilfsgelder ausblieben – die UNRRA-Hilfe war ausgelaufen, die amerikanische Regierung hatte im September 1946 die Verhandlungen um einen Kredit abgebrochen, die Sowjetführung hatte die Absage an den Marshall-Plan erzwungen, tschechoslowakische Bitten um amerikanische Unterstützung außerhalb des Marshall-Programms wurden von Washington schroff zurückgewiesen[15].

Das Ergebnis dieser Krise war eine allgemeine soziale Unzufriedenheit, die sich gegen die stärkste Regierungspartei zu wenden drohte – gegen die KPČ. Für die im Frühjahr 1948 anstehenden Wahlen wurde allgemein ein beträchtlicher Stimmenverlust der Kommunisten erwartet. Den potentiellen Verlust ihrer Führungsstellung vor Augen und die jugoslawische Schelte auf der Kominform-Gründungskonferenz im Ohr begann die KPČ-Führung, auf die traditionelle Leninsche Doppelstrategie zurückzugreifen: Im Polizeiapparat wurden mehr und mehr Schlüsselpositionen mit kommunistischen Vertrauensleuten besetzt, Prozesse gegen politische Gegner wurden vorbereitet, »zuverlässige« Führungskräfte wurden in die gegnerischen Parteien eingeschleust oder dort gewonnen, die kommunistische Anhängerschaft wurde zu militanten Aktionen gegen die »Reaktion« mobilisiert. Die nichtkommunistischen Koalitionspartner reagierten schon auf die ersten Anzeichen ei-

[14] Vgl. die Analysen bei Hans Kaiser, *Sozialökonomische Entwicklungsbedingungen, Ordnungspolitik und Klassenkampf in Osteuropa in den ersten Nachkriegsjahren*. In: Othmar Nikola Haberl, Lutz Niethammer (Hrsg.), *Der Marshall-Plan und die europäische Linke*. Frankfurt 1986, S. 139–166.
[15] Jan Masaryk, der sozialdemokratische Außenminister der ČSR, hat die USA wegen dieser Politik heftig angegriffen; sie half in der Tat, die Sowjetisierung der ČSR vorzubereiten – berichtet bei Trygve Lie, *The Cause of Peace*. New York 1954, S. 233; vgl. Walter Ullmann, *The United States in Prague 1945–1948*. New York 1978, passim.

ner außerparlamentarischen Strategie der KPČ mit Panik; mit Blick auf die gewaltsame Unterdrückung nichtkommunistischer Kräfte in Ungarn und Bulgarien, suchten sie die Kommunisten zurückzuschlagen, solange dies noch möglich war. Die beiderseitige Kursverhärtung führte zu wachsenden Spannungen im Kabinett der Nationalen Front, wo sich die Kommunisten auf der einen Seite, die Katholische Volkspartei, die Demokratische Partei und die Volkssozialistische Partei auf der anderen mit je zwölf Ministern bald unerbittlich gegenüberstanden, und die beiden sozialdemokratischen Minister zusehends die Kommunisten isolierten. Der kommunistische Innenminister und der volkssozialistische Justizminister lieferten sich einen wechselseitigen Verhaftungskrieg; Verbindungen demokratischer Parteiführer zu slowakisch-autonomistischen Umsturzplänen wurden ebenso entdeckt wie versuchte Bombenanschläge führender Kommunisten. In einer Atmosphäre der Furcht, Spannung, Feindseligkeit und Nervosität kämpften beide Seiten um die Macht[16].

Um sich gegen die parlamentarische Isolierung eine Massenbasis zurückzugewinnen, propagierten die Kommunisten im Winter eine Reihe höchst populärer Maßnahmen: eine Millionärsabgabe zur Kompensierung der Ernteausfälle, die Nationalisierung aller Betriebe mit mehr als 50 Arbeitern, die Ausweitung der Landreform und eine Einkommensnivellierung im öffentlichen Dienst – Maßnahmen, die die Koalitionspartner nun erbittert bekämpften. Polizeistaatliche Maßnahmen und eine wachsende prokommunistische Massenbewegung zusammen genommen ließen die Aussichten auf freie Wahlen oder auch nur den erhofften Sieg der Nichtkommunisten bei freien Wahlen immer geringer erscheinen. Als der Innenminister die nichtkommunistischen Polizeichefs durch Vertrauensleute seiner Wahl ablöste, glaubten sich die katholischen, demokratischen und volks-sozialistischen Minister zur definitiven Kraftprobe

---

[16] Zur Entwicklung der Krise vgl. François Fejtö, *Le Coup de Prague*. Paris 1976 (mit Auswertung eines 1968 in der Tschechoslowakei entstandenen Manuskripts); Pavel Tigrid, *The Prague Coup of 1948*. In: Thomas Hammond (Hrsg.), *The Anatomy of Communist Takeovers*. New Haven 1975, S. 399–432; Martin Myant, *Socialism and Democracy in Czechoslovakia, 1945–1948*. New York 1981, S. 167–218; Kaplan, *Der kurze Marsch* (mit einer Reihe KPČ-interner Dokumente, die die behauptete Zielstrebigkeit bei der Errichtung des kommunistischen Machtmonopols freilich nicht belegen); Peter Heumos, *Der Februarumsturz 1948 in der Tschechoslowakei*. In: Bernd Bonwetsch (Hrsg.), *Zeitgeschichte Osteuropas als Methoden- und Forschungsproblem*. Berlin 1985, S. 121–135 (zum gesellschaftsgeschichtlichen Hintergrund).

gezwungen: Am 20. Februar 1948 traten sie zurück, in der Hoffnung, damit Ministerpräsident Gottwald stürzen und die vorzeitige Abhaltung von Neuwahlen herbeiführen zu können.

Die beiden sozialdemokratischen Minister folgten ihnen jedoch nicht, und auch in der nichtkommunistischen Anhängerschaft herrschte erhebliche Verwirrung über diesen Schritt. Statt dessen organisierte Gottwald Massenversammlungen in Prag, ließ am 21. Februar kommunistisch kontrollierte Polizeieinheiten in die Stadt einmarschieren und ordnete am 24. Februar einen Generalstreik an. Unter dem Druck dieser militanten Massenbewegung und der Sowjetregierung – deren in Prag weilender Vertreter Valerian Zorin ostentativ zu den an der tschechoslowakischen Grenze stehenden sowjetischen Truppen Kontakt hielt – akzeptierte Staatspräsident Benesch am 25. Februar die Demission der Nichtkommunisten; statt, wie diese gehofft hatten, Gottwald zur Parlamentsauflösung zu zwingen, akzeptierte er am 29. eine neue Regierung der Nationalen Front, in der die bisherigen Positionen der Nichtkommunisten durch »zuverlässige« Vertrauensleute besetzt waren. Damit hatten die Kommunisten das Machtmonopol errungen – formal völlig legal[17], tatsächlich aber unter beträchtlichem außerparlamentarischen und auswärtigen Druck. Am 10. März stürzte Jan Masaryk tödlich aus dem Fenster seines Amtszimmers im Außenministerium – ob es Selbstmord war oder ein Mordanschlag im Auftrag des Geheimdienstes, blieb umstritten. (Unterdessen hat die zweite Version erheblich an Wahrscheinlichkeit gewonnen[18]). Bei den Wahlen wurden nun 237 von 300 Abgeordneten auf Listen gewählt, die von den Kommunisten kontrolliert wurden; Benesch wurde als Staatspräsident abgelöst und starb; die nichtkommunistischen Parteien wurden aufgelöst. Von der Notwendigkeit getrieben, die ökonomische und innenpolitische Krise in den Griff zu bekommen, griffen die Kommunisten nun die sowjetischen Transformationsmethoden auf, noch ehe sie von der Sowjetführung als für alle osteuropäischen Länder verbindlich propagiert wurden[19], gleichwohl half natürlich die offizielle Kominform-Politik der Sowjetunion, den neuen innenpolitischen Kurs zu festigen.

[17] Es ist daher nicht gerechtfertigt, wie in der westlichen Literatur üblich, von einem »Staatsstreich« zu sprechen.
[18] Vgl. aufgrund der während des »Prager Frühlings« 1968 zugänglichen Informationen Claire Sterling, *The Masaryk Case*. New York 1970.
[19] Vgl. Kaiser, *Sozialökonomische Entwicklungsbedingungen*, S. 149 ff.

Daß die Sowjetisierung Osteuropas in der Tat entscheidend vom Zusammenwirken innerer und äußerer Kräfteverhältnisse abhängig war, und die Kominform-Ideologie dabei zwar eine stabilisierende, aber letztlich doch nur nachgeordnete Rolle spielte, zeigt nichts deutlicher als der Bruch Stalins mit Tito im Frühjahr 1948. Niemand hatte seit Kriegsende so nachhaltig auf eine »revolutionäre« Politik im Sinne der späteren Kominform-Doktrin gedrängt, niemand bei der Kominform-Gründung so unerbittlich den neuen Kurs vertreten wie die jugoslawische Führung; dennoch führte die Realisierung dieses Kurses für Jugoslawien unmittelbar zu einer Auseinandersetzung zwischen Stalin und Tito, die mindestens ebenso leidenschaftlich ausgetragen wurde wie der jetzt voll einsetzende Kalte Krieg zwischen Ost und West. Trotz aller subjektiven Überzeugung der jugoslawischen Führer von der Identität des »revolutionären« Interesses des Sowjetstaates und der jugoslawischen Föderation wogen die Gegensätze schwerer als bei allen anderen osteuropäischen Parteien: Die jugoslawischen Kommunisten hatten die Macht in ihrem Lande aus eigener Anstrengung erringen können; das machte sie de facto von der sowjetischen Rückendeckung unabhängig und ließ, ohne daß Tito dies geplant hätte, ein Widerstandspotential gegen den verstärkten sowjetischen Zugriff im Zuge der Kominform-Politik entstehen[20].

Latente Konflikte zwischen der Sowjetunion und Jugoslawien hatte es seit dem Kriege gegeben: Stalin hatte das kompromißlose Vorpreschen von Titos Partisanentruppen für sehr unvorsichtig befunden; die Jugoslawen hatten unter der Gewalttätigkeit der Roten Armee und den Ausbeutungsmethoden der »gemischten« jugoslawisch-sowjetischen Gesellschaften zu leiden; Tito beklagte sich über mangelnde sowjetische Unterstützung in der Triest-Frage; Stalin sah die jugoslawische Unterstützung für die griechischen Partisanen mit großer Sorge. Doch erst als die Sowjetführung im Winter 1947/48 versuchte, im Zuge der Vereinheitlichung des osteuropäischen Marktes die jugoslawische Wirtschaft wieder stärker auf die Bedürfnisse der Sowjetunion auszurichten, wurde der Konflikt virulent. Statt sich zu spezialisieren, die Schwerindustrie vorrangig auszubauen und die Außenbeziehungen einseitig auf den osteuropäi-

[20] Vgl. hierzu und zum folgenden Adam B. Ulam, *Titoism and the Cominform*. Cambridge, Mass. 1952, S. 69–95; Marcou, *Le Kominform*, S. 198–236.

schen Markt auszurichten, wollten die Jugoslawen, um den Lebensstandard unmittelbar steigern zu können, ihre Produktion diversifizieren, den Konsumgütersektor ausbauen und die Handelsbeziehungen zu den Westmächten erweitern – und sie ließen sich trotz sowjetischen Drängens nicht davon abbringen, entsprechende Schritte zu unternehmen.

Angesichts dieses unerwarteten Beweises jugoslawischer Eigenständigkeit mußten nun die jugoslawischen Bemühungen um Föderationsbildungen im südosteuropäischen und ostmitteleuropäischen Raum in sowjetischer Sicht plötzlich sehr gefährlich erscheinen. Bislang hatte die Sowjetführung diese auf Föderationspläne seit den zwanziger Jahren zurückgehenden[21] Aktivitäten Titos und seines bulgarischen Kollegen Dimitroff gefördert, in der Hoffnung, durch Föderationsbildung die osteuropäischen Nationalitätenspannungen abmildern und so den gesamten Raum stabilisieren zu können. Eine Dreigliederung der sowjetischen Sicherheitssphäre schien sich anzubahnen: im Nordwesten Polen und die ČSR, dann ein nichtslawischer Mittelblock aus Rumänien und Ungarn, und schließlich eine südslawische Föderation aus Bulgarien, Jugoslawien und Albanien. Nachdem aber Tito im November und Dezember 1947 mit den ehemaligen Feindstaaten Bulgarien, Rumänien und Ungarn Freundschafts- und Beistandspakte abschloß, noch ehe entsprechende Verträge mit der Sowjetunion zustandegekommen waren, und Dimitroff im Januar 1948 die Errichtung einer Zollunion als Vorstufe zur Föderierung der Balkanstaaten ankündigte und einen Föderationsplan präsentierte, der auch Polen und die Tschechoslowakei miteinbezog, schien Stalin der Zeitpunkt gekommen, gegen die Gefahr eines von der Sowjetunion nicht vollständig abhängigen Machtzentrums in Osteuropa einzuschreiten. Den Parteiführungen Jugoslawiens und Bulgariens wurde unmißverständlich dargelegt, daß »Beziehungen zwischen Volksdemokratien, die über die Interessen der Sowjetregierung hinausgingen und nicht deren Billigung hatten, (...) unstatthaft« waren, und daß die Sowjetführung das Recht habe, sich im Interesse der sozialistischen Sache in die inneren Angelegenheiten der Volksdemokratien einzumischen[22]. Dimitroff kam zur Entgegennahme dieses Diktums nach Moskau, Tito

---

[21] Vgl. J. Kühl, *Föderationspläne im Donauraum und in Ostmitteleuropa.* München 1958; L. S. Stavrianos, *Balkan Federation. A history of the movement toward Balkan unity in modern times.* Hamden, Conn. 1964.
[22] zit. n. dem Bericht von Djilas, *Gespräche mit Stalin*, S. 217–220.

schickte lediglich zwei Vertreter; dies zeigte, daß er nicht gewillt war, sich dem absoluten sowjetischen Führungsanspruch zu beugen.

Damit war der Bruch unvermeidlich geworden. Stalin suchte nun Tito durch eine loyalere jugoslawische Führungsmannschaft zu ersetzen: Überzeugt, er brauche nur mit dem kleinen Finger zu drohen, »und dann wird es keinen Tito mehr geben«[23], kündigte er am 18. und 19. März den Abzug aller sowjetischen Wirtschaftsexperten und Militärberater aus Jugoslawien an und nahm Verbindung mit Zretan Zujovč und Andrija Hebrang, den beiden sowjetfreundlichsten Mitgliedern des jugoslawischen Zentralkomitees, auf. Die Mehrheit des Zentralkomitees beschloß jedoch am 12. April, fest zu bleiben; Hebrang und seine Anhänger wurden verhaftet; und nach einer heftigen schriftlichen Kontroverse, in der Tito die Vorwürfe Stalins stets mit Loyalitätsbekundungen zur Sache des Weltkommunismus beantwortete[24], beschloß das Kominform am 28. Juni den Ausschluß Jugoslawiens mit der Begründung, Tito habe aus »kleinbürgerlichem Nationalismus« mit der marxistischen Klassenkampftheorie gebrochen.

Obwohl Tito in der internationalen Politik weiterhin im Sinne der Kominform-Politik gegen den amerikanischen Imperialismus zu Felde zog, kündigten die Sowjetunion und die übrigen osteuropäischen Staaten alle Handels- und Freundschaftsverträge mit Jugoslawien, brachen die diplomatischen Beziehungen ab, verhängten eine Wirtschaftsblockade und forderten das jugoslawische Volk in nicht endend wollenden Tiraden auf, »die faschistische Tito-Clique« zu stürzen. Die jugoslawische Führung, die nun ihrerseits das Sowjetsystem als staatskapitalistische Perversion des Sozialismus zu verwerfen begann, konnte sich nur mit Krediten der Westmächte und amerikanischer Militärhilfe halten. Mehrfach – insbesondere in den Jahren 1950 bis 52 – fürchtete sie eine unmittelbare militärische Invasion der Sowjetunion. Erst nach dem Tode Stalins stellte die Sowjetführung den Nervenkrieg ein – Tito hatte sich nicht verjagen lassen, vielmehr war sein Prestige durch den Widerstand ungeheuer gestiegen[25].

[23] Nach dem Zeugnis von Chruschtschow auf dem 20. Parteitag der KPdSU am 25. 2. 1956, zit. n. Hoensch, *Sowjetische Osteuropapolitik*, S. 53.

[24] Vgl. *Tito contra Stalin. Der Streit der Diktatoren in ihrem Briefwechsel.* Hamburg 1949.

[25] Vgl. u. a. B. Farrell, *Yugoslavia and the Soviet Union 1948–1956.* Hamden, Conn. 1956; Marcou, *Le Kominform*, S. 230–237.

In den übrigen Ländern des Kominform aber setzte ab 1948 eine allgemeine Jagd nach vermeintlichen »Titoisten« ein, die den sowjetischen Säuberungen der Jahre 1936 bis 1938 kaum nachstand. Teils Ausdruck innerparteilicher Machtkämpfe, teils Folge des gewaltsamen Transformationsprozesses entsprechend dem sowjetischen Vorbild und teils bewußte Maßnahme Stalins zur Sicherung des sowjetischen Führungsanspruchs, richtete sich die Säuberungswelle sowohl gegen Vertreter der »linken« Parteiflügel, die wie Tito und Shdanow der revolutionären Ideologie allzugroßes Gewicht beimaßen, als auch gegen »Rechtsabweichler«, Parteiführer, die der unreflektierten Übertragung des sowjetischen Modells auf die Verhältnisse ihrer Länder Widerstand entgegensetzten. Schon 1948/49 verlor in Polen Parteisekretär Gomulka zusammen mit seinen engsten Vertrauten seine Ämter und wurde in Haft genommen, in Bulgarien wurde der Minister Kostoff hingerichtet; in Ungarn wurde ein spektakulärer Schauprozeß gegen den ehemaligen Innen- und Außenminister László Rajk inszeniert; desgleichen sicherte sich in Albanien Enver Hodscha durch Schauprozesse gegen die projugoslawische Fraktion seiner Partei die Macht. In der Tschechoslowakei verloren zunächst 1949/50 Husák, Novomeský und Clementis ihre Macht, dann wurde, nach einem langen Machtkampf mit Staatspräsident Gottwald, im November 1951 KPČ-Generalsekretär Slánský verhaftet und ein Jahr später wegen »Zionismus und Trotzkismus« hingerichtet; fast 150 angebliche Slánský-Anhänger erhielten hohe Zuchthausstrafen, manche wurden ebenfalls exekutiert. In Rumänien schließlich gab es zwei Säuberungswellen, in der ersten 1951/52 wurde die »Moskowiter«-Gruppe um Anna Pauker ausgeschaltet, im Verlauf der zweiten 1954 wurde der ehemalige Justizminister Pătrășcanu hingerichtet[26]. Durch den seit der Wende von 1947 bestehenden Zwang zur Ausrichtung auf das sowjetische Vorbild entscheidend verstärkt, war die polizeistaatliche Gewalt zum wichtigsten Kennzeichen der osteuropäischen Staaten geworden.

Insgesamt hat also die Sowjetführung die Chance zur Begrenzung und schrittweisen Überwindung des Ost-West-Konflikts,

[26] Vgl. den Überblick bei Hoensch, *Sowjetische Osteuropapolitik*, S. 58–61; als besonders eindrucksvolle Zeugnisse Jiri Pelikán (Hrsg.), *Das unterdrückte Dossier. Bericht der Kommission des ZK der KPTsch über politische Prozesse und Rehabilitierungen in der Tschechoslowakei 1949–1968*. Wien 1970; und Arthur London, *Ich gestehe. Der Prozeß um Rudolf Slánský*. Hamburg 1970.

die der Marshall-Plan unabhängig von den Zielsetzungen seiner amerikanischen Initiatoren enthielt, nicht genutzt; sie hat den Marshall-Plan vielmehr als Angriff auf das eigene Sicherheitssystem interpretiert (was er der Absicht nach nicht und realiter doch nur sehr begrenzt war) und mit enger Anbindung an das sowjetische »Modell« im Innern sowie theatralischer Feindseligkeit nach außen beantwortet. Wie zuvor auf amerikanischer Seite die Eindämmungsdoktrin bedeutete nun die Kominform-Doktrin auf sowjetischer Seite das Ende der Verhandlungsbereitschaft, das »Ende der Diplomatie« (Yergin[27]). Darüberhinaus lieferte sie mit dem Bemühen um eine Sowjetisierung Osteuropas und der Wende zu destruktiver Politik in Westeuropa der westlichen Furcht vor einer sowjetischen Expansion scheinbar eine nachträgliche Rechtfertigung, ließ sie um so gewisser werden und – für die weitere Entwicklung höchst bedeutsam – auf den europäischen Kontinent übergreifen, wo sie verständlicherweise eine viel existentiellere Dimension annehmen mußte als zuvor in den USA. Im Sinne einer »self fulfilling prophecy« wurde so der antikommunistische Westblock in Europa, gegen den sich die Kominform-Politik wandte, ab 1948 Realität. Zur Eskalation wechselseitiger Präventivmaßnahmen gegen die vermeintliche Bedrohung durch die Gegenseite trat die Eskalation feindseliger Rhetorik; wobei sich die westliche Freie-Welt-Ideologie defensiv gab, die Westmächte tatsächlich aber durchaus über Möglichkeiten verfügten, in den sowjetischen Sicherheitsbereich hinüberzuwirken, während sich die sowjetische Politik als Offensive gegen den »US-Imperialismus« aufführte, tatsächlich aber kaum Möglichkeiten hatte, in die Verhältnisse der westlichen Länder einzugreifen[28]. Der Ost-West-Konflikt wurde nun nicht mehr als bloßer Machtkampf zweier Weltmächte begriffen, in dem ein Ausgleich prinzipiell möglich war, sondern mehr und mehr als allumfassender Existenzkampf zweier Gesellschaftssysteme, der nur mit Sieg oder Niederlage enden konnte; und es ist kein Zufall, daß jetzt, etwa von der Jahreswende 1947/48 an, die Bezeichnung dieses Konfliktes als »Kalter Krieg« populär wurde.

[27] So die treffende Kapitelüberschrift zur Eindämmungsdoktrin bei Daniel Yergin, *Shattered Peace*. Boston 1977, S. 257.

[28] Die von Ernst Nolte, *Deutschland und der Kalte Krieg*. München 1974, S. 232–235 behauptete Diskrepanz zwischen offensiver Sowjetpolitik und defensiver westlicher Politik gilt nur für die Ebene des ideologischen Anspruchs; auf der Ebene der realen Möglichkeiten sah es eher umgekehrt aus; und erst beide zusammen machten die Wirklichkeit des Kalten Krieges aus.

Nach allem, was Ideologie, historische Erfahrungen und Selbsterhaltungstrieb der sowjetischen Mobilisierungsdiktatur nahelegten, war eine solche Entwicklung als Antwort auf den
Marshall-Plan gewiß wahrscheinlich, und manche amerikanische Experten hatten diese Antwort auch vorausgesehen[29].
Dennoch muß festgehalten werden, daß sie nicht notwendig
war, daß die Sowjetführung selbst zunächst eine andere Reaktion im Blick hatte, und daß erst die Kurzsichtigkeit der Sowjetführung, verbunden mit der Sorge um den uneingeschränkten
Erhalt ihres diktatorischen Machtsystems 1947/48 den Prozeß
der Teilung der Welt, der zuvor 1945/46 durch die Kurzsichtigkeiten der amerikanischen Führung und deren Willen zu weltweiter Anwendung der liberalen Prinzipien begonnen hatte,
definitiv werden ließ.

receipt

---

[29] z. B. George F. Kennan, vgl. seine *Memoiren eines Diplomaten*. München,
2. Aufl. 1971, S. 381 f. Anfang November 1947 galt in Washington als communis
opinio, daß »das Stoppen des kommunistischen Vordringens Moskau zwingt,
seinen Zugriff auf Osteuropa zu verstärken«; so ein Memorandum, das Marshall
am 7. 11. 1947 im Kabinett vorlegte, FRUS 1947, I, S. 770–777.

8. Kapitel
Die europäische Antwort: Die Hoffnung auf die »Dritte Kraft«
und ihr Scheitern

In Europa hatte das Angebot Marshalls zunächst die Hoffnung
auf eine ganz andere Entwicklung ausgelöst, als sie dann eingetreten ist: die Hoffnung auf eine Überwindung der Spaltung
Europas und eine neue unabhängige Rolle des alten Kontinents
in der internationalen Politik, eine Rolle, die im wesentlichen
darin bestehen sollte, den Gegensatz zwischen den beiden Weltmächten abzumildern und sie schließlich zu einem Ausgleich zu
führen. Diese Hoffnung war mit der sowjetischen Absage an
den Marshall-Plan praktisch obsolet geworden; dennoch stand
weiterhin zur Entscheidung an, ob und in welchem Maße sich
die verbliebenen westeuropäischen Länder im Zuge des Marshall-Programms eng an die amerikanische Führungsmacht an-
lehnten, mit der amerikanischen Unterstützung auch die amerikanischen Wirtschaftsstrukturen übernahmen und so den Gra-
ben, der Ost und West trennte, immer tiefer werden ließen,
oder ob sie trotz der amerikanischen Hilfe einen Spielraum für
unabhängige Politik im Innern und nach Außen bewahren und
damit langfristig doch noch so etwas wie eine »Dritte Kraft«
zwischen den beiden Weltmächten schaffen konnten. Diese
Entscheidung hing in erster Linie von den Europäern selbst ab –
und insofern hatten diese nun Gelegenheit, auf den weiteren
Verlauf des Ost-West-Konfliktes Einfluß zu nehmen –, dann
aber auch von der amerikanischen Politik gegenüber den Teilnehmerländern des Marshall-Plans, und schließlich von den
Wirkungen der sowjetischen Politik auf die Europäer.

Das Konzept der »Dritten Kraft«

Die Idee der »Dritten Kraft« – eines Europas, das sich in seiner
gesellschaftlichen Ordnung und in seiner außenpolitischen
Orientierung gleich weit von den USA wie von der Sowjetunion fernhielt und darum zwischen diesen vermitteln konnte –
war im Nachkriegseuropa populärer als jede andere politische
Leitidee. Nahezu die gesamte nichtstalinistische Linke, von den
Trotzkisten über die meisten Sozialdemokraten bis zu den Re-
formkatholiken in den neuentstandenen christlichen Parteien,

lebte von der Vision eines Gesellschaftssystems, das die Vorzüge der politischen Demokratie der USA mit einer sozialistischen Wirtschaftsordnung verband, wie man sie in der Sowjetunion wenigstens ansatzweise verwirklicht glaubte. Konservative aller Schattierungen mißtrauten der technokratischen Dynamik des amerikanischen Kapitalismus, hofften auf eine unabhängige Rolle der eigenen Nation in der Weltpolitik oder setzten, sofern sie den Machtverlust ihrer Nation wahrnahmen, auf ein unabhängiges Europa; manche dachten auch, ihre Nation werde die verlorengegangene Großmachtrolle als Führungsmacht eines geeinten Europas weiterspielen können, wobei dieses Europa bald mehr Schutz gegen die sowjetische Bedrohung, bald mehr Schutz gegen die amerikanische Vormacht, im Grunde aber doch immer gegen beide bieten sollte. Oft war mit diesen Vorstellungen von einem europäischen Sonderweg zwischen den beiden außereuropäischen Weltmächten die Überzeugung verbunden, nur eine Einigung Europas – hier reichten die Zielsetzungen von einer lockeren Assoziation über regionale Verbindungen bis zur supranationalen Föderation – werde seine Unabhängigkeit garantieren können; aber auch die Gegner einer solchen Einigung begründeten ihren Standpunkt mit dem Argument der Unabhängigkeit (in diesem Falle der nationalen), und ihre Abneigung gegen sowjetischen und amerikanischen Einfluß auf dem alten Kontinent war oft noch heftiger als bei den Anhängern des Einigungsgedankens[1].

In Frankreich betrieben die Sozialisten um Léon Blum seit Kriegsende die Schaffung einer westeuropäischen Assoziation unter britisch-französischer Führung als Vorstufe zu einem geeinten Europa der »Dritten Kraft«; der belgische sozialdemokratische Außenminister Paul-Henri Spaak trat mit ähnlichen Vorstellungen an die britische und die französische Regierung

---

[1] Die vielfältige »Dritte-Kraft«-Bewegung der vierziger Jahre ist bislang noch nicht hinreichend analysiert worden. Für denjenigen Teil, der den europäischen Einigungsgedanken aufgriff, vgl. die grundlegende Dokumentation von Walter Lipgens, Wilfried Loth (Hrsg.), *Documents on the History of European Integration*. Vols. 1–4, *1939–1950*. Berlin, New York 1984–1989. Von den sozialistischen »Dritte-Kraft«-Vorstellungen sind näherhin analysiert die SPD bei Hans-Peter Schwarz, *Vom Reich zur Bundesrepublik*. Neuwied, Berlin 1966; die französische Linke bei Wilfried Loth, *Sozialismus und Internationalismus*. Stuttgart 1977; und die britische Labour-Regierung bei Sean Greenwood, *Ernest Bevin and Western Union. August 1945–February 1946*. In: European History Quarterly 14 (1984), S. 319–338; ders., *Return to Dunkirk. The Origins of the Anglo-French Treaty of March 1947*. In: Journal of Strategic Studies 6 (1983), S. 49–65.

heran; und sein italienischer christdemokratischer Kollege Alcide de Gasperi stellte sich dem Alliierten Außenministerrat im September 1945 als »Vorkämpfer für ein neues, ein föderiertes Europa« vor. Diese Initiativen reichten zunächst nicht allzu weit; sie führten bis 1947 lediglich dazu, daß sich Frankreich und Großbritannien im Dünkircher Pakt vom 4. März 1947 eine künftige enge Kooperation zusicherten. – Aber auch die Gegner dieser Initiativen, vor allem General de Gaulle in Frankreich, zu einem geringeren Grad auch der britische Außenminister Bevin, waren um »Unabhängigkeit« bemüht, auch und gerade von den USA: De Gaulle hatte 1944/45 den ehrgeizigen Versuch einer französischen Mittlerrolle zwischen Ost und West initiiert, eine Linie, die sein Außenminister Bidault auch während der auf de Gaulle folgenden christlich-sozialistisch-kommunistischen Koalitionsregierungen fortführte; Bevins Partei war 1945 mit der Überzeugung angetreten, als »sozialistische« Kraft eine Verständigung mit der Sowjetunion erreichen zu können, und obwohl in der Praxis Bevin von diesen allzu ideologisch-ungenauen Vorstellungen bald nicht mehr viel blieb, verfolgte er doch die zunehmende Verhärtung des amerikanischen Kurses gegenüber der Sowjetunion mit einiger Skepsis und fand mehr als einmal Anlaß, sich über amerikanische Rücksichtslosigkeiten gegenüber Großbritannien zu beklagen.

Mit der Ankündigung des Marshall-Plans erfuhr die Idee der »Dritten Kraft« einen ungeheuren Auftrieb – einmal, weil sich nun mit der amerikanischen Forderung nach Koordination der europäischen Volkswirtschaften die Chance bot, den mit der »Dritten Kraft«-Idee oft verbundenen Plan einer Integration der europäischen Staaten tatsächlich zu realisieren, zum andern und vor allem, weil nun die Zweiteilung Europas und der Welt definitiv zu werden drohte. »Wir müssen«, erklärte etwa Léon Blum am 1. August 1947 dem französischen Staatspräsidenten Vincent Auriol, »mit aller Kraft, ja bis an den Rand der Verzweiflung dagegen kämpfen, daß sich diese Situation, dieser Ostblock gegen den Westblock, verfestigt«.[2] Wie Blum dachten in diesem Sommer und Herbst 1947 nicht wenige Europäer; was er am 21. November vor der französischen Nationalversammlung als Grundgedanken des »Dritte-Kraft«-Konzepts skizzierte, spiegelte die Empfindungen der unterschiedlichsten politischen Gruppen wider: »In Europa und überall auf der

[2] Vincent Auriol, *Journal du septennat*. Bd. 1: *1947*. Paris 1970, S. 380.

Welt gibt es Staaten, Gruppen und Individuen, die verstanden haben, daß beim gegenwärtigen Stand der wirtschaftlichen Entwicklung keines der großen Probleme mehr im Rahmen der Grenzen zufriedenstellend gelöst werden kann, daß ohne eine lebendige Solidarität mit den anderen kein Volk mehr in Wohlstand leben, ja überhaupt überleben kann, und daß man sich gruppieren, föderieren, einigen muß oder untergehen wird. Sie lehnen es ab, sich von vornherein in eines der Lager einschließen zu lassen, die sich die Welt zu teilen scheinen, weil sie die Notwendigkeit dieser universellen Solidarität empfinden, weil sie die Gefahr für den Frieden ermessen, die ein Fortdauern der Teilung und der Gegensätze enthält, und weil sie begreifen, was das Wort *Krieg* heute bedeutet. Die Aufgabe, die Mission Frankreichs besteht darin, bei der Schaffung der *internationalen Dritten Kraft* mitzuwirken, jener Kraft, die sich unermüdlich bemühen wird, durch wechselseitige Verständigung und Überzeugung die Mißverständnisse auszuräumen und die Verdächtigungen zu beseitigen und die (...) dabei vor nichts zurückschrecken wird, auch nicht vor einem teilweisen Souveränitätsverzicht der Staaten zugunsten der internationalen Gemeinschaft (...).«[3]

Das Beschwören der Weltfriedensorganisation, die Hoffnung auf eine Aufhebung der Teilung Europas, der Appell an die Vermittlungsfunktion der europäischen Länder, all das war zunächst eher Ausdruck des Entsetzens über die Möglichkeit eines neuen Weltkrieges (eine Möglichkeit, die um so realer erscheinen mußte, als das atomare »Gleichgewicht des Schreckens« noch nicht bestand) als inhaltlich konkretes Programm. Zieht man von diesem und vielen ähnlichen Texten das in ihnen enthaltene Maß verbalen Beschwörens und Überspielens des tatsächlichen Ost-West-Konfliktes ab, so verbleiben für eine Politik der Dritten Kraft dreierlei reale Grundlagen: *Erstens* setzte sie auf eine Rationalisierung und Domestizierung der zwischen Ost und West vorhandenen Konfliktfelder. Ohne die expansive Kraft des amerikanischen Kapitalismus oder die sowjetische Oppression in Osteuropa zu unterschätzen, wiesen die Vertreter der Dritten Kraft darauf hin, daß, anders als die amerikanischen Eindämmungsideologen behaupteten, keine sowjetische Expansion nach Westeuropa drohte, und, anders als die Kominform-Doktrin lehrte, der US-Kapitalismus nicht notwendi-

[3] *L'Œuvre de Léon Blum.* Bd. 7: *1947–1950.* Paris 1963, S. 125–128.

gerweise imperialistisch war; sie folgerten daraus, daß die Blockbildung und der Konflikt zwischen den Blöcken nicht unvermeidlich war, und daß der Konflikt durch eine Rückkehr an den Verhandlungstisch eingedämmt werden konnte. *Zweitens* setzten sie auf die Unabhängigkeit der nichtkommunistischen Länder Europas und die Verhinderung eines westlichen Blocks unter amerikanischer Führung – trotz der Teilnahme dieser Länder am Marshall-Programm, oder sogar infolge dieser Beteiligung. Der Marshall-Plan, so hofften sie, würde Europa zu wirtschaftlicher Prosperität und politischer Potenz führen, unter der Voraussetzung, daß die Teilnehmerländer mit der Hilfe zugleich einen Vergemeinschaftungsprozeß einleiten würden, eine Voraussetzung, die nicht nur in der Dritte-Kraft-Bewegung eine lange Tradition hatte, sondern zugleich die einzige Bedingung bildete, die die amerikanische Regierung mit ihrem Hilfsangebot verband. In der Tat enthielt dieser Integrationsplan neben der Gefahr, die nationalen Märkte zunächst ungeschützt der amerikanischen Übermacht auszusetzen, doch vor allem die Chance, durch die Schaffung von Gemeinschaftsorganen ein politisches Gegengewicht gegen die USA zu schaffen und so die Unabhängigkeit Europas zu garantieren. *Drittens* setzten sie auf die vermittelnde Wirkung eines solchen unabhängigen Europas: Ein starkes Europa sollte den Weltmächten die Möglichkeit nehmen, ihre Gegensätze auf dem alten Kontinent austragen zu können (wie die konservativen Machttheoretiker hofften), und es sollte durch ein Gesellschaftssystem ausgleichend wirken, das »die persönliche Freiheit und die Kollektivwirtschaft, die Demokratie und die soziale Gerechtigkeit« verband (wie die Autoren der demokratischen Linken formulierten)[4]. Auch diese Hoffnung war nicht ganz ohne Berechtigung; tatsächlich waren die sozialistischen, sozialdemokratischen und reformistischen Bewegungen nach Kriegsende in Europa so stark wie niemals zuvor und schienen zur führenden politischen Kraft des Kontinents aufzusteigen. Trotz aller eskapistischen Züge enthielt das Dritte-Kraft-Programm also einige realistische Ansätze zur Eindämmung des Ost-West-Konflikts, und es war für den Fortgang des Konfliktes nicht ohne Belang, was sich von diesen Ansätzen verwirklichen ließ.

[4] Hier in der Formulierung Blums vom 6. 1. 1948, ebda. S. 150f. – Zum »Dritte-Kraft«-Konzept der französischen Linken 1947 vgl. die Analyse bei Loth, *Sozialismus*, S. 156–166.

Erste Entscheidungen in der Frage, welchen Grad an Unabhängigkeit von amerikanischem Einfluß das Europa des Marshall-
Plans würde bewahren können, wurden schon im Sommer 1947
in Paris getroffen. Bevins und Bidaults Einladung vom 4. Juli
folgend trafen sich am 12. Juli 1947 hier die Vertreter von sechzehn Ländern – Dänemark, Belgien, Frankreich, Griechenland,
Irland, Island, Italien, Luxemburg, die Niederlande, Norwegen,
Österreich, Portugal, Schweden, Schweiz, Türkei, Großbritannien; hinzu kamen die Vertreter der britischen, amerikanischen
und französischen Militärgouverneure in Deutschland –, um
nach grundsätzlicher Abklärung der Zielsetzung und des Proce-
dere am 16. Juli ein »Committee of European Economic Cooperation« (CEEC) mit dem Auftrag einzusetzen, ein auf vier
Jahre befristetes gemeinsames Wiederaufbauprogramm zu erar-
beiten, das der amerikanischen Regierung als Grundlage für ihre
Hilfe vorgelegt werden sollte. Die elf Wochen der Pariser Verhandlungen wurden von zwei Konfliktmustern bestimmt: einer
Auseinandersetzung über die Frage, welche Belange welcher
Nation vorrangig zu fördern seien, und einer Auseinandersetzung über das Ausmaß der für notwendig erachteten Kooperation und Integration Europas[5].

Maßnahmen zur Institutionalisierung der Wirtschaftskooperation und zur wirtschaftlichen Integration der an den Hilfspro-
grammen beteiligten Länder wurden insbesondere von der französischen Delegation gefordert. Bidault hatte unter dem Druck
seiner sozialistischen Kabinettskollegen erhebliche Korrekturen
an seinem außenpolitischen Konzept vorgenommen: Die Forderungen nach territorialer Abtrennung von Ruhr und Rheinland waren vergessen, statt dessen sollte eine internationale (das

---

[5] Zur Pariser CEEC-Konferenz Harvey B. Price, *The Marshall Plan and its
Meaning.* Ithaka, NY. 1955, S. 26–55; als Zeugnis eines Konferenzteilnehmers
Ernst H. van der Beugel, *From Marshall Aid to Atlantic Partnership. European
Integration as a Concern of American Foreign Policy.* Amsterdam, London, New
York 1966, S. 68–82; die amerikanischen Dokumente in FRUS 1947, III,
S. 333–470; deren Auswertung unter dem Aspekt der Deutschlandfrage bei
John Gimbel, *The Origins of the Marshall-Plan.* Stanford 1976, S. 254–266;
allgemein Wilfried Loth, *The West European governments and the impulse given
by the Marshall Plan.* In: *A History of European Integration.* Hrsg. v. Walter
Lipgens u. a., Bd. I. Oxford 1981, S. 488–507; Alan S. Milward, *The Committee
on European Economic Co-operation and the Advent of the Customs Union.*
Ebd. S. 507–571; und Michael J. Hogan, *The Marshall Plan.* Cambridge 1987, S.
60–82.

heißt von den Teilnehmerländern des Marshall-Plans gebildete)
Behörde über die Verteilung der Ruhr-Produktion entscheiden
und so zwar nicht mehr die französische Dominanz auf dem
Kontinent sichern, aber doch eine deutsche Dominanz verhindern und Frankreich am Ertrag der Ruhr partizipieren lassen;
auch im übrigen sollten gemeinsame Planungen und Gemein-
schaftseinrichtungen den Erfolg des Wiederaufbauprogramms
sichern. Die Sozialisten, die dieses Konzept entwickelt hatten,
hofften zudem, mit der Integration Europas auch seine Unabhängigkeit im Sinne der »Dritten Kraft« fördern zu können. Mit
dem Argument, »daß die gegenwärtige Teilung Europas in
kleine wirtschaftliche Einheiten nicht den Erfordernissen des
modernen Wettbewerbs entspricht«, schlug Bidault daher als
ersten Schritt die Einrichtung einer Zollunion der Teilnehmerländer vor[6].

Die italienische Delegation schloß sich diesem Vorschlag sogleich an und bemühte sich auch darüberhinaus, »so viel wie
möglich zur Zusammenarbeit beizutragen« (so Außenminister
Graf Sforza); getragen von einer breiten Popularität des Einigungsgedankens in der italienischen Öffentlichkeit hoffte die
aus Christdemokraten und Liberalen gebildete italienische Regierung ebenfalls auf ein durch Einigung prosperierendes und
unabhängiges Europa, ein Europa, das auch die osteuropäischen
Länder noch nicht aufgab. Auch die belgische Regierung, seit
Kriegsende auf regionale Assoziierung in Westeuropa drän-
gend, war von dem Vorschlag angetan; gemeinsam mit der in
der Einigungsfrage noch skeptischen, aber um so stärker an
einem »Dritten Weg« zwischen Ost und West interessierten
niederländischen Regierung plädierte sie für die freie Konvertibilität der europäischen Währungen und für eine stärkere Koordination in allen Bereichen der Währungs-, Landwirtschafts-,
Industrie- und Wirtschaftspolitik[7].

Bevin indessen und nach ihm die britische Delegation unter
Sir Oliver Franks gingen auf diese Integrationsvorschläge nicht
ein. Der britische Außenminister zog zunächst nur die Bildung

[6] Zum Wandel der französischen Position vgl. den Bericht Claytons nach
einem Besuch in Paris, FRUS 1947, II, S. 1022–1024, und die Analyse bei Loth,
Sozialismus, S. 167–175. Text des französischen Zollunions-Memorandums bei
A. und Fr. Boyd, *Western Union. A Study of the Trend toward European Unity.*
Washington 1949, S. 56f.

[7] Sforza in einer telegraphischen Anweisung an die wichtigsten italienischen
Botschaften am 16. 6. 1947, FRUS 1947, III, S. 254; vgl. insgesamt Loth, *The
West European Governments.*

eines »Klubs« in Erwägung, in dem die Regierungen Europas ihre Absichten besprechen und mit der Zeit »die Gewohnheit praktischer Zusammenarbeit erwerben« könnten; bindende Vereinbarungen sollten auf jeden Fall nur zeitlich befristet getroffen werden. Zwar befürwortete eine Gruppe von Beamten des Foreign Office den Zollunionsgedanken in der Hoffnung auf ein unabhängiges Europa unter britischer Führung; und Bevin, der zunächst auf eine Fortführung der special relationship zu den USA gehofft hatte, schloß sich angesichts des amerikanischen Drängens auf Einigungsinitiativen im September dieser Argumentation an. Im britischen Kabinett lehnte jedoch Sir Stafford Cripps die Zollunion als Gefährdung des Wiederaufbauprogramms für die britische Industrie ab; und so blieb die offizielle britische Politik in der Zollunionsfrage merkwürdig unentschieden. Mit der britischen Zurückhaltung war der Zollunionsplan in Frage gestellt und alle weitergehenden Einigungsvorhaben vorerst gescheitert: Die Delegation der Benelux-Länder schreckte vor einer Entzweiung mit den Briten zurück; die Skandinavier sahen sich durch die Briten in ihrer eigenen Abneigung gegen Integrationspläne bestätigt. Frankreich und Italien beschlossen, eine Studiengruppe zur Vorbereitung einer bilateralen Zollunion zu errichten; dreizehn der sechzehn Teilnehmerländer setzten eine Studiengruppe für Vorstudien zur Zollunionsfrage ein; mehr war nicht zu erreichen.

Die Zurückstellung der Integrationspläne machte es der französischen Regierung schwer, der sofortigen Einbeziehung der westdeutschen Industrie und deren Produktionssteigerung zuzustimmen, die die Vertreter der Benelux-Staaten und Italiens im Interesse einer optimalen Nutzung aller Ressourcen für den europäischen Wiederaufbau forderten, und die durch die Moskauer Vereinbarungen Bevins und Marshalls ja auch unvermeidlich geworden war. Insbesondere wehrten sich die Franzosen gegen die Erhöhung der jährlichen deutschen Stahlproduktion auf 10,7 Millionen Tonnen, wie sie die Militärgouverneure Clay und Robertson in Ausführung der Moskauer Beschlüsse vereinbart hatten: Diese Erhöhung bedeutete das Scheitern der französischen Pläne, mit deutscher Kohle Frankreich zum führenden Stahlproduzenten Europas auszubauen, noch ehe die deutsche Produktion wieder ihre vollen Kapazitäten ausschöpfen konnte; nun drohte umgekehrt wieder die Suprematie der deutschen Industrie, ohne daß ihre gemeinsame Nutzung durch die Marshall-Plan-Länder oder auch nur eine Sicherheitskontrolle durch europäische Gemeinschaftsorgane in greifbare Nähe gerückt war. Bidault suchte darum in einer heftigen, bis zu Rücktrittsdrohungen gehenden diplomatischen Kampagne eine Revision dieses Beschlusses zu erreichen und blockierte unterdessen auf der Pariser Konferenz jede Verständigung über die deutsche Frage[8].

Durch die Weigerung Großbritanniens, einer Integration der europäischen Volkswirtschaften zuzustimmen, sowie durch die Opposition Frankreichs gegen die unmittelbare volle Ausnutzung des deutschen Potentials alarmiert, drängte nun die amerikanische Regierung auf eine europäische Zustimmung zu den Maßnahmen, die in ihrer Sicht für einen Erfolg des Marshall-Plans unerläßlich waren: Am 30. August forderte William Clayton vor dem CEEC »definitive Schritte zur Verminderung der Handelsbarrieren, die schließlich zur Beseitigung aller Handelsbeschränkungen führen, Vorrang (...) für die Reaktivierung der effizientesten vorhandenen Produktionsmöglichkeiten«, die Schaffung einer ständigen gemeinsamen Organisation der Teilnehmerländer und einen multilateralen Vertrag, der die Teilnehmerländer auf einen Vierjahresplan zu wirtschaftlicher Gesundung Europas verpflichtete. Die von den Delegierten unterdessen addierte Ziffer von 29,2 Milliarden Dollar notwendiger amerikanischer Unterstützung wies er als »viel zu hoch« zurück[9]. Um die Finanzierung des Programms durch den amerikanischen Kongreß nicht zu gefährden, sahen sich die CEEC-Teilnehmer daraufhin genötigt, die fast schon fertiggestellte Antwort noch einmal zu revidieren. In dem schließlich am 22. September der amerikanischen Regierung übergebenen Report bestanden sie nur noch auf einer Forderung von 19,3 Milliarden Dollar; dafür verpflichteten sie sich zu gegenseitiger Hilfestellung bei der Liberalisierung des Handelsverkehrs und zur Koordinierung gewisser Grundindustrien, so in der Energieproduktion und im Verkehrswesen; sie stimmten der Errichtung einer permanenten Gemeinschaftsorganisation zu, ohne dieser allzu weitreichende Kompetenzen einzuräumen; und sie anerkannten die Notwendigkeit eines raschen deutschen Wiederaufbaus, allerdings verbunden mit strengen Sicherheitsvor-

---

[8] Vgl. Loth, *Sozialismus*, S. 170–173; Gimbel, *Origins*, S. 235–240, 252–254.
[9] FRUS 1947, III, S. 391–396; van der Beugel, *From Marshall Aid to Atlantic Partnership*, S. 79–81; Gimbel, *Origins*, S. 255–259 und 262 (mit zu einseitiger Betonung des amerikanischen Interesses an der Rekonstruktion Westdeutschlands).

kehrungen gegen jeden Mißbrauch des deutschen Industriepotentials auf Kosten der übrigen Teilnehmerländer. Gemessen an den Integrationsvorstellungen der Autoren des Marshall-Plans wie der europäischen Anwälte des »Dritte-Kraft«-Konzepts waren dies sehr bescheidene, wenig konkrete und zum Teil auch gegensätzlich interpretierbare Zusagen. Nicht zu Unrecht bescheinigte Frankreichs sozialistischer Ministerpräsident Ramadier der Konferenz der Sechzehn am 28. September öffentlich, sie habe zu einem Vereinten Europa »kaum den Grundstein gelegt«[10].

In den weiteren Beratungen des Hilfsprogramms im Winter 1947/48 forderten Vertreter des amerikanischen Kongresses ihre Regierung wiederholt auf, sich nicht mit diesem Ergebnis zufriedenzugeben; in der Administration setzte sich jedoch die Ansicht durch, daß man eine Integration der Teilnehmerstaaten einschließlich Großbritanniens letztlich nicht erzwingen könne, ohne dem Selbstbehauptungswillen der Europäer (den es gegen die kommunistische Gefahr zu fördern galt!) einen empfindsamen Schlag zu versetzen. Die französische Regierung unternahm noch einmal einen Vorstoß: Sie forderte, die vereinbarte Gemeinschaftsorganisation der Teilnehmerländer mit einer starken Exekutive und einer Reihe autonom wahrzunehmender Kompetenzen auszustatten, darunter insbesondere die Verantwortung für die Verteilung der Hilfsgelder. Die britische Regierung widersetzte sich erneut, und so wurde die OEEC (Organization of European Economic Cooperation) in der am 16. April 1948 unterzeichneten Konvention der sechzehn Staaten nur mit einem schwachen Generalsekretariat ausgestattet, das von einer nach dem Einstimmigkeitsprinzip arbeitenden Vollversammlung der Regierungsvertreter abhängig blieb; von der Verteilungskompetenz war nicht mehr die Rede[11].

Damit war eine wesentliche Chance vertan, den Marshall-Plan im Sinne des Dritte-Kraft-Konzepts zu nutzen. Zwar war

[10] Ramadier: Rede in Mulhouse, Le Populaire 29. 9. 1947. – Text des Reports: *Committee of European Economic Co-operation, vol. I, General Report, vol. II, Technical Reports.* Paris, London 1947; deutsche Übersetzung: *Die Wiedergesundung Europas.* Schlußbericht der Pariser Wirtschaftskonferenz der 16 Nationen. 2 Bde, Oberursel 1947/48; Auszüge in: Europa-Archiv 2 (1947), S. 922–924.
[11] Zu den Kongreßforderungen vgl. van der Beugel, *From Marshall Aid to Atlantic Partnership,* S. 87–92 und 109–119; zur französischen Initiative auf der zweiten OEEC-Konferenz 15.–18. 3. 1948 ebd. S. 130–132; und Hogan, *The Marshall Plan,* S. 123–127; Text der OEEC-Konvention in: *Documents on American Foreign Relations.* Bd. X, Washington 1950, S. 244–250.

eine Institution geschaffen worden, die es zum ersten Mal ermöglichte, die Wirtschaftsprobleme der europäischen Länder nicht nur unter einzelstaatlichen Aspekten, sondern auch in europäischer Perspektive zu sehen, und es wurde insbesondere bald zur Praxis der OEEC, die nationalen Wiederaufbauprogramme wechselseitig zu begutachten; Entscheidungen zur Lösung der Wiederaufbauproblematik blieben aber immer vom Konsens aller beteiligten Regierungen abhängig, und sobald eine Regierung kurzfristige nationale Interessen auch nur geringfügig betroffen sah, scherte sie aus der Einheitsfront aus. Ein gemeinsames Wiederaufbauprogramm, oder auch nur – was bei dem höchst unterschiedlichen Stand der Planungstechnik in den beteiligten Ländern eher erreichbar war – eine weitreichende Verständigung über Prioritäten und Arbeitsteilung im europäischen Wiederaufbau konnte auf diese Weise nicht zustande kommen. Erst recht kamen Integrationsbemühungen innerhalb der OEEC kaum voran; es dauerte allein bis zum September 1950, bis auch nur eine »Europäische Zahlungsunion« der Teilnehmerländer zustande kam. Bei einem solch geringen Grad an tatsächlich gemeinsamer Politik mußte es den Europäern äußerst schwer fallen, im Konfliktfall eigene gegen amerikanische Interessen durchzusetzen.

Amerikanische Penetration in Westeuropa

Von der mangelnden Kooperations- und Integrationsbereitschaft der Europäer enttäuscht, organisierte das amerikanische State Department nun das Marshall-Programm weitgehend nach eigenen Vorstellungen, mit mehr Rücksicht auf die Ansprüche des Kongresses und der anderen Abteilungen der Administration als auf die spezifischen Interessen der europäischen Staaten, und engagierte damit die USA in einem weit stärkeren Maße als Führungsmacht des westlichen Europa, als dies ursprünglich für notwendig und möglich gehalten worden war.

Statt den Report der ersten CEEC-Konferenz wie ursprünglich geplant als verbindliche Grundlage für das Hilfsprogramm zu nehmen, suchte die Truman-Administration nun dessen Bedeutung herunterzuspielen und – in den Worten Kennans – »einseitig zu entscheiden, was wir letztlich dem Kongreß vorlegen möchten«. Um den Zeitraum bis zur Abwicklung der für die Etablierung des Hilfsprogramms notwendigen Gesetzgebungsmaßnahmen zu überbrücken, beantragte sie zunächst einmal eine Soforthilfe für die politisch gefährdetsten Länder; der Kongreß bewilligte am 17. Dezember 1947 522 Millionen Dollar für Frankreich, Italien und Österreich und im März 1948 noch einmal 155 Millionen zur Bewältigung der unmittelbaren Versorgungsprobleme. Für das langfristige Wiederaufbauprogramm legte Truman dem Kongreß am 19. Dezember 1947 einen Entwurf vor, der die Gewährung von insgesamt 17 Milliarden Dollar (statt der von den Europäern zuletzt beantragten 19,3 Milliarden) für viereinviertel Jahre vorsah und in seinen wesentlichen Daten noch auf dem CEEC-Report basierte. Noch bevor die offiziellen Beratungen begannen, änderte die Administration ihren Antrag auf Drängen Vandenbergs jedoch dahingehend ab, daß nur das Prinzip der Hilfe für vier Jahre, nicht aber ihre Höhe beschlossen werden sollte, und in dieser Form trat der »Foreign Assistance Act« nach vielen Modifikationen im einzelnen dann am 3. April 1948 auch in Kraft. Die Hilfsgelder mußten nun von den Europäern für jedes der vier Jahre einzeln beantragt und vom Kongreß jedesmal erneut bewilligt werden, was die Einflußmöglichkeiten der USA allgemein und des Kongresses insbesondere auf die Ausgestaltung des Programms entscheidend verstärkte und eine längerfristige eigenständige Planung der Europäer nahezu unmöglich machte. Für 1948/49 wurden 4,875 Milliarden Dollar an Subventionen und Anleihen gewährt. Die Zahlungen der drei folgenden Jahre waren jeweils etwas niedriger, so daß sich die Gesamthilfe bis 1952 auf 12,992 Milliarden Dollar belief, davon 9,290 als Subventionen, 1,139 als Darlehen und 1,517 als »bedingte Hilfe«[12].

Der Kongreß setzte zunächst einmal eine Reihe spezifischer Einzelinteressen amerikanischer Wirtschaftsgruppen durch, die der Effizienz des Wiederaufbauprogramms und damit auch den generellen Zielen der amerikanischen Eindämmungspolitik abträglich waren. So mußten 50 Prozent aller Hilfsgüter auf amerikanischen Schiffen und unter dem Schutz amerikanischer Versicherungsgesellschaften transportiert werden – eine Bestimmung, die bis Oktober 1948 allein 12 Prozent der bis dahin geleisteten Zahlungen kostete. Landwirtschaftliche Produkte konnten mit Marshall-Plan-Geldern nur aus amerikanischen

---

[12] Kennan: Memorandum vom 4. 9. 1947, FRUS 1947, III, S. 397–405. Zu den folgenden Daten vgl. Price, *The Marshall Plan and its Meaning*, und van der Beugel, *From Marshall Aid to Atlantic Partnership* sowie William Brown und Redvers Opie, *American Foreign Assistance*. Washington 1953, passim.

Überschüssen (zum halben Preis des US-Marktpreises) gekauft werden, selbst dann, wenn sie auf anderen Märkten – etwa der Dritten Welt – billiger zu haben waren. Pläne zur Errichtung europäischer Erdölraffinerien wurden nicht genehmigt, statt dessen mußten die Europäer Öl amerikanischer Firmen zu überhöhten Preisen einführen; Mitte 1950 belief sich der Anteil allein des Erdöls an den gesamten Marshall-Plan-Lieferungen auf 11 Prozent. Statt der erbetenen 65 000 Traktoren wurden nur 20 000 geliefert, dafür in den ersten fünfzehn Monaten 65 000 Lastkraftwagen, die niemand für vordringlich gehalten hatte. Daneben gab es eine Reihe weniger spektakulärer Verschiebungen[13].

Von größerer Bedeutung wurde, daß Kongreß und Administration das Programm in einer Weise organisierten, die die amerikanische Open-door-Politik strukturell begünstigte. Das schwierige Geschäft der Verteilung der Hilfsgelder an die einzelnen Länder wurde – entgegen deren Beschluß! – der OEEC überlassen und unterlag einer abschließenden Kontrolle durch die amerikanische »Economic Cooperation Administration« (ECA) zur Verwaltung der Marshall-Plan-Gelder; zugleich wurden aber mit den einzelnen Teilnehmerländern bilaterale Verträge abgeschlossen, die diese auf die Prinzipien der außenwirtschaftlichen Liberalisierung, der Steigerung des Handels, der europäischen Zusammenarbeit, der Meistbegünstigung für die USA, des Schutzes amerikanischen Eigentums und der Privatwirtschaft sowie des amerikanischen Zugangs zu den Rohstoffquellen Europas festlegten. Die Hilfe wurde zum größten Teil in nicht rückzahlbaren Dollar-Subventionen geleistet, die zur Einfuhr von Waren und Investitionsgütern benutzt werden konnten; zugleich wurden die teilnehmenden Regierungen jedoch verpflichtet, den Gegenwert der ihnen zugewiesenen Dollarbeträge in einen Sonderfond einzuzahlen, der zu 95 Prozent der Förderung des nationalen Wiederaufbaus zur Verfügung stand, während die restlichen 5 Prozent für die Deckung der amerikanischen Verwaltungskosten und Propaganda und den Erwerb strategisch wichtiger Rohstoffe durch die USA be-

---

[13] Vgl. hierzu und zum folgenden Joyce und Gabriel Kolko, *The Limits of Power*. New York 1972, S. 428–452; Pierre Melandri, *Les Etats-Unis face à l'unification de l'Europe 1945–1954*. Paris 1980, S. 108–144; Hardley Arkes, *Bureaucracy, the Marshall Plan and the National Interest*. Princeton 1972, S. 59 bis 131; Immanuel Wexler, *The Marshall Plan Revisited*. Westport, London 1983, S. 9–54.

stimmt waren. Auch die Verwendung dieser »Gegenwertmittel« unterstand der abschließenden Kontrolle durch die ECA, so daß die amerikanische Regierung de facto über beträchtliche Einwirkungsmöglichkeiten auf die jeweilige nationale Investitionspolitik verfügte.

Diese durch vielfältige Rücksichtnahmen auf den Kongreß geprägte amerikanische Marshall-Plan-Politik als Dollarimperialismus zu bezeichnen, ist gewiß übertrieben: Die Europäer behielten (selbst gegen ihren Willen) die Initiative bei der Formulierung der einzelnen Programmphasen; das gesamte Programm zielte trotz seiner Open-door-Elemente nicht auf eine dauernde strukturelle Abhängigkeit der europäischen Volkswirtschaften von den USA, sondern im Gegenteil ausdrücklich auf das Überflüssigwerden der amerikanischen Hilfe und die Restitution der europäischen Selbständigkeit in einem Zeitraum von vier Jahren; die von der ECA zur Erlangung dieses Ziels betriebene Politik hoher Investitionsraten und Exportüberschüsse bedeutete zwar einen Verzicht auf unmittelbare massive Steigerung der Massenkaufkraft, ließ aber eine spätere Steigerung des allgemeinen Lebensstandards durchaus zu, mehr noch: sie war unabdingbare Voraussetzung für einen Erfolg des Wiederaufbauprogramms (und wurde darum auch von den Kommunisten in West und Ost in ähnlicher Weise praktiziert). Dennoch bleibt festzuhalten, daß die USA bei der Formulierung des Marshall-Programms ihre nationalen Interessen höchst wirkungsvoll eingebracht haben, den Europäern aber, nachdem sie es nicht verstanden hatten, sich mit effektiven Instrumenten gemeinsamen Handelns auszustatten, wenig Möglichkeiten blieben, ihre Interessen durchzusetzen, soweit sie nicht mit den amerikanischen Vorstellungen vom europäischen Wiederaufbau übereinstimmten[14].

Der auf diese Weise erreichte Grad an Abhängigkeit der Europäer von den USA zeigte sich besonders deutlich in den Entscheidungen über die Art der Einbeziehung der deutschen Westzonen. Nachdem die französischen Pläne, der eigenen In-

[14] Die pauschale revisionistische Imperialismuskritik überschätzt die Geschlossenheit der amerikanischen Entscheidungsträger, übersieht die Ambivalenz der meisten Entscheidungen und unterschätzt die Einwirkungsmöglichkeiten der Europäer. Der in der Praxis realisierte Grad an amerikanischer Penetration in Westeuropa wird einseitig dem amerikanischen Herrschaftswillen angelastet, während er tatsächlich mindestens ebenso eine Folge der selbstverschuldeten europäischen Handlungsunfähigkeit war.

dustrieproduktion einen permanenten Vorsprung vor der deutschen zu sichern, an den Moskauer Vereinbarungen Bevins und Marshalls gescheitert waren, und sich auch die OEEC unter amerikanischem Druck zu der Notwendigkeit bekannt hatte, das deutsche Potential unmittelbar und effektiv für den europäischen Wiederaufbau einzusetzen, suchte die französische Regierung nun wenigstens eine dauerhafte deutsche Dominanz in dem künftigen Europa zu verhindern: Bei der Aufstellung des ersten OEEC-Verteilungsplans setzte sie eine Reduzierung der von den Militärgouverneuren geforderten Dollarhilfe für die Bizone von 450 auf 367 Millionen durch, ebenso die Gewährung von Krediten der Bizone an die anderen Teilnehmerländer in Höhe von 90 Millionen Dollar. Als aber Clay und das War Department aus Sorge um eine rasche Rekonstruktion Westdeutschlands gegen diesen für alle Europäer akzeptablen Kompromiß in der Verteilungsfrage Sturm liefen, wurde das Prinzip der europäischen Selbstverantwortlichkeit gegen beträchtlichen Widerstand aus dem State Department und der ECA durchbrochen; die OEEC mußte 414 Millionen Dollar an die Bizone weitergeben und auf Bizonen-Kredite ganz verzichten, so daß von der gesamten Dollarhilfe des Jahres 1948 allein 28 Prozent nach Westdeutschland gingen. Damit war erneut eine Vorentscheidung für die spätere Dominanz der deutschen Wirtschaft auf dem Kontinent gefallen[15].

Die Internationalisierung der Ruhrindustrie, die die französische Regierung zum Schutz vor einer deutschen Dominanz und zur gleichmäßigen Nutzung des deutschen Potentials durch alle Staaten der Region propagierte, scheiterte am vereinten Widerstand der britischen Labour-Regierung, des nordrhein-westfälischen Landtages und der amerikanischen Regierung. Die Labour-Party neigte in ihrer Mehrheit einer Sozialisierung des Ruhr-Komplexes im nationalen Rahmen zu; die SPD der britischen Besatzungszone bereitete entsprechende Nationalisierungspläne vor, während die CDU für eine »Vergemeinschaftung« im Sinne dezentralisierter öffentlicher und privater Eigentümerschaft eintrat (der Landtag votierte dann im August 1948 bei Stimmenthaltung der CDU für eine Sozialisierung der Ruhrkohle zugunsten des Landes Nordrhein-Westfalen). In den USA favorisierten republikanische Sprecher um John Foster Dulles die Internationalisierung im französischen Sinne,

[15] Vgl. Kolko, *Limits*, S. 430; van der Beugel, *From Marshall Aid to Atlantic Partnership*, S. 153–155.

während das State Department die Entscheidung vom Votum einer repräsentativen, demokratisch legitimierten westdeutschen Regierung abhängig machen wollte und damit eine Sozialisierung im nationalen Rahmen de facto durchaus ins Auge faßte, und Militärgouverneur Clay, unterstützt von Ideologen des »free enterprise«, gegen eine Gefährdung der Rekonstruktion Westdeutschlands durch Sozialisierungsexperimente Front machte. Unter dem Druck Clays verpflichtete die amerikanische Regierung die Briten im November 1947 auf eine Überantwortung der Eigentumsfrage an eine künftige deutsche Regierung und die zwischenzeitliche Einsetzung deutscher Treuhänder unter westlicher Kontrolle; damit waren sowohl die Internationalisierung als auch die Nationalisierung vorerst unmöglich geworden, und die normative Kraft des Faktischen arbeitete für eine Restitution der alten privatwirtschaftlichen Eigentumsverhältnisse. Den Franzosen wurde in langwierigen Verhandlungen, die fast das ganze Jahr 1948 andauerten, die Schaffung einer Internationalen Ruhrbehörde aus Vertretern der USA, Großbritanniens, Frankreichs, der Benelux-Länder und Westdeutschlands zugestanden, die die Verteilung der Ruhr-Produkte und die Wirtschaftspolitik der Ruhr-Unternehmen kontrollieren sollte; 1951, als vereinbarungsgemäß definitiv über das Schicksal der Unternehmen entschieden wurde, war der verbliebene Widerstand gegen ihre Rückgabe an die alten Eigentümer gebrochen[16].

Die auf diese Weise vorangetriebene weitgehende »Restauration« der traditionellen privatkapitalistischen Ordnungsverhältnisse in Europa war allerdings nicht nur eine Folge der am Vorbild des eigenen Landes orientierten pragmatischen Eindämmungspolitik der amerikanischen Regierung und des Unvermögens der Europäer und insbesondere der europäischen Linken, sich wirkungsvoll zu organisieren, sondern mindestens

[16] Vgl. für das Schicksal der Internationalisierungspläne Loth, *Sozialismus*, S. 216–219 und 240 f.; für die britische und deutsche Haltung zur Nationalisierung Wolfgang Rudzio, *Die ausgebliebene Sozialisierung an Rhein und Ruhr*. In: Archiv für Sozialgeschichte 18 (1978), S. 1–39, und Rolf Steininger, *Reform und Realität. Ruhrfrage und Sozialisierung in der anglo-amerikanischen Deutschlandpolitik 1947/48*. In: Vierteljahrshefte für Zeitgeschichte 27 (1979), S. 167–240; für die inneramerikanische Diskussion Dörte Winkler, *Die amerikanische Sozialisierungspolitik in Deutschland 1945–1948*. In: Heinrich August Winkler (Hrsg.), *Politische Weichenstellungen im Nachkriegsdeutschland 1945–1953*. Göttingen 1979, S. 88–110; für die Entscheidungen unter dem Einfluß Clays Gimbel, *Origins*, S. 204–219.

ebenso eine Folge der Verschiebung der innenpolitischen Kräfteverhältnisse in den europäischen Ländern durch direkte Einwirkung des Kalten Krieges. In Frankreich hatten sich die Kommunisten durch die Kominform-Politik selbst ins politische Abseits manövriert, und die antikommunistische Hysterie, die sich nun in den übrigen Parteien mehr und mehr verbreitete, sorgte dafür, daß sie dort dauerhaft verblieben; dadurch waren die Sozialisten zur linken Flügelgruppe einer Koalition mit Christdemokraten und Konservativen geworden, die sich von den Reformansätzen der aus der Résistance hervorgegangenen ersten Nachkriegsregierungen immer weiter fortbewegte: Je konservativere Züge die Regierungspolitik annahm, desto mehr verloren die Sozialisten an Rückhalt bei ihrer Klientel – und umgekehrt. In Italien hatten sich die Sozialisten im Januar 1947 an der Frage der Aktionseinheit mit den Kommunisten gespalten und damit ungewollt die Voraussetzungen dafür geschaffen, daß sich die politischen Kräfte des Landes unter dem Eindruck des Kalten Krieges dauerhaft polarisierten: In den Wahlen vom April 1948 siegten die Christdemokraten (mit massiver amerikanischer Unterstützung) deutlich über das Bündnis aus Kommunisten und Linkssozialisten; damit war die Dauerherrschaft der Democrazia Cristiana ebenso begründet wie die Konzentration der oppositionellen Kräfte auf die kommunistische Partei. In Deutschland minderte die Spaltung in Ost und West die zuvor durchaus realen Chancen der Sozialdemokraten, aus Wahlen als stärkste Partei hervorzugehen; innerhalb der christdemokratischen Partei errangen die konservativen Kräfte die Führungsposition, nicht zuletzt, weil ihre Ansichten am ehesten mit den deutschlandpolitischen Vorstellungen der amerikanischen Führungsmacht übereinstimmten; nach den knapp gewonnenen ersten Parlamentswahlen im August 1949 entschied sich dann die CDU ebenso knapp für eine Regierung ohne sozialdemokratische Beteiligung, so daß auch in der Bundesrepublik die eher konservativen Kräfte dominierten. In Großbritannien stand die Labour-Regierung, der allgemeinen Tendenzwende in Europa entsprechend, unter zunehmendem Druck der Konservativen; an einer allzu engen Bindung an den Kontinent ohnehin nicht interessiert, sah sie sich durch die zunehmend konservative Entwicklung in den Partnerländern in ihrem Isolationismus bestätigt; ohne Unterstützung durch die britischen Sozialisten formierte sich nun auch die ursprünglich von der Hoffnung auf eine sozialistische »Dritte Kraft« geprägte europäische Einigungsbewegung unter mehrheitlich konservativen Vorzeichen[17].

Von der »Dritten Kraft« zur Westintegration

Nicht zuletzt wurde der Trend zur ordnungspolitischen »Restauration« und zur Anlehnung an die amerikanische Führungsmacht in Westeuropa dadurch verstärkt, daß in Reaktion auf die sowjetische Antwort auf den Marshall-Plan die bis dahin nur in den USA allgemein akzeptierten Thesen der Eindämmungs-Doktrin zwischen dem Sommer 1947 und dem Frühjahr 1948 auch in Europa rezipiert wurden, wo sie verständlicherweise eine viel existentiellere Dimension als zuvor annehmen mußten.

Bis zum Sommer 1947 war nur eine Minderheit europäischer Politiker für eine westliche Blockbildung im Sinne der Eindämmungs-Doktrin zu haben gewesen: Churchill, der die britisch-amerikanische Partnerschaft beschwor und die deutsch-französische Aussöhnung im Rahmen eines Vereinten (West-)Europas betrieb, um den »Westen« gegen die vermeintliche sowjetische Expansion organisieren zu können; Adenauer, der schon 1945 die sowjetische Besatzungszone Deutschlands als für einen demokratischen Wiederaufbau verloren betrachtete und für die Integration der deutschen Westzone in die westeuropäische Region eintrat; de Gaulle, der nach dem gescheiterten Versuch einer recht unbefangenen Gleichgewichtspolitik zwischen Ost und West nun aus der Opposition heraus einen innen- wie

[17] Revisionistische Kritiker der »Restauration« (z. B. Kolko, *Limits*, und für den westdeutschen Bereich, wo die Diskussion besonders intensiv geführt worden ist, Eberhard Schmidt, *Die verhinderte Neuordnung 1945–1952*. Frankfurt 1970, 7. Aufl. 1977; Ute Schmidt und Tilman Fichter, *Der erzwungene Kapitalismus*. Berlin 1971, 2. Aufl. 1975; Ernst-Ulrich Huster u. a., *Determinanten der westdeutschen Restauration 1945–1949*. Frankfurt 1972, 2. Aufl. 1973) machen in der Regel allein den Herrschaftswillen der USA für diese Entwicklung verantwortlich, erklären sie sogar zum Teil zur eigentlichen Zielsetzung der Eindämmungspolitik. Tatsächlich hatte sie, wie gezeigt, vielfältige Ursachen, die insgesamt ohne eine schon *zuvor* einsetzende, zuerst vermutete und dann tatsächliche Ost-West-Konfrontation nicht zu verstehen sind. Ernst Noltes These von der Zwangsläufigkeit einer »Restauration«, nachdem alle wesentlichen politischen Kräfte 1945/46 die uneingeschränkte staatliche Planwirtschaft abgelehnt hatten (*Deutschland und der Kalte Krieg*. München 1974, S. 216–218), geht am eigentlichen Problem vorbei: den ordnungspolitischen Entscheidungen innerhalb gemischtwirtschaftlicher Systeme seit 1947. Zur Relativität des Restaurationsbegriffes Theo Pirker, *Die verordnete Demokratie. Grundlagen und Entscheidungen der »Restauration«*. Berlin 1977.

außenpolitisch militanten Antikommunismus predigte; Bidault, für den mit der Moskauer Außenministerratstagung das Ende jeder Zusammenarbeit mit der Sowjetunion und den eigenen Kommunisten gekommen war. Daß die Mehrheit der Europäer anders dachte, zeigte nicht nur die Modifizierung der amerikanischen Strategie von der Truman-Doktrin zum Marshall-Plan, sondern auch die europäische Reaktion auf das Angebot Marshalls: Bevin, der auf eine bevorzugte Behandlung Großbritanniens hoffte und die negativen Effekte einer Beteiligung der Sowjetunion auf Umfang und Tempo der amerikanischen Hilfe fürchtete, sah sich aus Rücksicht auf das Empfinden dieser Mehrheit dennoch gezwungen, neben dem französischen auch seinen sowjetischen Kollegen zu einer Konferenz über das Hilfsangebot einzuladen, und Bidault wurde durch Druck aus seiner eigenen christdemokratischen Partei und aus den Reihen des sozialistischen Koalitions-Partners dazu gebracht, dieser Einladung zuzustimmen[18].

Die sowjetische Absage an den Marshall-Plan reaktivierte mancherorts traditionelle antikommunistische Affekte und ließ verstärkt Zweifel über die Natur der sowjetischen Politik laut werden; in ihrer Mehrheit blieben die europäischen Kabinette aber immer noch von der Notwendigkeit einer Politik der »Offenen Tür« gegenüber Osteuropa und eines von den USA unabhängigen Kurses überzeugt; die Kommunisten in den westeuropäischen Ländern wurden noch als durchaus systemimmanente Oppositionsparteien betrachtet. Erst die Kominform-Propaganda und die anschließenden Streikbewegungen in Frankreich und Italien im Spätherbst 1947 ließen die Mehrheit der Europäer an prinzipiell expansionistische Absichten der Sowjetunion glauben und bei einem wachsenden Teil der europäischen Öffentlichkeit die Überzeugung entstehen, daß die Sowjetführung zur Verwirklichung dieser Absichten auch vor dem Einsatz militärischer Mittel nicht zurückschrecken würde.

Am Rande der Londoner Außenministerratstagung – auf der

---

[18] Vgl. Loth, *The West European Governments*, S. 490f. und 497. – Die im folgenden skizzierte Rezeption der Eindämmungsdoktrin in Westeuropa ist bislang nur für Frankreich systematisch untersucht; vgl. Wilfried Loth, *Frankreichs Kommunisten und der Beginn des Kalten Krieges.* In: Vierteljahrshefte für Zeitgeschichte 26 (1978), S. 56–62; ders., *Sozialismus*, S. 177–187; zum Ergebnis dieser Rezeption Klaus Hänsch, *Frankreich zwischen Ost und West.* Berlin 1972, S. 104–129, 189–196. Die für die übrigen Länder zur Verfügung stehenden Daten deuten in die gleiche Richtung; dennoch wären entsprechende Paralleluntersuchungen wünschenswert.

vom 25. November 1946 bis 15. Dezember 1947 Molotow vergeblich gegen die Entschlossenheit der drei westlichen Außenminister polemisierte, die deutschen Westzonen in das westeuropäische Wiederaufbauprogramm einzubeziehen[19] – suchte Bevin, von Bidault nachhaltig unterstützt, darum seinen amerikanischen Kollegen Marshall für den Plan einer Allianz der Westmächte zu gewinnen, die insbesondere den Europäern einen militärischen Schutz durch die USA garantieren sollte: »Wir müssen eine Art westliches demokratisches System erfinden, das die Amerikaner, uns selbst, Frankreich, Italien, usw., und natürlich die Dominions umfaßt, (...) kein förmliches Bündnis, sondern eine Verständigung auf der Grundlage von Macht, Geld und entschlossenem Handeln, (...) eine Art geistiger Föderation des Westens.« »Sobald die Umstände es erlauben«, so ein britisches Kabinettspapier vom 2. Januar 1948, sollten auch Spanien und Deutschland in dieses Verteidigungssystem integriert werden, »ohne die kein westliches System vollständig sein kann«. Marshall zeigte sich im Prinzip einverstanden, machte aber ein militärisches Engagement der USA in Westeuropa von einer vorherigen Intensivierung und Koordination der europäischen Verteidigungsanstrengungen abhängig; ohne eine solche Eigeninitiative, so meinte er, würde sich ein solches Engagement im Kongreß noch viel weniger durchsetzen lassen als die Wirtschaftshilfe. Bevin und Bidault betrieben nun in aller Eile die Gründung eines Verteidigungspaktes ihrer Länder mit den Benelux-Staaten als ersten Schritt zur »Western Union«: Nach inoffiziellen Vorgesprächen Bevins mit Bidault und Churchill Ende Dezember in London proklamierte Bevin am 22. Januar in einer Unterhausrede die Idee der »Western Union«; am 4. März begannen die Paktverhandlungen; und schon am 17. März 1948 konnte der »Brüsseler Pakt« unterzeichnet werden, in dem sich Großbritannien, Frankreich, die Niederlande, Belgien und Luxemburg zu wechselseitiger Hilfe im Falle eines bewaffneten Angriffs in Europa verpflichteten sowie eine Intensivierung der politischen und wirtschaftlichen Zusammenarbeit zusagten[20].

[19] Vgl. FRUS 1947, II, S. 676–810.
[20] Vgl. die zeitgenössischen Nachrichten bei Wilhelm Cornides, *Die Vorgeschichte des Brüsseler Fünfmächtepaktes.* In: Europa-Archiv 3 (1948), S. 1603–1608, und 4 (1949), S. 1755–1767; Wilhelm Cornides und Hermann Volle, *Die Entstehung des Westblocks.* In: Europa-Archiv 4 (1949), S. 1810–1822; zur Haltung Bevins, Bidaults und Marshalls Georgette Elgey, *La République des illusions ou la vie secrète de la IV. République.* Bd. 1: *1945–1951.* Paris 1965,

Die Hoffnungen auf eine von den USA unabhängige »Dritte Kraft« waren indessen Anfang 1948 immer noch so stark verbreitet, daß die Initiatoren des Brüsseler Paktes die strategische Funktion des Bündnisses als Wegbereiter eines amerikanischen Militärschutzes und amerikanischer Militärhilfe für Europa so gut es ging verhüllten und es nur als Grundlage für eine umfassende politische und militärische Zusammenarbeit Westeuropas im Sinne des »Dritte-Kraft«-Konzeptes präsentierten – nur so schien es in Europa innenpolitisch durchsetzbar zu sein. In Bevins Unterhausrede vom 22. Januar, die die öffentliche Diskussion um den Pakt bestimmte, war von sowjetischer Bedrohung nur verdeckt und von amerikanischem Schutz überhaupt nicht die Rede, dafür um so mehr von der »Konsolidierung« und »geistigen Union« Westeuropas und von seiner potentiellen Wirtschaftskraft zwischen den »anderen beiden großen Weltmächten, den Vereinigten Staaten und der Sowjetunion«.[21] Zumindest der belgische Außenminister Spaak und die französischen Sozialisten wollten den Pakt in der Tat in diesem Sinne verwirklicht sehen, und auch bei Bevins Überlegungen spielte diese Perspektive eine Rolle. Es war daher zunächst noch keineswegs eindeutig abzusehen, wohin er tatsächlich führen würde, zu einer Blockbildung mit den USA oder zur Formierung eines relativ eigenständigen Europas[22].

Den entscheidenden Umschwung brachten erst die Nachrichten von der Ausschaltung der nichtkommunistischen Kräfte in der Tschechoslowakei Ende Februar 1948. Nahezu alle Kommentatoren in Westeuropa hielten nun die These vom notwendigerweise expansionistischen Charakter des Sowjetsystems für bestätigt; in der Bevölkerung wuchs die Furcht vor einer militärischen Aggression der Sowjetunion auf Westeuropa; und die verantwortlichen Politiker einschließlich der meisten bisherigen Verfechter der »Dritten Kraft« begannen, zumindest die Eventualität eines solchen Angriffs in ihre Politik einzubeziehen.

S. 380–384, und Daniel Yergin, *Shattered Peace.* Boston 1977, S. 334 und 362f.; Bevin auf der Londoner Ratstagung laut FRUS 1947, II, S. 815–817; Papier vom 2. 1. 1948 in den Attlee Papers, mitgeteilt bei Yergin, *Shattered Peace*, S. 362f.; Treffen Bevin-Bidault-Churchill laut New York Times 25. 1. 1948.

[21] Wortlaut in: *Europa. Dokumente zur Frage der europäischen Einigung,* Bd. 1, München 1962, S. 351–353.

[22] Vgl. Jean Stengers, *Paul-Henri Spaak et le traité de Bruxelles de 1948.* In: Raymond Poidevin (Hrsg.), *Histoire des débuts de la construction européenne.* Brüssel 1986, S. 119–146; Alan Bullock, *Ernest Bevin, Foreign Secretary, 1945 bis 1951.* Oxford 1983, S. 483–526.

urgent

Nur eine intellektuelle Minderheit der »Dritte-Kraft«-Bewegung verfocht weiterhin einen »neutralen« Weg zwischen Ost und West[23]; die Mehrheit sah die westeuropäischen Demokratien wie die Väter der Eindämmungsdoktrin durch die Verbindung von subversiver Tätigkeit im Inneren und militärisch fundiertem Druck von außen bedroht; die Fähigkeit und Bereitschaft, zwischen kommunistischen Bewegungen und der Sowjetunion, kommunistischer Ideologie und realen sowjetischen Interessen zu differenzieren, nahm immer mehr ab. An der Notwendigkeit einer auch militärischen Allianz mit den USA bestand nun kein Zweifel mehr, auch wenn die meisten Verfechter der »Dritten Kraft« noch hofften, Europa innerhalb dieser Allianz eine *relativ* unabhängige Rolle sichern zu können; Bidaults wie Bevins inständige Bitten um amerikanischen Schutz fanden jetzt die notwendige innenpolitische Rückendeckung, so daß sich die Brüsseler Mächte schon einen Monat nach Vertragsabschluß offiziell um Unterstützung durch die USA bemühen konnten[24].

Zwischen der atlantischen Allianzpolitik etwa im Sinne Churchills und der europäischen Einigungspolitik im Rahmen des westlichen Bündnisses, wie sie etwa Blum betrieb, blieben gewiß auch nach der Prager Krise beträchtliche Unterschiede: Jene dachte vorwiegend in militärisch-strategischen Dimensionen, diese hielt eine breite Partizipation am allgemeinen Wiederaufbau für die beste Verteidigungsmaßnahme; jene verstand den Zusammenschluß Westeuropas ausschließlich als Verteidigungsmaßnahme gegen die Sowjetunion, diese sah die Einigung auch als Absicherung gegen eine amerikanische Dominanz und war darum weit mehr auf eine Eigenständigkeit der europäischen Institutionen bedacht; jene hoffte die Beziehungen zu Osteuropa und der Sowjetunion durch eine Demonstration der Stärke regeln zu können; diese setzte im Zweifelsfall eher auf einen Abbau der Spannungen als Voraussetzung zu schrittweiser Verständigung. In der Summe aber standen die Europäer dem Trend zur westlichen Blockbildung nun nicht mehr hemmend, sondern fördernd gegenüber; noch verbliebene Sonderinteressen der Europäer – etwa das französische Interesse an Garantien gegen ein Wiedererstarken Deutschlands oder das sozialistische Interesse an einer Umgestaltung der Wirtschafts-

[23] Vgl. für Frankreich Loth, *Sozialismus*, S. 188–201.
[24] Text in: FRUS 1948, III, S. 91.

ordnung in Europa – konnten nun mehr und mehr mit dem Hinweis auf die Notwendigkeiten der gemeinsamen Verteidigungsanstrengungen umgangen werden. Für eine unabhängige europäische Politik und eine Eindämmung des Ost-West-Konfliktes blieb damit – gemessen an den ambitiösen »Dritte-Kraft«-Plänen – nur noch ein geringer Spielraum.

Die Neuinstrumentierung der amerikanischen Eindämmungspolitik und die sowjetische wie die westeuropäische Antwort
auf den Marshall-Plan zusammengenommen hatten das Jahr
1947 zu einem zweiten Jahr der Wende in der Geschichte der
Ost-West-Beziehungen werden lassen: Spätestens seit dem ergebnislosen Abbruch der Londoner Außenministerratstagung
im Dezember 1947 gab es keinerlei Ansätze mehr, die beiderseitigen Differenzen und gemeinsamen Probleme auf dem Ver-
handlungswege zu lösen. Stattdessen lebten nun alle Beteiligten
– die Amerikaner schon seit 1945/46, die Sowjets seit Sommer/
Herbst 1947 und die Europäer seit dem Winter 1947/48 – in der
Furcht vor mehr oder minder gewaltsamen Übergriffen der Gegenseite auf das eigene Sicherheitsgebiet; die Auseinandersetzung zwischen Ost und West wurde nicht länger als bloßes
machtpolitisches Ringen um Einflußsphären und Sicherheitsan-
sprüche verstanden, sondern immer mehr als existentieller
Kampf zwischen gegensätzlichen Gesellschaftsordnungen und
Lebensformen. Durch die ideologische Polarisierung geriet die
tatsächliche Vielfalt politischen Lebens in Ost und West immer
mehr aus dem Blick, und durch die wechselseitige Furcht erfuhren die autoritären, auf die Ausweitung des staatlichen Sicher-
heitsapparates drängenden Kräfte auf beiden Seiten entscheidende Verstärkung.

Unter diesen Voraussetzungen mußte die auf die Teilungsent-
scheidungen folgende Organisation der beiden Lager – die
Gründung der NATO, der Bundesrepublik Deutschland und
der ersten europäischen Institutionen im Westen sowie der stärkere Zugriff der Sowjetunion auf die verbündeten Staaten, die
Gründung der DDR und des COMECON im Osten – den
Charakter einer Blockbildung annehmen. Obwohl es zunächst
auf beiden Seiten nicht an Unsicherheit darüber fehlte, wie das
eigene Lager organisiert und der Schutz vor der Gegenseite
garantiert werden sollte, führte jede Krise der beiderseitigen
Beziehungen, die sich aus dem beginnenden Organisationspro-
zeß der beiden Lager ergab – die Prager Krise im Frühjahr 1948,
die Berlin-Krise ab Sommer 1948 und die Herbstkrise des Jahres 1949 – zu weiterer Verschärfung der Polarisierung.

Die amerikanische Regierung stand den europäischen Bitten um militärischen Schutz und Militärhilfe zunächst zurückhaltend gegenüber. Zwar konnte es, wie Marshall Anfang Februar 1948 Präsident Truman wissen ließ, »auf lange Sicht gar keine Frage« mehr sein, wie die Beziehungen der USA zu dem entstehenden Brüsseler Pakt zu gestalten waren: er mußte unterstützt werden, allein schon, um das Vertrauenskapital nicht zu zerstören, das die USA unterdessen mit der Marshall-Hilfe in Westeuropa angesammelt hatten, und die Europäer nicht zur Resignation vor dem vermeintlich übermächtigen sowjetischen Druck zu treiben. Auf der anderen Seite hielten die Verantwortlichen des State Department einen bewaffneten Angriff der Sowjetunion auf westliche Gebiete für äußerst unwahrscheinlich, um nicht zu sagen ausgeschlossen. »Was uns bedroht«, wurde insbesondere Kennan nicht müde zu betonen, »ist nicht die militärische Macht der Russen, sondern ihre politische Macht. (...) Wenn die Bedrohung nicht ausschließlich militärischer Art ist, dann bezweifle ich, daß man ihr mit ausschließlich militärischen Mitteln begegnen kann.«[1]

Eine massive Erhöhung der Verteidigungsanstrengungen des Westens war in dieser Interpretation nicht nur unnötig, sondern sogar für den Erfolg der Eindämmungspolitik gefährlich: Jeder Dollar, der in die militärische Verteidigung investiert wurde, mußte der als vordringlich erachteten wirtschaftlichen Gesundung Europas fehlen. Darüber hinaus war es äußerst fraglich (und auf jeden Fall ein großes Problem), ob der Kongreß, der selbst bei dem wirtschaftlichen Recovery Program Schwierigkeiten machte, ein dauerhaftes militärisches Engagement in Europa mit der dafür notwendigen Dreiviertel-Mehrheit passieren lassen würde; auf jeden Fall mußte verhindert werden, daß die Wirtschaftshilfe durch eine – wie auch immer geartete – Verknüpfung mit einem militärischen Schutzprogramm im Kongreß scheiterte.

[1] Marshall an Truman 11. 2. 1948, Truman Papers, mitgeteilt bei Daniel Yergin, *Shattered Peace*. Boston 1977, S. 363; Kennan vor dem National War College 6. 10. 1947, Kennan Papers, mitgeteilt bei John L. Gaddis, *Containment: A Reassessment*. In: Foreign Affairs 55 (1976/7), S. 880. – Die folgende Skizze basiert auf den bisher veröffentlichten Quellen (insbesondere FRUS und bei Yergin, *Shattered Peace*, Kap. XIII); im Detail jetzt Thimothy P. Ireland, *Creating the entangling alliance. The origins of the North Atlantic Treaty Organization*. London 1981.

Die Bemühungen des State Department um »Eindämmung« der Eindämmungspolitik auf den wirtschaftlich-politischen Bereich konnten jedoch nicht verhindern, daß die in Europa entstandene Furcht vor einer *auch* militärischen Aggression der Sowjetunion auch in den USA immer mehr um sich griff, und die amerikanischen Militärs, unterstützt von der Rüstungsindustrie, in Ausnützung dieser Konjunktur und aus generellem strategischen Präventivdenken auf eine erhebliche Ausweitung der Verteidigungsanstrengungen drängten. Der strategische Planungsstab der Joint Chiefs of Staff gab eine verbreitete Meinung wieder, als er in einer mit Datum vom 11. Dezember 1947 fertiggestellten Studie feststellte, daß in den nächsten fünf, wahrscheinlich sogar in den nächsten zehn Jahren zwar nicht mit einem geplanten sowjetischen Angriff zu rechnen sei – die sowjetischen Schwierigkeiten mit ihrem Wiederaufbau und mit der Herrschaftssicherung in der Sowjetunion und Osteuropa sowie die atomare Überlegenheit würden ein solches Unternehmen aussichtslos erscheinen lassen –, daß hingegen »ein ›zufälliger‹ Krieg, möglicherweise aufgrund sowjetischer Fehlkalkulation, wieweit ein oder mehrere westliche Länder getrieben werden können, ohne zurückzuschlagen, als eine dauernde Möglichkeit betrachtet werden muß«[2]. Unter dem Eindruck der Prager Regierungskrise wurde diese Möglichkeit für immer mehr Beobachter zur Wahrscheinlichkeit, für manche sogar zur Gewißheit. »Lange Monate«, schrieb etwa General Clay am 5. März, 1948 aus Berlin – und sein Telegramm schlug in Washington wie eine Bombe ein –, »habe ich einen Krieg zumindest in den nächsten zehn Jahren für unwahrscheinlich gehalten. In den letzten Wochen habe ich eine plötzliche Wandlung im Verhalten der Sowjets gespürt, die ich nicht erklären kann, die mich jedoch jetzt ahnen läßt, er könne mit dramatischer Plötzlichkeit kommen.«[3]

In welchem Umfang die Verantwortlichen in Washington im Frühjahr 1948 tatsächlich an eine potentielle Kriegsgefahr glaubten, läßt sich schwer sagen. Von Clay etwa ist bekannt, daß er sein Alarm-Telegramm nach Washington schickte, um der Army beim Kampf um ihren Budgetanteil im Kongreß zu

[2] JSPC 814/3 vom 11. 12. 1947; auszugsweise veröffentlicht in: Thomas H. Etzold und John L. Gaddis (Hrsg.), *Containment: Documents on American Policy and Strategy 1945–1950*. New York 1978, S. 285–297, Zitat S. 288.
[3] Text in: Jean Edward Smith (Hrsg.), *The Papers of General Lucius D. Clay: Germany 1945–49*. Bloomington 1974, S. 568f.

helfen, tatsächlich aber davon überzeugt blieb, daß »es keine unmittelbare Gefahr eines Krieges mit Rußland gab«[4]. Manch einer mag nach der ersten Erregung wieder zu differenzierterer Betrachtungsweise zurückgefunden haben, und als allgemeine Ansicht dürfte sich in etwa das durchgesetzt haben, was der Nationale Sicherheitsrat am 30. März nach Rücksprachen mit allen Teilen der Administration formulierte: Unmittelbare Kriegsgefahr bestehe zwar nicht, da die Sowjetunion noch keine Aussicht habe, einen Krieg zu gewinnen; die sowjetische Politik ziele jedoch auf »Beherrschung der Welt«; sie benutze dazu »die komplementären Elemente aggressiven sowjetischen Drucks von außen und militanter revolutionärer Subversion von innen«, beide »unterstützt durch die großartige materielle Macht der UdSSR«; »letztlich« würde sie »aber auch zum Krieg greifen, wenn er zur Erreichung ihrer Ziele notwendig sein sollte«. Erforderlich sei daher eine »Gegenoffensive« der USA: »vor allem eine Verstärkung des militärischen Potentials der Vereinigten Staaten, in zweiter Linie die Mobilisierung und Stärkung des Potentials der nicht-sowjetischen Welt« – beides, um das wirtschaftliche Wiederaufbauprogramm psychologisch abzusichern, dem sowjetischen Druck eine glaubhafte militärische Bedrohung entgegensetzen zu können und für die Eventualität des Konfliktes, so gering sie auch war, gerüstet zu sein[5].

Fest steht dagegen, daß die Administration erneut – wie schon bei der Lancierung der Truman-Doktrin ein Jahr zuvor – die sowjetische Gefahr bewußt größer und akuter darstellte, als sie sie tatsächlich einschätzte, um im Kongreß durchzubekommen, was sie für ihre langfristige Eindämmungspolitik tatsächlich für notwendig hielt: den Marshall-Plan, ein allgemeines militärisches Training, eine teilweise Wiedereinführung der Wehrpflicht, eine Ausweitung des Luftwaffen-Budgets und eine

[4] So am 3.3. 1948 an das Department of State; ähnlich am 5.3. an Lodge, Smith, *The Papers of General Clay*, S. 564–568; vgl. auch S. 699–704.
[5] NSC 7 vom 30.3. 1948, FRUS 1948, I, S. 546–550. – Dulles' Statement vom Mai 1949 vor dem Auswärtigen Senatsausschuß, er »kenne keinen Verantwortlichen (...), der davon überzeugt ist, die Sowjets planten nun Eroberungen durch offene militärische Aggression« (US Senate, Committee on Foreign Relations, Hearings: North Atlantic Treaty, 81:1, April-May 1949, Washington 1949, S. 343) enthält also – bewußt oder unbewußt – nur die halbe Wahrheit; völlig zu Unrecht nehmen Joyce und Gabriel Kolko (*The Limits of Power*. New York 1972, S. 498–502) es zum Schlüsseldokument für ihre These, die NATO sei *nicht* primär wegen der Furcht vor einer sowjetischen Bedrohung gegründet worden, sondern habe vornehmlich dem Schutz vor Deutschland, vor interner Revolution und vor einer neuen europäischen Wirtschaftskrise gedient.

mehr psychologische als materielle Rückendeckung für die Europäer. Für Präsident Truman gab es noch einen zusätzlichen Grund, die verbreiteten Warnungen vor sowjetischer Aggressivität und Forderungen nach Ausweitung der Verteidigungsanstrengungen aufzugreifen: er mußte im Präsidenten-Wahljahr 1948 »Härte« demonstrieren, um seinen Anspruch auf Führung der Nation in der vermeintlichen Krise geltend machen zu können. Am Tage der Unterzeichnung des Brüsseler Paktes forderte er vor dem Kongreß »Unterstützung anderer Nationen« und »eine angemessene und ausgewogene militärische Kraft«[6]. Diese Taktik half, den Marshall-Plan die letzten parlamentarischen Hürden nehmen zu lassen, sie sorgte für eine nicht vorgesehene Ausweitung des Militärbudgets für das Haushaltsjahr 1948–49, insbesondere eine Verdoppelung der Ausgaben für die Luftfahrt, und sie führte zur Verabschiedung des »Selective-Service«-Wehrpflichtgesetzes.

In der Frage eines direkten militärischen Engagements der USA in Europa wurde allerdings erst Ende Mai ein Durchbruch erzielt, als der französische Außenminister Bidault den amerikanischen Unterhändlern begreiflich machte, daß eine Zustimmung der französischen Nationalversammlung zur Gründung eines westdeutschen Staates nicht ohne eine amerikanische Beistandsgarantie zu haben war, die die Gefahr eines sowjetischen Angriffs bannte und zudem dauerhaften Schutz gegen eine erneute Bedrohung der französischen Sicherheit durch die Deutschen bot. Angesichts dieses Junktims rang sich das State-Department zur Befürwortung einer formellen Bündnisverpflichtung durch; und weil die Franzosen auf einer parlamentarischen Rückendeckung für das amerikanische Beistandsversprechen bestanden, sorgten Marshall und Unterstaatssekretär Lovett dann auch noch für ein entsprechendes Votum des Senats. Am 11. Juni stimmte der Senat, von Senator Vandenberg und Lovett gründlich bearbeitet, mit 64 : 4 Stimmen einer Entschließung zu, die die »Beteiligung der USA – auf verfassungsmäßigem Wege – an regionalen und anderen kollektiven Einrichtungen« guthieß, »die sich auf dauernde und wirksame Selbsthilfe und gegenseitige Unterstützung gründen und die amerikanische Sicherheit betreffen« (»Vandenberg-Resolution«)[7].

[6] Vgl. Yergin, *Shattered Peace,* S. 350–362; Trumans Kongreßbotschaft in FRUS 1948, III, S. 54f.
[7] Vgl. Ireland, *Creating,* S. 57, 63, 69, 85–100 und Wilfried Loth, *Die Deutsche Frage in französischer Perspektive.* In: Ludolf Herbst (Hrsg.), *Westdeutschland*

Damit war aber noch nicht entschieden, wie substantiell das amerikanische Engagement in Europa ausfallen und wie eng der westliche Block folglich zusammenrücken würde. In Washington dachte man weniger an eine materielle Militärorganisation als an eine formelle Garantiezusage zur psychologischen Abstützung des Europäischen Wiederaufbau-Programms; man hatte mit dem Paktabschluß weder sonderliche Eile noch war man bereit, sich an der europäischen Aufrüstung in nennenswertem Maße finanziell zu beteiligen; und erst recht schreckte man vor automatischen Beistandsverpflichtungen zurück[8]. Demgegenüber drängten die Europäer auf eben diesen Automatismus, auf rasche Unterstützung und auf Verstärkung der amerikanischen Präsenz in Europa; und als sie mit diesen Forderungen auf wenig Gegenliebe stießen, begannen sie sogar wieder zu zweifeln, ob sie das Risiko eines Bündnisses überhaupt eingehen sollten, das die Sowjetunion provozieren mochte, ohne zugleich wirklichen Schutz gegen eine sowjetische Aggression zu bieten. »Es scheint«, sorgte sich Bidault am 16. Juli im französischen Ministerrat, »daß die amerikanische Regierung wenig geneigt ist, zum gegenwärtigen Zeitpunkt Engagements in Europa einzugehen.«[9] In der Tat stellte die nächste und bis dahin schwerste Krise in den Ost-West-Beziehungen – die Krise um Berlin – die europäisch-amerikanische Blockbildung für einen Moment wieder in Frage, freilich nur, um sie dann um so intensiver voranzutreiben.

Die Krise um Berlin

Am Anfang der Krise um Berlin stand die Entscheidung der Westmächte, nach dem Ende der gemeinsamen Deutschlandpolitik der Alliierten der Logik des Marshall-Plans entsprechend mit der staatlichen Organisation Westdeutschlands zu begin-

---

1945–1955. München 1986, S. 37–49, hier S. 46 f.; Text der Vandenberg-Resolution in FRUS 1948, III, S. 135 f.

[8] Vgl. die Empfehlungen des Nationalen Sicherheitsrats vom 28. 6. 1948, FRUS 1948, III, S. 140 f., und die Erklärungen von Unterstaatssekretär Lovett in der ersten Sitzung der Washingtoner »Exploratory Talks«, ebd. S. 149–151.

[9] Vincent Auriol, *Journal du septennat. Bd. 2: 1948*. Paris 1974, S. 318; vgl. FRUS 1948, II, S. 233; Ireland, *Creating*, S. 101–104; Escott Reid, *Time of Fear and Hope. The Making of the North Atlantic Treaty 1947–1949*. Toronto 1977, S. 114–118.

nen. Insbesondere Bevin und Clay drängten seit Herbst 1947 auf einen solchen Schritt, um die noch immer unzulängliche Situation in den deutschen Westzonen zu überwinden und nicht zuletzt auch, um die Lasten der Besatzung loszuwerden. Das State Department sah ebenfalls die Notwendigkeit, den Erfolg des Marshall-Plans in Westdeutschland durch eine Reform des infolge der nationalsozialistischen Inflationspolitik völlig zerrütteten Währungssystems und eine stärkere Einbeziehung der Deutschen in die Verantwortung für den Wiederaufbau abzusichern, war aber andererseits darauf bedacht, die Westmächte nicht in den Augen der Deutschen als für die Spaltung der Nation verantwortlich erscheinen zu lassen und den Franzosen die notwendige Abkehr von ihrer bisherigen »harten« Deutschlandpolitik zu erleichtern. Die Franzosen ihrerseits schwankten zwischen der Einsicht in die Notwendigkeit, das westdeutsche Potential in den europäischen Wiederaufbau einzubeziehen oder, in einer anderen Version, Westdeutschland zum Vorfeld der eigenen Sicherheit gegen die Sowjetunion auszubauen, und der Furcht vor einer neuen deutschen Dominanz, bisweilen immer noch verbunden mit Hoffnungen auf eine Führungsrolle Frankreichs in Westeuropa; die Regierung war unter dem Druck der Sozialisten inzwischen bereit, einer westdeutschen Staatsgründung zuzustimmen, drängte aber auf behutsames Vorgehen und Zugeständnisse in der Sicherheitsfrage, um ihren Kurswechsel innenpolitisch absichern zu können[10].

Das Ergebnis dieser unterschiedlichen Interessen war eine behutsame, sich in Etappen immer wieder absichernde aber doch letztlich zielstrebige Gründungspolitik der Westmächte. Am Rande der Londoner Außenministerratstagung vereinbarten Marshall und Bevin eine letzte Initiative zur Schaffung eines gesamtdeutschen Staates nach westlichen Vorstellungen und, sollte diese wie erwartet scheitern, den Ausbau der Bizone, verbunden mit einer Währungsreform. Nachdem die westlichen Vorschläge zur Währungsreform im Alliierten Kontrollrat zunächst auf sowjetischen Widerstand gestoßen waren, berieten die Vertreter der USA und der künftigen Brüsseler Paktstaaten, ohne einen möglichen Kompromiß mit der Sowjetunion abzuwarten, vom 23. Februar 1948 an in London über die Reorgani-

---

[10] Zu Bevin vgl. Feis, *From Trust to Terror*, S. 289 u. ö.; zu Clay John Gimbel, *Amerikanische Besatzungspolitik in Deutschland 1945–1949*. Frankfurt, 1971, Kap. 11–14; zum State Department Yergin, *Shattered Peace*, S. 333 f.; zu Frankreich Loth, *Deutsche Frage*, S. 44–47.

sation der drei westlichen Besatzungszonen. Als Zwischener-
gebnis, um die Reaktion der französischen und deutschen Öffentlichkeit zu testen, veröffentlichten sie am 6. März einen Beschluß zur Einbeziehung der drei Westzonen in das ERP sowie
zur unmittelbaren Verschmelzung der Wirtschaftspolitik in den
drei Zonen; als Endergebnis folgten am 7. Juni die »Londoner
Empfehlungen« mit dem Auftrag an die Ministerpräsidenten
der westdeutschen Länder, alsbald »eine Verfassungsgebende
Versammlung zur Ausarbeitung einer Verfassung einzuberufen (...), die Bestimmungen enthält, die von allen deutschen
Ländern angenommen werden können, sobald die Umstände es
zulassen«.[11]

Zwischen Frankreich und den übrigen Mächten strittig gebliebene Fragen – insbesondere die Ruhr-Internationalisierung
und der Anteil föderalistischer bzw. zentralistischer Elemente
in der künftigen staatlichen Organisation – wurden durch Formelkompromisse überdeckt; tatsächlich war die erstere durch
die britisch-amerikanischen Absprachen vom Herbst 1947 de
facto bereits entschieden, während die zweite weitgehend der
Entscheidung der Deutschen überlassen wurde. Nachdem die
französische Nationalversammlung die »Empfehlungen« nach
einer erregten Debatte und unter vielen Vorbehalten am
17. Juni knapp gebilligt hatte, wurde am 18. Juni die Währungsreform in den drei Westzonen bekanntgegeben; am 1. Juli
wurden die in London beschlossenen Aufträge den westdeutschen Ministerpräsidenten offiziell mitgeteilt[12].

Die Sowjetführung reagierte auf die beginnende Organisation
des westdeutschen Staates erstmals mit jener Mischung aus
Konzilianz und Pressionen, die künftig für ihre Deutschlandpolitik charakteristisch werden sollte. Nach den Polemiken Molotows auf der Londoner Außenministerratstagung folgten zunächst einige versöhnliche Gesten – Reparationslieferungen aus
dem Osten, Verhandlungen über eine Regelung der lend-lease-
Schulden, Reduzierung der Reparationsforderungen gegenüber
Österreich und Zustimmung zur österreichischen Währungsre-

[11] Text in: *Documents on American Foreign Relations*. Vol X, Princeton 1950,
S. 110.
[12] Zum Gründungsprozeß der Bundesrepublik, auf den in diesem Zusammenhang nur sehr knapp eingegangen werden kann, vgl. zuletzt Wolfgang Benz, *Die
Gründung der Bundesrepublik. Von der Bizone zum souveränen Staat*. München
1984; zur Forschungslage Rudolf Morsey, *Die Bundesrepublik Deutschland.
Entstehung und Entwicklung bis 1969*. München 1987.

form –, dann ab Ende Januar wieder Provokationen, diesmal im Alliierten Kontrollrat, und nachdem diese nichts fruchteten, am 20. März der Auszug aus dem Kontrollrat, Ende März/Anfang April verschärfte Kontrollen des Eisenbahnverkehrs nach Berlin, und, nach Aufhebung dieser »Mini-Blockade«, wiederholte Vorschläge Molotows und Stalins, die strittigen Probleme in sowjetisch-amerikanischen Spitzengesprächen zu verhandeln – all dies mit dem Ziel, die Weststaatsbildung zu verhindern. Auf den Abschluß der Sechs-Mächte-Konferenz in London folgten Mitte Juni neue Behinderungen des Eisenbahn- und Straßenverkehrs, auf die Ankündigung der Währungsreform in den Westzonen die Drohung, ganz Berlin in eine ostzonale Währungsreform einzubeziehen; und als die Westmächte daraufhin am 23. Juni den Geltungsbereich der neuen Währung auch auf die Westsektoren der alten Reichshauptstadt ausdehnten, sperrten die sowjetischen Behörden am 24. die Landverbindungen zwischen Berlin und den Westzonen und unterbrachen die Strom- und Kohleversorgung; zugleich wurde die angekündigte Ost-Währung in der sowjetischen Zone und im sowjetischen Sektor von Berlin eingeführt. Die Blockade Westberlins, die die Westmächte in dem einzigen Punkt traf, in dem sie verletzlich waren (und die darum als mögliche Konsequenz der westdeutschen Staatsbildung auch von manchen amerikanischen Verantwortlichen vorausgesehen worden war), sollte nun jene Verhandlungen *erzwingen,* die zuvor nicht freiwillig konzediert worden waren, und damit die Weststaatsbildung in allerletzter Minute doch noch verhindern. Die Aussichten, mit einer derart massiven Pression zu einer Verhandlungslösung zu kommen, mochten nicht sehr groß sein, stattdessen mochte sogar eine weitere Verhärtung des westlichen Standpunktes drohen, aber ein anderes Mittel war der Sowjetführung nicht mehr verblieben, und die definitive Installierung des amerikanischen Kapitalismus in Westdeutschland, allem Anschein nach verbunden mit einer baldigen deutschen Wiederbewaffnung und der Etablierung einer amerikanisch-europäischen Militärallianz schienen ihr so gefährlich, daß sie zu ihrer Verhinderung das Risiko eines gewaltigen Prestigeverlusts bewußt einging. Sollte es nicht gelingen, die Westmächte durch die Blockade zum gesamtdeutschen Konzept zurückzuzwingen, so bestand immer noch einige Aussicht, die Westalliierten aus Berlin vertreiben und damit ein beträchtliches Hindernis beseitigen zu können, das der Staatsbildung auf dem Territorium der eigenen Besatzungszone im

Wege stand; das sprach zusätzlich für den Einsatz des riskanten Mittels[13].

Für einige Wochen schien es indessen so, als könne Stalin das Ziel seiner Blockadepolitik tatsächlich erreichen. Trotz der Vorwarnungen der Experten waren die westlichen Regierungen auf die sowjetische Maßnahme nicht vorbereitet, und obwohl die amerikanischen Streitkräfte sogleich eine Luftbrücke nach Westberlin improvisierten, war zunächst unklar, ob und wie lange die Versorgung der über zwei Millionen Berliner aus der Luft technisch zu bewerkstelligen war. Darüberhinaus war die Furcht verbreitet, die Sowjets könnten auch den Luftweg sperren. Tatsächlich war diese Furcht zwar unbegründet, weil Stalin nicht bereit war, wegen der Weststaatsgründung, so sehr sie den sowjetischen Interessen auch zuwiderlief, einen Krieg zu riskieren, der mit der Vernichtung der Sowjetunion enden mußte; aber der Mythos von der sowjetischen Stärke ließ die meisten westlichen Politiker übersehen, wie gewagt, wie hart an der Grenze des tatsächlich Leistbaren das sowjetische Manöver in Wirklichkeit war. Clay, der diesen Mythos nicht teilte, drängte wiederholt, die Blockade der Autobahnen mit Panzern zu

---

[13] Vgl. zu den sowjetischen Befürchtungen die Zeugnisse von Maurice Thorez (in einem Bericht vom Herbst 1947, FRUS 1947, II, S. 813f.) und Nikita Chruschtschow (»afraid of a new round of destruction«, so in: Strobe Talbott [Hrsg.], *Krushchev Remembers. The Last Testament*. Boston 1974, S.191); zu den Zielen der Aktion die Äußerungen Stalins im Gespräch mit den westalliierten Botschaftern 2. 8. 1948 (er habe nicht die Absicht, die westlichen Truppen aus Berlin abzudrängen; die Formierung einer westdeutschen Regierung sei »the only real issue«: FRUS 1948, II, S. 999–1006). Daß die Sowjetführung die Verhandlungen nicht sogleich abbrach, als die Westmächte sich weigerten, die Londoner Empfehlungen zur Disposition zu stellen, und statt dessen nun mit Forderungen kam, die doch auf ein Hinausdrängen der Westmächte aus Berlin hinausliefen, kann nicht als Beleg dafür genommen werden, »daß die Sowjetunion gegen die im Westen ablaufende Entwicklung nichts einzuwenden habe (...), falls man sie mit dem alleinigen und ungestörten Besitz Berlins honoriere« (so neuerdings Hermann Graml, *Die Alliierten und die Teilung Deutschlands. Konflikte und Entscheidungen 1941–1948*. Frankfurt 1985, S. 208). Die sowjetische Verhandlungstaktik läßt sich plausibler damit erklären, daß es der Sowjetführung darum gehen mußte, den Westmächten das Prekäre ihrer Situation klarzumachen und den Verhandlungsfaden nicht abreißen zu lassen. Gramls These läßt zudem außer acht, daß die Sowjetregierung überhaupt nur zu Verhandlungen über die Blockade bereit war, wenn dabei nicht nur über Berlin, sondern auch über den Beschluß zur Weststaatsgründung gesprochen wurde (Note vom 14. 7. 1948, FRUS 1948, II, S. 964; Erklärung Molotows 31. 7. 1948, ebd. S. 997), und daß sie auch in den Verhandlungen nach dem Schlüsselgespräch mit Stalin immer wieder auf die Frage der Staatsgründung zurückkam (so Molotow am 6. 8. 1948, ebd. S. 1018–1021).

durchbrechen, wurde jedoch von seiner Regierung aus Furcht vor einem bewaffneten Konflikt zurückgewiesen; Krieg wegen Berlin wollte kaum jemand, weder in den USA und schon gar nicht in Europa. (Churchills Forderung nach einem präventiven Atomkrieg gegen die Sowjetunion, zwei Monate zuvor der britischen und amerikanischen Regierung übermittelt, war darum auch völlig isoliert geblieben.) Langfristig gesehen, schienen die Westmächte also in einer unhaltbaren Position zu sein, und die sowjetische Forderung nach Suspendierung der »Londoner Empfehlungen« und Vierer-Verhandlungen über Deutschland konnten mehr und mehr auf Unterstützung im Westen rechnen, insbesondere bei den mit dem Londoner Kompromiß sehr unzufriedenen Franzosen und nicht zuletzt bei den Deutschen, deren Ministerpräsidenten dem angeordneten Schritt zur Staatsgründung und Teilung zunächst deutlich Widerstand entgegensetzten[14].

Befragt, wie sich die amerikanische Regierung angesichts des sich abzeichnenden Dilemmas verhalten sollte, entwickelte der politische Planungsstab unter Kennan den Plan einer sowjetisch-westlichen Vereinbarung über einen beiderseitigen Truppenabzug aus Deutschland, gefolgt von der Restitution eines unabhängigen gesamtdeutschen Staates. »Wir könnten dann«, erklärte er in einem Memorandum vom 12. August, »ohne Prestigeverlust aus Berlin abziehen, und die Bevölkerung der Westsektoren würde nicht unter sowjetische Herrschaft fallen, weil die Russen die Stadt ebenfalls verlassen würden.« Eine solche Lösung schien ihm trotz des Risikos beträchtlicher Komplikationen für das europäische Wiederaufbauprogramm – das auch die Sowjetzone einschloß – und der Möglichkeit einer Abwendung der vereinten Deutschen vom Westen immer noch akzeptabler zu sein als eine dauernde Belastung mit dem Berlin-Problem, mit einem ohne die Verbindungen zum Osten und ohne

<hr>

[14] Vgl. für die amerikanischen Befürchtungen insgesamt Bohlen an Marshall 4. 8. 1948, State Department Papers, mitgeteilt bei Yergin, *Shattered Peace*, S. 385 f. und Kennans Memorandum vom 12. 8. 1948, FRUS 1948, II, S. 1288–96; für Clay Smith, *The Papers of General Clay*, S. 696 f., 734–737, und FRUS 1948, II, S. 918, 957 f.; für Churchill die jüngst freigegebenen britischen Kabinettspapiere, laut dpa 2. 1. 1979; für die Reaktion der westdeutschen Ministerpräsidenten Gimbel, *Amerikanische Besatzungspolitik*, S. 271–292, und Thilo Vogelsang, *Koblenz, Berlin und Rüdesheim. Die Option für den westdeutschen Staat im Juli 1948*. In: *Festschrift Hermann Heimpel*. Bd. 1, Göttingen 1971, S. 161–179. Kolkos These von der vorauskalkulierten Krise im Interesse einer Manipulation des Kongresses (*Limits*, S. 491) ist unhaltbar.

europäische Föderation wirtschaftlich nicht lebensfähigen Westdeutschland, mit auf Wiedervereinigung sinnenden Westdeutschen und mit einer Perpetuierung der Spaltung Europas. Sollte die Sowjetführung diese Lösung nicht akzeptieren, so blieb immer noch Zeit, die »Londoner Empfehlungen« auszuführen, nun allerdings ohne in den Augen der Deutschen und der Europäer mit dem Odium des »Spalters« behaftet zu sein. Was Kennan 1945 als Folge der Eindämmungspolitik vorausgesehen, ja geradezu gefordert hatte, bekämpfte er nun; so massiv hatte die sowjetische Drohung mit Berlin – verstärkt durch das Erschrecken über die beginnende Wende der amerikanischen Politik zu einer rüstungsintensiven Militärallianz und durch die Enttäuschung über die mangelnde Föderationsbereitschaft der Westeuropäer – auf ihn gewirkt[15].

Eine Suspendierung des westdeutschen Staatsgründungsprozesses als Antwort auf die Blockade ist also im Juli/August 1948 in der Washingtoner Administration ernsthaft diskutiert worden. Sowohl Außenminister Marshall als auch der amerikanische Botschafter in Moskau, Bedell Smith, waren davon überzeugt, daß die Zeit für die sowjetische Seite arbeiten würde und Berlin auf Dauer nicht zu halten sei; sie fürchteten daher, trotz der markigen Durchhalteparolen Präsident Trumans um eine Suspendierung der Londoner Beschlüsse nicht herumzukommen. Auf der gleichen Linie (und ohne die inneramerikanische Diskussion zu kennen) argumentierte der britische Militärgouverneur in Deutschland, Sir Brian Robertson. Bei ihm rief das sowjetische Vorgehen nach dem Beschluß zur Weststaatsgründung die Sorge hervor, die Etablierung zweier deutscher Staaten werde über kurz oder lang zum Krieg mit der Sowjetunion führen; er wollte darum die gesamtdeutsche Regelung für die Sowjetführung noch dadurch zusätzlich attraktiv werden lassen, daß er ihr die bislang immer verweigerte Beteiligung an der Kontrolle der Ruhrindustrie anbot[16].

[15] Text des Memorandums PPS 37 a.a.O. (Anm. 14), nochmals überarbeitet als PPS 37/1 vom 15.11.1948 (der sogenannte »Plan A«) in FRUS 1948, II, S. 1320–1338; vgl. auch George F. Kennan, *Memoiren eines Diplomaten*. München, 2. Aufl. 1971, S. 420–425, mit etwas irreführender Interpretation der eigenen Motive; und Axel Frohn, *Deutschland zwischen Neutralisierung und Westintegration*. Frankfurt 1985, S. 127–131.

[16] Vgl. Bohlen an Marshall a.a.O. (Anm. 14); Smith an Clay, FRUS 1948, II, S. 1006f. u. 1032; zu Robertson Rolf Steininger, *Wie die Teilung Deutschlands verhindert werden sollte – Der Robertson-Plan aus dem Jahre 1948*. In: Militärgeschichtliche Mitteilungen 33, 1983, S. 49–89. Zum Ganzen auch Yergin, *Shat-*

Daß die Blockbildung dennoch nicht aufgehalten wurde, hatte mehrere Gründe: Erstens überwog in der amerikanischen Administration die Zahl derjenigen, die als Folge eines Ost-West-Rückzuges aus Deutschland einen Vertrauensverlust der USA in Westeuropa und eine langsame Finnlandisierung Deutschlands befürchteten. Zweitens trieb Clay, von der Schwäche der sowjetischen Position und der Notwendigkeit der »westlichen Lösung« nach wie vor überzeugt, die Weststaatsgründung massiv voran, um Daten zu setzen, hinter die die westlichen Regierungen nicht mehr zurückgehen konnten[17]. Drittens förderte das Spektakel der Blockade den antikommunistischen Konsens in Westdeutschland, Westeuropa und den USA in einem Ausmaß, daß sich ein Rückzug innenpolitisch kaum mehr durchsetzen ließ. In der Öffentlichkeit erschien die Blockade als Versuch, ganz Berlin und soviel als möglich von ganz Deutschland in den sowjetischen Herrschaftsbereich einzubeziehen; daß sie präzise nur gegen die Weststaatsgründung gerichtet war, wurde meist übersehen. Viertens votierte die französische Regierung nicht für eine Außenministerratstagung, sondern – unter dem Eindruck der antikommunistischen Welle und weil sie nun in einer Zweiteilung Deutschlands verbunden mit dauernder Anwesenheit amerikanischer Truppen auf dem deutschen Boden das kleinere Übel sah – für die Aufrechterhaltung der westlichen Positionen. Und fünftens schließlich begann sich etwa Ende August ein dauernder Erfolg der Luftbrücke abzuzeichnen. Am 26. August formulierte Marshall als essentials jeder Berlin-Regelung die Aufrechterhaltung der Vier-Mächte-Verantwortung für Berlin und der westlichen Positionen in Westdeutschland[18]; damit war die kritische Phase der Berlin-Krise vorüber.

---

tered Peace, S. 367–392 und Avi Shlaim, *The United States and the Berlin Blockade, 1948–1949. A Study in Crisis Decision-making.* Berkely, London 1983.

[17] Insofern hatte Clay einen ganz wesentlichen Anteil an der Entstehung der Bundesrepublik Deutschland, einen Anteil, dessen Bedeutung von Kritikern seiner Interventionspolitik gegenüber den Ministerpräsidenten und später gegenüber dem Parlamentarischen Rat in der Regel unterschätzt wird. Vgl. John H. Baker, *Die deutschen Jahre des Generals Clay. Der Weg zur Bundesrepublik 1945–1949.* München 1983, S. 299–302.

[18] FRUS 1948, II, S. 1083–1085. Kennan hat seinen Plan im November 1948 noch einmal vorgelegt (vgl. Anm. 15), kam damit aber letztlich gegenüber den Anwälten einer militärischen Eindämmung nicht mehr zum Zuge. Vgl. Wolfgang Krieger, *General Lucius D. Clay und die amerikanische Deutschlandpolitik 1945–1949.* Stuttgart 1987, S. 451–457 und 477–503.

Was blieb, war eine »mittlere Krise«, die die sowjetische Bedrohung im Westen materiell genug erscheinen ließ, um eine Konsolidierung des Status quo unter antikommunistischen Vorzeichen zu fördern, ohne daß die westlichen Positionen weiterhin ernsthaft gefährdet waren und der Konsens des Westens über die Frage der geeigneten Gegenmaßnahmen auseinanderbrechen konnte. Die westliche Seite hatte die Kraftprobe bestanden, und nun erwies sich die Blockade als der entscheidende psychologische Baustein zur Formation des Westblockes; die führenden westlichen Politiker verloren jedes Interesse an einer raschen Beilegung der Krise[19]. Präsident Truman nutzte die Krise, um seine Fähigkeit zur »leadership« zu demonstrieren und den ernsthaft bedrohten republikanisch-demokratischen Konsens in der Außenpolitik zu festigen; dies half ihm entscheidend, im November 1948 die Präsidentschaftswahlen gegen seinen republikanischen Mitbewerber Dewey zu gewinnen und Henry Wallace, der nun für die von Kommunisten unterstützte Progressive Partei kandidierte, völlig zu isolieren[20]. Sowohl in der Frage des europäisch-amerikanischen Militärbündnisses als auch in der Frage der westdeutschen Staatsgründung überwog nun die Furcht vor der sowjetischen Aggressivität die meisten der noch vorhandenen Bedenken und Widerstände; der Formationsprozeß des westlichen Blockes kam, nachdem er durch die Blockade für einen Moment in Frage gestellt worden war, nun um so intensiver voran.

Auf ihrer ersten Zusammenkunft, vom 8.–10. Juli 1948 in Koblenz, hatten die westdeutschen Ministerpräsidenten den Auftrag zur Staatsgründung noch zurückgewiesen und stattdessen eine zwar gemeinsame und teilautonome, aber doch deutlich provisorische neue Verwaltungsorganisation für die drei Westzonen gefordert; obwohl niemand mehr an den Versuch einer Einbeziehung der Länder der sowjetischen Besatzungszone gedacht hatte – dazu war deren Abhängigkeit von der Sowjetre-

---

[19] Chruschtschows Kritik an dem »schlecht ausgedachten Plan« seines Vorgängers (vgl. Strobe Talbott (Hrsg.), *Khrushchev Remembers: The Last Testament*. New York 1976, S. 217f.) ist also unberechtigt.
[20] Vgl. Susan M. Hartmann, *Truman and the 80th Congress*. Columbia, Mo. 1971; Robert Divine, *The Cold War and the Election of 1948*. In: Journal of American History 59 (1972), S. 90–110; ders., *Foreign Policy and U.S. Presidential Elections, 1940–1948*. New York 1974.

gierung inzwischen schon zu groß geworden, und die Gesellschaftssysteme in Ost und West hatten sich schon zu weit voneinander entfernt – war doch auch niemand bereit gewesen, die
Verantwortung für die Teilung des Landes zu übernehmen. Unter dem Eindruck der Berlin-Krise wuchs dann aber die Bereitschaft, sich dem Druck Clays zu beugen; als während der zweiten Konferenzrunde, am 15./16. und 21./22. Juli in Rüdesheim,
nun ausgerechnet der Berliner Oberbürgermeister Ernst Reuter
für eine rasche Errichtung eines westdeutschen »Kernstaates«
unter Einschluß West-Berlins plädierte, stimmte die Mehrheit
der Ministerpräsidenten der Einberufung einer Verfassungsgebenden Versammlung zum 1. September 1948 zu. Um noch verbliebene Bedenken auszuräumen, konzedierten die Militärgouverneure die Bezeichnung der neuen Verfassung als bloßes
»Grundgesetz«, seine Beratung durch Delegierte der Länder-
parlamente und die Verabschiedung durch die Länderparla-
mente anstelle einer Volksabstimmung; dies ermöglichte es den
westdeutschen Politikern, die These vom provisorischen Charakter der Weststaatsgründung zu installieren und die
Forderung nach Wiedervereinigung »in freier Selbstbestimmung« in der Präambel des Grundgesetzes festzuschreiben. Intensität und Dauer der Integration Westdeutschlands in den
westlichen Block blieben damit zwar noch offen, am Faktum
der westdeutschen Staatsgründung selbst war jedoch nicht länger zu zweifeln, und die Provisoriums-These wirkte vor allem
als ein Mittel, das den Westdeutschen half, ihr Mitwirken an der
westdeutschen Lösung existentiell zu bewältigen[21].

Die folgenden Etappen der westdeutschen Staatsgründung –
die Verhandlungen des »Parlamentarischen Rates« von September 1948 bis Mai 1949, parallel dazu die Beratungen der westlichen Alliierten über Ruhrstatut und Besatzungsstatut, die Wahl
zum ersten Bundestag im August 1949 und die Konstituierung
der ersten Bundesregierung im September 1949, schließlich die
partiellen Zugeständnisse an westdeutsche Souveränitätsforderungen im sogenannten »Petersberger Abkommen« zwischen
der Regierung Adenauer und den Hohen Kommissaren – wurden von einem Kräfteparallelogramm aus (vereinfacht gesprochen) amerikanisch-britischen, französischen, christdemokra-
tisch-konservativen und sozialdemokratischen Interessen ge-

---

[21] Vgl. Gimbel, *Amerikanische Besatzungspolitik*, S. 271–292, und Vogelsang,
Koblenz, Berlin und Rüdesheim.

prägt, wobei die Kompromisse stets eher zugunsten der amerikanischen und konservativen Seite ausfielen, einmal weil diese über die größeren Ressourcen verfügten, zum andern weil ihre Interessen noch am ehesten übereinstimmten. Die Verfassungsberatungen konzentrierten sich auf staatsrechtliche Fragen, Weichenstellungen hinsichtlich des Sozial- und Wirtschaftsgefüges unterblieben; in der Praxis fielen die Entscheidungen unterdessen eher im Sinne einer wettbewerborientierten Marktwirtschaft als im Sinne sozialstaatlicher Ausgleichs- und Partizipationsvorstellungen. In der Frage des Staatsaufbaus überwogen bundesstaatliche die staatenbündlerischen Föderalismusvorstellungen. In der Frage der außenpolitischen Grundhaltung setzte sich die taktisch flexible Westintegrationspolitik Konrad Adenauers gegenüber der auf Wahrung des nationalen Anspruchs bedachten Prinzipientreue seines sozialdemokratischen Gegenspielers Kurt Schumacher durch. Zusammengenommen verstärkten diese Entscheidungen die konservativen Züge der beginnenden westeuropäischen Integration und die amerikanische Führungsrolle in Europa; die Ost-West-Polarisierung nahm somit weiter zu[22].

Lediglich an eine Einbeziehung der Bundesrepublik Deutschland in ein westliches Militärbündnis war vorerst nicht zu denken. Sie lag zwar in der Logik einer gegen sowjetische Expansion gerichteten Verteidigungsorganisation und war darum auch schon im Frühjahr 1948 von britischen und amerikanischen Planungsstäben erwogen worden, war aber den vor definitiver Westintegration noch zögernden Westdeutschen zunächst ebensowenig zuzumuten wie den vor einer neuen deutschen Gefahr zurückschreckenden Franzosen. Um die gerade erst begonnene Stabilisierung des Westens nicht zu gefährden, stellte die amerikanische Regierung die Diskussion um eine deutsche Wiederbewaffnung bewußt zurück. Im übrigen aber kamen die Verhandlungen um einen europäisch-amerikanischen Militärpakt unter dem Eindruck der Berliner Blockade wesentlich rascher voran als zuvor. In der amerikanischen Öffentlichkeit ge-

[22] Zu den inneren Entscheidungsabläufen in Westdeutschland vgl. insbesondere Werner Sörgel, *Konsensus und Interessen. Eine Studie zur Entstehung des Grundgesetzes für die Bundesrepublik Deutschland.* Stuttgart 1969; Volker Otto, *Das Staatsverständnis des Parlamentarischen Rates. Ein Beitrag zur Entstehungsgeschichte des Grundgesetzes für die Bundesrepublik Deutschland.* Düsseldorf 1971; Karlheinz Niclauß, *Demokratiegründung in Westdeutschland. Die Entstehung der Bundesrepublik 1945–1949.* München 1974; Hans-Hermann Hartwich, *Sozialstaatspostulat und gesellschaftlicher status quo.* Opladen, 3. Aufl. 1978.

wann die These von der militärischen Bedrohung durch die Sowjetunion an Glaubwürdigkeit; Kennans Furcht vor einer Beeinträchtigung des wirtschaftlichen Wiederaufbauprogramms durch überflüssige Rüstungsanstrengungen geriet mehr und mehr in den Hintergrund; und die Vertreter der Brüsseler Paktstaaten, Kanadas und der USA einigten sich am 9. September 1948 nach zweimonatigen Verhandlungen in Washington auf die These, daß »friedliche Koexistenz« mit der Sowjetunion auf Dauer »unmöglich« sei und folglich ein *gemeinsames* Verteidigungsbündnis des Westens geschaffen werden müsse[23]. Die amerikanische Regierung mochte in dem atlantischen Bündnis weiterhin vorwiegend ein psychologisch gemeintes Zugeständnis an die überängstlichen Europäer sehen, und die französische Regierung mochte mit dem Bündnisplan unter anderem auch einen definitiven Schutz gegen eine deutsche Aggression verfolgen, entscheidend für die Überwindung der verbliebenen Gegensätze in der Frage der Bündnisform war die gemeinsame Überzeugung, daß eine sowjetische Aggression nun doch nicht mehr ganz ausgeschlossen werden könne, und entscheidend für die parlamentarische Durchsetzung des Paktsystems war die Tatsache, daß diese Überzeugung in der amerikanischen und europäischen Öffentlichkeit hinreichende Verbreitung fand.

Nach einer Serie weiterer Verhandlungen vom Oktober 1948 bis zum März 1949 wurde der Nordatlantikvertrag am 4. April 1949 in Washington unterzeichnet. Zögernd, weil sie sich nicht von sowjetischer Aggression bedroht fühlten, waren eine Reihe von Ländern hinzugekommen, die an den Vertragsverhandlungen nicht beteiligt gewesen waren: Italien auf Drängen Frankreichs, das die Verantwortung für die Territorialverteidigung im Mittelmeerraum nicht allein übernehmen wollte; Norwegen, Dänemark (mit Grönland), Island und Portugal (mit den Azoren), weil sie wesentliche Vorfelder der amerikanischen und kanadischen Sicherheit bildeten. Die amerikanische Regierung gestand die Schaffung einer gemeinsamen Paktorganisation zu (der späteren North Atlantic Treaty Organization, abgekürzt NATO), ließ aber Ausmaß und Verbindlichkeit der Organisationsstruktur noch offen. Eine automatische Beistandspflicht, wie sie die Europäer erhofft hatten, wurde nicht vereinbart; mit

[23] Text des Memorandums vom 9. 9. 1948 (an die Adresse der beteiligten Regierungen) in FRUS 1948, III, S. 237–248, ebd. S. 148–236 zu den Washingtoner Verhandlungen und S. 249–351 sowie FRUS 1949, IV, S. 1–281, zu den weiteren Verhandlungsphasen im Herbst/Winter 1948/49.

Rücksicht auf den amerikanischen Kongreß verpflichteten sich die Unterzeichner lediglich, einen bewaffneten Angriff auf eines oder mehrere Teilnehmerländer »als einen Angriff gegen sie alle zu betrachten« und »diejenigen Maßnahmen unter Einschluß der Verwendung bewaffneter Kräfte« zu ergreifen, die sie »für notwendig erachten, um die Sicherheit des nordatlantischen Gebietes wiederherzustellen und aufrechtzuerhalten«.[24] Noch überwog also das restringierte amerikanische Paktverständnis, und auch eine erste Militärhilfe für die Europäer in Höhe von 1,45 Milliarden Dollar, die Truman noch vor der Ratifizierung des Vertrages im Juli 1949 im amerikanischen Kongreß ankündigte, war eher symbolisch gemeint. Dennoch war damit ein Grundstein gelegt, von dem aus strategisches Präventivdenken und die Interessen des militärisch-industriellen Komplexes ihre Eigendynamik entfalten konnten. Die USA hatten sich definitiv in Europa engagiert, nach den wirtschaftlichen und politischen Verpflichtungen nun auch militärisch. Die Epoche des amerikanischen Isolationismus war endgültig zu Ende gegangen.

Unterdessen hoffte die Sowjetführung bis in den Winter 1948/49 hinein, die Westmächte zur Aufgabe ihrer Position in Westberlin zwingen und damit den Formationsprozeß des westlichen Blockes rückgängig machen zu können. Als die westlichen Luftstreitkräfte aber auch die Bewährungsprobe des Winters bestanden, begann sie die westblock-fördernden Effekte der Blockade zu entdecken und suchte nun nach einem Weg, ohne allzu großen Gesichtsverlust aus der Krise herauszukommen. Die Westmächte zeigten sich – verständlicherweise! – wenig konzessionsbereit, und so dauerte es bis zum Mai 1949, bis die Sowjetführung die Berliner Blockade wieder aufhob – gegen das einzige Zugeständnis einer Wiedereinberufung des Alliierten Außenministerrates. Der Rat trat also am 23. Mai 1949 wieder zusammen; Molotows Nachfolger Wyschinsky forderte einen Viermächte-Friedensvertrag mit Deutschland und die Errichtung eines gesamtdeutschen Staatsrates auf der Grundlage der in Frankfurt und Ostberlin amtierenden Zonenorgane; Marshalls Nachfolger Acheson antwortete mit der Forderung nach vorherigen freien Wahlen in der sowjetischen Zone und Ausdehnung des Grundgesetzes auf Gesamtdeutschland. Während die Sowjetunion also nach wie vor auf einer gesamtdeutschen Regelung bestand, die ihr über die Besat-

[24] Text des Nordatlantikvertrages in FRUS 1949, IV, S. 281–285; deutsch in Europa-Archiv 4 (1949), S. 2071–2073.

zungsrechte ein Mitspracherecht in Deutschland garantierte, setzten die USA auf das Prinzip des Selbstbestimmungsrechts, das nach Lage der Dinge ganz Deutschland dem westlichen Einfluß zugänglich machen mußte. Eine Verständigung über die gegensätzlichen Positionen kam wie erwartet nicht mehr zustande. Beide Delegationen trennten sich am 20. Juni in durchaus korrektem Verhalten[25]. Ohne ihren prinzipiellen Anspruch auf eine Revision der »Londoner Empfehlungen« aufzugeben, hatte die Sowjetunion die Weststaatsgründung de facto akzeptiert.

Als Konsequenz blieb ihr nur noch, nun auch die Staatsgründung in der sowjetischen Besatzungszone definitiv werden zu lassen, die durch die Sonderentwicklung des Gesellschaftssystems in der Sowjetzone zwar schon vorbereitet, aber bislang immer noch zugunsten der gesamtdeutschen Lösung in der Schwebe gehalten worden war. Um das deutsche Nationalgefühl gegen die Tendenz der Westmächte zur Weststaatsgründung zu mobilisieren, hatte die Sowjetführung über die SED im November 1947 einen »Deutschen Volkskongreß für Einheit und gerechten Frieden« aus allen »demokratischen Kräften« initiiert, der – bei nur minimaler westdeutscher Beteiligung und eindeutiger Dominanz der SED – die sowjetischen Forderungen nach einer gesamtdeutschen Regierung unterstützt hatte. Immer noch vorwiegend propagandistisch gemeint, aber zugleich schon eine östliche Separat-Ersatzlösung vorbereitend, hatte ein zweiter »Volkskongreß« im März 1948 einen ständigen »Deutschen Volksrat« mit 400 Mitgliedern und mehreren Unterausschüssen installiert; dieser hatte bis zum Juli 1948 den Entwurf einer Verfassung für eine – gesamtdeutsche – »Deutsche Demokratische Republik« erarbeitet und diese am 22. Oktober 1948 verabschiedet, dann aber die weitere Entwicklung der Berlin-Krise abgewartet. Gegner der Volkskongreß-Bewegung (so Ernst Lemmer und Jakob Kaiser von der Ost-CDU) waren inzwischen politisch ausgeschaltet, die SED stärker auf das sowjetische Vorbild ausgerichtet worden. Erst nachdem das Scheitern der sowjetischen Blockadepolitik feststand, wurde die Volkskongreß-Bewegung massiv zur Vorbereitung einer separaten Staatsgründung eingesetzt. Am 19. März 1949 nahm der Volksrat die DDR-Verfassung formell an und kündigte zu-

[25] Vgl. die amerikanischen Dokumente zu den Verhandlungen um eine Aufhebung der Blockade seit Januar 1949 in FRUS 1949, III, S. 594–840, sowie zur Pariser Ratstagung ebd. S. 856–1065.

gleich allgemeine Wahlen zu einem dritten »Volkskongreß« in den Ländern der Sowjetzone an; dieser billigte – auf einer Einheitsliste und unter erheblichen Manipulationen gewählt – die Verfassung am 29. Mai ebenfalls und bildete einen neuen Volksrat, der sich dann, nachdem man die ersten Wahlen zum westdeutschen Bundestag und die Konstituierung der ersten Bundesregierung abgewartet hatte, am 7. Oktober 1949 als »Provisorische Volkskammer« der DDR konstituierte. Wesentliches Merkmal der neuen Organe war ihre vollständige Abhängigkeit von der sowjetischen Militärregierung: Nachdem die sowjetischen Hoffnungen auf ein neutrales Gesamtdeutschland gescheitert waren, sollte nun die sowjetische Zone in den Kreis der mehr und mehr auf das sowjetische Vorbild ausgerichteten Volksdemokratien einbezogen werden. Der »Eiserne Vorhang«, den Churchill schon im März 1946 glaubte diagnostizieren zu müssen, war nun Wirklichkeit geworden, aber er verlief nicht »von Stettin nach Triest«, sondern entlang der innerdeutschen Besatzungszonen-Grenze[26].

Die Universalisierung der Eindämmungspolitik

Obwohl die Berlin-Krise mit einer eindeutigen sowjetischen Niederlage geendet hatte, glaubte sich die amerikanische Führung alsbald erneut bedroht – in einer Weise, die die Blockbildung nochmals verschärfen sollte. Drei Entwicklungen wirkten zusammen, um in Washington im Herbst 1949 eine neue Krisenstimmung zu erzeugen:

Erstens schien das Marshall-Programm für Westeuropa vom Scheitern bedroht. Nicht nur, daß die europäische Integration nicht voran kam, die Westdeutschen Souveränitätsforderungen stellten, die Franzosen wieder zu einseitig nationalistischen Positionen zurückzukehren drohten, und eine Einigung der OEEC-Länder über die Verteilung der zweiten Jahresrate der amerikanischen Hilfe nur unter größten Schwierigkeiten und in allerletzter Minute zustande kam – gravierender noch war, daß der Dollarmangel der europäischen Länder nicht ab- sondern immer mehr zunahm, und die ursprünglich für 1952 geplante

---

[26] Vgl. die Überblicke bei Karl-Dietrich Erdmann, *Das Zeitalter der Weltkriege*. Stuttgart 1976, S. 780–789 (mit zu starker Betonung einer auf Separierung zielenden Planmäßigkeit) und Dietrich Staritz, *Sozialismus in einem halben Land*. Berlin 1976, S. 155–174.

Restituierung der Selbständigkeit der europäischen Wirtschaft damit in weite Ferne rückte. Das britische Dollar-Defizit stieg im 2. Quartal 1949 auf 157 Millionen Pfund Sterling, ebenso hoch wie 1947 vor Beginn der Marshall-Hilfe, und doppelt so hoch wie die Dollarzahlungen durch den Marshall-Plan. Frankreich konnte im 3. Quartal 1949 nur ein Zehntel seiner Dollarimporte aus eigenen Exporten finanzieren. Während die ECA für 1951–52 insgesamt europäische Exporte in Höhe von einer Milliarde Dollar für nötig hielt, sah die OEEC allenfalls 300 Millionen als möglich an[27]. Ein Ausweg war nicht in Sicht: Integration als Voraussetzung zu stärkerer Rationalisierung und damit stärkerer Konkurrenzfähigkeit der europäischen Produktion war nicht erzwingbar; die amerikanische Industrie befand sich seit November 1948 in der seit langem befürchteten, wenngleich durch die Präventivmaßnahmen der Open-door-Politik wesentlich abgemilderten Rezessionskrise[28] und blockte jeden Versuch zur Ausweitung europäischer Importe ab, wußte diese sogar noch zu reduzieren; der Kongreß schien je länger, desto weniger geneigt, weitere Subventionen und Anleihen zu finanzieren.

Zweitens schien der Sieg der Truppen Mao Tse-tungs in China im Laufe des zweiten Halbjahres 1949 – im Dezember verließen die letzten Kuomintang-Truppen Tschiang Kaischeks das chinesische Festland – den Einfluß der kommunistischen Bewegung beträchtlich auszuweiten. Diesen Sieg hatte man zwar in Washington spätestens seit Ende 1947 vorausgesehen, nachdem alle amerikanischen Versuche gescheitert waren, Tschiang Kai-schek zu einer Reform seines unendlich korrupten, ausbeuterischen und diktatorischen Regimes und zu einem friedlichen Ausgleich mit den chinesischen Kommunisten zu bewegen; und man hatte die Kuomintang-Truppen auch nur noch halbherzig, ohne einen Erfolg für möglich zu halten, unterstützt (mit 400 Millionen statt der erbetenen 1,5 Milliarden Dollar 1948 zum Beispiel); nachdem dieser Sieg aber selbst für Mao überraschend schnell eingetreten war, überwog in Washingtoner Regierungskreisen die Furcht vor einer weiteren

[27] Vgl. Kolko, *Limits*, S. 457, 464 und 470 f., sowie insgesamt ebd. S. 453–476. Wenig überzeugend ist allerdings Kolkos Versuch, die Deflationspolitik der ECA für die Verschärfung der Dollarkrise verantwortlich zu machen.

[28] Vgl. Hans Günther Brauch, *Struktureller Wandel und Rüstungspolitik der USA (1940–1950)*. Heidelberg 1976, S. 1089–1104. Die dreijährige Verzögerung der Krise erklärt sich im wesentlichen aus einem Nachholbedarf an Konsumgütern unmittelbar nach Kriegsende.

Stärkung kommunistischer Bewegungen im asiatischen Raum (insbesondere in Indochina) die Einsicht in die Unhaltbarkeit der westlichen Positionen und die massiven chinesisch-sowjetischen Gegensätze. Zugleich verdächtigte eine wachsende antikommunistische Bewegung in der amerikanischen Öffentlichkeit (insbesondere aus dem rechten Flügel der Republikaner) die Regierung, in der Chinapolitik mangelnde »Härte« gezeigt zu haben, und legte sie damit verstärkt auf eine negative Interpretation der chinesischen Revolution fest[29].

Drittens stellte die Nachricht von der ersten sowjetischen Atombombenexplosion Ende August 1949 das bisherige amerikanische Sicherheitskonzept in Frage. Bislang hatte die Administration entgegen den Warnungen der Experten seit 1945 auf eine lange Fortdauer des amerikanischen Atomwaffenmonopols vertraut und deswegen einen geringen Grad an konventioneller Rüstung für vertretbar gehalten; nun aber erfuhren die Kräfte, die schon im Frühjahr 1948 einen ersten Rüstungsschub durchgesetzt hatten, einen gewaltigen Auftrieb.

Diese drei Entwicklungen zusammengenommen verbreiteten in der amerikanischen Führung im Herbst/Winter 1949 ein Krisenbewußtsein, das dem tiefen Pessimismus des Frühjahrs 1947 stimmungsmäßig vergleichbar war, jedoch nun zu Schlußfolgerungen führte, die über das ursprüngliche Eindämmungskonzept weit hinausgingen. Die pauschale Vision einer monolithischen und expansiven sowjetkommunistischen Bewegung, die die Truman-Administration einst zur innenpolitischen Durchsetzung ihres Eindämmungsprogramms beschworen hatte, setzte sich nun bei ihr selbst durch. Das Ziel der sowjetischen Politik, so schrieben die führenden Experten aus Außenministerium, Verteidigungsministerium und der Atomenergie in einem im Februar/März 1950 erarbeiteten »top secret«-Memorandum für Truman, sei »die vollständige Subversion oder die gewalttätige Zerstörung des Regierungssystems und der Gesellschaftsstruktur in den Ländern der nicht-sowjetischen Welt und deren Ersetzung durch ein System, das dem Kreml unterworfen ist und von ihm kontrolliert wird. Mit dieser Absicht richten sich die sowjetischen Anstrengungen gegenwärtig auf die Beherr-

---

[29] Vgl. die bemerkenswerten Analysen der amerikanischen Chinapolitik bei Kolko, *Limits*, S. 246–276 und 534–562, und Ernest R. May, *The Truman Administration and China, 1945–1949*. Philadelphia 1975; William W. Stueck, Jr., *The Road to Confrontation. American Policy toward China and Korea, 1947–1950*. Chapel Hill 1981.

schung der eurasischen Landmasse.« Die Praxis der sowjetischen Politik wurde nur noch höchst selektiv zur Kenntnis genommen, zwischen den verschiedenen Fraktionen des internationalen Kommunismus kaum mehr unterschieden, ein Krieg in absehbarer Zukunft nicht mehr gänzlich ausgeschlossen. Um der vermeintlichen, allumfassenden Bedrohung zu entgehen, forderte das von Außenminister Dean Acheson initiierte und von Truman am 25. April 1950 im Grundsatz gebilligte Memorandum (mit der Registriernummer NSC 68) »einen beschleunigten Aufbau politischer, wirtschaftlicher und militärischer Stärke und dadurch die Herstellung von Vertrauen in der freien Welt«. Dazu waren nach übereinstimmender Ansicht der drei Expertengruppen insbesondere notwendig: »die Entwicklung eines angemessenen politischen und wirtschaftlichen Rahmens [über die bisherigen Pakte und Organisationen hinaus] ..., eine substantielle Erhöhung der Militärausgaben [die State Department-Planer dachten an 35 bis 50 Milliarden Dollar jährlich statt der zuletzt für 1950 festgelegten 14,4 Milliarden] ..., eine substantielle Erhöhung der militärischen Hilfsprogramme ..., eine gewisse Erhöhung der wirtschaftlichen Hilfsprogramme und die Anerkennung der Notwendigkeit, diese fortzusetzen, bis ihre Ziele erreicht sind [also über das vorgesehene Ende der Marshall-Hilfe 1952 hinaus] ..., Entwicklung von Programmen für die innere Sicherheit und Zivilverteidigung ... [und last but not least] Steuererhöhungen.«[30]

Seit Herbst 1949 betrieb Außenminister Acheson mehr und mehr Außenpolitik im Sinne dieses universalisierten Eindämmungskonzeptes. Die neue Regierung Chinas wurde nicht anerkannt; auch der Zugang zur UNO blieb ihr verwehrt; Avancen

[30] Text des Memorandums NSC 68 in FRUS 1950, I, S. 234–292, Zitate ebd. S. 238, 282 und 285; zu seiner Entstehung Paul Y. Hammond, *NSC 68: Prologue to Rearmament.* In: Schilling, Hammond und Snyder, *Strategy, Politics, and Defense Budgets.* New York, London 1962, S. 267–378; die (im Memorandum selbst nicht enthaltenen) Daten zum Militärbudget laut Yergin, *Shattered Peace,* S. 402. – Kolkos These (*Limits,* S. 455, 474 f., 487), die Aufrüstungspläne seien an die Stelle der »gescheiterten« Marshall-Wirtschaftshilfe getreten, und die europäische Wirtschaftskrise sei der eigentliche Grund für die NATO-Gründung und -entwicklung, läßt sich nicht halten: Gewiß nutzte auch Acheson die Technik seines Vorgängers Marshall, die Furcht vor sowjetischer Expansion zu schüren, um Hilfsgelder zu mobilisieren, doch forderte er in der Substanz *beides,* Wirtschafts- und Militärhilfe (wenngleich beides später über NATO-Strukturen), und die noch 1948 verbreitete Ansicht, Aufrüstung könne der Wirtschaftshilfe nur schaden (vgl. oben bei Anm. 1) war erst durch die neuen Ängste des Herbstes 1949 verdrängt worden.

des chinesischen Ministerpräsidenten Tschou En-lai auf einen chinesisch-amerikanischen Ausgleich (von diesem als Gegengewicht gegen die sowjetische Bedrohung gedacht) wurden zurückgewiesen. Um das sowjetische Vordringen in Asien zu stoppen und die französischen Truppen möglichst bald auf den europäischen Kontinent zurückholen zu können, begann die US-Regierung, die französische Intervention in Indochina finanziell zu unterstützen (erstmals mit 10 Millionen Dollar, die am 1. Mai 1950 bewilligt wurden). Ende Januar 1950 stimmte Truman dem zuvor heftig umstrittenen Bau der Wasserstoffbombe zu. Mit der Verabschiedung von NSC 68 im April 1950 wurde der Widerstand des finanzpolitisch konservativen Verteidigungsministers Louis Johnson gegen eine Erhöhung der Militärausgaben gebrochen. Und ab Juni 1950 half dann der Koreakrieg, den Kongreß und die Europäer von der Notwendigkeit neuer Verteidigungsanstrengungen und einer stärkeren Integration des westlichen Blocks zu überzeugen[31]. Militanz, antikommunistischer Konsens und Geschlossenheit der westlichen Welt waren nun größer denn je – mit der erzwungenen Geschlossenheit des engeren sowjetischen Blocks fast schon vergleichbar.

Mit der Formation der Blöcke 1948/49 waren die Visionen der Truman-Doktrin und der Shdanow-Thesen zu einem guten Teil Wirklichkeit geworden. Zwar waren die politischen Verhältnisse in Ost und West und erst recht in den Ländern außerhalb der beiden Bündnissysteme immer noch weitaus vielschichtiger, als dies die dichotomische Weltsicht der beiden Basisdoktrinen des Kalten Krieges wahrhaben wollte. Aber beide Blöcke existierten nun, beide lebten in Furcht vor der Dominanz der Gegenseite, beide suchten darum die Gegenseite präventiv zu schwächen, insbesondere indem sie die nationalen Gegensätze und Widersprüche im jeweils anderen Lager förderten und immer mehr Regionen der Welt für die eigene Seite einzunehmen trachteten. Die Blockbildung rückgängig zu machen, war unendlich schwierig geworden, nicht nur, weil sich unterdessen wirtschaftliche Interessen und Gesellschaftssysteme auf die Polarisierung in Ost und West ausgerichtet hatten,

---

[31] Vgl. Kolko, *Limits,* S. 504–509, 554–562; Yergin, *Shattered Peace,* S. 400 bis 407; David A. Rosenberg, *American Atomic Strategy and the Hydrogen Bomb Decision.* In: Journal of American History 66 (1979), S. 62–87; Michael H. Hunt, *Mao Tsetung and the Issue of Accomodation with the United States, 1948–1950.* In: Dorothy Borg, Waldo Heinrichs (Hrsg.), *Uncertain Years. Chinese-American Relations, 1947–1950.* New York 1980, S. 181–233.

sondern vor allem, weil jede einseitige Rücknahme des Verteidigungspotentials nun tatsächlich ein Vordringen der Gegenseite zur Folge haben mußte. Eher denkbar war ein partieller Ausgleich zwischen den Blöcken in Form einer wechselseitigen Anerkennung von Sicherheitssphären und einer Verständigung über reziproke oder gemeinsame Interessen; schließlich schreckten ja beide Seiten aus guten Gründen vor einem bewaffneten Konflikt zurück und waren auch ansonsten kaum bereit, für die erhoffte Änderung des Status quo zu ihren Gunsten nennenswerte Kosten zu übernehmen oder Risiken einzugehen. Doch wurden diese Möglichkeiten lange Zeit kaum ausgeschöpft, da die Fähigkeit, den Konflikt rational zu analysieren, zumindest auf der westlichen Seite weitgehend verlorengegangen war, und die aggressive Sprache der Sowjetführung, ebenso wie die brutalen Mittel ihrer Machtsicherung, nicht eben dazu beitrugen, diese Fähigkeit zu fördern.

Parallel zur Formation des westlichen Blocks 1948–50 unternahmen die westeuropäischen Regierungen die ersten Schritte zur Verwirklichung des europäischen Einigungsgedankens. Diese Anfänge der europäischen Einigungspolitik hatten einen durchaus mehrdeutigen Charakter: Subjektiv wurden sie sowohl von der »Dritte-Kraft«-Bewegung getragen als auch von den immer zahlreicher werdenden Befürwortern eines westlichen Verteidigungsblocks; beide trafen sich in dem Bemühen, Westeuropa im Sinne des ursprünglichen Marshall-Plans durch Integration zu stärken, und die meisten Anhänger der »Dritten Kraft« wollten nun beides zugleich, europäische Unabhängigkeit von den USA und Schutz vor sowjetischer Aggression. Objektiv trug die beginnende europäische Integration natürlich in erster Linie zur Konsolidierung des westlichen Lagers bei und war nicht zuletzt ein Mittel, die aus der Blockbildung resultierenden Probleme – insbesondere die Regelung des deutsch-französischen Verhältnisses – zu lösen; zugleich war sie aber Voraussetzung für eine relativ unabhängige Rolle Europas innerhalb des westlichen Bündnisses. An der Einigungsbewegung waren also die unterschiedlichsten Kräfte und Interessen beteiligt, und was sich schließlich durchsetzen würde, war zunächst keineswegs entschieden: ein wenig integriertes Europa als Palliativ des Westblocks, ein stark integriertes liberalkonservatives Europa als machtpolitisch gleichwertiger Partner der USA, oder ein vereintes Europa, das sich in demokratisch-sozialistischer Richtung bewegte und dem weltweiten Trend zur Polarisierung entgegenwirkte.

Die Entstehung des Europarats

Am Beginn des europäischen Integrationsprozesses standen »private« Initiativen, die die Gegensätze in der Frage des Zielbildes von Europa sogleich sichtbar werden ließen und zu ersten Vorentscheidungen noch vor Beginn der Verhandlungen auf Regierungsebene führten. Churchill, der den europäischen Einigungsgedanken dazu nutzen wollte, den Westblock in Europa ideologisch zu fundieren und insbesondere die für die Kohärenz des westlichen Bündnisses unerläßliche deutsch-französische Aussöhnung zu ermöglichen, hatte im Frühjahr 1947 in Großbritannien einen informellen »club« einflußreicher politischer und gesellschaftlicher Führungskräfte, das »United Europe Movement« (UEM) initiiert, der die Regierungen Westeuropas im Sinne des Churchillschen Europakonzepts beeinflussen sollte. Etwa zur gleichen Zeit hatten sich eine Reihe föderalistisch orientierter »Dritte-Kraft«-Anhänger in der politisch relativ einflußlosen, aber vergleichsweise mitgliederstarken (an die 100000 Mitglieder in Westeuropa) »Union Européenne des Fédéralistes« (UEF) gesammelt. Beide, UEM und UEF, planten seit Juli 1947 eine europäische Manifestation des Einigungsgedankens, von der grundlegende Impulse auf die Öffentlichkeit und die Regierungen der Marshall-Plan-Länder ausgehen sollten. Am 14. Dezember 1947 einigten sie sich zusammen mit einer Reihe weiterer Gruppen auf die Modalitäten eines solchen Kongresses; dabei setzte sich das UEM in allen wesentlichen Punkten durch: Wie ein Vereintes Europa aussehen sollte und auf welchem Wege es zu schaffen war, wurde bewußt im Unklaren belassen; die Präsidentschaft des Kongresses wurde Churchill angetragen[1].

Während die Vorbereitungen für den für Mai 1948 nach Den Haag anberaumten Kongreß weiterliefen, trafen sich offizielle Delegationen der vierzehn sozialistischen und sozialdemokratischen Parteien, deren Länder am Marshall-Plan teilnahmen, am 20.–22. März in London und nochmals am 24./25. April in Paris, um über eine gemeinsame sozialistische Europa-Strategie angesichts des Marshall-Plans zu beraten. Hier war es die britische Labour-Party, die die Hoffnungen der Dritte-Kraft-Anhänger (insbesondere der französischen Sozialisten und der italienischen Sozialdemokraten) auf eine gemeinsame Festlegung auf das »Dritte-Kraft«-Konzept und energische Schritte zur Errichtung eines supranationalen Europas blockierte. Die Parteien verständigten sich zwar im Prinzip über die Notwendigkeit, »die echten supranationalen Vollmachten der Fünfer- und der Sechzehner-Gemeinschaft [also Brüsseler Pakt und OEEC] zu stärken«, ließen sich aber von der Labour-Führung dazu be-

---

[1] Vgl. die präzise und materialreiche Darstellung der Europa-Verbände bei Walter Lipgens, *Die Anfänge der europäischen Einigungspolitik 1945–1950.* I. Teil: *1945–1947.* Stuttgart 1977, S. 313–331 (UEM), 360–386 (UEF) und 610 bis 638 (Kongreßfrage).

stimmen, den Einladungen zur Teilnahme am Haager Kongreß eine Absage zu erteilen. So sehr die Sozialisten des Kontinents an einer raschen und weitreichenden Integration Europas interessiert waren, mit der Labour-Party wollten sie nicht brechen; schließlich sollte ja ein sozialistisch regiertes Großbritannien die Führung des Europas der »Dritten Kraft« übernehmen².

Auf dem Haager Kongreß (7.–10. Mai 1948), zu dem über 700 europäische Politiker und Repräsentanten des öffentlichen Lebens zusammenkamen, spielten der internationale Sozialismus und die »Dritte-Kraft«-Bewegung folglich nur eine Nebenrolle. Eine Minorität britischer und französischer Sozialisten – der prominenteste unter ihnen der ehemalige französische Ministerpräsident Ramadier – nahmen zwar trotz des Vetos ihrer Parteiführungen teil, konnten aber nicht mehr verhindern, daß konservative und liberale Politiker, von Churchill über Paul Reynaud bis zu Konrad Adenauer, die Szene beherrschten. In den Resolutionen des Kongresses dominierten strikt marktwirtschaftliche Vorstellungen; die Idee der Ruhr-Internationalisierung wurde ebenso zurückgewiesen wie die Forderung nach Beteiligung der Gewerkschaften an europäischen Gemeinschaftsorganen; statt die umgehende Einberufung einer Verfassungsgebenden Versammlung der europäischen Föderation zu verlangen, wie dies am 18. bzw. 19. März 190 britische und 130 französische Abgeordnete in parlamentarischen Entschließungsanträgen getan hatten, begnügte sich der Kongreß mit der Forderung nach Einberufung einer von nationalen Parlamenten zu wählenden »Europäischen Versammlung«, die Pläne zur Einigung Europas entwickeln sollte³.

Die französischen Sozialisten versuchten nun, wenigstens diesen Beschluß über die französische Regierung in die Wirklichkeit umzusetzen. Sie brachten Außenminister Bidault dazu, auf der zweiten Tagung des Konsultativrates der Brüsseler Paktstaaten am 20. Juli die Einberufung einer »Europäischen Parlamentarischen Versammlung« zum »Meinungsaustausch« über die Probleme eines europäischen Zusammenschlusses zu fordern; und nachdem eine vom Haager Kongreß eingesetzte Studiengruppe unter Ramadier den Regierungen der Fünf vorgeschlagen hatte, eine Konferenz zur Vorbereitung eines sol-

² Zitat aus der Pariser Schlußresolution in *Le Populaire* 27. 4. 1948; vgl. hierzu und zum folgenden Wilfried Loth, *Sozialismus und Internationalismus.* Stuttgart 1977, S. 201–214.
³ Text der Resolutionen in Europa-Archiv 3 (1948), S. 1443–1446.

chen beratenden Parlaments einzuberufen, setzten sie am
18. August durch, daß die französische Regierung eine entsprechende Einladung an die verbündeten Regierungen richtete[4]. So
behutsam in der Form diese Initiative um der erhofften britischen Beteiligung willen auch war, in der Sache zielte sie erstmals auf ein über die Westblockbindung in OEEC und Brüsseler Pakt hinausgehende europäische Föderation.

Die Labour-Regierung behandelte den französischen Vorstoß
zunächst dilatorisch. Einerseits war ihr an einer über die Intensivierung zwischenstaatlicher Beziehungen hinausgehenden
Einigung nicht gelegen; andererseits konnte sie es sich im Interesse der Konsolidierung des westlichen Bündnisses nicht leisten, die einigungswilligen Europäer des Kontinents gänzlich zu
verprellen. Bidaults Vorschlag wurde als »zum gegenwärtigen
Zeitpunkt ungünstig« auf die Herbstsitzung des Konsultativrates vertagt, und auf die zweite Initiative der französischen Regierung reagierte die Labour-Regierung nur inoffiziell, mit einer Streitschrift des Parteivorstandes, in der mit bisher unbekannter Deutlichkeit »die Schaffung einer gemeinsamen europäischen Außenpolitik und, daraus folgend, einer gemeinsamen
Verteidigungspolitik« als Ziel britischer Europapolitik genannt
und alle darüber hinausgehenden Föderationspläne als den »so-
liden« Aufbau der »Western Union« gefährdende Abenteuer
abgelehnt wurden[5]. Auf der Konsultativrats-Tagung am 25./
26. Oktober stimmte Bevin schließlich Verhandlungen über
eine europäische Versammlung zu, wollte diese zunächst aber
nur als ständigen Ministerrat der Brüsseler Paktstaaten verstanden wissen. Als sich die Verhandlungskommission im Dezember auf das Doppelprojekt eines allen OEEC-Ländern offenste-
henden »Europarates« europäischer Minister und einer »Europäischen Konsultativversammlung« europäischer Parlamentarier mit vager Aufgabenstellung (»Maßnahmen zur Vertiefung
der Verständigung«) einigte, legte er sein Veto gegen eine autonome Parlamentarierversammlung ein. Erst nachdem der neue
französische Außenminister Robert Schuman am 13. Januar

[4] Ramadier-Memorandum und Regierungsbeschlüsse vom 18. 8. 1948 in *l'An-
née politique 1948,* S. 142f.; vgl. auch Vincent Auriol, *Journal de septennat.*
Bd. 2: *1948.* Paris 1974, S. 368 und Marie-Thérèse Bitsch, *La France et la nais-
sance du Conseil de l'Europe.* In: Raymond Poidevin (Hrsg.), *Histoire des débuts
de la construction européene.* Brüssel 1986, S. 165–198.
[5] British Labour Party (Hrsg.), *Feet on the Ground. A Study of Western
Union.* London 1948.

1949 bei einem Besuch in London angedroht hatte, die französische Regierung werde notfalls auch ohne Großbritannien handeln, lenkte er ein, so daß nach weiteren technischen Vorbereitungen am 5. Mai die Satzung eines Europarates aus Ministerrat und Konsultativversammlung bekanntgegeben werden konnte. Ein offizielles Diskussionsforum zur Frage der europäischen Einigung war also der Preis, den Bevin im Interesse der Westblockbildung den Kontinentaleuropäern zahlen mußte[6].

Das Scheitern der europäischen Föderation

Diese gaben sich mit dem erzielten Kompromiß jedoch nicht zufrieden. Insbesondere die kontinentalen Sozialisten unter der Führung der französischen SFIO, aber auch eine Labour-Minorität um Ronald Mackay und Richard Crossman bestürmten die Labour-Führung in den folgenden Monaten, sich doch noch an energischen Schritten zu einer europäischen Einigung zu beteiligen. In der ersten Sitzungsperiode der Beratenden Versammlung des Europarates (vom 10. August bis 5. September 1949 in Straßburg) gelangen ihnen dabei zunächst auch einige Erfolge: über die vagen und restriktiven Bestimmungen des Europarat-Statuts hinausgehend, setzten die ersten europäischen Parlamentarier – insgesamt noch Spitzenkräfte ihrer jeweiligen nationalen Fraktionen – einen Ständigen Ausschuß ein, der auch außerhalb der knapp bemessenen Sitzungsperioden der Versammlung arbeitete und so deren politisches Gewicht erheblich verstärkte. Als »Ziel und Zweck des Europarates« beschlossen sie mehrheitlich »die Schaffung einer europäischen politischen Autorität mit begrenzten Funktionen, aber echten Vollmachten«. Der Ständige Ausschuß wurde beauftragt, die Frage der politischen Autorität näher zu prüfen und für Januar 1950 eine Sondersitzung der Versammlung vorzubereiten; zugleich wurde der Ministerrat aufgefordert, die Kompetenzen der Versammlung beträchtlich auszuweiten und noch vor dem Beginn der nächsten Sitzungsperiode den Beitritt der Bundesrepublik Deutschland zu ermöglichen. Um der Labour-Führung die Zustimmung zu erleichtern, bemühten sich die einigungswilligen Sozialisten um eine allgemeine Anerkennung sozialistischer Po-

[6] Vgl. Loth, *Sozialismus*, S. 221–223 und Geoffrey Warner, *Die britische Labour-Regierung und die Einheit Westeuropas 1949–1951*. In: Vierteljahrshefte für Zeitgeschichte 28 (1980), S. 310–330.

sitionen; anders als auf dem Haager Kongreß fand sich in Straßburg eine Mehrheit für die Forderung nach einer europäischen Wirtschaftseinheit »in zentraler Planung in Verbindung mit einem Höchstmaß an individueller Freiheit«; die Ruhrfrage und die Frage einer Koordinierung der europäischen Grundindustrien wurde einer erneuten Überprüfung für Wert befunden[7].

Mit diesen Forderungen und Aufgabenstellungen war jedoch die Grenze dessen überschritten, was die Labour-Regierung im Interesse der Westblock-Konsolidierung zu tolerieren bereit war. Auf der Tagung des Ministerrats vom 3.–5. November wurden alle Empfehlungen der Versammlung zur Erweiterung des Statuts unter britischem Druck – der Rat mußte einstimmig beschließen – abgelehnt. Alle übrigen Empfehlungen und Anregungen, insbesondere auch der Plan einer baldigen Sondersitzung, wurden an regierungsamtliche oder zwischenstaatliche Stellen zum weiteren Studium verwiesen, ohne daß diese verpflichtet worden wären, ihre Berichte bis zu einem bestimmten Datum abzuliefern. Befürwortet wurden lediglich die Aufnahme der westdeutschen Bundesrepublik als assoziiertes Mitglied und, vorbehaltlich einer endgültigen Entscheidung über dessen Statut, die Aufnahme des Saarlandes, dessen de-facto-Autonomie die französische Regierung langfristig absichern wollte. Damit war der Weg des Europarates zu einer europäischen Konstituante gestoppt worden, noch ehe er in den Arbeiten der Kommissionen der Beratenden Versammlung recht begonnen hatte. Die einigungswilligen Parlamentarier, die sich in Straßburg um die Überzeugung der Briten bemüht hatten, fühlten sich brüskiert und waren bitter enttäuscht[8].

Spätestens jetzt standen die einigungswilligen Europäer vor einer grundsätzlichen Entscheidung: Sollten sie sich mit ihren Initiativen weiterhin zurückhalten, um den Briten ein weiteres Mitwirken zu ermöglichen, dabei aber einen Verfall des gesamten Einigungsprojektes riskieren, oder sollten sie ohne Großbritannien mit substantiellen Schritten zur europäischen Einigung beginnen – in der Hoffnung, daß sich die Briten einem erfolgreichen Europaprojekt schließlich nachträglich anschließen würden, aber zugleich mit dem Risiko, sie noch weiter in die Isolation zu treiben? Den liberalen und konservativen Kräften des Kontinents fiel diese Entscheidung nicht sonderlich schwer:

[7] Text der Entschließungen in Europa-Archiv 4 (1949), S. 2557–2560 und 2579–2584; zum Verhandlungsverlauf Loth, *Sozialismus*, S. 244–247.

[8] ebd. S. 248.

wenn die Briten nicht mitmachen wollten, mußten die notwendigen Schritte zur Absicherung des europäischen Wiederaufbaus und zur Lösung des Deutschlandproblems eben ohne sie unternommen werden. Die Sozialisten und die übrigen Anhänger des »Dritte-Kraft«-Gedankens standen jedoch vor einem unlösbaren Dilemma: Ohne rasche supranationale Lösungen drohte die verbliebene europäische Eigenständigkeit in dem allgemeinen Trend zur Ost-West-Polarisierung unterzugehen; ohne britische Beteiligung drohte ein konservatives, unter Umständen sogar von einem konservativen Westdeutschland beherrschtes Europa, das dem »Dritte-Kraft«-Anspruch ebensowenig gerecht werden konnte; beides zusammen, Supranationalismus unter britischer Führung, war nicht zu haben. Der Riß in der Frage des weiteren Taktierens ging durch alle Fraktionen der Straßburger Versammlung, und bezeichnenderweise entwickelten sich zwei Politiker aus der gleichen Partei zu den Wortführern der beiden Positionen: Guy Mollet, der Generalsekretär der französischen Sozialisten, für die probritische, sein wirtschaftspolitischer Sprecher André Philip für die proföderalistische Seite[9].

Zu Beginn der zweiten Sitzungsperiode der Beratenden Versammlung (7.–28. August und 18.–24. November 1950) präsentierten die Vertreter der Philip-Richtung einen Antrag, der die Mitgliedsstaaten aufforderte, »in kürzester Frist eine politische Autorität zu schaffen, die (...) nach dem Mehrheitsprinzip über Fragen der Menschenrechte, der auswärtigen Beziehungen, der Wirtschaftspolitik und der europäischen Sicherheit entscheiden« sollte; darüberhinaus sollten »Staaten, die engere organische Verbindungen untereinander wünschen, einen Bundespakt schließen, mit dem sie ein demokratisch gewähltes Parlament und eine vor diesem verantwortliche Regierung ins Leben rufen«.[10] Mollet legte demgegenüber als Berichterstatter des Politischen Ausschusses eine Reihe von Vorschlägen vor, die insgesamt ein Höchstmaß an Maßnahmen zur Stärkung des Europarates, soweit sie ohne Beeinträchtigung der nationalen Souveränitäten möglich waren, bedeuteten: so die Integration von OEEC, Brüsseler Pakt und Europarat, Koordinierung der Außenpolitik durch vorbereitende Konsultationsgespräche, regionale Teilabkommen zwischen einzelnen Mitgliedern des Rates,

[9] Hierzu und zum folgenden ebd. S. 248–250, 257–260, 270–277.
[10] Text in Europa-Archiv 5 (1950), S. 3360.

Einrichtung von Europa-Referaten in den betroffenen Ministerien aller Mitgliedsstaaten und regelmäßige Konsultationstreffen der Referenten u. a. m. Darüberhinaus forderte er, der Beratenden Versammlung das Recht zur Ausarbeitung von Gesetzen zu übertragen, die nach Billigung durch den Ministerrat Gültigkeit erlangen sollten, und für die einzelnen politischen Ressorts »Verwaltungsabteilungen« des Rates zu schaffen, insgesamt also den Rat mit paralegislativen und paraexekutiven Vorformen auszustatten; schließlich befürwortete er die Schaffung supranationaler Teilzusammenschlüsse einzelner Staaten zu begrenzten Zwecken nach dem Muster der Pläne zur Internationalisierung der europäischen Grundindustrien.

Nach dramatischen Auseinandersetzungen beider Richtungen votierte die Straßburger Versammlung Ende August mit 68 gegen 19 Stimmen bei 7 Enthaltungen gegen die Philip-Resolution, während Mollets Vorschläge die notwendigen Mehrheiten fanden und den nationalen Parlamenten zur Ratifizierung zugeleitet wurden. Die Sorge um ein Auseinanderfallen des Europarates im Falle einer Verwirklichung der Bundespakt-Pläne ohne Großbritannien hatte den Ausschlag gegeben. Während sich in den meisten Parlamenten der Mitgliedsländer in den folgenden Wochen breite Mehrheiten für die Annahme der Straßburger Empfehlungen fanden, versuchten die Föderalisten um Philip die europäische Öffentlichkeit mit einer spektakulären »Aktion Bundespakt« für eine Revision der Beschlüsse zu mobilisieren. Ihr Erfolg war gering. Gelegentliche Meinungsumfragen hatten zwar immer eine grundsätzliche Option der Bevölkerungsmehrheit Westeuropas für einen europäischen Bundesstaat ergeben; zugleich aber sahen sich die nationalen Regierungen und die hinter ihnen stehenden Entscheidungsträger von den gleichen Bevölkerungsgruppen mit der Vertretung nationaler Partikularinteressen beauftragt, die mit den Implikationen einer europäischen Föderation oft nicht vereinbar waren; und so konnte aus den Hoffnungen auf eine Verständigung der Europäer und eine »Dritte Kraft« kein nennenswerter politischer Druck werden. Als die Straßburger Versammlung Anfang November wieder zusammentrat, wunderte es niemanden mehr, daß die Philipschen Vorschläge erneut abgelehnt wurden.

Indessen erlitt auch Mollets scheinbar so erfolgreiche Taktik der langsamen Evolution des Europarates Schiffbruch. Entgegen einer entsprechenden Zusage des Labour-Abgeordneten Callaghan in Straßburg lehnte die Labour-Mehrheit im britischen Unterhaus die vom Europarat gebilligten Mollet-Vorschläge am 13. November ab. Nachdem die Mehrheit der Versammlung aus Rücksicht auf die britischen Schwierigkeiten mit einem supranationalen Europa die Bundespakt-Bewegung zum Scheitern gebracht hatte, war nun auch der evolutionäre Weg über den Europarat versperrt; die europäische Linke mußte sich notgedrungen damit abfinden, daß sich Großbritannien an bindenden Gemeinschaftsorganen nicht oder zumindest vorerst nicht beteiligen würde.

Der Schuman-Plan

Während sich die französischen Sozialisten in der Frage der Taktik gegenüber Großbritannien zerstritten und so die Führungsrolle, die sie bisher in der Einigungspolitik innegehabt hatten, preisgaben, kam die Initiative zu einem Ausweg aus den Sackgassen von ganz anderer Seite: Am 9. Mai 1950 legte der bislang wenig profilierte französische Außenminister Robert Schuman der europäischen Öffentlichkeit einen Vorschlag zur Schaffung einer Europäischen Gemeinschaft für Kohle und Stahl vor[11]. Der Grundgedanke des Schuman-Plans – die Richtlinienkompetenz und koordinierende Planung der europäischen Grundindustrien einem nationenübergreifenden europäischen Gremium zu übertragen – hatte auch im Vordergrund der sozialistischen Europapolitik gestanden, nachdem seit Herbst 1948 festgestanden hatte, daß das sozialistische Maximalziel einer europäischen Sozialisierung aller Grundindustrien in absehbarer Zeit nicht mehr realisierbar war; entsprechende Initiativen Philips im Europarat waren jedoch Ende 1949 am britischen Widerstand gescheitert, und ohne Großbritannien vorzugehen war die Mehrheit der Sozialisten noch nicht bereit. Das Entscheidende an der Initiative Schumans war nun, daß *er* bereit war, das Risiko eines Bruchs mit Großbritannien einzuge-

---

[11] Erklärung Schumans vom 9. 5. 1950 in Europa-Archiv 5 (1950), S. 3091 f. – Vgl. Jean Monnet, *Erinnerungen eines Europäers*. München 1978, S. 349–469; Pierre Gerbet, *La genèse du plan Schuman*. In: Revue française de science politique 6 (1956), S. 525–553; William Diebold, Jr., *The Schuman Plan*. New York 1959, S. 8–112; F. Roy Willis, *France, Germany and the New Europe, 1945–1967*. Stanford, London 1968, S. 80–129; zur Interpretation insbesondere Gilbert Ziebura, *Die deutsch-französischen Beziehungen seit 1945. Mythen und Realitäten*. Pfullingen 1970, S. 50–56, und Loth, *Sozialismus*, S. 262–270 und 379–381.

hen. Indem er von Anfang an keinen Zweifel daran ließ, daß die
französische Regierung auf supranationalen Kompetenzen der
Montanbehörde bestehen würde, stellte er die Briten in unmißverständlicher Weise vor die Entscheidung, sich an den nächsten Schritten des Einigungsprozesses zu beteiligen oder nicht.

Schuman konnte dies tun, weil, anders als bei den Sozialisten,
beide Alternativen mit den grundlegenden Zielsetzungen seiner
Politik vereinbar waren. Schuman und Jean Monnet, dem Chef
der Planungsabteilung der Regierung und eigentlichen Initiator
des Plans, ging es in erster Linie darum, einen Zerfall des Eini-
gungswerkes und die daraus resultierende westdeutsche Dominanz auf dem europäischen Kontinent zu verhindern und
Frankreich über ein Vereintes Europa weiterhin eine führende,
von den USA unabhängige Rolle in der Weltpolitik zu sichern;
um die französische Wettbewerbsfähigkeit zu steigern, sollten
die französischen Industriellen unvermitteltem auswärtigen
Druck ausgesetzt und so gezwungen werden, ihren traditionellen Malthusianismus aufzugeben; der französische Zugang zur
Ruhrkohle sollte über das absehbare Ende der Kontroll- und
Restriktionsmaßnahmen gegenüber Westdeutschland hinaus erhalten bleiben, und eine deutsche Dominanz in der Montanin-
dustrie verhindert werden. Der »Dritte-Kraft«-Gedanke lag
also auch dieser Initiative zugrunde, er war jedoch nicht mehr
mit der Hoffnung auf eine sozialistische Gesellschaftsordnung
in Europa verbunden; im Gegenteil, Monnet konnte sich ein
prosperierendes, autonomes Europa nur als liberalkapitalisti-
sches System mit staatlicher Rahmenplanung im Sinne von Keynes vorstellen. Eine europäische Gemeinschaft ohne britische
Beteiligung, also auf der Grundlage einer Achse Paris-Bonn,
schien unter diesen Prämissen weit eher akzeptabel als bei einem sozialistischen Zielbild von Europa. Würden sich die Briten wider Erwarten doch noch beteiligen, so hatte man einen
optimalen Schutz vor der deutschen Dominanz; ohne britische
Beteiligung war dieser Schutz immer noch größer als im Falle
eines Wettbewerbs ohne supranationale Kontrolle, und möglicherweise konnte Frankreich sogar die politische Führungsrolle
eines geeinten Kontinents erringen; in beiden Fällen war die
europäische Position gegenüber den USA nachhaltig gestärkt[12].

[12] Vgl. das für die Interpretation des Schuman-Plans höchst aufschlußreiche
Memorandum von Monnet vom 3. 5. 1950 in *Le Monde* 9. 5. 1970, deutsch bei
Ziebura, *Beziehungen*, S. 195–200. Wegen der Ambivalenz der Zielsetzungen ist
es nicht gerechtfertigt, Monnet zu unterstellen, er habe die britische Ablehnung

Um nicht vor der europäischen Linken in den Verdacht einer bewußt antibritischen Aktion zu geraten, reiste Monnet fünf Tage nach Schumans öffentlicher Ankündigung nach London und versuchte dort, die britische Regierung für den Plan zu gewinnen. Diese war jedoch, wie erwartet, nicht gewillt, auf die Bedingung der Supranationalität einzugehen; am 2. Juni sagte sie definitiv ab, während die Regierungen Frankreichs, der Niederlande, Belgiens, Luxemburgs, Italiens und der Bundesrepublik Deutschland in einem gemeinsamen Kommuniqué Verhandlungen über eine Montanunion im Sinne des Schuman-Vorschlags ankündigten. Die französischen Sozialisten versuchten noch, über eine internationale Sozialistenkonferenz in London eine Revision dieser Entscheidung zu erreichen – natürlich vergeblich; allerdings stellte die Labour-Führung nun in so unmißverständlicher Weise klar, daß sie gegen eine engere Union des Kontinents zwar nichts einzuwenden habe, sich selbst aber »nie« an supranationalen Lösungen beteiligen würde, daß den französischen Sozialisten nichts anderes mehr übrig blieb, als sich schweren Herzens der Initiative Schumans anzuschließen. Damit hatte der Schuman-Plan seine entscheidende erste Hürde genommen, und es war entschieden, daß ein im engeren Sinne Vereintes Europa zunächst nur als »Europa der Sechs«, ohne britische Beteiligung, zustande kommen würde.

Freilich war der Erfolg des Plans auch jetzt noch nicht gesichert; vielmehr formierte sich nun in Deutschland und Frankreich eine denkbar heterogene Oppositionsfront, bestehend aus:

– den französischen Kommunisten, die in dem Plan nur ein Mittel zur Stabilisierung des Westblocks und zur Stärkung der Kartelle sahen,

– der Mehrheit der französischen Industrie, insbesondere der Stahlindustrie, die sich vor den Folgen eines ungehinderten Wettbewerbs in Europa fürchtete,

– der Mehrheit der deutschen Industrie, die ihrerseits fürch-

von vornherein beabsichtigt, so Alfred Grosser, *La IVᵉ République et sa politique extérieure*. Paris, 3. Aufl. 1970, S. 236. Ebensowenig läßt sich Monnet pauschal als zum »aktiven Kern der proamerikanischen Clique« gehörig bezeichnen, so Gerhard Kiersch und Barbara Mettler-Maibohm, *Die US-amerikanische Penetration in Frankreich nach dem Zweiten Weltkrieg*. In: Klaus Jürgen Gantzel (Hrsg.), *Kapitalistische Penetration in Europa*. Hamburg 1976, S. 31–194, hier S. 76 f.: Trotz des amerikanischen Interesses an europäischer Integration und exzellenter Beziehungen Monnets zu amerikanischen Führungskräften zielte seine Politik auf Autonomie im Rahmen des westlichen Bündnisses.

tete, durch die vorangegangenen Dekartellisierungsmaßnahmen geschwächt in den Wettbewerb zu gehen,

– den Arbeitgeberverbänden und einem Teil der Liberalen, die die Interventionsmöglichkeiten einer Montanbehörde bekämpften und eine Standardisierung der Soziallasten nach oben befürchteten,

– der SPD unter der Führung Kurt Schumachers, der in dem Plan ein Mittel sah, die französische Kontrolle über die deutsche Wirtschaft über das absehbare Ende des Besatzungsstatuts hinaus zu verewigen und statt einem Europa der »Dritten Kraft« ein Europa der »vier K's – Kapitalismus, Klerikalismus, Konservatismus und Kartells« zu installieren,

– den Gaullisten, die den Plan als endgültige Absage an den französischen Führungsanspruch verstanden und die Gefahr einer deutschen Dominanz beschworen.

Unterstützung fand der Plan bei einer ebenso heterogenen Koalition:

– bei den Christdemokraten beider Seiten, die auf eine Verständigung unter ihrer Führung hofften,

– bei Anhängern der »Dritten Kraft«, die im »Europa der Sechs« trotz der »vier K's« die einzig verbliebene Alternative zur amerikanischen Dominanz sahen,

– bei der Mehrheit der deutschen Gewerkschaften und den nichtkommunistischen französischen Gewerkschaften, die von einem gemeinsamen Markt positive Auswirkungen auf die Beschäftigungslage und den Lebensstandard erwarteten,

– bei Unternehmern einer jüngeren Generation, die den Wettbewerb in einem gemeinsamen Markt mit höheren Gewinnchancen riskieren wollten,

– bei deutschen »Realisten« wie Adenauer, die den Plan als Chance aufgriffen, die einseitige Kontrolle der Bundesrepublik durch Ruhrbehörde und Besatzungsstatut loszuwerden,

– bei französischen »Realisten«, die wie Monnet in dem Plan die letzte Chance sahen, etwas von der französischen Unabhängigkeit und Vormachtstellung zu retten.

In Anbetracht der widersprüchlichen Hoffnung im Kreis der Befürworter war es eine beträchtliche politische Leistung von Adenauer, Schuman und (im Hintergrund) Monnet, das Projekt gegen die ebenso widerspruchsvolle Front der Gegner durchzusetzen und so mit einem gemeinsamen Markt für die Schlüsselindustrien des Kontinents die Grundlage für eine über zwischenstaatliche Kooperation hinausgehende europäische Gemeinschaft zu schaffen. Im Laufe der Vertragsverhandlungen (Juni 1950 bis März 1951) wurde das ursprünglich eher reformkapitalistisch-technokratisch ausgerichtete Projekt wieder stärker an die früheren »Dritte-Kraft«-Pläne angeglichen: Zu der Hohen Behörde kamen die parlamentarische Kontrolle durch ein Zweikammernsystem von parlamentarischer Versammlung und Ministerrat sowie die Judikative in Form eines Gerichtshofs; zugleich wurden Antitrust- und Antikartellbestimmungen in den Vertrag aufgenommen[13]. Diese Zugeständnisse sicherten die Ratifizierung des Vertrags in den nationalen Parlamenten, die dann im Laufe der zweiten Jahreshälfte 1951 erfolgten, in Frankreich sogar mit einer sehr großen Mehrheit. Am 25. Juli 1952 trat der Vertrag über die »Europäische Gemeinschaft für Kohle und Stahl« in Kraft; zum gleichen Datum überantwortete die Internationale Ruhrbehörde ihre Verteilungskompetenz für die Ruhr-Erträge an die neue Organisation.

Grundlagen für eine europäische Politik

Wie die gegensätzlichen Erwartungen und Befürchtungen, die sich mit dem Schuman-Plan verbanden, zeigen, war 1. die europäische Integration tatsächlich ein Mittel, innereuropäische Gegensätze durch Kompromisse auszugleichen und damit das weltpolitische Gewicht Europas in der Summe zu stärken, und 2. das Europa der Montanunion ein Kompromiß-Europa, das keinem der denkbaren Europa-Modelle, wie sie hier eingangs skizziert wurden, voll entsprach. Infolge des britischen Fernbleibens war es nicht so stark und nicht vornehmlich sozialistisch orientiert, wie es die »Dritte-Kraft«-Bewegung erhofft hatte, infolge der von einem Teil der europäischen Linken unterstützten Initiative der »Realisten«, aber auch nicht so einseitig auf die amerikanische Führung und das amerikanische Gesellschaftssystem ausgerichtet, wie das den Autoren der »Western Union«-Pläne vorgeschwebt hatte. Wenn sich auch die Aussichten auf eine Verwirklichung sozialistischer Ordnungsvorstellungen in einem geeinten Europa zusehends verringerten, so fand sich auf der anderen Seite aber auch keine Mehrheit für einen vollständig integrierten Westblock. Bidault-Anhänger

[13] Zu den Vertragsverhandlungen Klaus Schwabe (Hrsg.), *Die Anfänge des Schuman-Plans 1950/51*. Baden-Baden 1988.

im französischen Außenministerium versuchten zwar im Herbst 1948, den Brüsseler Pakt im Atlantikpakt aufgehen zu lassen, doch wurden diese Versuche von dem Sozialisten Ramadier, nunmehr französischer Verteidigungsminister, mit Erfolg konterkariert; und als Bidault, nunmehr Ministerpräsident, am 16. April 1950 in Übereinstimmung mit den Westintegrationsplänen Achesons und dem NSC-68-Programm den Plan eines »Hohen Atlantikrates« lancierte, der als gemeinsames Gremium der Staaten der westlichen Welt die Verteidigungsanstrengungen und die Wirtschaft, später auch die Politik des Westens koordinieren sollte, stieß er auf weit mehr Ablehnung als Zustimmung. Die Furcht vor einer Verewigung der Ost-West-Spaltung und vor allzugroßer Abhängigkeit von den USA überwog den Wunsch nach stärkerem amerikanischen Engagement für die europäische Sicherheit und nach stärkerer, über das Ende des Marshall-Plans hinausreichender finanzieller Unterstützung[14].

Trotz allem generalisierenden Antikommunismus und trotz allem Drängen auf amerikanischen Schutz gegen die sowjetische Aggression war also bei der Mehrheit der Europäer ein gewisses Interesse an europäischer Eigenständigkeit innerhalb des westlichen Bündnisses verblieben. Daß es nicht ganz verloren ging, dafür sorgte schon die »neutralistische« Bewegung in Europa, also jene Minorität der »Dritte-Kraft«-Bewegung, die zwar noch mit dem Marshall-Plan, aber nicht mehr mit dem Atlantikpakt und der westdeutschen Staatsgründung einverstanden war und die nun zu Beginn der fünfziger Jahre die Aufrüstungstendenzen des Westens erbittert bekämpfte. Ganz unterschiedliche Gruppen sind hier zu nennen, patriotische Protestanten in Deutschland (Niemöller, Heinemann), reformorientierte Katholiken in Frankreich (Gilson, der »Esprit«-Kreis), Teile des föderalistischen »Mouvement Socialiste pour les Etats-Unis de l'Europe« (MSEUE), der durchweg nationalistische linke Flügel der britischen Labour-Party um Aneurin Bevan, skeptische Rationalisten wie die Gruppen um *Le Monde* und den *Observateur* in Frankreich und den *Spiegel* in Deutschland, und romantische Pazifisten, die sich für die sowjetisch inspirierte »Stockholmer Friedensbewegung« gewinnen ließen[15]. Zu einer positi-

---

[14] Vgl. Loth, *Sozialismus*, S. 187 und 260f.

[15] Vgl. für Frankreich John T. Marcus, *Neutralism and Nationalism in France*. New York 1958 (allerdings zu schematisch klassifizierend); Michel Winock, *Histoire politique de la revue »Esprit« 1930–1950*. Paris 1975; Loth, *Sozialismus*,

ven Wirksamkeit sind diese Gruppen nie gelangt – vor allem deshalb nicht, weil sie sich nie darüber einig wurden, ob ein entschiedener Nationalismus oder ein entschiedener Europaföderalismus das beste Gegenmittel gegen die amerikanische Dominanz darstellte, und beides zugleich nicht zu haben war; dann aber auch, weil sie im Zuge der allgemeinen Polarisierung mit Erfolg als Sympathisanten der Sowjetunion diskreditiert werden konnten. Doch zwangen sie durch ihre bloße Existenz die etablierten Parteien, insbesondere die Sozialisten, zur Rücksichtnahme auf antiamerikanische Empfindungen und erinnerten diese als permanentes schlechtes Gewissen an ihre ursprünglichen »Dritte-Kraft«-Zielsetzungen.

Für eine unabhängige Politik im Rahmen des westlichen Bündnisses waren unterdessen auch wesentliche materielle Voraussetzungen geschaffen worden. Die Krise des zweiten Halbjahres 1949 erwies sich als vorübergehende Wachstumskrise; tatsächlich kam der Rekonstruktionsprozeß der westeuropäischen Volkswirtschaften aufgrund der trotz der Kriegszerstörungen erhalten gebliebenen Potentiale und mit zusätzlicher Abstützung durch die Marshall-Plan-Gelder Anfang der fünfziger Jahre erstaunlich schnell voran. »Die Nahrungsmittelimporte aus den USA sanken zusehends. Gegenüber 1947 betrug die Steigerung der Industrieproduktion im Jahre 1951 in Dänemark 35 Prozent, in Norwegen und Belgien 33 Prozent, in Großbritannien 31 Prozent, in Frankreich 39 Prozent, in Italien 54 Prozent und in den Niederlanden 56 Prozent [in Westdeutschland sogar 312 Prozent]. Der freie Warenaustausch zwischen den europäischen Ländern ließ den Binnenhandel im Rahmen der OEEC von 5,9 Milliarden Dollar im Jahre 1947 auf 13,1 Milliarden Dollar im Jahre 1951 ansteigen, während die Importe aus den USA absolut und mehr noch relativ abnahmen: 5,6 Milliarden von insgesamt 15,2 Milliarden im Jahre 1947, 4,4 Milliarden von insgesamt 20,6 Milliarden im Jahre 1951. Die Exporte in die USA stiegen im gleichen Zeitraum von 0,73 auf 1,81 Milliarden Dollar.« Auch das europäische Dollardefizit

S. 230–232, 278, 293, 358–360; Jean-Noel Jeanneney und Jacques Julliard, *Le Monde de Beuve-Méry ou le métier d'Alceste*. Paris 1979; für Deutschland Rainer Dohse, *Der Dritte Weg. Neutralitätsbestrebungen in Westdeutschland zwischen 1945 und 1955*. Hamburg 1974; Diether Koch, *Heinemann und die Deutschlandfrage*. München 1972; für Großbritannien das Selbstzeugnis von Aneurin Bevan, *In Place of Fear*. Melbourne 1952, sowie Leslie Hunter, *The Road to Brighton Pier*. London 1959.

Dienstleistungsbilanz der meisten Länder ausgeglichen war oder sogar ab 1950 Überschüsse aufwies«.[16]

Eine andere Frage war es, wieweit die Europäer die verbliebenen Chancen für eine unabhängige Politik nutzen würden. Jede neue Krise der Ost-West-Beziehungen mußte den Spielraum für die europäische Unabhängigkeit verringern, Phasen der Entspannung im Ost-West-Konflikt dagegen konnten entweder im Sinne einer stärkeren europäischen Selbstbehauptung oder aber im Sinne einer stärkeren Betonung der divergierenden nationalen Sonderinteressen wirken. Was von einem Europa der »Dritten Kraft« verblieben war, wurde also Anfang der fünfziger Jahre doppelt bedroht: einmal durch die Spannungen, die der Koreakrieg ab 1950 hervorrief, zum andern durch die »destabilisierende« Wirkung der sowjetischen Entspannungsoffensive ab 1952.

[16] Zit. n. der Zusammenstellung bei Alfred Grosser, *Das Bündnis. Die westeuropäischen Länder und die USA seit dem Krieg.* München 1978, S. 119; die Ziffer für Westdeutschland nach Georges von Csernatony, *Le Plan Marshall et le redressement économique de l'Allemagne.* Lausanne 1973, S. 159. Joyce und Gabriel Kolkos These vom »Scheitern des Marshall-Plans« *(The Limits of Power.* New York 1972, S. 453 ff.) läßt sich nicht halten; Kolko konzentriert sich auf die Krise von 1949 und vernachlässigt die spätere Entwicklung.

11. Kapitel
Die Folgen des Koreakrieges

Die Entschlossenheit der Truman-Administration, das westliche Bündnis im Sinne des NSC-68-Programms militärisch, wirtschaftlich und politisch zu stärken, fand zunächst wenig Gegenliebe, weder im Kongreß noch bei den westeuropäischen Verbündeten. Die Europäer waren zwar an einer stärkeren Einbindung der USA in das europäische Verteidigungsnetz lebhaft interessiert, sahen sich aber nicht in der Lage, ihrerseits ihre Verteidigungsanstrengungen wesentlich zu verstärken; eine solche Erhöhung der Rüstungsausgaben, so fürchteten sie, würde den gerade begonnenen wirtschaftlichen Wiederaufstieg gefährden und den Lebensstandard in einem Maße beeinträchtigen, das innenpolitisch nicht durchsetzbar war. Im Kongreß, insbesondere auf dem rechten Flügel der Republikanischen Partei, mehrten sich zwar die Stimmen, die die bisherige Haltung der Truman-Administration im Kalten Krieg für entschieden zu »weich« hielten; die gleichen Republikaner kämpften jedoch auch für eine Reduzierung der Steuern und des Staatshaushalts und waren dementsprechend für kostenintensive Aufrüstungsprogramme nicht zu haben. Auf der Atlantikratstagung im Mai 1950 in London stimmten die westeuropäischen Außenminister zwar im Prinzip Achesons Forderungen nach Stärkung und stärkerer Koordination des westlichen Bündnisses zu, ließen sich aber konkret nur darauf ein, die Frage »zu überprüfen«, und stellten übereinstimmend fest, daß es »verfrüht« sei, eine Wiederbewaffnung Deutschlands in Betracht zu ziehen. Nach seiner Rückkehr aus London wollte Acheson sein Stärkungsprogramm dem Kongreß präsentieren; dieser verweigerte jedoch eine gemeinsame Sitzung beider Häuser, und die wenigen Abgeordneten, die sich seinen Bericht schließlich anhörten, zeigten sich kaum beeindruckt. Selbst das laufende Militärhilfeprojekt für Europa in Höhe von »symbolischen« 1,2 Milliarden Dollar schien gefährdet[1]. »Niemand kann sagen«, urteilte ein Jahr später ein anonym gebliebener hoher Beamter der Admini-

[1] Londoner Ratstagung: FRUS 1950, III, S. 94–125 und 828–1107, eine Zusammenfassung der Diskussionen durch Acheson am 14.5.1950, ebd. S. 1061–1067. – Kongreß: Dean Acheson, *Present at the Creation*, New York 1970, S. 400f.

stration, »was aus diesen Projekten [Achesons] geworden wäre, wenn die Nordkoreaner nicht am 25. Juni 1950 nach Süden marschiert wären.«[2] In der Tat sollte erst der Koreakrieg das NSC-68-Programm Realität werden lassen.

Anfänge und Eskalation des Koreakrieges

Im gleichen Maße, wie der Koreakrieg als Katalysator des Kalten Krieges wirkte, war er zunächst einmal selbst ein Produkt des Kalten Krieges. So, wie er sich abspielte, hatte ihn keiner der Beteiligten gewollt, und ohne den allgemeinen Spannungszustand, in dem sich Ost und West bereits befanden, bliebe sein Verlauf völlig unverständlich.

Die Anfänge des Koreakrieges reichen bis in die Mitte des Jahres 1949 zurück. Nachdem die amerikanischen Besatzungstruppen Südkorea im Juni 1949 bis auf einige 400 Militärberater verlassen hatten, hatte der südkoreanische Präsident Syngman Rhee, Herrscher eines Regimes, das sich in Korruptheit, Polizeiwillkür und antikommunistischer Aggressivität durchaus mit dem China Tschiang Kai-scheks messen konnte, auf eine gewaltsame Wiedervereinigung des Landes gedrängt; er hatte dazu seine Armee beträchtlich verstärkt (von 60 000 Mann Anfang 1949 auf 181 000 Ende Mai 1950) und die USA für eine umfassende materielle Hilfe zu mobilisieren gesucht. Die Truman-Regierung hatte jedoch eine solche Hilfe konstant verweigert, und auch die republikanische Opposition, bei der Rhee mehr Verständnis für eine aggressive Politik zu finden gehofft hatte, hatte sich für eine Unterstützung der südkoreanischen Angriffspläne nicht hergeben wollen; um einen nordkoreanischen Angriff abzuwehren, hatten beide das Land für genügend gerüstet gehalten. Die nordkoreanische Führung hatte der offen auf ihren Sturz hinarbeitenden Politik Rhees mit einer Mobilisierung der südkoreanischen Bevölkerung gegen den Präsidenten zu begegnen gesucht und ab Januar 1950 ebenfalls aufgerüstet (auf 135 000 Mann im Juni 1950). Unterdessen hatten sich auf beiden Seiten des 38. Breitengrades, der Nord und Süd trennte, kleinere und größere Grenzzwischenfälle gehäuft[3].

[2] Atlantic Monthly, Juni 1951, S. 22.
[3] Zur Vorgeschichte des Koreakrieges vgl. Glenn D. Paige, *The Korean Decision: June 24–30, 1950*. New York, London 1968, S. 66 ff.; Joyce and Gabriel Kolko, *The Limits of Power*. New York 1972, S. 565 ff.; Robert R. Simmons, *The*

Der nordkoreanische Angriff vom 25. Juni war zunächst auch nicht *viel* mehr als ein solcher Grenzzwischenfall: Die Nordkoreaner rückten mit knapp der Hälfte ihrer Truppen und einem Viertel ihrer Panzer auf die grenznahe Hauptstadt Seoul vor, offensichtlich, um Rhee zu vertreiben und rasch einen allgemeinen Aufstand gegen das Regime zu entfesseln. Unmittelbar zuvor hatte Rhee den amerikanischen Oberkommandierenden in Japan, General MacArthur, aufgesucht, John Foster Dulles in Seoul empfangen und mit einer neuen Truppenvermehrung begonnen; das hatte die nordkoreanische Führung (die von der ablehnenden Haltung der Amerikaner ja nichts wissen konnte) zu dem Entschluß geführt, jetzt trotz der beginnenden Monsunregenperiode die entscheidende Kraftprobe zu wagen. Die Sowjetführung, die die nordkoreanischen Rüstungsanstrengungen seit April 1950 unterstützt hatte, um das militärische Gleichgewicht zwischen Nord und Süd wiederherzustellen, hatte den Entschluß gebilligt oder zumindest toleriert, obwohl ihr an einem bewaffneten Konflikt mit den USA nicht gelegen sein konnte und ihr spätestens seit der Berliner Blockade bewußt gewesen sein mußte, daß jede ernsthafte Ost-West-Krise zu einer Erhöhung des westlichen Rüstungspotentials führte. Offensichtlich fürchtete sie, ein sowjetisches Beiseitestehen würde die Position Chinas zu stark aufwerten, und rechnete auch mit einem raschen Sieg ohne größere militärische Verwicklungen und ohne Eingreifen der USA, möglicherweise sogar mit dem demoralisierenden Effekt einer Niederlage Rhees auf das ebenfalls mit den USA verbündete Japan. In der Tat sprachen drei Gründe für ein solches Kalkül: Die Labilität des Rhee-Regimes, die amerikanische Abneigung gegen den »Diktator«, und die Tatsache, daß Korea von der Truman-Administration nicht in den öffentlich deklarierten »westlichen Verteidigungs-Perimeter« einbezogen worden war. Eine gewisse Sorge vor einem amerikanischen Eingreifen verblieb jedoch, und so hielt sich die Sowjetführung in der diplomatischen Unterstützung der Nordkoreaner sehr zurück und vermied es sorgsam, irgendwelche sowjetische Militärs in die Kämpfe einzuschalten[4]. Sollten sich die USA doch engagieren, blieb immer noch

Strained Alliance. Peking, Pyongyang, Moscow and the Politics of the Korean Civil War. New York 1975; und Bruce Cumings, *The Origins of the Korean War.* Princeton 1981.

    [4] Auch in diesem Falle sind wir bei der Analyse der sowjetischen Motive auf indirekte Rückschlüsse aus den beobachtbaren Vorgängen angewiesen. Daß Sta-

die Aussicht, auf diese Weise die chinesisch-amerikanischen Spannungen entscheidend verschärfen zu können.

Die Truman-Regierung sah in dem Angriff der Nordkoreaner natürlich sogleich eine »sowjetische Herausforderung« an die freie Welt[5], die die USA um ihrer Glaubwürdigkeit willen zurückweisen mußten, hoffte aber zunächst ebenfalls, mit einem sehr begrenzten amerikanischen Engagement auskommen zu können. Die Anfangserfolge der südkoreanischen Armee schienen ihr Recht zu geben: Nach zwei Tagen hatte sie den nordkoreanischen Vormarsch gestoppt. Der »Zwischenfall« schien beendet.

Daß es nicht dabei blieb, war einer Koalition der »Falken« im westlichen Lager zu verdanken, der die Truman-Regierung nicht mehr gewachsen war. Nachdem er vergeblich neue Flugzeuge und Artilleriegeschütze angefordert hatte, um eine Offensive gegen die nordkoreanischen Truppen über den 38. Breitengrad hinaus beginnen zu können, zog Rhee seine Truppen vom dritten Tag der Kampfhandlungen an zurück – ob geschlagen oder ungeschlagen, das läßt sich nicht mehr rekonstruieren –, gab am 28. Juni Seoul preis – kampflos oder jedenfalls ohne große Verteidigungsanstrengungen – und räumte dann (in seinen eigenen Worten:) »Stadt um Stadt aus taktischen Gründen, in der Hoffnung, amerikanische Verstärkungen würden rechtzeitig genug eintreffen, um eine Offensive zu starten«.[6] General MacArthur, der anders als seine Washingtoner Vorgesetzten selbst an einem »roll back« über den 38. Breitengrad hinaus und überhaupt an einer Zurückdrängung der kommunistischen Kräfte im asiatischen Raum interessiert war, unterstützte diesen Versuch, massive amerikanische Hilfe zu provozieren, indem er äußerst pessimistische und ungenaue Lagebe-

---

lin von dem nordkoreanischen Angriff ebenso überrascht gewesen sein soll wie die US-Regierung (so Kolko, *Limits*, S. 586), läßt sich in Anbetracht der engen Beziehungen der koreanischen KP-Führung zu Moskau schwerlich vorstellen. Auf der anderen Seite geht die »traditionelle« These einer von langer Hand vorbereiteten sowjetischen Aktion (so z.B. David Rees, *Korea. The Limited War*. London 1964) sowohl an der Vorgeschichte als auch an der sowjetischen Interessenlage völlig vorbei. Vgl. auch Bernd Bonwetsch, Peter M. Kuhfus, *Die Sowjetunion, China und der Koreakrieg*. In: Vierteljahrshefte für Zeitgeschichte 33 (1985), S. 28–87, hier S. 46–52.

[5] So US-Botschafter Kirk aus Moskau am 25. 6. 1950, FRUS 1950, VII, S. 139f.

[6] Rhee an MacArthur 12. 8. 1950, MacArthur Papers, zit. n. Kolko, *Limits*, S. 591; zum folgenden ebd. S. 578ff.; Paige, *The Korean Decision*, passim; Allen Guttmann, *Korea: Cold War and Limited War*. Lexington, 2. Aufl. 1972; FRUS 1950, VII, S. 125–270.

urteilungen nach Washington schickte – ob mit Absicht oder in falscher Einschätzung der Situation, muß offenbleiben; jedenfalls unterschieden sie sich merklich von allen Berichten, die aus anderen Quellen kamen. Die Washingtoner Führungsmannschaft um Truman und Acheson behielt einen Rest Skepsis, aber um der republikanischen Opposition keinen neuen Anlaß zu Attacken zu bieten, und wohl auch, um das für die Durchsetzung der eigenen Aufrüstungspläne notwendige Krisenbewußtsein in der Öffentlichkeit aufrechtzuerhalten, entschloß sie sich am 27. Juni doch dazu, MacArthur mit dem Einsatz von Luft- und Seestreitkräften südlich des 38. Breitengrades zu beauftragen; unter dem Druck der Militärs, die die Möglichkeit eines chinesischen Eingreifens nicht ausschließen wollten, wies sie die 7. US-Flotte an, eine Seeblockade zwischen Formosa und dem chinesischen Festland zu errichten. Ohne einen entsprechenden Befehl abzuwarten, setzte MacArthur seine Flugzeuge am 29. auch nördlich des 38. Breitengrades ein; Truman lieferte die Order wenige Stunden später nach und am folgenden Tage gab er auch MacArthurs Drängen auf Einsatz amerikanischer Bodentruppen nach. Formal mit einem Mandat der UNO zur Wiederherstellung der alten Ordnung versehen (die Sowjetunion war dem Sicherheitsrat aus Protest gegen die Nichtaufnahme Rotchinas seit Januar ferngeblieben und hatte auch jetzt von ihrem Vetorecht keinen Gebrauch gemacht), kämpften nun amerikanische und südkoreanische Truppen unter dem Oberbefehl MacArthurs. Aus dem Bürgerkrieg war eine globale Krise geworden.

Unter MacArthur setzten die »westlichen« Truppen die Taktik des »geplanten Rückzugs und des Hinauszögerns von Aktionen, um Zeit zu gewinnen« (MacArthur[7]) fort, während der General ständig neue Truppen anforderte, und die amerikanische Propaganda das ihre dazu beitrug, die These vom übermächtigen kommunistischen Aggressor mehr und mehr in der westlichen Welt zur Gewißheit werden zu lassen. Anfang September befand sich nur noch ein knappes südöstliches Viertel des südkoreanischen Territoriums in »westlicher« Hand; MacArthur verfügte über 180000 Mann Landstreitkräfte und 70000 Angehörige der amerikanischen Luftwaffe und Flotte, während den Nordkoreanern 98000 Mann verblieben waren, ein Drittel davon erst während der Kämpfe rekrutiert. Unterdessen liefer-

---

[7] Lagebericht MacArthurs, Senats-Hearing Mai 1951, zit. n. Kolko, *Limits*, S. 591.

ten sich die Verantwortlichen des Westens eine erbitterte Debatte über die Kriegsziele: Die britische Regierung drängte mit großer Entschiedenheit auf eine Lokalisierung des Konflikts und verständigte sich mit der Sowjetregierung auf das Angebot einer Rückkehr zum Status quo in Korea gegen das Zugeständnis amerikanischer Neutralität in der Formosa-Frage. Das State Department wies ein Angebot Tschiang Kai-scheks zurück, 33 000 Mann nationalchinesischer Hilfstruppen nach Korea zu entsenden, und forderte eine öffentliche Festlegung auf einen Halt der UN-Truppen am 38. Breitengrad, beides, um ein Eingreifen der Festland-Chinesen zu verhindern. MacArthur proklamierte dagegen (wieder über seine Kompetenzen hinausgehend) in einem von ihm und Tschiang Kai-schek gemeinsam unterzeichneten Kommuniqué die »chinesisch-amerikanische militärische Zusammenarbeit« bis zum »schließlichen Sieg über die kommunistische Bedrohung«; Dulles warnte vor einer »vorzeitigen« Festlegung auf den 38. Breitengrad; das Verteidigungsministerium plädierte für eine »Wiedervereinigung« Koreas; und erst recht befand natürlich Rhee, daß »dies die Zeit ist, Korea zu einigen«.[8]

Insgesamt blieb die Truman-Regierung unsicher. Einerseits wollte sie einen militärischen Konflikt mit China verhindern, andererseits glaubte sie es sich nicht leisten zu können, in der Öffentlichkeit als »nachgiebig« zu erscheinen, und so gelang es MacArthur erneut, die Initiative an sich zu reißen – mit dem Ergebnis, daß die bisher nicht beteiligten Chinesen prompt eingriffen, um ein Festsetzen der USA an ihrer mandschurischen Grenze und darüberhinaus möglicherweise eine Wiederaufnahme des chinesischen Bürgerkrieges zu verhindern. Am 9. September wurde MacArthur ermächtigt, seine Operationen zur Zerschlagung der nordkoreanischen Armee auch über den 38. Breitengrad hinaus auszuweiten, solange keine sowjetische oder chinesische Intervention angekündigt war, dabei aber in grenznahen Regionen nur südkoreanische Truppen zu verwenden. Daraufhin ließ er einen Teil seiner Truppen am 15. September in Inchon (dem Hafen von Seoul) hinter dem Rücken der nordkoreanischen Streitkräfte landen, rieb diese innerhalb weniger Tage auf – ganze 30 000 Mann konnten sich über den

[8] FRUS 1950, VII, S. 271–730, insbes. Dulles S. 386f., Bevin S. 396–399, Rhee S. 428–430, Department of Defense S. 502–510, State Department S. 617–623; Kommuniqué Tschiang-MacArthur vom 1. 8. 1950 in Documents on International Affairs 1949–50, S. 658.

38. Breitengrad nach Norden retten – und begann dann mit dem Vormarsch nach Nordkorea. Obwohl die chinesische Führung dreimal vor den Konsequenzen des Vormarsches warnte – am 2. Oktober mit einer eindeutigen Kriegsandrohung, vom 14. Oktober an mit vereinzelten demonstrativen Flugzeugeinsätzen, Anfang November mit einer Invasion chinesischer Bodentruppen, die jedoch weit vor Erreichen der feindlichen Linien wieder stoppte –, gelang es MacArthur mit einer Politik der faits accomplis jedesmal, bei der Washingtoner Führung eine Fortsetzung der Offensive durchzusetzen. Nachdem er am 24. November den chinesisch-koreanischen Grenzfluß an einer Stelle erreicht hatte, begannen die zahlenmäßig leicht überlegenen Chinesen am 26. mit einer Gegenoffensive; die »westlichen« Truppen flohen über den 38. Breitengrad zurück, und MacArthur forderte nun den Einsatz der nationalchinesischen Truppen und der Atombombe gegen das chinesische Festland[9].

Soweit, bis zu einem »großen« Krieg mit China, der die Bürgerkriegsentscheidung von 1949 wieder in Frage gestellt hätte, wollte die Truman-Regierung dann doch nicht gehen, nicht nur, weil ihr der dazu notwendige Aufwand in keinem Verhältnis zu dem möglichen Ergebnis – der Restituierung vorkommunistischer Zustände in Asien – zu stehen schien, sondern vor allem, weil eine Konzentration auf Asien das westliche Verteidigungspotential in dem nach wie vor viel wichtigeren Europa entscheidend schwächen mußte. Auf der anderen Seite fand sie aber auch nicht den Weg zu einer raschen Friedenslösung auf der Basis des Status quo ante: Immer wieder stellten sich ihr die Ambitionen MacArthurs und Rhees, die Rücksichten auf die militant antikommunistischen Republikaner und der eigene Glaube an die These vom unbegrenzten kommunistischen Expansionismus in den Weg[10]. So schleppte sich der »begrenzte« Krieg in Korea trotz vielfacher Gelegenheiten zum Friedensschluß über zweieinhalb Jahre fort, ohne daß noch objektiv

[9] Vgl. John W. Spanier, *The Truman-MacArthur Controversy and the Korean War.* Cambridge 1959; Allen S. Whiting, *China Crosses the Yalu: The Decision to Enter the Korean War.* New York 1960; Kolko, *Limits*, S. 593–604; FRUS 1950, VII, S. 731 ff. – Auch die Vorgeschichte des chinesischen Eingreifens wie überhaupt das Problem des amerikanischen Kriegsziels wird von den »traditionellen« Autoren kaum beleuchtet; so erscheint China einseitig als »Aggressor«, und der weitere Kriegsverlauf bleibt in rätselhaftes Dunkel gehüllt.

[10] Das von Kolko, *Limits*, S. 605–617, als entscheidend betonte Motiv einer künstlichen Erhaltung der Krisenstimmung im Interesse des europäischen Wiederaufbauprogramms spielte demgegenüber tatsächlich nur eine geringe Rolle.

gesagt werden konnte, mit welcher Zielsetzung er eigentlich geführt wurde. Erst am 26. Juli 1953 wurde der Waffenstillstand unterzeichnet – unter Bedingungen, die den Status quo ante nur minimal zugunsten Rhees verbesserten.

Dulles' »Politik der Befreiung«

to be on the point?

Voll verständlich wird die bemerkenswert unentschlossene Haltung der Truman-Regierung im Koreakrieg erst vor dem Hintergrund jener militant antikommunistischen Bewegung in den USA, die schon vor dem Krieg einen entscheidenden Aufschwung erfahren hatte und sich nun *infolge* des Krieges anschickte, zum dominierenden politischen Faktor im Lande zu werden. Der »Angriff der Primitiven«, wie Acheson diese Bewegung nannte[11], hatte im Winter 1949/50 unter dem Eindruck des kommunistischen Sieges in China begonnen. Mit dem Sieg Maos nahm die kommunistische Bedrohung in den Augen vieler Amerikaner, die die weltpolitischen Realitäten kaum zur Kenntnis nahmen, dafür aber von der Truman-Regierung seit 1947 ständig Warnungen vor der Expansionskraft des Sowjetkommunismus zu hören bekamen, geradezu dämonische Dimensionen an, und ihre irrationale Furcht suchte sich nun ein Ventil in Vorwürfen gegen die eigene Regierung, die, wie es schien, »den Kommunismus« nicht wirksam einzudämmen vermochte, mit der ganzen militärischen und wirtschaftlichen Macht der USA die kommunistische Expansion in Asien nicht zu verhindern gewußt hatte und auch weiterhin keinen wirksamen Schutz gegen den gefährlichen Gegner bot. Auf der Suche nach einer Erklärung für das »Versagen« der Regierung stießen die hysterischen Antikommunisten auf vermeintliche (so der State-Beamte Alger Hiss) und tatsächliche (so der »Atomspion« Klaus Fuchs) Spionagefälle und verdächtigten daraufhin mehr und mehr die gesamte Truman-Administration, von kommunistischen Spionen und illoyalen »fellow travellers« durchsetzt zu sein. Insbesondere Dean Acheson, der wie kein anderer vor ihm auf eine irrationale Universalisierung der Eindämmungspolitik hinarbeitete, sah sich einer Fülle von Verdächtigungen und Angriffen ausgesetzt.

Der militante Kern der Bewegung sammelte sich um den re-

---

[11] Acheson, *Present at the Creation*, S. 462.

publikanischen Senator Joseph R. McCarthy, der seinen Feldzug gegen die »verseuchte« Regierung im Februar 1950 begann und unter dem Eindruck des erneuten »Versagens« der Administration im Koreakrieg eine regelrechte Hexenjagd auf diejenigen Politiker, Künstler und Wissenschaftler entfachen konnte, die dem Idealbild des orthodoxen Antikommunisten nicht hundertprozentig entsprachen. Hunderte von Liberalen aller Schattierungen wurden von McCarthy vor den »Ausschuß für unamerikanische Umtriebe« zitiert, ohne daß er die Beweislast für seine Anschuldigungen zu tragen gehabt hätte; Denunziation und opportunistische »Selbstkontrolle« griffen um sich; und manch einer, der zu Unrecht verdächtigt worden war (so der Atomwissenschaftler Robert J. Oppenheimer), wurde erst Jahre später wieder rehabilitiert. Rückhalt fand McCarthy bei der traditionell antikommunistischen Gewerkschaftsbewegung AFL, beim offiziellen amerikanischen Katholizismus (insbesondere Kardinal Spellman) und bei großen Teilen der republikanischen Wählerschaft. Die republikanische Parteiführung wagte es folglich nicht, dem offenkundigen Extremismus McCarthys offen entgegenzutreten, machte vielmehr das »Versagen« der demokratischen Regierung vor dem Kommunismus, besonders ihr »Versagen« im chinesischen Bürgerkrieg, selbst zum Wahlkampfthema für die Kongreßwahlen im November 1950 und im Vorfeld der Präsidentschaftswahlen 1952. Vollends sah sich die Regierung unter Rechtfertigungszwang gestellt, sie war zur Gefangenen ihrer eigenen Mobilisierungsrhetorik geworden[12].

Vor diesem Hintergrund war das eigenmächtige Vorgehen General MacArthurs im Koreakrieg mehr als eine Auseinander-

---

[12] Die Ursachen des McCarthyismus sind nächst der Frage nach der Verantwortlichkeit für die »Wende von 1945« das meistdiskutierte Thema der Revisionismusdebatte. Athan Theoharis, (The Yalta Myths: An Issue in U.S. Politics, 1945–1955. Columbia, Mo. 1970; ders., Seeds of Repression: Harry S. Truman and the Origins of McCarthyism. Chicago 1971) und Richard M. Freeland (The Truman Doctrine and the Origins of McCarthyism. Vgl. oben Kap. 6, Anm. 8) haben erstmals auf den Zusammenhang zwischen Truman-Doktrin und Antikommunismus-Hysterie der frühen fünfziger Jahre aufmerksam gemacht, dabei aber die Truman-Administration völlig aus dem Kontext ihrer vielfältigen Abhängigkeiten herausgerissen und ihr ein zynisch-bewußtes Produzieren des McCarthyismus unterstellt. Für eine differenziertere Analyse der Zusammenhänge, wie sie hier skizziert werden, vgl. Robert Griffith, The Politics of Fear: Joseph R. McCarthy and the Senate. Lexington 1970; sowie Richard M. Fried, Men against McCarthy. New York 1976. Kontroverse Interpretationen in Robert Griffith und Athan Theoharis (Hrsg.), The Specter: Original Essays on the Cold War and the Origins of McCarthyism. New York 1974.

setzung über unterschiedliche Kriegszielvorstellungen: Es war zugleich der Versuch des ehrgeizigen Generals, »Amerikas de Gaulle« (Kolko[13]) zu werden, das heißt das Rennen um die republikanische Präsidentschaftskandidatur für 1952 für sich zu entscheiden und als populärer Held der antikommunistischen Bewegung ins Weiße Haus einzuziehen. MacArthur achtete sorgfältig darauf, daß die Differenzen zwischen ihm und Truman, Acheson sowie dem Pentagon in der Öffentlichkeit bekannt wurden: Im Falle militärischer Erfolge konnte er sich somit als Sieger präsentieren, der »den Kommunismus« *gegen* den Widerstand der demokratischen Regierung bekämpft hatte; blieben die Erfolge aus, konnte er sich zum Opfer der Machenschaften Trumans hochstilisieren. Der zweite Fall trat ein: Nachdem er öffentlich einen Angriff auf das chinesische Territorium als Alternative zur Strategie seiner Vorgesetzten gefordert hatte, wagte es Truman im April 1951 endlich, ihn seines Amtes zu entheben; MacArthur kehrte in die USA zurück und ließ sich von der amerikanischen Öffentlichkeit einen triumphalen Empfang bereiten; vor dem versammelten Auditorium beider Häuser des Kongresses verurteilte er in scharfen Worten die Asienpolitik Trumans im allgemeinen und seine Koreapolitik im besonderen. Die Gefahr, daß die etablierten politischen Kräfte von einer populistischen Bewegung um MacArthur überrannt wurden, war größer denn je.

Was nun folgte, gehört zu den bizarrsten Vorgängen in der Geschichte des Kalten Krieges: Nachdem die innenpolitische Tendenzwende einen demokratischen Wahlsieg in den Präsidentschaftswahlen 1952 immer unwahrscheinlicher werden ließ, arbeiteten Truman und der großindustrielle Ostküsten-Flügel der Republikanischen Partei taktisch zusammen, um die Kontinuität der außenpolitischen Strategie auch unter einem republikanischen Präsidenten zu sichern[14]. Im Dezember 1950 berief Truman den äußerst populären, aber politisch in jeder Hinsicht gemäßigten Oberkommandierenden des Europafeldzugs 1944/45, General Eisenhower, zum ersten Oberbefehlshaber der integrierten NATO-Streitkräfte in Europa und präsentierte damit den »überparteilichen« republikanischen Außenpolitikern um

[13] Kolko, *Limits*, S. 571.

[14] – ob und wieweit bewußt, wäre noch zu klären; vgl. vorläufig Kolko, *Limits*, S. 675–677, und Barton J. Bernstein, *Election of 1952*. In: Arthur Schlesinger, Fred Israel (Hrsg.), *History of American Presidential Elections 1789–1968*. New York 1971, S. 3215–3340.

Dulles und (den 1951 verstorbenen) Vandenberg einen Gegen-helden, den sie gegen MacArthur ins Feld schicken konnten. Diesen gelang es in der Tat – allem Anschein nach unter aktiver Mithilfe Trumans – Eisenhower als Kandidaten für die Nomi-nierung zu gewinnen; Truman verzichtete auf eine erneute Kan-didatur für die Demokraten; und die Dulles-Gruppe konnte dem republikanischen Parteikongreß nun den gerade wegen sei-ner »Überparteilichkeit« chancenreichsten Bewerber um das Präsidentenamt offerieren. Die Präsidentenwahl selbst bot da-nach keinerlei Überraschungen mehr, zumal Eisenhower als Zugeständnis an die populistischen Kräfte den militant anti-kommunistischen Richard Nixon zum Vizepräsidenten nomi-nierte; und es war keine Frage mehr, daß Eisenhower Dulles zum neuen Außenminister berufen würde. Weder die Zusam-mensetzung der Administration, noch die politische Konzep-tion oder die praktische Außenpolitik änderten sich in der repu-blikanischen Ära ab 1953 *wesentlich;* die »Attacke der Primiti-ven« war knapp eingedämmt worden. 1954/55 verlor sie dann unter dem Eindruck des sowjetischen »Tauwetters« endgültig ihre Gefährlichkeit.

Nur in zwei Punkten änderte sich die amerikanische Außen-politik beim Übergang von Acheson zu Dulles: Um der mili-tant-antikommunistischen Bewegung den Wind aus den Segeln zu nehmen und Eisenhower die Unterstützung der vermeintlich wahlentscheidenden Amerikaner osteuropäischer Herkunft zu sichern, hatte Dulles den Wahlkampf auch seinerseits mit An-griffen auf die »negative, nutzlose und unmoralische« Politik der bloßen Eindämmung bestritten und stattdessen eine »ak-tive« und »dynamische« »Politik der Befreiung« der vom Kom-munismus beherrschten Länder versprochen. Wie eine solche Befreiungspolitik aussehen sollte, wußte er zwar nicht zu sagen; vor einem gewaltsamen »roll back« im Sinne MacArthurs, das den Dritten Weltkrieg heraufbeschwören könnte, schreckte er zurück; und friedliche Mittel der Schwächung der Kohärenz des Ostblocks wußte er aufgrund seiner monolithischen Sicht des Kommunismus selbst dann nicht zu nutzen, als das sowjeti-sche Herrschaftsgefüge nach dem Tode Stalins im März 1953 für eine gewisse Zeit ins Wanken geriet. Doch entwickelte sich aus dem Wahlkampfthema eine aggressive Befreiungs-Rhetorik, die in den Augen der Sowjetführung und der europäischen Ver-bündeten nicht immer und vor allem nicht gleich als bloße Rhe-torik zu erkennen war und folglich bei beiden erhebliche Beunruhigung über den amerikanischen Kurs auslöste. Ebenso hatte Dulles den republikanischen Sparsamkeits-Topos aufgegriffen und eine Reduzierung der Verteidigungsausgaben versprochen. Auch dieses Versprechen war kaum zu realisieren, vor allem nicht mit einer Anhängerschaft, die in schizophrener Weise zugleich einen besseren Schutz vor der »kommunistischen Gefahr« forderte. Es nötigte Dulles jedoch, die Ausgaben für die teure konventionelle Rüstung proportional nicht mehr weiter zu steigern und sich stattdessen auf einen Ausbau der vergleichsweise kostenarmen atomaren Rüstung zu verlassen. Die Strategie des westlichen Bündnisses wurde folglich nach der Doktrin der »massiven Vergeltung« ausgerichtet, wie sie Dulles am 12. Januar 1954 öffentlich formulierte: Dem potentiellen Aggressor wurde der Einsatz der Atomwaffe schon für den Fall einer geringfügigen konventionellen Angriffshandlung angedroht, zwar nicht als zwangsläufige Folge, aber doch als Möglichkeit – eine Drohung, die die Politik von Dulles erneut in einem äußerst aggressiven Licht erscheinen ließ, tatsächlich aber, je länger, desto mehr, an Glaubwürdigkeit verlor und damit das politische Operationsfeld des Westens einmal mehr einengte. Ein aggressiver Habitus und ein Verlust der noch verbliebenen taktischen Flexibilität waren so die dauerhaften Spuren, die die »Attacke der Primitiven« in der amerikanischen Außenpolitik hinterließ[15].

Der entscheidende Schritt zur Universalisierung der Eindämmungspolitik und zur massiven Steigerung der Verteidigungsausgaben war schon zuvor von der Truman/Acheson-Administration getan worden: Diese hatte, wie nicht anders zu erwarten, die durch den Koreakrieg ausgelöste Hysterie dazu genutzt, dem nach wie vor widerstrebenden Kongreß soviel als möglich an Mitteln zur Verwirklichung *ihres*, auf Europa konzentrierten sicherheitspolitischen Konzepts abzutrotzen, und sie hatte dazu erneut die Technik der überdimensionierten Konfliktdarstellung benutzt, deren Opfer sie schließlich selbst

[15] Zu Dulles' Politik vgl. Glenn H. Snyder, *The »New Look« of 1953.* In: Schilling, Hammdon und Snyder, *Strategy, Politics, and Defense Budgets.* New York, London 1962, S. 382–524; Michael Guhin, *John Foster Dulles: A Statesman and His Times.* New York, London 1972; Townsend Hoopes, *The Devil and John Foster Dulles.* Boston, Toronto 1973; Martin Geiling, *Außenpolitik und Nuklearstrategie. Eine Analyse des konzeptionellen Wandels der amerikanischen Sicherheitspolitik gegenüber der Sowjetunion (1945–1963).* Köln, Wien S. 96–167; Leonard Mosley, *Dulles. A biography of Eleanor, Allen and John Foster Dulles and their family network.* London 1978.

wurde. Von 13,1 Milliarden Dollar 1950 stieg der amerikanische
Verteidigungsetat auf 22,3 Milliarden 1951, 44,1 Milliarden 1952
und 50,4 Milliarden 1953[16]. Die Sowjetunion galt in der offiziellen Rhetorik der Truman- wie der Eisenhower-Regierung als
alleiniger Urheber der »kommunistischen« Aggression in Korea
und wurde grundsätzlich für fähig gehalten, ähnlich gewaltsam-
militärische Aktionen bei sich bietender Gelegenheit auch in
jedem anderen Teil der Welt zu unternehmen, und wenn die
Experten der Administration auch die Wahrscheinlichkeit weiterer sowjetischer Aggression nach wie vor erheblich geringer
veranschlagten, als dies in der Öffentlichkeit deutlich gemacht
wurde, so waren doch auch sie vom Monolithismus der »kommunistischen Bewegung« und der grundsätzlichen Systemnot-
wendigkeit »kommunistischer« Expansion überzeugt. Frankreichs Kampf gegen die nationalkommunistische Befreiungsbewegung Ho Chi Minhs in Indochina, von den USA in seinen
Anfängen 1946/47 als spätkolonialistische Aktion verurteilt,
wurde nun mehr und mehr als Beitrag zur Eindämmung des
Weltkommunismus verstanden; obwohl es auch weiterhin zwischen der amerikanischen und der französischen Regierung zu
heftigen Auseinandersetzungen über Zielsetzung und Methoden dieses Krieges kam, brachten die USA zwischen Januar
1950 und Mai 1954 doch 2,6 Milliarden Dollar zur Unterstützung der Franzosen in Indochina auf – 80 Prozent der Gesamt-
kosten des Indochinakrieges[17]. Durch inneren Druck und eigene Fehlwahrnehmung, die den Druck noch verstärken half,
eingeengt, verlor die amerikanische Außenpolitik nicht nur die
Fähigkeit zur realistischen Einschätzung der Gefahren, mit denen sie konfrontiert war, sondern auch – in scharfem Gegensatz zur »Befreiungs«-Rhetorik – der Chancen zur Zurückdrängung der sowjetischen Machtansprüche, die sich ihr in Gestalt
der vielfachen Widersprüche innerhalb des »kommunistischen
Lagers« boten. Eine Eindämmung der Eindämmungspolitik
war unter diesen Voraussetzungen noch am ehesten von einer
republikanischen Regierung zu erwarten: Da sie im Prinzip als
verläßlicherer Garant für eine »antikommunistische« Politik er-

[16] Vgl. Kolko, *Limits,* S. 651–653; Daniel Yergin, *Shattered Peace.* Boston
1977, S. 408.
[17] Vgl. die Angaben bei Georgette Elgey, *Histoire de la IVᵉ République.* Bd. 2:
La République des contradictions 1951–1954. Paris 1968, S. 440. Grundlegend
zum Indochinakrieg Philippe Devillers, *Histoire du Viet-Nam 1940–1952.* Paris
1952.

schien, stand sie bei ihren konkreten außenpolitischen Aktionen nicht unter so großem Rechtfertigungszwang wie die Demokraten und konnte es sich daher eher erlauben, erkannte Überengagements aufzugeben. Es ist daher kein Zufall, daß es erst der Eisenhower/Dulles-Administration gelang, den Koreakrieg zu beenden[18].

Die Entscheidung für die »Wieder«bewaffnung Westdeutschlands

Über die Ausweitung des amerikanischen Verteidigungsetats, die Stärkung der konventionellen Rüstung und das amerikanische Engagement in Asien hinaus gehörte auch die Wiederbewaffnung Westdeutschlands und, damit untrennbar verbunden, die Schaffung einer integrierten Verteidigungsorganisation des Atlantikpaktes in Europa zu den Vorgängen, die durch den Koreakrieg entscheidend beschleunigt wurden[19]. »Ob man es wahrhaben will oder nicht«, so hatte die Pariser Tageszeitung *Le Monde* am Tage nach der Unterzeichnung des Atlantikpaktes im April 1949 geschrieben, »die Wiederaufrüstung Deutschlands steckt im Atlantikpakt wie der Keim im Ei«, und obwohl die französische Regierung sogleich jeden Gedanken an eine Einbeziehung der westdeutschen Bundesrepublik in das westliche Verteidigungsbündnis weit von sich wies, wußte doch jedermann in Europa, daß dieser Befund stimmte: Wenn man mit der Möglichkeit eines sowjetischen Angriffs auf Westeuropa rechnete – und dieses Kalkül lag ja dem Atlantikpakt zugrunde –, dann war das westdeutsche Territorium, wie jeder Blick auf die Landkarte lehrte, das exponierteste Vorfeld der westlichen Sicherheit, dann konnte die westliche Verteidigung nicht erst westlich des Rheins beginnen. Die Väter des Atlantikpaktes hatten dieser Tatsache Rechnung getragen, indem sie die westlichen Besatzungstruppen auf deutschem Territorium in den Geltungsbereich der Bündniszusagen einbezogen hatten. Auf lange Sicht hin erschien es jedoch unverantwortbar, den

[18] Das Gleiche gilt für die Vietnam- und China-Politik der Nixon/Kissinger-Administration ab 1969.

[19] Zur Diskussion über die bundesdeutsche »Wieder«bewaffnung 1949/50 vgl. *Anfänge westdeutscher Sicherheitspolitik 1945–1956*. Bd. 1: *Von der Kapitulation bis zum Pleven-Plan*. München, Wien 1982; und Wilfried Loth, *Der Koreakrieg und die Staatswerdung der Bundesrepublik*. In: Josef Foschepoth (Hrsg.), *Kalter Krieg und Deutsche Frage*. Göttingen 1985, S. 335–361.

Schutz der Bundesrepublik nur den westlichen Truppen zu überlassen: Eine solch einseitige Verteilung der Verteidigungslast in Europa hätte zu einem einseitigen Anwachsen der westdeutschen Wirtschaftsmacht auf Kosten der westeuropäischen Länder geführt, die neben ihrem eigenen Schutz auch noch die Verteidigung des westdeutschen Konkurrenten mitfinanzieren mußten. An eine wesentliche Erhöhung der westeuropäischen Verteidigungsanstrengungen war ohnehin nicht zu denken: Trotz des amerikanischen Drängens, trotz der wachsenden Tendenz europäischer Regierungen, in der militärischen Aufrüstung eine wirksamere Schutzmaßnahme als in einer weiteren Hebung des allgemeinen Lebensstandards zu sehen, und trotz der entsprechenden Absichtserklärungen, die der NATO-Ministerrat nun in regelmäßigen Abständen verfaßte, erwies sich das Aufrüstungsprogramm als in nur sehr beschränktem Maße innenpolitisch durchsetzbar; größere militärische Sicherheit mit einer merklichen Senkung des Lebensstandards zu erkaufen, konnte sich keine europäische Regierung leisten – so weit reichten auch die durch den Koreakrieg ausgelösten Ängste nicht. Umgekehrt konnte jedoch ein westdeutsches Verteidigungspotential dazu dienen, nicht nur den Schutz der Bundesrepublik zu sichern, sondern darüberhinaus das notorische Ungleichgewicht zwischen westlicher und östlicher konventioneller Rüstung zu verringern. Die durchaus noch lebendige Erinnerung an die Schlagkraft der deutschen Truppen im Zweiten Weltkrieg führte die westlichen Alliierten dazu, von einem deutschen Verteidigungsbeitrag für den Westen materielle Leistungen zu erwarten, die weit über die aktuellen Ressourcen des schwachen westdeutschen »Provisoriums« hinausgingen; und da die östliche Seite die gleiche Erinnerung teilte, mußte einer westdeutschen Wiederbewaffnung auch von vornherein eine erhebliche psychologische Abschreckungswirkung zukommen. Erst recht mußte die westdeutsche Wiederbewaffnung insofern als ein dringendes Gebot der Stunde erscheinen, als zu Beginn der fernöstlichen Auseinandersetzung noch niemand sagen konnte – auch in der amerikanischen Regierung nicht –, wie lange und in welchem Maße die USA noch bereit und in der Lage sein würden, eigene konventionelle Streitkräfte in Europa zu stationieren, und Frankreich bereits zwei Fünftel seiner Truppen nach Indochina geschickt hatte, wo aus den Guerillakämpfen der Soldaten Ho Chi Minhs inzwischen ein regelrechter Kolonialkrieg entstanden war.

Gegen die Logik der Strategen und Technokraten ließen sich freilich eine Reihe politischer Überlegungen ins Feld führen: Bedeutete die Remilitarisierung nicht eine erhebliche Gefahr für die junge und noch keineswegs gefestigte westdeutsche Demokratie? Mußte sie nicht zu einer Stärkung des politischen Gewichts der Bundesrepublik führen, die die Furcht der europäischen Bündnispartner vor den Deutschen reaktivierte und damit den Zusammenhalt des Bündnisses bedrohte? War wirklich auszuschließen, daß eine politisch starke und von nationalen oder gar nationalistischen Kräften beherrschte Bundesrepublik eine eigenständige Außenpolitik führte, die den Interessen der Westmächte zuwiderlief – sei es, daß sie ihre Bündnispartner in einen Krieg um die deutsche Einheit verwickelte, oder sei es gar, daß sie sich im Interesse der Wiedervereinigung mit dem sowjetischen Gegner verbündete? Und schließlich: Mußten nicht westdeutsche Truppen die sowjetische Unruhe fördern und die Osteuropäer endgültig in die Arme der Sowjetunion treiben, auf jeden Fall aber die Spaltung Europas derart konsolidieren, daß an ihre Revision – im Sinne der »Dritten Kraft« oder im Sinne des antikommunistischen »roll back« – nicht mehr zu denken war?

Weil das Projekt einer Bewaffnung der Bundesrepublik Überlegungen dieser Art hervorrufen mußte, hatte das amerikanische State Department seit Beginn der Verhandlungen um den Atlantikpakt 1948 darauf geachtet, daß das Problem vorerst ausgeklammert blieb; und selbst als die Joint Chiefs of Staff im Zuge der allgemeinen Universalisierung des Eindämmungskonzepts der amerikanischen Administration im Winter 1949/50 entschieden auf die Aufstellung westdeutscher Streitkräfte drängten, hatte es sich, obwohl selbst an erster Stelle für eine beträchtliche Ausweitung der konventionellen Rüstung des Westens engagiert, gegen eine solche Lösung ausgesprochen, »solange die wichtigsten Mitglieder des westeuropäischen Verteidigungssystems nicht unter veränderten Umständen, die jetzt nicht voraussehbar sind, zu der Überzeugung gelangen, daß ein gewisses Maß deutscher Wiederbewaffnung die Sicherheit des Westens im Ganzen eher stärken als schwächen würde«.[20] Aus der gleichen Sorge um den Zusammenhalt des westlichen Bündnisses hatte sich der britische Außenminister Bevin der Forderung seines Kollegen im Verteidigungsministerium, Shin-

[20] FRUS 1949, III, S. 123.

well, nach einem deutschen Verteidigungsbeitrag widersetzt; und in der französischen Regierung war eine Diskussion des Problems schon allein aus Furcht vor einem Auseinanderbrechen der Regierungskoalition unterblieben. Auch in der Form einer deutschen Mitgliedschaft in einer supranationalen europäischen Verteidigungsgemeinschaft, von Léon Blum schon im November 1949 zur Lösung des Widerspruchs zwischen den Erfordernissen eines Schutzes vor der Sowjetunion und eines Schutzes vor Deutschland vorgeschlagen, schien der überwiegenden Mehrheit der Westeuropäer und Amerikaner ein westdeutscher Verteidigungsbeitrag nicht akzeptabel; als Winston Churchill am 16. März 1950 vor dem britischen Unterhaus die Aufstellung eines deutschen Truppenkontingents im Rahmen einer solchen europäischen Armee gefordert hatte, war er auf weit mehr Ablehnung als Zustimmung gestoßen.

Der Koreakrieg kehrte die Kräfteverhältnisse zwischen Befürwortern und Gegnern der deutschen Wiederbewaffnung um. Unter den Militärs verbreitete sich die Furcht, die Ereignisse von Korea könnten sich auf deutschem Boden wiederholen, und ließ sie mit noch größerem Nachdruck als zuvor auf die Schaffung einer deutschen Armee hinarbeiten; unter den Politikern, die diese Furcht kaum teilten (denn sie sahen das westdeutsche Territorium im Prinzip durch die Anwesenheit der Besatzungstruppen abgesichert), aber nahezu ausnahmslos von der Notwendigkeit einer Stärkung der konventionellen Rüstung in Europa überzeugt waren, wuchs die Hoffnung, den Schock, den der Koreakrieg in der westlichen Öffentlichkeit ausgelöst hatte, zur Durchsetzung der Wiederbewaffnungspläne nutzen zu können. Auf der zweiten Sitzungsperiode der Beratenden Versammlung des Europarates fand das Projekt einer integrierten europäischen Armee – unter der Autorität eines europäischen Verteidigungsministers, mit entsprechenden europäischen Kontrollorganen und der Möglichkeit eines deutschen Beitritts – am 11. August die Zustimmung einer Mehrheit von 89 Abgeordneten; nur fünf Abgeordnete stimmten dagegen, 27 (insbesondere deutsche Sozialdemokraten und britische Labour-Delegierte) enthielten sich. Noch über die Köpfe des State Department hinweg führte der stellvertretende amerikanische Hochkommissar in der Bundesrepublik, General Hays, Sondierungsgespräche mit Vertretern der westdeutschen Bundesregierung; sein Vorgesetzter McCloy verwandte sich in Washington für einen deutschen Verteidigungsbeitrag im Rahmen einer europäischen Armee; und auch im State Department rang man sich nun (Memorandum vom 16. August) zum Projekt einer integrierten »European Defense Force« mit amerikanischer, kanadischer und deutscher Beteiligung durch: aus nationalen Kontingenten zusammengestellt, aber unter einem internationalen Generalstab und einem einzigen Oberbefehlshaber, der möglichst immer ein Amerikaner sein sollte[21].

Ende August war die Diskussion der Wiederbewaffnungsfrage in der Öffentlichkeit und den Entscheidungsgremien des Westens soweit gediehen, daß der westdeutsche Bundeskanzler Adenauer es wagen konnte, seine Bedingungen für einen deutschen Wehrbeitrag zu nennen. Adenauer war sich bewußt, daß die Westmächte weit mehr an westdeutschen Truppen interessiert waren als die (durch die Anwesenheit der Besatzungstruppen im Prinzip abgesicherte) Bundesrepublik selbst, und daß daher Verhandlungen über die deutsche Wiederbewaffnung eine einzigartige Chance boten, den Weg der Bundesrepublik von einem besetzten Land, in dem sich die westlichen Siegermächte entscheidende Hoheitsrechte vorbehalten hatten, zum gleichberechtigten Partner des westlichen Bündnisses wesentlich zu beschleunigen. Daß der Weg zur Gleichberechtigung bei einer Verknüpfung mit der Wiederbewaffnungsfrage nach Lage der Dinge über eine europäische und atlantische Integration führen würde, das heißt über einen teilweisen Souveränitätsverzicht der westlichen Partner und nicht über die Wiederherstellung der vollen nationalstaatlichen Souveränität der Bundesrepublik, war in seiner Sicht kein Nachteil, sondern ein Vorteil: Für ihn war die feste Verankerung der Bundesrepublik im westlichen Bündnis zugleich eine sicherheitspolitische und eine gesellschaftspolitische Notwendigkeit; darüberhinaus sah er in der Integration ein Mittel, die Westmächte ihrerseits auf eine deutschlandpolitische Linie festzulegen, die jede Beeinträchtigung der politischen und gesellschaftlichen Errungenschaften der Bundesrepublik ausschloß; und schließlich wußte er, daß diese Bundesrepublik aufgrund ihres wirtschaftlichen Potentials innerhalb einer integrierten europäischen Gemeinschaft trotz möglicher vorläufiger Diskriminierungen über kurz oder lang eine führende Rolle einnehmen würde. Die Wiederbewaffnung erschien unter diesen Voraussetzungen geradezu als das ideale Mittel, die Westintegration der Bundesrepublik mit ih-

[21] FRUS 1950, III, S. 212-219.

ren gesellschaftspolitischen Implikationen dauerhaft abzusichern.

Schon kurz nach Beginn seiner Kanzlerschaft, im November/ Dezember 1949, hatte er darum mit einer Reihe vieldeutig-unverbindlicher Interview-Äußerungen dafür gesorgt, daß das Thema der deutschen Wiederbewaffnung Gegenstand der internationalen Diskussion blieb (er selbst durfte aus außen- wie innenpolitischen Gründen nach außen hin nicht als Förderer der Wiederbewaffnung erscheinen); und als sich nun infolge der Korea-Krise eine Mehrheit für die Wiederbewaffnung abzeichnete, griff er erneut in die Diskussion ein. Höhepunkt der neuerlichen Initiative waren zwei Memoranden vom 29. August 1950 an die Hochkommission. Das eine bot – erneut vieldeutig, die Entscheidung über die *Form* des deutschen Wehrbeitrags ganz den Westmächten überlassend, aber zugleich eine alsbaldige Entscheidung provozierend – »im Falle der Bildung einer internationalen westeuropäischen Armee einen Beitrag in Form eines deutschen Kontingents« an und forderte zugleich eine Verstärkung der Besatzungstruppen zur Gewährleistung der »äußeren Sicherheit« wie die Bildung einer »Schutzpolizei auf Bundesebene« zur Abwehr kommunistischer Gewaltaktionen im Innern, Übergriffe der sowjetzonalen Volkspolizei eingeschlossen; das andere forderte, »die Beziehungen zwischen den Besatzungsmächten und der Bundesrepublik (...) fortschreitend durch ein System vertraglicher Abmachungen« zu regeln und dabei insbesondere den Hochkommissaren den Status von Botschaftern zu geben – was unausgesprochen eine Aufhebung des Besatzungsstatuts voraussetzte[22].

Das Vorpreschen des westdeutschen Bundeskanzlers machte nun rasche Entscheidungen unumgänglich. Auf der New Yorker Außenministerkonferenz der »Großen Drei« des Atlantikpakts forderte Acheson die Zustimmung seiner Kollegen zur Aufstellung westdeutscher Truppen in der Stärke von etwa zehn Divisionen sowie zur Erhöhung der eigenen Verteidigungsanstrengungen als Gegenleistung für die amerikanische Zusicherung ständiger Truppenstationierung auf europäischem Boden, erhöhter Militärhilfe und der Übernahme des Oberbefehls in einem integrierten NATO-Generalstab. Sowohl Bevin

[22] Text des ersten Memorandums auszugsweise in: Verhandlungen des Deutschen Bundestages, Stenographische Berichte, 8. 2. 1952, S. 8159 A f.; das zweite vollständig in Konrad Adenauer, *Erinnerungen 1945–1953*. Stuttgart 1965, S. 358f.

als auch Schuman meldeten heftigen Widerspruch gegen dieses Junktim an; so dringend beide eine Verstärkung des amerikanischen Engagements in Europa wünschten, so wenig sahen sie sich aus innenpolitischen Rücksichten schon in der Lage, einer umgehenden deutschen Wiederbewaffnung ihre Zustimmung zu geben. Die britische Regierung, die gehofft hatte, das Problem des deutschen Verteidigungsbeitrags über eine schrittweise auszubauende westdeutsche Polizeitruppe lösen zu können, gab dem amerikanischen Drängen schließlich im Prinzip nach, bestand aber darauf, daß die westeuropäischen Verbände *vor* den westdeutschen aufgebaut würden. Die französische Regierung, die mit ungleich stärkerer Opposition im Lande zu rechnen hatte und zudem selbst geteilter Meinung war, suchte zunächst jede Entscheidung zu verhindern und stellte den amerikanischen Forderungen schließlich, als der Druck der Amerikaner und der übrigen Alliierten immer stärker geworden war, das Projekt einer Integration deutscher Truppen auf Bataillons- oder allenfalls Regimentsebene in eine supranationale europäische Armee entgegen (Pleven-Plan vom 24. Oktober)[23]. Obwohl diese Initiative nicht zuletzt darauf hinzielte, den konkreten Beginn der westdeutschen Wiederbewaffnung hinauszuschieben (durch die nötige Diskussion über das Projekt und die gewiß zeitraubende Errichtung der supranationalen Institutionen), waren doch damit die Aufstellung deutscher Truppen und die Errichtung einer integrierten westlichen Streitmacht im Prinzip entschieden – offen blieb nur, zu welchem Zeitpunkt, ob auf europäischer oder atlantischer Ebene, sowie die Frage der deutschen Gleichberechtigung.

Vom Pleven-Plan zum EVG-Vertrag

Die Diskussion über diese Frage sollte allerdings noch volle vier Jahre andauern, und dabei sollte auch der Grundsatzbeschluß der westlichen Regierungen mehrmals wieder in Frage gestellt werden. In allen westlichen Ländern mit großer Leidenschaft, aber nicht immer mit ebensolcher Klarheit geführt, am heftig-

---

[23] Text in *Europa. Dokumente zur Frage der europäischen Einigung*. Bd. 2, München 1962, S. 812–815. Vgl. zu den Verhandlungen des Herbstes 1950 Wilfried Loth, *Sozialismus und Internationalismus*. Stuttgart 1977, S. 282–289; und Norbert Wiggershaus, *Die Entscheidung für einen westdeutschen Verteidigungsbeitrag 1950*. In: *Anfänge westdeutscher Sicherheitspolitik*, Bd. 1, S. 325–402.

sten in Frankreich und in der Bundesrepublik selbst, hat sie die innere Struktur der westlichen Welt und den Ausgang der Ost-West-Konfrontation wesentlich geprägt.

Auf der Ebene der Regierungsverhandlungen – die hier zunächst weiter verfolgt werden soll – sah es zunächst so aus, als ob das Projekt einer Europäischen Verteidigungsgemeinschaft, so wie es von Ministerpräsident Pleven vorgeschlagen worden war, wenig Chancen haben würde. Der Pleven-Plan enthielt eine Reihe von Diskriminationen der Deutschen: Beibehaltung von nationalem Generalstab und Verteidigungsminister aller nichtdeutschen Teilnehmer für Zwecke außerhalb des Nordatlantikpaktes; erhebliche Erschwerung deutschen Zugangs zum integrierten Generalstab infolge der Integration der Truppenteile auf Bataillonsebene; europäischer Verteidigungsminister, der nach Lage der Dinge von Frankreich gestellt werden würde; damit Ausschluß der Deutschen von den Entscheidungszentren der NATO und möglicherweise französische Vormachtstellung innerhalb der Organisation. Diese Einseitigkeiten sicherten dem Plan zwar im französischen Parlament zunächst eine Mehrheit von 349 zu 235 Stimmen, nahmen ihm aber zugleich jede Aussicht auf die notwendige aktive Mitwirkung der westdeutschen Regierung, und führten deswegen auch zur Ablehnung durch die USA und die meisten anderen NATO-Partner (bis auf Belgien und Luxemburg). Zudem erschien den Militärfachleuten aller westlichen Länder – Frankreich eingeschlossen – eine Integration auf Bataillonsebene völlig unpraktikabel; Acheson und mit ihm eine große Zahl westlicher Politiker sahen in dem Plan darum nichts anderes als einen französischen Sabotageversuch. Angesichts der Gefahr einer merklichen Verringerung des amerikanischen Engagements in Europa infolge des chinesischen Eingreifens in den Koreakrieg sah sich die französische Regierung Anfang Dezember gezwungen, der sofortigen Aufstellung deutscher »Kampftruppen« (auf halbem Weg zwischen Bataillonen und Divisionen) zuzustimmen, ohne daß über ihre spätere Eingliederung in eine europäische Armee bereits entschieden war; lediglich der Verzicht auf einen deutschen Generalstab und der Ausschluß der deutschen Kontingente von schweren Waffen wurde ihr zugestanden. Als Gegenleistung willigten die Amerikaner auf der Brüsseler Tagung der Außen- und Verteidigungsminister des Atlantikpakts am 18. und 19. Dezember in die Bildung der integrierten NATO-Streitmacht ein und ließen General Eisenhower zum Oberbefehlshaber dieser Streitmacht wählen[24]. Ob die deutschen Kampfgruppen künftig direkt in die Atlantikstreitmacht oder in eine europäische Armee integriert würden, hing nun faktisch vom Verhalten der westdeutschen Bundesregierung ab, und Adenauer, der nur über die mit dem Pleven-Plan verbundenen Beschränkungen genau informiert war, steuerte in Sachverständigen-Gesprächen mit Vertretern der Hochkommission über die Aufstellung der Kampfgruppen, die am 9. Januar 1951 begannen, natürlich zunächst die atlantische Lösung an; an den Verhandlungen über den Pleven-Plan, die auf Einladung der Franzosen vom 15. Februar an geführt wurden, beteiligte er sich kaum[25].

Die Verhandlungen mit der Hochkommission gerieten jedoch sehr bald in eine Sackgasse, da die deutschen Vertreter nicht bereit waren, ihr Verteidigungspotential ohne militärische Gleichberechtigung von Anfang an zur Verfügung zu stellen, und die Alliierten infolge der Frankreich zugestandenen Einschränkungen eben diese Gleichberechtigung nicht gewähren konnten. Im Juni 1951 setzte sich bei den amerikanischen Entscheidungsträgern die Einsicht durch, daß der Widerspruch zwischen französischem Sicherheitsverlangen und deutschem Gleichheitsverlangen ohne eine supranationale Lösung nicht aufzuheben war, und deutsche Truppen ohne eine europäische Armee somit überhaupt nicht zu bekommen waren. Gleichzeitig fand sich die französische Regierung unter dem Eindruck wachsender amerikanischer Rücksichtnahme auf die deutschen Gleichberechtigungsforderungen zur Preisgabe der ärgsten Diskriminierungen des Pleven-Plans bereit: statt der diskriminierenden Rekrutierung allein deutscher Truppen durch einen europäischen Hochkommissar sollte nun die gesamte Organisation der Europa-Armee in allen beteiligten Ländern von Grund auf gleich geregelt werden. Der tendenzielle amerikanisch-französische Kompromiß nötigte die westdeutsche Regierung, sich stärker auf die europäische Lösung einzulassen. Nachdem die

[24] Vgl. FRUS, 1950, III, S. 585–404; zur amerikanischen Position ein Memorandum des US-Vertreters im NATO-Stellvertreterrat Charles Spofford vom 30. 11. 1950, ebd. S. 501–505.

[25] Zu den Verhandlungen mit der Bundesrepublik bis zum Abschluß der Verträge im Mai 1952 vgl. Gerhard Wettig, *Entmilitarisierung und Wiederbewaffnung in Deutschland 1943–1955*. München 1967, S. 402–487; Arnulf Baring, *Außenpolitik in Adenauers Kanzlerdemokratie. Bonns Beitrag zur Europäischen Verteidigungsgemeinschaft*. München 2. Aufl. 1971, S. 174–253, 262–281; und Edward Fursdon, *The European Defense Community. A History*. London 1980, S. 105–188.

französische Delegation unter amerikanischem und deutschem Druck dem Wegfall einer Übergangsperiode zugestimmt hatte, in der die Bundesrepublik ohne eigenes Verteidigungsministerium bleiben sollte, nicht mehr kategorisch auf einer Integration unterhalb der Divisionsebene bestand und schließlich keinen Widerstand gegen die Unterordnung des Oberbefehlshabers der Europa-Armee unter den NATO-Oberbefehlshaber mehr leistete, entschied sich Adenauer Ende August endgültig für die supranationale europäische Armee. Die drei westlichen Außenminister konnten sich auf ihrer Washingtoner Konferenz vom 10.–14. September offiziell auf einen deutschen Wehrbeitrag im Rahmen einer Europäischen Verteidigungsgemeinschaft (EVG) einigen; der Bundesregierung wurde mitgeteilt, daß eine Ablösung des Besatzungsstatuts nur in Verbindung mit einem deutschen Beitritt zu dieser EVG erfolgen könne.

Es waren allerdings noch über acht Monate hartnäckigen Tauziehens zwischen deutschem Souveränitätsverlangen und westlichen, insbesondere französischen Sicherheitsvorbehalten notwendig, bevor am 26. Mai 1952 in Bonn der »Generalvertrag« zur Ablösung des Besatzungsstatuts und am 27. Mai in Paris der Vertrag zur Gründung der Europäischen Verteidigungsgemeinschaft unterzeichnet werden konnten[26]. Die französische Seite hatte weitere Zugeständnisse machen müssen: An die Stelle des supranationalen (das heißt vermutlich französischen) Verteidigungsministers trat ein neunköpfiges Kommissariat; die Exekutivkompetenz wurde diesem supranationalen Kommissariat nicht alleine überlassen, sondern in einem komplizierten Verfahren mit dem Ministerrat verschränkt, der nur einstimmig Beschlüsse fassen konnte; das Budget der Gemeinschaft blieb zwischenstaatlichen Regelungen vorbehalten. Die Abstriche an der Supranationalität waren auf Drängen der Beneluxländer vorgenommen worden, die sich davon eine größere Bereitschaft Großbritanniens versprachen, der EVG beizutreten; Großbritannien blieb jedoch auch unter der neuen konservativen Regierung Churchill, die das Labour-Kabinett im November 1951 abgelöst hatte, außerhalb, so daß die neue Gemeinschaft auf die gleichen Sechs beschränkt blieb wie die Montanunion, und Frankreich das Gewicht der Bundesrepublik nicht durch ein britisches Gegengewicht ausgleichen konnte. Lediglich zur Ausweitung der im Brüsseler Pakt eingegangenen

---

[26] Dreisprachiger Text der Verträge in: *Die Vertragswerke von Bonn und Paris.* Dokumente und Berichte des Europa-Archiv, Bd. 10, Frankfurt 1952.

Beistandspflicht auf die EVG, das heißt auch auf die Bundesrepublik, fand sich die britische Regierung bereit. Der direkte Zutritt zur NATO konnte der Bundesrepublik zwar noch verwehrt werden, doch wurde ihr als Übergangsregelung bereits ein Mitspracherecht in allen politischen Fragen des Bündnisses zugestanden (insofern sie jederzeit gemeinsame Sitzungen von NATO- und EVG-Rat verlangen konnte).

Allerdings mußte auch Adenauer einige Abstriche an seinem Maximalprogramm hinnehmen: Das Besatzungsstatut wurde nicht durch einen Sicherheitsvertrag zwischen souveränen Staaten abgelöst; die drei westlichen Alliierten gestanden der Bundesrepublik lediglich »volle Macht« (»full authority«) in inneren und äußeren Angelegenheiten zu, behielten sich aber alle »Deutschland als Ganzes« betreffenden Rechte, das Recht zur Proklamation des Notstands und das Recht zur Truppenstationierung, vor. Der Bundesrepublik blieb es verwehrt, waffentechnisch zentrale Kriegsmaterialien herzustellen oder auf dem Gebiet dieser Waffen Forschung zu betreiben; auf militärische Entscheidungen der NATO-Gremien besaß sie keine direkten Einwirkungsmöglichkeiten.

An den beiderseitigen Ausgangspunkten gemessen hatten sich freilich – der Logik der Wiederbewaffnungsfrage entsprechend – die deutschen Interessen stärker durchgesetzt als die französischen, und es war kein Zufall, daß die französische Begeisterung für das Projekt der Europäischen Verteidigungsgemeinschaft vom Sommer 1951 an im gleichen Maße abnahm, wie es in der Bundesrepublik an Unterstützung gewann. Die Hoffnungen auf eine französische Führungsrolle innerhalb des geeinten Kontinents hatten ebenso begraben werden müssen wie die im Schuman-Plan und im Pleven-Plan enthaltenen Möglichkeiten einer relativ unabhängigen Rolle Europas gegenüber den USA. Damit hatte die Idee der »Dritten Kraft« erneut einen schwerwiegenden Rückschlag erlitten; der amerikanische Einfluß in Europa hatte sich über das Ende der Marshall-Hilfe hinaus stabilisiert[27]. Mehr noch: durch die Integration der Bun-

<hr />

[27] Es widerspricht jedoch allen Aussagen der Quellen, in diesem unzweifelhaften *Ergebnis* der Debatte um die Wiederbewaffnung Westdeutschlands zugleich das vordringliche Ziel der amerikanischen Wiederbewaffnungspolitik sehen zu wollen, wie dies Kolko, *Limits*, S. 653–667, tut. Gewiß genügten die westlichen Landstreitkräfte in Europa 1950–52 keinem ernsthaften Verteidigungskonzept gegen einen sowjetischen Angriff – aber nicht, weil es der amerikanischen Führung am Willen zu einem solchen Konzept fehlte, sondern weil es infolge der hier

desrepublik in das westliche Militärbündnis war die Spaltung des Kontinents um einige Grade substantieller geworden. Im Bonner Vertrag hatten sich die Westalliierten und die Bundesrepublik gegenseitig auf ein Wiedervereinigungsmodell für Deutschland verpflichtet, das vom Fortbestand der inneren Ordnung und der Integration in das westliche Bündnissystem ausging (Wiedervereinigung als Folge einer »Politik der Stärke«)[28]; damit hatten sich nicht nur die Alliierten gegen eine Verständigung einer erstarkten Bundesrepublik mit der Sowjetunion abgesichert, die Westmächte banden sich in ihrer Deutschlandpolitik auch an die Bundesrepublik. Die Bundesrepublik war infolge des Spannungszustandes, den der Koreakrieg ausgelöst hatte, zu einem wichtigen Partner im westlichen Bündnis geworden; ihre politische Führung war folglich, solange sie sich der neuen Errungenschaften noch nicht sicher sein konnten und die Bundesrepublik immer noch merklichen Restriktionen unterlag, teils unbewußt, teils aber auch bewußt an der Aufrechterhaltung dieses Spannungszustands interessiert und trug damit zur weiteren Verfestigung des Westblocks bei. Die westdeutschen Vorstellungen von einer Wiedervereinigung »in Freiheit« – teils Rhetorik, teils ernsthafte Hoffnung – wurden jetzt stärker als zuvor von den Westmächten unterstützt, und wenn es Adenauer auch nicht gelang, die Alliierten in dem Bonner Vertragswerk öffentlich auf eine Rückgewinnung der Gebiete jenseits von Oder und Neiße festzulegen (was ihm auch aus innenpolitischen Gründen sehr gelegen gewesen wäre), so hatten sie doch in zukünftigen Verhandlungen mit der östlichen Seite auf den Anspruch ihres neuen Bündnispartners, für alle Deutschen zu sprechen, Rücksicht zu nehmen.

Die wesentliche Leistung des EVG-Projekts bestand darin, über die vermittelnde Wirkung des supranationalen Einigungs-

geschilderten Schwierigkeiten nicht im militärisch notwendigen Maße durchsetzbar war.

[28] In Art. 7 Abs. II verpflichteten sich die Bundesrepublik und die drei Alliierten »bis zum Abschluß der friedensvertraglichen Regelung (...) zusammen(zu-)wirken, um mit friedlichen Mitteln ihr gemeinsames Ziel zu verwirklichen: ein wiedervereinigtes Deutschland, das eine freiheitlich-demokratische Verfassung ähnlich wie die Bundesrepublik besitzt und das in die europäische Gemeinschaft integriert ist«. Abs. III (der in der revidierten Fassung vom Oktober 1954 dann wieder wegfiel) erklärte die Rechte und Pflichten, die sich aus dem Vertragswerk für die Bundesrepublik ergaben, sogar explizit für ein wiedervereinigtes Gesamtdeutschland geltend, es sei denn, daß anderslautende Vereinbarungen in allseitiger Übereinkunft getroffen würden.

gedankens die Gefahr eines Wiedererstarkens nationalistisch-aggressiver Kräfte in der Bundesrepublik Deutschland zu bannen, die der westlichen Welt aus der deutschen Wiederbewaffnung entstehen konnte, und damit ein Höchstmaß an westlichem Verteidigungspotential zu erschließen. Der Preis für diese Leistung war allerdings hoch: Die Aussichten auf eine deutsche Wiedervereinigung rückten ebenso in unerreichbare Ferne wie die Hoffnungen auf autonome französische Selbstbestimmung oder auf eine »Dritte Kraft«, die die Antinomien von Kapitalismus und Kommunismus im Innern wie im Äußern überwunden hätte. Ob die Mehrheit der politischen Kräfte Europas wirklich bereit war, diesen Preis zu zahlen, war auch nach der Paraphierung der Vertragswerke von Bonn und Paris noch offen.

inhalting.

12. Kapitel
Die sowjetische Entspannungsoffensive

In sowjetischer Sicht mußte die Konsolidierung der westlichen Blockbildung im Gefolge des Koreakrieges bedrohlich erscheinen: Die USA verpflichteten sich zu dauerhafter militärischer Präsenz auf dem europäischen Kontinent; die Westeuropäer schickten sich an, untereinander noch verbliebene Gegensätze mit Hilfe der europäischen Integration zu überwinden und ihren Rückstand in der konventionellen Rüstung gegenüber dem Ostblock zu verringern; das westdeutsche Potential, in seiner Bedeutung von der Sowjetführung ebenso überschätzt wie von der westlichen Öffentlichkeit, drohte die militärische Kraft des Westens entscheidend zu verstärken; zudem weiteten die USA ihr Engagement in Korea wie in Indochina immer mehr aus. Ob und wieweit die Sowjetführung die westlichen Deklarationen einer »Politik der Stärke« und »Politik der Befreiung« sowie die eigenen Propagandathesen vom aggressiv-imperialistischen Charakter der westlichen Blockbildung ernst nahm, bleibt schwer abzuschätzen; sicher ist auf jeden Fall, daß sie in den westlichen Aufrüstungs- und Integrationsmaßnahmen die Gefahr einer beträchtlichen Schwächung ihrer eigenen Position sah[1]. Die von der westlichen Offensive ausgehende Gefahr mußte um so größer erscheinen, als die Sowjetführung unterdessen auch vor großen innenpolitischen Problemen stand: Die einseitige Forcierung der Schwer- und Rüstungsindustrie im Zuge der Bemühungen, die Sowjetunion erneut zum Bollwerk auszubauen, hatte zu einer Überbeanspruchung der Produktions- und Arbeitskräfte und zu einer generellen wirtschaftlichen und sozialen Misere geführt, die für den Bestand des Sowjetsystems gefährlich werden konnte. Die Furcht vor der westlichen Expansion und das gleichzeitige Bedürfnis nach außenpolitischer Ruhe zur Meisterung der innenpolitischen

---

[1] Ende 1950 bezeichnete Stalin in einem Gespräch mit den italienischen Kommunistenführern Togliatti, Longo und Secchia die Weltlage als »ernst«, »gespannt« und »gefahrvoll«; ihr Vorstandskollege Giorgio Amendola berichtet von diesem Gespräch, man sei der Ansicht gewesen, »daß der Kalte Krieg im Innern und im Äußeren an einer Wegscheide angelangt war. (...) Die Hypothese eines allgemeinen Konflikts schien nicht mehr aus der Luft gegriffen.« Dokumentiert in: Osteuropa-Archiv 20 (1970), S. 703–718.

Schwierigkeiten ließen bei der Sowjetführung die Bereitschaft wachsen, für die Verhinderung der westdeutschen Wiederbewaffnung – des Kernstücks der westlichen Blockkonsolidierung – einen hohen Preis zu zahlen. Die sowjetische Entspannungsoffensive, die sich aus dieser Situation entwickelte, stellte den allgemeinen Trend zur Verfestigung der Blockbildung in Europa noch einmal grundsätzlich in Frage.

Die sowjetischen Deutschlandnoten 1952

Gegen die westlichen Wiederbewaffnungspläne hatte die Sowjetführung zunächst an die Viermächteverantwortung für Deutschland und für die in Potsdam beschlossenen Entmilitarisierungsmaßnahmen erinnert; die DDR-Führung hatte gleichzeitig an die Westdeutschen appelliert, sich mit ihr »an einen Tisch« zu setzen. Beides war freilich nicht geeignet gewesen, die EVG-Verhandlungen nachhaltig zu stören. Eine sowjetische Initiative für eine neue Vier-Mächte-Konferenz über Deutschland (Note vom 2. November 1950) war im Juni 1951 schon nach wochenlangen Vorverhandlungen über die Frage der Tagesordnung gescheitert; die DDR-Forderung nach Bildung eines paritätisch aus Vertretern beider deutscher Staaten besetzten »Gesamtdeutschen Rates« (erstmals in einem Schreiben des DDR-Ministerpräsidenten Grotewohl an Adenauer am 30. November 1950) war in der Bundesrepublik auf keinerlei Gegenliebe gestoßen. Erst als im Frühjahr 1952 die innerwestlichen Divergenzen soweit abgetragen waren, daß ein erfolgreicher Abschluß der EVG-Verhandlungen unmittelbar bevorstand, rang sich die Sowjetführung zu einer grundsätzlichen Neuorientierung ihrer Deutschlandpolitik durch.

Am 10. März 1952 legte die sowjetische Regierung den drei Westalliierten in einer Note ein Konzept für einen Friedensvertrag mit Deutschland vor, das in entscheidenden Punkten über die bisherigen sowjetischen Positionen in der Deutschlandpolitik hinausging: Deutschland sollte nicht nur unter Verzicht auf die Gebiete östlich von Oder und Neiße wiedervereinigt werden und sich verpflichten, »keinerlei Koalitionen oder Militärbündnisse einzugehen, die sich gegen irgendeinen Staat richten, der mit seinen Streitkräften am Krieg gegen Deutschland teilgenommen hat«, darüberhinaus sollten sämtliche Besatzungstruppen das Land ein Jahr nach Abschluß des Friedensvertrages räumen; an ihre Stelle sollten nationale deutsche Streitkräfte treten, »die für die Verteidigung des Landes notwendig sind«; auch die Produktion von Rüstungsmaterial sollte in einem Umfang gestattet sein, wie ihn die Zwecke dieser Streitkräfte erforderten. Innerhalb eines entsprechend den Potsdamer Vereinbarungen festzulegenden »demokratischen« Rahmens sollten sich nicht nur alle Parteien frei betätigen können, sondern auch, dies wurde eigens hervorgehoben, alle ehemaligen Angehörigen der deutschen Wehrmacht einschließlich ihrer Offiziere und alle »ehemaligen Nazis« eine Chance zur Mitwirkung am Aufbau der neuen Republik erhalten. Freie Wahlen zu einem gesamtdeutschen Parlament, so präzisierte die Sowjetregierung in einer zweiten Note am 9. April, sollten in kürzester Frist stattfinden – allerdings von paritätisch besetzten BRD-DDR-Gremien vorbereitet und von den vier Alliierten beaufsichtigt, nicht, wie die westliche Seite gefordert hatte, unter Aufsicht der Vereinten Nationen. Der künftige Status Deutschlands sollte noch vor dem Zusammentritt der frei gewählten deutschen Regierung von den Alliierten festgelegt, der Friedensvertrag selbst aber erst von dieser Regierung unterzeichnet werden. Zwei weitere Noten vom 24. Mai und 23. August 1952, aggressiver und ungeduldiger im Ton als die beiden ersten, aber immer noch Verhandlungsbereitschaft demonstrierend, drängten die Westmächte, in kürzester Frist Schritte zur Lösung der Deutschlandfrage auf der Basis dieser Vorschläge einzuleiten[2].

[2] veröffentlicht mit den zugehörigen westlichen Antwortnoten u. a. in: Eberhard Jäckel (Hrsg.), *Die deutsche Frage 1952–1956, Notenwechsel und Konferenzdokumente der vier Mächte*. Frankfurt 1957. – Die Noten sind in der zeitgeschichtlichen Literatur ebenso kontrovers diskutiert worden wie in der zeitgenössischen Öffentlichkeit. »Traditionelle« Autoren sehen in der sowjetischen Initiative lediglich den Versuch, die EVG-Gründung durch die Förderung innerwestlicher Gegensätze zu torpedieren; so u. a. Gerhard Wettig, *Entmilitarisierung und Wiederbewaffnung in Deutschland 1943–1955*. München 1967, S. 497 bis 522; ders., *Die sowjetischen Deutschland-Noten vom 10. März 1952*. In: Deutschland-Archiv 15 (1982), S. 130–148; Hermann Graml, *Nationalstaat oder westdeutscher Teilstaat. Die sowjetischen Noten vom Jahre 1952 und die öffentliche Meinung in der Bundesrepublik Deutschland*. In: Vierteljahrshefte für Zeitgeschichte 25 (1977), S. 821–864; ders. *Die Legende von der verpaßten Gelegenheit*. In: Vierteljahrshefte für Zeitgeschichte 29 (1981), S. 307–341. Demgegenüber betonen Klaus Erdmenger, *Das folgenschwere Mißverständnis. Bonn und die sowjetische Deutschlandpolitik 1949–1955*. Freiburg 1967, S. 132–161, und Gerd Meyer, *Die sowjetische Deutschlandpolitik im Jahre 1952*. Tübingen 1970, die Ernsthaftigkeit des Verhandlungsangebots. Rolf Steininger, *Eine vertane Chance. Die Stalin-Note vom 10. März 1952 und die Wiedervereinigung*. Berlin, Bonn 1985, bietet zusätzliche Indizien für die zweite These, insbesondere die

Damit war die sowjetische Führung – ohne es zu wissen – bei nahezu dem gleichen Konzept eines neutralisierten Gesamtdeutschland angelangt, das die amerikanische Administration zweieinhalb Jahre zuvor unter dem Druck der Berliner Blockade als Alternative zu dem kostenintensiven Weg der Zweiteilung Deutschlands und Europas erwogen hatte. Wie damals im amerikanischen Falle bedeutete das sowjetische Angebot einen Verzicht auf die bereits errungene Verfügungsgewalt über einen Teil Deutschlands, erzwungen durch die Furcht vor der Alternative: der Dauerbelastung mit einem krisenanfälligen Westdeutschland damals und der Furcht vor einem rüstungsintensiven Militärblock an der Westgrenze des sowjetischen Einflußbereichs jetzt. Wie damals war die Konzession eines von alliierten Truppen befreiten neutralen Gesamtdeutschlands mit schwer kalkulierbaren Risiken verbunden, was seine künftige innen- und außenpolitische Orientierung wie den Zusammenhalt der verbliebenen Teile des eigenen Lagers betraf; wie damals rechneten sich die Protagonisten der Alternativlösung jedoch gute Chancen aus, das deutsche Potential in der Ost-West-Auseinandersetzung schließlich doch noch zugunsten des jeweils eigenen Lagers verbuchen zu können: die Amerikaner im Vertrauen auf die Attraktivität des westlichen Gesellschaftsmodells in freien Wahlen, die Sowjets, indem sie einerseits in ostentativer Anknüpfung an die »Rapallo-Linie« in den deutsch-sowjetischen Beziehungen der Zwischenkriegszeit auf ein Bündnis mit den nationalkonservativen Kräften Deutschlands setzten und sich andererseits durch die Durchführung von »Demokratisierungs«-Maßnahmen auf der Grundlage der in Potsdam getroffenen Vereinbarungen sowie durch die ständige Präsenz von DDR- und UdSSR-Vertretern in dem zu freien Wahlen und Friedensvertrag führenden Prozeß ein Minimum an permanentem Einfluß auf die künftige Politik Gesamtdeutschlands zu sichern gedachten.

Wiedergabe eines Gesprächs, das Stalin am 26. 7. 1952 mit dem italienischen Sozialistenführer Pietro Nenni führte. Danach soll die Sowjetführung bei der ersten Note »wirklich bereit gewesen sein, Opfer zu bringen, um die Wiedervereinigung zu erreichen«. Für eine kritische Diskussion aller bislang aus dem sowjetischen Machtbereich verfügbaren Quellen siehe Wilfried Loth, *Blockbildung und Entspannung. Strukturen des Ost-West-Konflikts 1953–1956*. In: Bruno Thoß, Hans-Erich Volkmann (Hrsg.), *Zwischen Kaltem Krieg und Entspannung. Sicherheits- und Deutschlandpolitik der Bundesrepublik im Mächtesystem der Jahre 1953–1956*. Boppard 1988, S. 9–23.

Was in sowjetischer Sicht als ein solches Minimum akzeptabel war, ist aus den vorliegenden Dokumenten nicht ganz eindeutig zu erkennen und stand wohl zum Zeitpunkt der sowjetischen Initiative auch noch nicht vollständig fest. Die Formulierungen der Noten (»unabhängiger, demokratischer und friedliebender Staat«) waren ebenso flexibel ausdeutbar wie seinerzeit die Potsdamer Vereinbarungen und erlaubten der Sowjetführung jederzeit einen Rückzug aus dem Verfahren, falls es ihr eindeutig zu ihren Ungunsten auszugehen schien. Natürlich hatte sie den Wunsch, den kommunistischen Kräften in einem vereinten Deutschland eine möglichst starke Stellung zu sichern, doch kam es ihr – ähnlich wie in ihrer Osteuropa-Politik vor der Wende zum Kominform-Dogmatismus – entscheidend nur auf die Sicherung der außenpolitischen Loyalität an, nicht auf die Gesellschaftsform, für die sie ohnehin kein theoretisch fundiertes Konzept besaß. Was in der DDR unterdessen an gesellschaftlicher Transformation erreicht worden war, sollte gewiß nicht einfach preisgegeben, sondern soweit als möglich abgesichert und auch auf Westdeutschland übertragen werden; da bei dem von der Sowjetregierung vorgeschlagenen Verfahren das Gleiche aber auch für das Gesellschaftssystem der Bundesrepublik galt, konnte es in Anbetracht der wirtschaftlichen Stärke und ideologischen Attraktivität des westlichen Systems keinen Zweifel daran geben, daß ein nach Beendigung der Friedensvertrags-Prozedur autonomes Gesamtdeutschland vorwiegend bürgerlich strukturiert sein würde[3]. Von einem solchen Deutschland außenpolitische Loyalität zu erwarten, mochte angesichts des großen wirtschaftlichen Einflusses der USA in Westdeutschland allzu gewagt erscheinen; die sowjetischen Führer überspielten jedoch die Gefahr eines Abdriftens Gesamtdeutschlands nach Westen mit der Hoffnung auf zunehmende Widersprüche zwischen Deutschland und den übrigen kapitalistischen Staaten, wie sie Stalin in seiner zur gleichen Zeit wie die Deutschlandnoten entstandenen Schrift über *Ökonomi-*

---

[3] Daß wesentliche Kräfte der Bundesrepublik aus der Teilhabe an der politischen Macht ausgeschlossen werden sollten, wie Meyer in seinem die ideologisch-propagandistischen Äußerungen der östlichen Machthaber insgesamt überbewertenden Szenario für »die rechten Flügel und vielleicht auch die Mitte der Parteien der damaligen Regierungskoalition (CDU/CSU, FDP, DP)« vermutet (S. 78), kann bei dem von der Sowjetregierung vorgeschlagenen Verfahren als ausgeschlossen gelten: Die Sowjets konnten nicht im Ernst annehmen, daß die politische Führung der Bundesrepublik ihr eigenes Todesurteil unterschreiben würde.

sche Probleme des Sozialismus in der UdSSR voraussehen zu können glaubte[4].

Die Erfolgsaussichten des Neutralisierungsprojekts waren allerdings von Anfang an gering; daran konnte es auch aus sowjetischer Sicht keinen Zweifel geben. Das Beharren auf einer Kontrolle der gesamten Friedensvertrags-Prozedur nahm dem Angebot freier Wahlen in Gesamtdeutschland viel von seiner Attraktivität; die Festlegung auf die Oder-Neiße-Grenze nahm den Appellen an die nationalkonservativen Kräfte in Deutschland viel von ihrer Wirkung. Ein wiedervereinigtes Deutschland mit einer, wenn auch begrenzten Nationalarmee mußte bei den Westeuropäern, insbesondere bei den Franzosen, auf erhebliche Bedenken stoßen, und es war sehr die Frage, ob die Vorteile, die das Projekt den Westmächten bot – Öffnung der bisherigen DDR für westlichen Einfluß, Senkung der Rüstungskosten und Verminderung der Spannungen in Mitteleuropa – diese Bedenken würden aufwiegen können. Es mußte sogar zweifelhaft erscheinen, ob die Westmächte nach Jahren des Denkens und Handelns in Kategorien des Kalten Krieges überhaupt noch in der Lage sein würden, Vor- und Nachteile des vorgeschlagenen Projekts nüchtern gegeneinander abzuwägen. (Tatsächlich hatte sich die amerikanische Administration ja, was die Sowjetführung allerdings nicht wissen konnte, 1948 unter ungleich ungünstigeren westlichen Ausgangsbedingungen gegen die Neutralisierungspläne entschieden). Ein Mehr an Zugeständnissen, den vorbehaltlosen Verzicht auf jede Einflußmöglichkeit in Deutschland, wie ihn die Erfüllung der westlichen Forderung nach freien Wahlen unter UNO-Aufsicht als ersten Schritt zur Wiedervereinigung bedeutet hätte, oder die Revision der in Osteuropa 1945 geschaffenen Grenzverhältnisse, wie sie bei einer über die Oder-Neiße-Grenze hinausgehenden Wiedervereinigung erforderlich gewesen wäre, schien in sowjetischer Sicht die eigenen Sicherheitsinteressen stärker zu tangieren als die Wiederbewaffnung der Bundesrepublik und die Schaffung einer integrierten atlantischen Streitmacht und konnte darum nicht

---

[4] »Es fragt sich, welche Garantien gibt es, daß Deutschland und Japan nicht erneut auf die Beine kommen, daß sie nicht versuchen werden, aus der amerikanischen Knechtschaft auszubrechen und ein selbständiges Leben zu führen? Ich denke, solche Garantien gibt es nicht.« Josef W. Stalin, *Ökonomische Probleme des Sozialismus in der UdSSR.* Berlin (Ost) 1952, S. 36. Ob Stalin hier mit »Deutschland« die Bundesrepublik oder ein Gesamtdeutschland im Sinne der Noten meinte, ist umstritten, in dem hier vorgetragenen Argumentationszusammenhang jedoch nicht entscheidend.

als Preis für einen Verzicht des Westens auf die EVG angeboten werden, so sehr diese Zugeständnisse die Erfolgsaussichten des sowjetischen Angebots auch erhöht hätten[5]. Um der westlichen Blockbildung ihr westdeutsches Kernstück zu entziehen, war die Sowjetführung bereit, die Errichtung einer »sozialistischen« DDR nach sowjetischem Muster, wie sie nach dem endgültigen Scheitern der gemeinsamen alliierten Deutschlandpolitik 1948/49 im Zuge der östlichen Blockbildung forciert worden war, wieder zur Disposition zu stellen, nicht aber, jede Einflußmöglichkeit auf die deutsche Politik preiszugeben.

Ob sich die Sowjetunion überhaupt auf die schmale Gratwanderung zwischen der Vollendung der westlichen Blockbildung und der beginnenden Auflösung des eigenen Sicherheitssystems begeben sollte, war offensichtlich innerhalb der sowjetischen Führung selbst umstritten – darauf deutet nicht nur die Ambivalenz der sowjetischen Verfahrensvorschläge hin, die jederzeit einen Rückzug ohne Gesichtsverlust ermöglichten, sondern ebenso Nachrichten über innersowjetische Auseinandersetzungen in der Deutschlandpolitik nach Stalins Tod 1953, die zwar keine klar umrissenen Positionen und Meinungsgruppen erkennen lassen, aber immerhin die Existenz von zwei Denkschulen sowjetischer Deutschlandpolitik bezeugen: eine dogmatischere, die dem »Aufbau des Sozialismus« in der DDR den Vorzug gab, und eine risikofreudigere, die sich von einer Wiedervereinigung unter bestimmten Bedingungen größere Vorteile für die Sowjetunion versprach[6]. Daß sich Stalin, in seinen letzten Lebensjahren in allen innen- und außenpolitischen Fragen zweifellos die maßgebende Instanz, im Frühjahr 1952 für die zweite Richtung entschied, hing, soweit erkennbar, zum einen mit ziemlich irrationalen ideologischen Gründen zusammen: Ein verstärkter Antisemitismus (ablesbar etwa an der Argumentation der Prozesse gegen Slánský und andere »Titoisten« und an den heftigen Attacken gegen Israel)[7] verleitete Stalin dazu, den nationalkonservativen Deutschen vermehrte Sympathie entge-

---

[5] Im Gegensatz zu Graml, *Nationalstaat oder westdeutscher Teilstaat*, S. 830 bis 840, sehe ich gerade in der mangelnden Attraktivität einen Beweis für die Ernsthaftigkeit der sowjetischen Vorschläge: Ein bloßes Scheinangebot zu Propagandazwecken, das unverbindlich blieb, hätte viel werbewirksamer formuliert werden können. Die von Graml beobachtete abschreckende Einkleidung der Noten in DDR-Kommentaren scheint mir ein verdeckter Versuch gewesen zu sein, der sowjetischen Initiative die Spitze abzubrechen.

[6] Vgl. unten S. 305–311.

[7] Hervorgehoben, aber als nahezu ausschließliches Motiv für den deutschland-

genzubringen und ihr Gewicht in der westdeutschen Politik zu überschätzen. Zum andern mochte bei der Entscheidung eine Rolle gespielt haben, daß sich das Neutralisierungsprojekt, wenn es schon geringe Verwirklichungschancen hatte, doch auch vorzüglich taktisch verwenden ließ: Stalin konnte hoffen, mit seinem Friedensvertrags-Angebot den Abschluß des EVG-Projekts zu verzögern, möglicherweise die innerwestlichen Gegensätze bis zu einem Scheitern des mühsam errungenen Kompromisses zu fördern und die Verantwortung für die definitive Teilung Deutschlands der westlichen Seite zuzuspielen[8].

Entscheidung in der Bundesrepublik

Die Entscheidung über die Ergebnisse der sowjetischen Initiative mußte in erster Linie in der Bundesrepublik fallen. Die Perspektive auf die deutsche Wiedervereinigung, möglicherweise sogar verbunden mit der Hoffnung auf eine künftige unabhängige Rolle Gesamtdeutschlands zwischen den Weltmächten, war, wenn überhaupt, dann am ehesten für die Westdeutschen attraktiv, ohne deren freiwillige Zustimmung andererseits das EVG-Projekt nicht zu verwirklichen war. Eine positive Antwort der Westmächte auf das sowjetische Angebot war also nur bei einer positiven Reaktion der Westdeutschen denkbar.

Die Aussichten für eine solche positive Reaktion mochten auf den ersten Blick nicht schlecht erscheinen, war doch die forcierte Westintegrationspolitik Adenauers auf erheblichen innenpolitischen Widerstand gestoßen[9]. Die Wiederbewaffnung

politischen Kurswechsel überbewertet bei Ernst Nolte, *Deutschland und der Kalte Krieg.* München 1974, S. 294f. und 341–344.

[8] So Wettig bzw. Graml. Freilich kann dies, stellt man die sowjetische Interessenlage in Rechnung, nicht das *einzige* Ziel der Initiative gewesen sein. Daß Deutschland zum Zeitpunkt des sowjetischen Angebots tatsächlich schon unwiderruflich gespalten war, hat von den Zeitgenossen so gut wie niemand wahrgenommen; eine solche Klarsichtigkeit kann darum auch nicht Stalin unterstellt und als Beleg für einen rein propagandistischen Charakter des Angebots genommen werden, wie dies Graml, *Nationalstaat oder westdeutscher Teilstaat,* S. 830f. tut.

[9] Vgl. Erdmenger, *Mißverständnis,* und Klaus von Schubert, *Wiederbewaffnung und Westintegration.* Stuttgart, 2. Aufl. 1972, passim; Nolte, *Deutschland,* S. 289–330; Hans-Adolf Jacobsen, *Zur Rolle der öffentlichen Meinung bei der Debatte um die Wiederbewaffnung 1950–1955.* In: *Aspekte der deutschen Wiederbewaffnung bis 1955.* Boppard 1975, S. 61–117; Graml, *Nationalstaat,* S. 845 bis 864; und Knud Dittmann, *Adenauer und die deutsche Wiedervereinigung. Die politische Diskussion des Jahres 1952.* Düsseldorf 1981.

stand, so nahe sie aus Furcht vor sowjetischer Bedrohung und Interesse an der Erringung der Gleichberechtigung auch liegen mochte, in einem derart fundamentalen Gegensatz zu allem, was in Westdeutschland seit 1945 an Absagen an Militarismus und Machtpolitik formuliert und gelehrt worden war, und sie erschwerte so offensichtlich den Weg zur Wiedervereinigung, daß sie eine breite Front von Gegnern geradezu provozieren mußte. Demokraten fürchteten den Wiederaufstieg der traditionellen antidemokratischen Kräfte; Patrioten und Vertriebene sorgten sich um die Chancen für eine Wiedervereinigung; Pazifisten und Sozialisten waren über die Verstärkung der Ost-West-Spannungen entsetzt; unpolitische »Ohnemichel« schreckten nach den Erfahrungen mit dem Nationalsozialismus und den Alliierten vor dem geforderten neuen Engagement zurück; nationalistische Maximalisten hielten die mit dem EVG-Projekt noch verbundenen Beschränkungen der deutschen Souveränität für unerträglich. All diese Positionen wurden in vielfältigen Kombinationen und Brechungen vertreten, und da es in der Debatte über die Wiederbewaffnung nicht nur um die künftige außenpolitische Orientierung der Bundesrepublik ging, sondern untrennbar damit verbunden auch um ihr Selbstverständnis, wurde sie von allen Seiten mit großer Heftigkeit geführt.

So stritten Gustav Heinemann und mit ihm beträchtliche Teile des politischen Protestantismus, Ulrich Noacks pazifistischer »Nauheimer Kreis«, Rudolf Augstein im *Spiegel* und Paul Sethe in der *Frankfurter Allgemeinen Zeitung* aus teils nationalistisch, teils christlich-pazifistisch bestimmten Motiven (in unterschiedlicher Mischung) gegen die Westintegration unter katholisch-konservativen Vorzeichen und für die Wahrnehmung jeder Chance zur Blockfreiheit. Kurt Schumacher und mit ihm die große Mehrheit der SPD wandten sich zwar zunächst scharf gegen derartige Hoffnungen auf ein neutralisiertes Gesamtdeutschland, aber zugleich ebenso scharf gegen jede dauerhafte Bindung an die Westmächte vor einer Lösung der Wiedervereinigungsfrage; und je deutlicher die konservativen Vorzeichen des integrierten Europas in Erscheinung traten, desto mehr fand die Neutralisierungsidee auch in der SPD Anklang[10]. Selbst Tei-

[10] Hierzu zusätzlich Udo F. Löwke, »*Für den Fall, daß ...*« *SPD und Wehrfrage 1949–1955*. Hannover 1969; ders., *Die SPD und die Wehrfrage 1949–1955*. Bonn-Bad Godesberg 1976; Kurt Thomas Schmitz, *Deutsche Einheit und Europäische Integration. Der sozialdemokratische Beitrag zur Außenpolitik der Bun-*

le der Regierungskoalition, der gesamtdeutsche Flügel der CDU um Jakob Kaiser und von der nationalliberalen Tradition bestimmte Kräfte in der FDP (Reinhold Maier, Karl-Georg Pfleiderer)[11], sorgten sich um den Verlust der westdeutschen Operationsfähigkeit gegenüber der Sowjetunion; in der Koalition repräsentierte Wirtschaftskreise hofften auf die Erschließung der osteuropäischen Märkte. Sie alle plädierten – mit unterschiedlichem Optimismus hinsichtlich der sowjetischen Absichten, aber stets mit dem gleichen großen Nachdruck – für eine ernsthafte Prüfung des Verhandlungsangebots der Sowjetregierung.

Gewiß fehlte es auch nicht an starken politischen Kräften, die das EVG-Projekt von Anfang an unterstützten: die überwiegende Mehrheit des politischen Katholizismus und mit ihm große Gruppen des rheinländischen und süddeutschen Bürgertums; Vertreter der traditionellen politischen Rechten und der Vertriebenen, die ihre Wiedervereinigungshoffnungen auf die von Adenauer propagierte »Politik der Stärke« setzten; eine Minderheit industrieller Gruppen, die ihre Chancen eher in einem integrierten westeuropäischen Markt sahen; die europäische Einigungsbewegung, die große Teile der reformbereiten jüngeren Generation erfaßt hatte und die in der EVG zwar nicht gerade ein ideales, wohl aber ein entscheidendes Mittel zur Realisierung des Einigungsgedankens sah. Doch so sehr ihr Engagement für die EVG der inzwischen erreichten ökonomischen Verflechtung mit dem Westen und der vorherrschenden Orientierung am Leitbild der westlichen Demokratien (einschließlich ihres antikommunistischen Grundkonsenses) entsprach, so sehr stand es andererseits in der Wiedervereinigungsfrage unter permanentem Rechtfertigungszwang, und es war daher keineswegs sicher, ob es ein ernsthaftes Wiedervereinigungsangebot der Sowjetunion überdauern würde.

Konrad Adenauer jedenfalls hat ein Abbröckeln der EVG-Front auch in den eigenen Reihen angesichts der sowjetischen Deutschlandnoten durchaus befürchtet und die bundesdeutsche Antwort auf die sowjetische Initiative darum im Alleingang zu formulieren versucht, nicht nur an der Opposition, sondern

desrepublik Deutschland unter besonderer Berücksichtigung des programmatischen Wandels einer Oppositionspartei. Bonn-Bad Godesberg 1978, S. 61–118.

[11] Hierzu Dietrich Wagner, *FDP und Wiederbewaffnung. Die wehrpolitische Orientierung der Liberalen in der Bundesrepublik Deutschland 1949–1955.* Boppard 1978.

auch an der eigenen Regierung vorbei. Obwohl Jakob Kaiser am Tag nach der Überreichung der ersten sowjetischen Note an die Westmächte im Kabinett darauf drängte, von den Westmächten einen ernsthaften Dialog mit der Sowjetregierung zu erzwingen, und sich in der gleichen Kabinettssitzung auch andere Befürworter einer Prüfung zu Wort meldeten, ließ Adenauer anschließend durch seinen Pressesprecher verlauten, die Bundesregierung sehe die Note nicht als brauchbare Grundlage für Verhandlungen an. Als ihm die Hochkommissare noch am gleichen Tag mitteilten, ihre Regierungen wollten die EVG-Verhandlungen ohne jede Rücksicht auf die sowjetische Note fortsetzen, äußerte er seine ausdrückliche Befriedigung und Erleichterung über diese Entscheidung, ohne mit seinem Kabinett oder den Führungsspitzen der Regierungskoalition noch einmal Rücksprache zu nehmen. In der gleichen Weise sorgte er in den folgenden Monaten dafür, die Bundesregierung nach Möglichkeit gegenüber den Hochkommissaren allein zu vertreten. Nur so schien es ihm möglich zu sein, der Gefahr einer Neutralisierung Deutschlands zu entgehen, die in seiner Sicht entweder zur Schwächung des Westens und zum Vordringen der kommunistischen Kräfte oder aber – nicht weniger gefährlich – zur Rückkehr zur traditionellen nationalstaatlichen Rivalität auf dem europäischen Kontinent und damit zur Stärkung der traditionellen kriegstreibenden Kräfte in Deutschland und bei den europäischen Nachbarn führen mußte[12].

Indessen erwies sich eine solche Vorsicht als unbegründet. In der öffentlichen Meinung der Bundesrepublik, soweit sie sich in Pressekommentaren artikulierte, überwog die aus antikommunistischen Generalisierungen genährte Furcht vor einer sowjetischen Umklammerung die Hoffnungen auf eine Chance zur Wiedervereinigung, und die Westintegration schien der Mehrheit der sichere Weg nicht nur zur Wahrung und Festigung des gesellschaftspolitischen Status quo zu sein, sondern selbst zur Revision der im Machtbereich der Roten Armee geschaffenen Tatbestände. Adenauers Politik des Nicht-Verhandelns hatte schon im Jahre 1952 eine Mehrheit hinter sich, auch wenn die Äußerungen seiner Gegner spektakulärer waren[13]. Mehr noch:

[12] Neben Graml, *Nationalstaat*, insbesondere auch Andreas Hillgruber, *Adenauer und die Stalin-Note vom 10. März 1952*. In: Dieter Blumenwitz u.a. (Hrsg.), *Konrad Adenauer und seine Zeit*. Bd. 2: *Beiträge der Wissenschaft*. Stuttgart 1976, S. 111–130.
[13] Dies ein wesentliches Ergebnis von Graml, *Nationalstaat*.

auch die meisten Befürworter von Verhandlungen mit der Sowjetregierung beharrten aus antikommunistischen oder nationalem Rigorismus mit der allergrößten Selbstverständlichkeit auf Bedingungen, die die Sowjets gerade nicht zu gewähren bereit waren: auf freien Wahlen ohne jede sowjetische Kontrollmöglichkeit und einer Revision der Oder-Neiße-Grenze; und da die Sowjetführung auch im weiteren Verlaufe der Diskussion keinerlei Konzessionsbereitschaft in diesen beiden Punkten zu erkennen gab (zu erkennen geben konnte), verlor die Argumentation der Verhandlungsbefürworter mehr und mehr an Rückhalt – zumal Adenauer die Diskussion auf eben diese Reizfragen zu lenken verstand, und die DDR-Führung, die aus entgegengesetzten, aber ebenso verständlichen Gründen eine ernsthafte Auslotung des sowjetischen Verhandlungsangebots fürchtete, das Ihre dazu beitrug, mangelnde Verhandlungsbereitschaft des Ostblocks zu demonstrieren. Eine mächtige »Wiedervereinigungspartei« gegen die Politik Adenauers, wie sie Rudolf Augstein seit dem März 1951 forderte, konnte unter diesen Voraussetzungen nicht entstehen; vielmehr gesellten sich nun zu den überzeugten Anhängern der EVG auch die resignierten Verfechter einer Wiedervereinigung »in Freiheit« und eines »anderen« nichtkapitalistischen Europas. Selbst in der SPD, die weiterhin für die Annahme des sowjetischen Verhandlungsangebots kämpfte, blieb der Neutralisierungsgedanke nicht unangefochten, und die Wiederbewaffnung wurde, bei aller Kritik an den Modalitäten, doch mehr und mehr im Grundsatz hingenommen.

Im Grunde war also von den politischen Führungskräften der Bundesrepublik kaum jemand bereit, die im Laufe der Jahre seit Kriegsende gesetzten wirtschafts-, gesellschafts- und verfassungspolitischen Prioritäten Westdeutschlands zugunsten eines gesamtdeutschen Neuanfangs mit unsicherem Ausgang aufs Spiel zu setzen, und wo diese Bereitschaft doch bestand, weil man mit den Entscheidungen der vergangenen Jahre unzufrieden war, ließ der antikommunistische Grundkonsens, der schon für die Gründung der Bundesrepublik konstitutiv gewesen war, die Fähigkeit verloren gehen, mit der sowjetischen Seite Kompromisse einzugehen, die die Minimalinteressen aller Beteiligten berücksichtigten. Wiedervereinigung war damit für die meisten Westdeutschen letztlich nur noch als Übertragung des gesellschaftlichen Systems der BRD auf die DDR denkbar, und da die Sowjetführung von den Voraussetzungen ihres spezifischen Sicherheitssystems her einen solchen Rückzug aus Deutschland ohne jede Kontrollmöglichkeit nicht zugestehen konnte, bewegten sie sich in ihrer Argumentation und in ihrem politischen Handeln de facto von der Wiedervereinigung weg und auf die Prioritätensetzung »Westintegration vor Wiedervereinigung« zu, die Adenauer für sich schon bei Kriegsende getroffen hatte. Waren die Westdeutschen 1948 der Initiative der Westmächte zur Weststaatsgründung nur zögernd und mit großen Vorbehalten gefolgt, so ratifizierten sie nun, selbst vor die Entscheidung gestellt, die damals getroffenen Weichenstellungen. Statt ihn aufzuhalten, hat das sowjetische Neutralisierungsangebot somit den Prozeß der westdeutschen Staatsgründung ganz entscheidend beschleunigt.

Unter diesen Umständen konnte es an der westlichen Reaktion auf die sowjetischen Noten kaum mehr Zweifel geben. In Frankreich und Großbritannien weckte das sowjetische Angebot zwar vage Hoffnungen auf einen Abbau der Ost-West-Konfrontation in Mitteleuropa und, damit verbunden, auf eine Verhinderung der problematischen westdeutschen Wiederbewaffnung im letzten Moment, so daß die beiden Regierungen unter starkem innenpolitischen Druck zeitweilig eine ernsthafte Prüfung der Noten erwogen. Doch fehlte ihren Initiativen der nötige Nachdruck, da die große Mehrheit der Franzosen andererseits in einem mit einer Nationalarmee ausgestatteten Gesamtdeutschland ein noch größeres Sicherheitsrisiko sah, als in der Ost-West-Spannung in Europa und den in die EVG integrierten westdeutschen Streitkräften, da außerdem die Briten nicht erneut, wie in der Zwischenkriegszeit, zum Schutz Frankreichs vor einem potentiell starken Deutschland verpflichtet werden wollten, und beide grundsätzlich von der Notwendigkeit einer militärischen Stärkung des Westens gegenüber der Sowjetunion überzeugt blieben. Die amerikanische Regierung, die ja unterdessen zu einer immer universaler werdenden Eindämmungspraxis übergegangen war und zudem unter dem Druck eines wachsenden militanten Antikommunismus in der amerikanischen Öffentlichkeit stand, vermochte dem sowjetischen Angebot überhaupt keine positiven Seiten abzugewinnen, zielte es doch darauf ab, das amerikanische Eindämmungswerk in seinem wirtschaftlichen, militärischen und politischen Herzstück in Europa zu treffen. Acheson lehnte folglich eine Viererkonferenz über das sowjetische Angebot zunächst ebenso entschieden ab wie Adenauer, und Eden und Schuman wußten dieser amerikanisch-deutschen Allianz keinen Widerstand entgegenzusetzen.

In ihren Antwortnoten stellten die Westmächte darum die Forderung nach freien Wahlen *vor* jeder Festlegung des künftigen Status' Deutschlands in den Mittelpunkt ihrer Argumentation – in der begründeten Hoffnung, die Sowjetführung zu einer Ablehnung dieser Forderung provozieren und damit der bundesrepublikanischen Öffentlichkeit die mangelnde Substanz des sowjetischen Angebots vor Augen führen zu können. Auf Adenauers Rat fehlte es auch nicht an Anstrengungen, die sowjetische Haltung in der Oder-Neiße-Frage bloßzustellen und den sowjetischen Vorschlag als Versuch einer Rückkehr zum Kontrollratsregime zu diskreditieren. Und mit der Forderung, einer künftigen deutschen Regierung müsse das Recht zugestanden werden, Verträge und Bündnisse gemäß den Prinzipien der Vereinten Nationen einzugehen, wurde dem Ziel der sowjetischen Initiative – der Neutralisierung Deutschlands – schon in der ersten westlichen Antwortnote vom 25. März 1952 eine unmißverständliche Absage erteilt. Der Generalvertrag und der EVG-Vertrag wurden zwei bzw. drei Tage nach der dritten sowjetischen Note vom 24. Mai unterzeichnet, nachdem man den »gesamtdeutschen« Flügeln von FDP und CDU noch in letzter Minute eine Abschwächung (keineswegs aber die Aufhebung) der sogenannten »Bindungsklausel« zugestanden hatte, die die mit der Westintegration übernommenen Rechte und Pflichten auch auf ein wiedervereinigtes Deutschland ausdehnte. Als Acheson Ende April zumindest ein Treffen der vier Hochkommissare vorschlug, um die (wie er meinte) Unaufrichtigkeit der Sowjets bloßzustellen, erhob Adenauer energischen Einspruch; und als die britische und französische Regierung dann im Juni/Juli, noch weitergehend, auf den sowjetischen Vorschlag einer neuen Vierer-Konferenz über Deutschland eingehen wollten, scheiterte diese Initiative schon im Ansatz am vereinten Widerstand der Deutschen und der Amerikaner[14].

---

[14] Vgl. dazu jetzt die eindrucksvolle Aktenedition von Rolf Steininger (Hrsg.), *Eine Chance zur Wiedervereinigung? Die Stalin-Note vom 10. März 1952.* Berlin, Bonn 1985. Sicherlich wollten die Westalliierten, wie Kritiker an Steininger ausgeführt haben (z. B. Jürgen C. Heß, Friso Wielinga, *Die Niederlande und die Wiedervereinigung Deutschlands.* In: Vierteljahrshefte für Zeitgeschichte 35 [1987], S. 349–384), letztlich keine Neutralisierung Deutschlands mehr. Das ändert aber nichts daran, daß auch in den westlichen Hauptstädten Unsicherheit zu verzeichnen war und für die Durchführung der Westintegration die Zustimmung der Westdeutschen gebraucht wurde.

Die mangelnde Bereitschaft der Westmächte, auf das sowjetische Neutralisierungsangebot einzugehen, ja sich überhaupt ernsthaft mit ihm zu befassen, stärkte im sowjetischen Machtbereich zunächst die Position der Gegner einer risikoreichen deutschlandpolitischen Neuorientierung. Stalin ließ die Kampagne für das Neutralisierungsangebot weiterlaufen, konzentrierte aber im übrigen seine Anstrengungen auf die Überwindung der inneren Schwierigkeiten durch eine erneute Anspannung aller Kräfte, und die DDR-Führung fand unter diesen Voraussetzungen Möglichkeiten, die eigene Position durch die Schaffung von faits accomplis zu stabilisieren. Am Tage der Unterzeichnung des Generalvertrags wurde die bis dahin weithin durchlässige Zonengrenze zwischen BRD und DDR abgeriegelt; von den etwa 200 Übergängen zwischen Ost- und West-Berlin wurden 120 geschlossen. Auf der 2. Parteikonferenz der SED vom 9. bis 12. Juli 1952 wurde der Beginn des »planmäßigen Aufbaus des Sozialismus« in der DDR proklamiert und eine Verschärfung des »Klassenkampfes« angekündigt, wie es scheint, ohne ausdrückliche Billigung Moskaus und sogar gegen Moskauer Intentionen. In den folgenden Monaten wurden die Kollektivierung der Landwirtschaft, des Handels und der Industrie systematisch vorangetrieben, die »kasernierte Volkspolizei« stärker bewaffnet, der Verwaltungsaufbau durch Abschaffung der fünf Länder zugunsten von vierzehn Bezirken zentralisiert, Leistungsanforderungen gesteigert, die Konsumgüterversorgung zugunsten der Schaffung neuer Investitionsgüter vernachlässigt. In der Sowjetunion wurde zum 5. Oktober 1952 erstmals seit dreizehn Jahren wieder ein Parteitag der KPdSU einberufen, auf dem neue ehrgeizige Planziele verkündet und Stalin stärker denn je in den Mittelpunkt aller Entscheidungen gestellt wurde. Drei Monate nach dem Parteitag wurde die Verhaftung einer Gruppe von neun Ärzten bekanntgegeben, die den Führungsspitzen von Staat und Armee angeblich nach dem Leben getrachtet hatten; gleichzeitig wurde eine Kampagne zur Steigerung der Wachsamkeit gegen »Nachlässigkeit«, »Leichtgläubigkeit« und »antimarxistischen Opportunismus« inszeniert. Eine neue Säuberungswelle sollte offensichtlich Stalins Herrschaft festigen und so die aufgetretenen Spannungen überwinden[15].

[15] Vgl. Adam B. Ulam, *Stalin, Koloß der Macht.* Esslingen 1977, S. 677–694; zum Vorgehen der DDR-Führung Dietrich Staritz, *Zwischen Ostintegration und*

Stalins Tod am 5. März 1953 machte jedoch alle Hoffnungen zunichte, das Problem der Loyalität der Sowjetbürger und der Kohärenz des Sowjetblocks auf diese Weise lösen zu können. Das Regime geriet in noch größere Schwierigkeiten als zuvor, weil nun neben dem aus dem Gleichgewicht geratenen Produktions- und Verteilungssystem auch die Herrschaftsfrage neu zu regeln war, und sich im Kampf um die Nachfolge des Generalissimus die verschiedenen Machtgruppen und Apparate des Regimes stärker zur Geltung bringen konnten als unter der Autorität des Diktators. Die Führungstroika aus Ministerpräsident Malenkow, Polizeichef und Innenminister Berija und dem faktischen Parteichef Chruschtschow, wie sie sich zehn Tage nach dem Tode des Diktators herausgebildet hatte, hat darum nicht nur sogleich mit einer Amnestie für politische Opfer Stalins und der Rehabilitierung der »Mörderärzte« eine Lockerung des zwangsstaatlichen Systems eingeleitet und auf eine stärkere Förderung der Konsumgüterindustrie und der Landwirtschaft hingearbeitet, sondern auch die schon unter Stalin eingeleitete Entspannungsoffensive mit großem Nachdruck wieder aufgegriffen. Eine Verminderung des von den Westmächten ausgehenden Drucks von außen war nun für den Bestand des Sowjetsystems nötiger als je zuvor[16]. Schon bei den Begräbnisfeierlichkeiten für Stalin am 9. März sprach Malenkow nachdrücklich von den »Möglichkeiten einer dauernden Koexistenz und eines friedlichen Wettbewerbs der beiden verschiedenen Systeme«, während Berija eine »Politik der Befestigung des Friedens, des Kampfes gegen die Vorbereitung und Entfesselung eines neuen Krieges, eine Politik der internationalen Zusammenarbeit und der Entwicklung von praktischen Verbindungen mit allen Ländern auf der Grundlage der Gegenseitigkeit« ankündigte[17]. Die heftige antiwestliche Polemik in der sowjetischen Presse wurde eingestellt, westliche Diplomaten in der Sowjetunion erhielten größere Bewegungsmöglichkeiten, in den Waffenstillstandsgesprächen in Korea zeigten die kommunistischen Vertreter grö-

nationaler Verpflichtung. Zur Ost- und Deutschlandpolitik der SED 1948 bis 1952. In: Ludolf Herbst (Hrsg.), Westdeutschland 1945–1955. München 1986, S. 279–289.

[16] Hierzu und zum folgenden vgl. Hans Wassmund, Kontinuität im Wandel. Bestimmungsfaktoren sowjetischer Deutschlandpolitik in der Nach-Stalin-Zeit. Köln, Wien 1974; Arnulf Baring, Der 17. Juni 1953. Köln, Berlin 1965; Wettig, Entmilitarisierung, S. 620–634; Ilse Spittmann, Karl Wilhelm Fricke (Hrsg.), 17. Juni 1953. Arbeiteraufstand in der DDR. Köln 1982.

[17] Prawda 10. 3. 1953, zit. n. Wettig, Entmilitarisierung, S. 620.

ßere Konzessionsbereitschaft, so daß schließlich am 23. Juni der Abschluß eines Waffenstillstands auf der Basis des Status quo ante möglich wurde, die Westmächte wurden erneut zu einer Viererkonferenz über die Wiedervereinigung Deutschlands eingeladen.

Die weitestgehenden Forderungen nach Revision der innen- und außenpolitischen Leitlinien wurden in den ersten Monaten nach Stalins Tod von Berija vertreten – vermutlich, um einer allgemeinen Revisionsbewegung zuvorzukommen, die ihn als langjährigen Chef des Polizeiapparats ohne eigene Basis in der Bevölkerung mit am ehesten treffen mußte, vielleicht aber auch, weil er durch seine Geheimdienste am besten über die tatsächliche innen- und außenpolitische Situation des Regimes informiert war. Ob er dabei tatsächlich bereit war, zur Verhinderung der EVG »die Deutsche Demokratische Republik als sozialistischen Staat zu liquidieren« und ein wiedervereinigtes Deutschland *ganz* aus der sowjetischen Kontrolle zu entlassen, wie ihm Chruschtschow 1963 nachträglich vorgeworfen hat[18], ist nicht genau zu ermitteln. Jedenfalls hat er, von Malenkow unterstützt, der DDR-Führung alsbald die Möglichkeit zu entziehen versucht, sich durch den forcierten Ausbau eines Gesellschafts- und Herrschaftssystems nach sowjetischem Muster gegen eine Wiedervereinigung auf Kosten ihrer uneingeschränkten Herrschaft zu sperren, und er hat damit in der Tat Voraussetzungen dafür geschaffen, durch ein größeres Maß an Konzessionsbereitschaft doch noch Verhandlungen mit den Westmächten über eine Neutralisierung Deutschlands zustande zu bringen.

Am 15. April 1953 wurde die SED-Führung durch eine Anweisung des sowjetischen Politbüros dazu aufgefordert, Tempo und Anforderungen des »Aufbaus des Sozialismus« zu verringern, um der unterdessen beträchtlichen Unzufriedenheit und Erregung der DDR-Bevölkerung – ablesbar an einem rapide wachsenden Flüchtlingsstrom – die Spitze abzubrechen. Ende Mai, nachdem eine von der Sowjetischen Kontrollkommission gegen den Widerstand der SED-Führung durchgesetzte demoskopische Untersuchung der Moskauer Führung das ganze Ausmaß der Unruhe in der DDR deutlich gemacht hatte, wurde die Kontrollkommission aufgelöst, westlichem Vorbild entsprechend das Amt eines sowjetischen Hochkommissars in Deutschland geschaffen und Wladimir Semjonow, der als politi-

[18] Rede vom 8. 3. 1963, zit. n. Neues Deutschland 14. 3. 1963.

scher Berater der Kontrollkommission auf einen Kurswechsel hingearbeitet hatte und wenige Wochen zuvor nach Moskau zurückbeordert worden war, mit der Wahrung dieses Amtes betraut. In den ersten Junitagen als Hochkommissar nach Ost-Berlin zurückgekehrt, verlangte Semjonow von der SED-Führung in drastischen Worten eine grundlegende Revision ihres deutschlandpolitischen Kurses. Unterstützt wurde er dabei von Wilhelm Zaisser, der sich als DDR-Minister für Staatssicherheit in einer ähnlichen politischen Lage wie Berija befand und diesem zudem direkt unterstellt war, sowie von Rudolf Herrnstadt, dem Chefredakteur des SED-Organs *Neues Deutschland*. Ihren Vorstellungen entsprechend beschloß das Politische Büro der SED am 9. Juni die Zurücknahme zahlreicher gegen die Existenz der Einzelbauern und der privaten Handwerker sowie gegen die Freiheit der Kulturproduktion und der Kirchen gerichtete Maßnahmen, die Aufhebung bestimmter Beschränkungen des Interzonenverkehrs, die Rücknahme von Beschlagnahmeverfügungen und Relegationen sowie eine Reihe von Amnestien und Steuererlassen. Der Beschluß, den das *Neue Deutschland* zwei Tage später kommentarlos veröffentlichte, enthielt gleichzeitig das Eingeständnis, Partei und Regierung hätten »eine Reihe von Fehlern begangen«, sowie die Ankündigung einer umfassenden Neuorientierung der gesamten Mittelstands-, Kultur- und Landwirtschaftspolitik; als Begründung für die Kurskorrektur wurde ausdrücklich »das große Ziel der Herstellung der Einheit Deutschlands« genannt, »welches von beiden Seiten Maßnahmen erfordert, die die Annäherung der beiden Teile Deutschlands konkret erleichtern«.[19]

In der Tat hatten die Beschlüsse neben der Unzufriedenheit, die der forcierte »Aufbau des Sozialismus« in der DDR erzeugt hatte, auch die bürgerlichen Kräfte in der Bundesrepublik im Auge, die für eine Wiedervereinigungspolitik, wie die Erfahrungen des Jahres 1952 gelehrt hatten, erst durch ein hohes Maß an Zusicherung bürgerlicher Freiheiten und Existenzformen gewonnen werden mußten. Für die Arbeiter, die dem Druck der Sowjetisierungspolitik ebenso ausgesetzt waren wie die anderen Gruppen der DDR-Bevölkerung, und denen im Zuge des bisherigen Kurses noch am 29. Mai eine durchschnittlich mindestens zehnprozentige Erhöhung der Arbeitsnormen zugemutet worden war, wurden keine Erleichterungen angekündigt; aus Rück-

[19] Neues Deutschland 11. 6. 1953.

sicht auf die Meinungsentwicklung in Westdeutschland schien das auch nicht vordringlich zu sein. Die SED, so ist den bisher bekannten Nachrichten über die Hintergründe des neuen Kurses zu entnehmen, sollte zu einer Volkspartei aller Klassen umgestaltet werden, die sich auch im Falle gesamtdeutscher freier Wahlen behaupten konnte; zugleich sollte den Westmächten mit dem sowjetischen Hochkommissar ein potenter Verhandlungspartner zur gemeinsamen Regelung der Deutschlandfrage angeboten werden. Die Ablösung der bisherigen SED-Führungsgruppe um den Ersten Sekretär Walter Ulbricht, die für die Abgrenzungs- und Sowjetisierungspolitik seit Mitte 1952 die Hauptverantwortung trug, schien unter diesen Umständen nur noch eine Frage der Zeit; aufmerksamen Beobachtern entging nicht, daß auf einem Mitte Juni veröffentlichten Glückwunschschreiben zum Geburtstag eines hohen Parteifunktionärs bereits die sonst übliche Unterschrift Ulbrichts fehlte.

Indessen wurden diese Vorbereitungen für ein substantielleres sowjetisches Wiedervereinigungsangebot alsbald durch das Zusammenwirken der Gegner eines Kompromisses in Ost und West unterbunden. Die amerikanische und die bundesdeutsche Regierung ignorierten die Neuorientierung in Ost-Berlin und werteten die sowjetischen Entspannungsofferten erneut als bloß taktisches Manöver ab. Präsident Eisenhower forderte als »Beweis für die Friedensbereitschaft der Sowjetunion« und Voraussetzung für eine Beendigung des Kalten Krieges nicht nur freie Wahlen in ganz Korea und den Abschluß eines Staatsvertrages mit Österreich sondern auch die Wiedervereinigung Deutschlands im Rahmen der westeuropäischen Gemeinschaft und darüberhinaus die Entlassung der osteuropäischen Länder in die völlige Unabhängigkeit – mit anderen Worten also einen Rückzug der Sowjetunion aus allen seit dem Zweiten Weltkrieg errungenen Positionen[20]. Folglich blieb die DDR-Bevölkerung in der Regimekrise ohne realistische Führung durch die Westmächte, und führte der angestaute Unmut in Verbindung mit den Hoffnungen, die die Ankündigung des neuen Kurses erzeugte, alsbald zu einer breiten Aufstandsbewegung gegen das SED-Regime, die auf die internationalen Rahmenbedingungen deutscher Politik keine Rücksicht mehr nahm. Von Protesten Ost-Berliner Bauarbeiter gegen die Normenerhöhung am 16. Juni ausgehend weiteten sich die Unruhen bis zum Vormit-

[20] Rede vom 16. 4. 1953, in: Europa-Archiv 8 (1953), S. 5731–5734.

tag des 17. Juni zu einem landesweiten Generalstreik für die Ablösung der Regierung und freie Wahlen aus. In Berlin, Halle, Magdeburg, Leipzig und einer Reihe kleinerer Städte wurden Betriebe bestreikt, staatliche Läden, SED-Büros und Polizeireviere in Brand gesteckt, Gefangene befreit, und in Demonstrationen immer wieder die Ablösung von Ulbricht und Grotewohl gefordert. Ulbricht zog sich aus Berlin zurück; die SED-Herrschaft begann sich aufzulösen, *ohne* daß sich die Westmächte zu irgendwelchen Zugeständnissen bereitgefunden hätten.

Damit war nun in sowjetischer Sicht eindeutig der Punkt erreicht, von dem an die handgreiflichen Nachteile der gesamtdeutschen Neutralisierungspolitik die möglichen Vorteile überwogen. Der Zusammenbruch des SED-Regimes machte der Sowjetführung schlagartig klar, wie instabil die Grundlagen ihres Einflusses in Ostmitteleuropa tatsächlich waren und wie wenig auf ein neutralisiertes Gesamtdeutschland, für das die Westmächte zudem keinerlei Anzeichen von Interesse zeigten, tatsächlich Verlaß sein konnte. Der Aufstand in der DDR wurde darum nicht nur (wie es scheint: ohne jede Diskussion) durch den Einsatz sowjetischer Truppen am Nachmittag des 17. Juni eingedämmt und schließlich zerschlagen; nach einigem Zögern fand sich in Moskau auch eine Mehrheit für die Entscheidung, die angekündigte Liberalisierung in der DDR nicht weiter auszudehnen, Ulbricht wieder fest zu etablieren und das SED-Regime nicht länger zugunsten einer gesamtdeutschen Regelung zur Disposition zu stellen. Nachdem die sowjetischen Panzer die Aufstandsbewegung erstickt hatten, und die Rücknahme der Normenerhöhung zugestanden worden war, konnte Ulbricht seine Position wieder festigen (allerdings ohne den forcierten »Aufbau des Sozialismus« wieder aufzugreifen); Berija wurde am 26. Juni seiner Ämter enthoben (und dann am 24. Dezember erschossen); vierzehn Tage später verloren Zaisser und Herrnstadt ihre Ämter. In den offiziellen deutschlandpolitischen Verlautbarungen Ost-Berlins und Moskaus tauchte nun wieder die Forderung nach einem paritätisch besetzten Gesamtdeutschen Rat auf; am 15. August meinte die Sowjetregierung sogar, beide deutsche Regierungen sollten nicht nur an der Friedensvertragsregelung beteiligt werden, sondern auch während des Wiedervereinigungsprozesses bestehen bleiben[21] – ein Angebot, das für

[21] Text der Note in Jäckel, *Die deutsche Frage*, S. 43–46.

die Westmächte angesichts der soeben demonstrierten Schwäche des SED-Regimes weniger denn je akzeptabel und nun tatsächlich weit mehr propagandistisch als real gemeint war. Am 22. August vereinbarte die Sowjetführung mit einer DDR-Delegation die Aufhebung aller Reparationszahlungen und Nachkriegsschulden innerhalb eines Jahres, eine drastische Senkung der Besatzungskosten, die Überführung »gemischter« Betriebe in DDR-Eigentum, sowjetische Warenlieferungen und einen Kredit in Höhe von 485 Millionen Rubel. Die beiderseitigen diplomatischen Missionen erhielten den Rang von Botschaften[22]. Die DDR war nicht länger Handelsobjekt der sowjetischen Westpolitik, sondern ein Partner im eigenen Sicherheitssystem, den es zu konsolidieren galt.

So endete mit dem 17. Juni 1953 die sowjetische Bereitschaft zum Rückzug aus ihrer Besatzungszone und damit jede Perspektive auf eine deutsche Wiedervereinigung, die den Interessen von Ost und West in etwa gleichermaßen entsprach. Für den eingetretenen Grad an Entfremdung zwischen Ost und West war es bezeichnend, daß ausgerechnet dieser Tag in der Bundesrepublik alsbald als »Tag der deutschen Einheit« gefeiert wurde.

4

Die Auflockerung des Westblocks

Trotz des Scheiterns der Berijaschen Deutschlandpolitik bestand für die Sowjetführung die Notwendigkeit einer Entspannung der Ost-West-Konfrontation fort. Die ärgste Gefahr einer Desintegration des Sowjetsystems schien zwar gebannt, alle Gruppen des Partei- und Staatsapparats stimmten hinsichtlich der Notwendigkeit einer vermehrten Förderung der Konsumgüterproduktion und eines Abbaus von Zwangsmaßnahmen überein, doch war der Machtkampf zwischen Partei- und Staatsapparat, personifiziert in Chruschtschow und Malenkow, noch keineswegs entschieden: Malenkow, der sich noch rechtzeitig von Berija hatte absetzen können, steuerte eine gleichmäßige Förderung des Konsumgütersektors an, während Chruschtschow vorrangig den Ausbau der Landwirtschaft betrieb, damit zugleich neue Investitionen im schwerindustriellen Bereich (nämlich landwirtschaftlichen Maschinenbau) in Aussicht stellte und so nach und nach auch die vom bisherigen Kurs

---

[22] Kommuniqué und Protokoll in Europa-Archiv 8 (1953), S. 5973 ff.

begünstigten Kräfte für sich zu gewinnen vermochte. Solange die Entscheidung zwischen den verschiedenen Apparaten noch nicht gefallen war, war das Ruhebedürfnis des Sowjetstaates nach außen weiterhin groß, auch wenn nun – infolge eines vermehrten Risikobewußtseins nach Berijas Scheitern und teilweiser gegenseitiger Lähmung – die Fähigkeit zu entscheidenden außenpolitischen Initiativen abnahm[23]. Die erste erfolgreiche sowjetische Wasserstoffbombenexplosion am 13. August 1953, mit der die Sowjetunion den amerikanischen Rüstungsvorsprung zwar nicht quantitativ, aber immerhin im Prinzip einholte, nahm der deutschen Wiederbewaffnung viel von ihrer materiellen Gefährlichkeit, und die westliche Untätigkeit am 17. Juni erschütterte die Glaubwürdigkeit der »Politik der Befreiung«; langfristig gesehen mußte ein mit Hilfe der supranationalen EVG fest integrierter Westblock freilich nach wie vor bedrohlich erscheinen. Ohne die Hoffnung auf ein gesamtdeutsches Arrangement ganz aufzugeben (bzw. ohne zwischen den Anwälten einer Zementierung der DDR und den Befürwortern einer flexibleren Deutschlandpolitik definitiv zu entscheiden), konzentrierte die Sowjetführung darum ihre Bemühungen ab Sommer 1953 auf eine Förderung der zentrifugalen Tendenzen des westlichen Bündnisses.

Ansatzpunkte für eine solche Strategie waren insofern vorhanden, als die demonstrativen sowjetischen Entspannungsgesten unterdessen in Westeuropa Zweifel am Dogma des unverrückbaren Expansionsdrängens der Sowjetunion geweckt hatten, mit dem allmählichen Übergang der Sowjetunion zur strategischen Rüstung und der Konzentration der USA auf die Strategie der Sowjetunion und der Hinwendung der USA zur Strategie der »massiven Vergeltung« andererseits die Gefahr wuchs, daß ein bewaffneter Konflikt zwischen Ost und West als atomarer Krieg auf europäischem Boden ausgetragen wurde, und zur gleichen Zeit in allen Ländern der westlichen Allianz ein wirtschaftlicher Aufschwung spürbar wurde, wie man ihn seit 40 Jahren nicht mehr erlebt hatte. Die Notwendigkeit einer Einordnung in eine von den USA beherrschte militärisch-politische Organisation des Westens wurde folglich nicht mehr so intensiv empfunden wie noch zu Beginn der fünfziger Jahre; es wuchs die Einsicht in die Notwendigkeit, sich mit den Sowjets

---

[23] Zum Zusammenhang zwischen innerer Politik und Entspannungsinitiativen in der Nach-Stalin-Zeit grundlegend, wenngleich noch vielfach unübersichtlich Wassmund, *Kontinuität im Wandel*.

letztlich doch zu arrangieren, und es entstand neuer Raum für die alten Hoffnungen auf eine Vermittlertätigkeit zwischen Ost und West.

In Großbritannien hatte Premierminister Churchill und mit ihm große Teile der britischen Öffentlichkeit die sowjetischen Schritte nach Stalins Tod, anders als die ideologisch befangenere amerikanische Regierung, als Signal für eine tatsächliche Verhandlungsbereitschaft der Sowjetführung gedeutet und – nicht ohne Hoffnung auf eine britische Mittlerrolle, die Einfluß und Unabhängigkeit des ins Schlepptau der USA geratenen Königreichs nur steigern konnte – auf ein Testen der sowjetischen Offerten hingearbeitet. Dabei war Churchill soweit gegangen, die Idee einer Neutralisierung Deutschlands, wie sie die Sowjetführung vorgeschlagen hatte, als einen für alle Beteiligten annehmbaren Kompromiß zu akzeptieren; am 11. Mai 1953 hatte er öffentlich eine neue Vierer-Gipfel-Konferenz über alle zwischen Ost und West strittigen Fragen gefordert und dabei erstmals eine Befriedigung des sowjetischen Sicherheitsinteresses angesichts der westdeutschen Wiederbewaffnung als Voraussetzung für eine tatsächliche Entspannung anerkannt[24]. In Frankreich hatte die Furcht vor einer sowjetischen Bedrohung abgenommen, und dementsprechend war die Furcht vor einer deutschen Dominanz innerhalb der europäischen Gemeinschaft wieder stärker geworden; sie wurde um so stärker empfunden, als sich das EVG-Projekt im Laufe der Vertragsverhandlungen von einem Instrument zur Eindämmung des deutschen Wiederaufstiegs zum Garanten künftiger deutscher Gleichberechtigung entwickelt hatte, und die ersten Anzeichen des bundesdeutschen »Wirtschaftswunders« nun jedermann die ungebrochene Dynamik des Rivalen von einst vor Augen führten. Selbst in der Bundesrepublik, deren Bevölkerung Adenauers Westintegrationskurs in den Bundestagswahlen vom 6. September 1953 mit überraschend großer Mehrheit ratifizierte, schöpften die EVG-Gegner aus den sowjetischen Initiativen vage Hoffnungen auf eine kollektive Sicherheitsordnung für Gesamteuropa; die Argumentation der Opposition wurde zusehends radikaler.

[24] Vgl. Josef Foschepoth, *Churchill, Adenauer und die Neutralisierung Deutschlands*. In: Deutschland-Archiv 12 (1984), S. 1286–1301; Rolf Steininger, *Ein vereintes, unabhängiges Deutschland? Winston Churchill, der Kalte Krieg und die deutsche Frage im Jahre 1953*. In: Militärgeschichtliche Mitteilungen 34 (1984), S. 105–144.

Die unterschiedlichen Interessen in Ost und West spiegelten sich in einem langwierigen Ringen um das Projekt der Vierer-Konferenz. Dulles und Adenauer, deren nahtlose politische Übereinstimmung seit dem ersten Staatsbesuch des Bundeskanzlers in den USA Anfang April 1953 offenkundig geworden war, blockierten zunächst alle Initiativen Churchills. Erst nachdem mit dem 17. Juni die Phase umfassender sowjetischer Verhandlungsbereitschaft bereits geendet hatte, fand sich Dulles auf einer Konferenz der drei westlichen Außenminister vom 10.–14. Juli 1953 in Washington bereit, in den Vorschlag einer Vierer-Außenministerkonferenz zur »Diskussion« der Deutschlandfrage einzuwilligen – keineswegs in der Absicht, die EVG zur Disposition zu stellen, sondern um den Briten die Unmöglichkeit eines Arrangements mit der Sowjetunion zu demonstrieren und das sowjetische Verhalten am 17. Juni gegen die sowjetische Wiedervereinigungspropaganda auszuspielen. Die Sowjetführung, der an einer eindeutigen Klärung ihrer deutschlandpolitischen Position unterdessen nicht mehr gelegen war, antwortete mit einer erneuten Präsentation all ihrer bisherigen Deutschlandpläne, die in der Zusammenstellung vieldeutig war und von den Westmächten folglich sogleich zurückgewiesen wurde; in der Absicht, mit Frankreich über eine Regelung des Indochinaproblems ins Geschäft zu kommen, forderte sie darüberhinaus eine Ausweitung der Konferenzthematik auf alle Probleme des Ost-West-Konflikts und eine Einbeziehung Chinas in den Kreis der Konferenzteilnehmer. Letzteres war wohl für die britische Regierung akzeptabel, die schon 1950 das Regime Mao Tse-tungs diplomatisch anerkannt hatte, nicht aber für die amerikanische Regierung, die in einer Aufwertung der Position Pekings nach wie vor nur eine gefährliche Stärkung Moskaus sah. Nach Monaten wechselseitigen Finassierens brachte Churchill schließlich Ende Dezember einen Minimalkompromiß zustande: eine Konferenz der Außenminister der Sowjetunion und der drei Westmächte (nicht eine Gipfelkonferenz der Regierungschefs) mit den Themen Deutschland und Österreich ohne nähere Spezifizierung der Tagesordnung, allerdings mit der Möglichkeit, gegen Ende auch den Vorschlag einer möglichen Fünferkonferenz mit China über Korea und Indochina zu besprechen.

In Berlin, wo die vier Außenminister schließlich vom 25. Januar bis 18. Februar 1954 tagten[25], präsentierte jede Seite ihre

[25] Die bisher vollständigste Dokumentation der Konferenz findet sich in Eu-

314

deutschlandpolitischen Maximalpositionen, ohne die Bereitschaft zu substantiellen Zugeständnissen erkennen zu lassen. Der britische Außenminister Eden und sein französischer Kollege Bidault waren bei aller Hoffnung auf eine generelle Entspannung nicht bereit, das Risiko eines neutralisierten Gesamtdeutschlands auf sich zu nehmen, und so bewegten sich die westlichen Verhandlungsvorschläge, zusammengefaßt im sogenannten Eden-Plan, ganz auf der Linie Dulles' und Adenauers: Freie Wahlen in ganz Deutschland als erster Schritt zu einer Friedensvertragsregelung unter Mitwirkung der frei gewählten gesamtdeutschen Regierung sowie die Freiheit dieser künftigen Regierung, die internationalen Rechte und Verpflichtungen von BRD und DDR nicht nur zu übernehmen, sondern auch abzulehnen – mit anderen Worten also die Möglichkeit, ganz Deutschland in die NATO und die EVG zu integrieren. Demgegenüber forderte Molotow nicht nur Garantien für die dauernde Neutralisierung Deutschlands, sondern auch die Übertragung der Verantwortung für die Wahlen an eine »Provisorische Gesamtdeutsche Regierung«, die aus den Parlamenten von BRD und DDR »unter breiter Teilnahme demokratischer Organisationen« gebildet werden sollte, und den Abschluß eines kollektiven Sicherheitsvertrages für Gesamteuropa, an dem die USA nur mit einem Beobachterstatus beteiligt sein sollten – in gleicher Weise wie China[26]. Das Ergebnis der Konferenz war folglich nur eine Verhärtung der beiderseitigen Standpunkte, genauer gesagt eine Bekräftigung der deutschlandpolitischen Positionen Dulles' und Adenauers und eine weitere Stärkung der Stellung des DDR-Regimes im sowjetischen Machtbereich.

Nur in einem Punkt endete die Konferenz mit einem positiven Ergebnis: Die vier Außenminister kamen überein, zum 26. April 1954 eine Konferenz über Korea und Indochina nach Genf einzuberufen, zu der neben anderen »interessierten Staaten« auch die Volksrepublik China eingeladen werden sollte.

ropa-Archiv 9 (1954), S. 6372 ff. (zum Konferenzverlauf), 6489 ff. (zum Problem der europäischen Sicherheit) und 6526 ff. (Vertragsentwürfe). Aufschlußreiche Gespräche am Rande der offiziellen Sitzungen dokumentiert Hermann-Josef Rupieper, *Die Berliner Außenministerkonferenz von 1954*. In: Vierteljahrshefte für Zeitgeschichte 34 (1986), S. 427–453.
[26] Die Schuld für das Scheitern der Entspannungsbemühungen in dieser Phase der Ost-West-Beziehungen ist also ebensowenig einseitig der sowjetischen (so Wettig, *Entmilitarisierung*, S. 635 f.) wie allein der amerikanischen Seite (so Joyce und Gabriel Kolko, *The Limits of Power*. New York 1972, S. 701–704) anzulasten.

Die französischen Regierungen hatten sich schon seit Anfang 1953 bemüht, den Indochinakrieg, der Frankreich immer mehr Energien kostete, zu internationalisieren – das heißt ihn entweder ganz zu einem von den USA finanzierten Feldzug des Westens zu machen, um so den entscheidenden militärischen Durchbruch zu erzielen, oder eine international abgestützte Friedensregelung zu finden, die ihnen einen Rückzug aus dem militärischen Engagement ohne großen Gesichtsverlust erlaubte. Dulles hatte daraufhin zwar im Interesse einer baldigen Rückkehr der französischen Truppen auf den europäischen Kontinent und in der Hoffnung auf die Gegenleistung einer französischen Ratifikation der EVG das finanzielle Engagement der USA für den französischen Feldzug gesteigert, mit Rücksicht auf den zum Sparen entschlossenen Kongreß und aus Furcht vor einer direkten Intervention Chinas ein militärisches Eingreifen der USA jedoch verweigert. Das sowjetische Vermittlungsangebot, von Molotow am Rande der Berliner Konferenz Bidault gegenüber offen ausgesprochen, war der französischen Regierung daher sehr willkommen, und da sich zum gleichen Zeitpunkt eine dramatische Verschlechterung der französischen Position in Indochina abzeichnete, konnte auch Dulles nicht umhin, dem Drängen seiner westeuropäischen Verbündeten nachzugeben und zumindest prinzipiell in Verhandlungen einzuwilligen[27].

Dennoch fehlte es in den folgenden Wochen nicht an scharfen Spannungen zwischen den USA und ihren europäischen Alliierten. Dulles und Eisenhower warnten einerseits vor den Folgen eines westlichen Rückzugs aus Indochina, lehnten es aber andererseits ab, dem bei Dien Bien Phu 300 km vor Hanoi eingeschlossenen französischen Haupttheer in einer Stärke von 10000 Mann mit einem massiven Bombardement aus der Luft zu Hilfe zu kommen, wie es die französische Regierung immer dringender forderte, um ihre Verhandlungsposition für Genf zu verbessern. Dien Bien Phu fiel daraufhin am 7. Mai in die Hände der nordvietnamesischen Truppen, und die französische Position auf der unterdessen begonnenen Indochinakonferenz wurde noch dadurch zusätzlich geschwächt, daß Eisenhower am

[27] Hierzu und zum folgenden grundlegend Philippe Devillers und Jean Lacouture, *Vietnam: de la guerre française à la guerre américaine*. Paris 1969; ferner Georgette Elgey, *Histoire de la IV\u1d49 République*. Bd. 2: *La République des contradictions 1951–1954*. Paris 1968, S. 473–550; Bernard Fall, *Dien-Bien-Puh. Un coin d'enfer*. Paris 1968.

10. Juni öffentlich erklärte, er habe nicht vor, den Kongreß um die Genehmigung für ein amerikanisches Bombardement zu bitten. Als infolge dieser Ereignisse in Paris die Regierung Laniel-Bidault stürzte und mit Pierre Mendès France ein langjähriger Kritiker der französischen Indochinapolitik das Amt des Ministerpräsidenten übernahm, wollte Dulles aus Furcht vor einer Verhandlungslösung, die die westlichen Interessen einseitig preisgab, seinen zum Rapport nach Washington bestellten Chefunterhändler Bedell Smith zunächst gar nicht mehr an den Verhandlungstisch zurückkehren lassen. Daß in der Nacht vom 20. auf den 21. Juli schließlich doch noch eine Regelung des Indochinaproblems zustande kam, die in ihren wesentlichen Zügen just dem entsprach, worauf sich die amerikanische und die britische Regierung als akzeptable Lösung verständigt hatten, grenzte unter diesen Umständen an ein politisches Wunder: Eden, der eine Fortsetzung der Kämpfe für ebenso katastrophal hielt wie ein Auseinanderbrechen der westlichen Verhandlungspartner, vermittelte zwischen Dulles und Mendès France; Molotow, der von Mendès France zwar keine Zusicherungen in der EVG-Frage erhielt, von einer Fortsetzung der Kämpfe jedoch nur eine stärkere Anlehnung Frankreichs an die USA erwarten konnte[28], drängte Ho Chi Minh zur Nachgiebigkeit; und auch der chinesische Ministerpräsident Tschu En-lai, der eine amerikanische Intervention immer noch nicht ausschließen mochte, versagte den Nordvietnamesen die bedingungslose Unterstützung. Das Ergebnis war eine Teilung Vietnams entlang des 17. Breitengrads, also näher beim 18. Breitengrad, den die französische Regierung zunächst als Trennungslinie gefordert hatte, als beim 13. Breitengrad, von dem die nordvietnamesischen Forderungen ausgegangen waren; in einer nicht unterzeichneten Schlußerklärung wurden zudem freie Wahlen zur Wiedervereinigung des Landes im Juli 1956 angekündigt.

Mendès France, der anderslautenden amerikanischen Verdächtigungen zum Trotz nicht bereit war, eine Schwächung der westlichen Position in Indochina über das militärisch unvermeidliche Maß hinaus zuzulassen, forderte nun alsbald die amerikanische Regierung auf, sich am Schutz Südvietnams vor einer möglichen Aggression aus dem Norden zu beteiligen; und um das Maß der Widersprüchlichkeit der amerikanischen Indochi-

---

[28] Nicht aber weitere Nachgiebigkeit gegenüber der Sowjetunion, wie Ulam, *Rivals,* S. 215 f. meint, der folglich die sowjetische Rolle beim Zustandekommen der Indochina-Abkommen unter- und die chinesische Rolle überschätzt.

napolitik voll zu machen, antwortete Dulles nicht nur mit dem Vorschlag eines südostasiatischen Verteidigungspaktes gegen kommunistische Expansion (der dann am 8. September 1954 mit dem Vertrag von Manila ins Leben gerufen wurde), sondern mit der Entsendung amerikanischer Militärs und Berater nach Südvietnam, die ihre französischen Kollegen bald gänzlich ablösten und in die Geschicke des Landes bald stärker eingriffen als diese zuvor. In den französisch-amerikanischen Beziehungen war freilich unterdessen ein Bruch erfolgt, der auch durch eine noch so feste gemeinsame Überzeugung von der Notwendigkeit, den »Kommunismus« einzudämmen, nicht mehr gekittet werden konnte.

Im Ergebnis hatte die sowjetische Entspannungsoffensive so bis Mitte 1954 zwar nicht zu der ursprünglich erhofften Revision der Blockbildung in Mitteleuropa geführt, sondern im Gegenteil zur Bekräftigung und Konsolidierung der seit Beginn des Spaltungsprozesses in Ost und West geschaffenen Verhältnisse, an denen die Mehrheit der Entscheidungsträger in Ost und West nicht mehr rütteln wollte. Wohl aber waren – nicht zuletzt dank der unfreiwilligen Mithilfe der amerikanischen Regierung – die unter den Westmächten verbliebenen Gegensätze stärker hervorgetreten, so daß eine weitere Konzentration der westlichen Kräfte unter amerikanischer Führung immer unwahrscheinlicher wurde. Lange nach der Expansion des sowjetischen Einflußbereichs war nun auch die amerikanische Expansionsfähigkeit an ihr Ende gelangt; damit war die Voraussetzung dafür geschaffen, daß sich zwischen beiden Blöcken ein gewisses Gleichgewicht einpendelte – ein Gleichgewicht, das den Abbau der gegenseitigen Spannungen ermöglichte, solange und soweit dabei wesentliche Sicherheitsinteressen der einen oder der anderen Seite nicht berührt wurden. Freilich war dieser Wandel des Charakters der Ost-West-Beziehungen nicht sogleich allen Beteiligten sichtbar; es dauerte daher noch geraume Zeit, bis sie sich in ihrem politischen Verhalten darauf einrichteten.

13. Kapitel
Die Ratifizierung der Blockbildung

Die Spannungen zwischen den westlichen Alliierten, die das Zusammentreffen von wirtschaftlichem Aufschwung in Westeuropa, sowjetischen Entspannungsinitiativen, Schaffung eines sowjetischen Wasserstoffbomben-Arsenals und Übergang der USA zur Strategie der »massiven Vergeltung« ausgelöst hatten, und die im Ringen um das Projekt einer Viererkonferenz und um die Regelung des Indochinaproblems zum ersten Mal deutlich geworden waren, entluden sich im vollen Umfang erst in der Auseinandersetzung um die EVG: Zu einem Zeitpunkt konzipiert, da die europäischen Staaten wirtschaftlich schwach waren, die Sowjetunion als militärisch aggressiv galt, und das vordringlichste Sicherheitsproblem für die Westeuropäer in der Stärkung der konventionellen Rüstung bestand, entsprach das EVG-Projekt unter den veränderten Umständen nicht mehr den Interessen aller Beteiligten in gleicher Weise und wurde daher von Befürwortern und Gegnern immer gegensätzlicher wahrgenommen. Weil unter den veränderten Bedingungen das Verhältnis der Westmächte zueinander neu geregelt werden mußte, entwickelte sich um das EVG-Projekt ein langwieriges Ringen. Von seinem Ausgang hingen auch die noch ausstehenden Entscheidungen über künftige Prioritäten in der sowjetischen Deutschland- und Westpolitik ab.

Das Scheitern der EVG

Obwohl von der französischen Regierung im Oktober 1950 vorgeschlagen und gegen den anfänglichen Widerstand der übrigen Alliierten durchgesetzt, stieß das Projekt der EVG im Laufe der Zeit gerade in Frankreich auf die meisten Widerstände[1]. Hinter dem französischen Vorschlag standen von An-

[1] Zum Scheitern der EVG grundlegend Raymond Aron und Daniel Lerner (Hrsg.), *La querelle de la C.E.D.* Paris 1956; Gerhard Wettig, *Entmilitarisierung und Wiederbewaffnung in Deutschland 1943–1955.* München 1967, S. 523–589; ein solider Überblick bei F. Roy Willis, *France, Germany and the New Europe (1945–1967).* Stanford, London 1968, S. 157–184. Eine Reihe zusätzlicher Informationen und Interpretationen, leider ohne systematisch weiterführende Verarbeitung des bisherigen Forschungsstands, bietet Paul Noack, *Das Scheitern der*

fang an nicht nur überzeugte Europäer, die in der EVG den entscheidenden Schritt zur Verwirklichung des Integrationsgedankens sahen, und engagierte Antikommunisten, die aus Furcht vor der Sowjetunion einen deutschen Wehrbeitrag in der Form der EVG für unumgänglich hielten, sondern auch resignierte Verfechter der traditionellen französischen Deutschlandpolitik, die mit der Lancierung des komplizierten Vertragsprojekts die deutsche Wiederbewaffnung zunächst einmal hinauszuzögern und dann durch die Form der Integration eine deutsche Gleichberechtigung zu verhindern hofften. Im gleichen Maße, wie es der deutschen Diplomatie gelang, die für die Bundesrepublik diskriminierenden Elemente des ursprünglichen französischen Entwurfs im Laufe der Vertragsverhandlungen zu beseitigen, geriet darum in Frankreich die Mehrheit für den EVG-Vertrag ins Wanken; und als sich nun nach der Vertragsunterzeichnung im Frühjahr 1952 die weltpolitischen Rahmenbedingungen Schritt um Schritt änderten, gesellten sich zu den bisherigen Gegnern einer deutschen Wiederbewaffnung (Kommunisten, traditionelle Rechte) und ihrer supranationalen Form (Gaullisten, Repräsentanten großer Teile der französischen Industrie) immer mehr Anhänger einer Ost-West-Entspannungspolitik, einer Politik der Unabhängigkeit gegenüber den USA und eines Europa der »Dritten Kraft«. Insbesondere die Sozialisten, die Radikalsozialisten und die gemäßigte Rechte, die die Außenpolitik der französischen Regierungen bisher in der Regel unterstützt hatten, gerieten über das EVG-Problem in heftige parteiinterne Auseinandersetzungen. Aus Furcht vor einem Scheitern im Parlament zögerten die Regierungen die Ratifikation hinaus – mit dem Ergebnis, daß die Aussichten auf eine Annahme des Projekts immer geringer wurden.

Um das Vertragswerk für eine Mehrheit des französischen Parlaments akzeptabel zu machen oder aber den Vertragspartnern die Verantwortung für ein Scheitern des Projekts aufzubürden, forderte die Regierung René Mayer (der auch eine Reihe unabhängiger Gaullisten angehörten) im Februar 1953 die Vereinbarung einer Reihe von Zusatzprotokollen, die den Vertrag angeblich »präzisieren«, tatsächlich aber substantiell verändern sollten: Frankreich sollte das Recht erhalten, frei darüber zu entscheiden, wieviel Soldaten es der EVG zur Verfügung

Europäischen Verteidigungsgemeinschaft. Entscheidungsprozesse vor und nach dem 30. August 1954. Düsseldorf 1977.

stellen wollte, und wieviele in den nationalen Übersee-Verbänden Verwendung finden sollten; für die Zwecke dieser nationalen Verbände sollte eine unbeschränkte nationale Rüstungsproduktion beibehalten werden; gemeinsame Mobilmachungspläne sollten strikt auf den Bereich der europäischen Streitkräfte beschränkt bleiben; die nationalen Militärschulen sollten fortbestehen; amerikanische Zuwendungen sollten nur noch an die EVG, nicht an einzelne Mitgliedsstaaten (das heißt nicht an die Bundesrepublik) direkt erfolgen. Von der britischen Regierung forderte die Regierung Mayer verbindliche Zusagen über die Stationierung starker britischer Divisionen auf dem Kontinent für die Dauer des EVG-Vertrages sowie die Übertragung der Verantwortung für die Verwendung dieser Truppen an die EVG; von der bundesdeutschen Regierung verlangte sie die Zustimmung zur definitiven Angliederung des Saarlandes an Frankreich als Voraussetzung für eine Ratifizierung des EVG-Vertrages.

Die europäischen Partner Frankreichs waren jedoch nicht bereit, auf diese Forderungen einzugehen, teils, weil sie den französischen Warnungen vor einer gegnerischen Kammermehrheit nicht glaubten, teils, weil sie das Projekt im Falle eines Abweichens von dem im Mai 1952 erzielten Kompromiß auch im eigenen Land gefährdet sahen. Churchill war nicht bereit, die britische Handlungsfreiheit so weitgehend einzuschränken, wie dies die französische Regierung von ihm verlangte; er verpflichtete sich lediglich zu enger militärischer Kooperation der britischen Europaverbände mit der EVG und zur Konsultation der EVG-Länder vor einem Abzug britischer Truppen. Die Regierungen Belgiens, Italiens und der Niederlande lehnten die französischen Zusatzforderungen aus Furcht vor einer Dominanz Frankreichs in der europäischen Gemeinschaft und in der berechtigten Sorge vor einer negativen Reaktion der bundesdeutschen Regierung ab; diese sah sich um so weniger veranlaßt, auf die französischen Sonderwünsche einzugehen, als auch die amerikanische Schutzmacht keinen Zweifel an ihrem Interesse aufkommen ließ, die EVG in ihrer ursprünglich vereinbarten Form verwirklicht zu sehen.

In der Tat hielt die amerikanische Administration unter Dulles mit großer Hartnäckigkeit an der EVG fest – nicht nur, weil sie das Projekt unterdessen für die beste Form westlicher Verteidigungsorganisation gegen die Sowjetunion hielt und angesichts ihrer finanziellen Nöte sogar hoffte, mit einer starken europäischen Verteidigungsgemeinschaft eines Tages die massive Präsenz amerikanischer Truppen auf europäischem Boden überflüssig machen zu können, sondern auch, weil ihr eine integrierte, supranationale Verteidigungsorganisation das beste Mittel schien, die Westeuropäer langfristig an sich zu binden. Die ersten Anzeichen westeuropäischer Entspannungsbemühungen beunruhigten Dulles und die von ihm repräsentierten Kräfte sehr: Die britischen Bemühungen um ein Arrangement mit der Sowjetunion galten als unmoralisch und gefährlich, Frankreich mit seiner starken kommunistischen Partei und seinen ungelösten Kolonialproblemen schien anfällig, sowjetischen Pressionen nachzugeben, und selbst die Bundesrepublik wurde verdächtigt, nach einem Abgang Adenauers den Westintegrationskurs unter Umständen wieder verlassen zu wollen. Langfristig schien also bei einem Scheitern der EVG nicht nur das Ost-West-Gleichgewicht in Gefahr, sondern mehr noch der dauerhafte politische und wirtschaftliche Einfluß der USA in Westeuropa; dies erklärt, warum das amerikanische Engagement für die EVG um so unerbittlicher wurde, je stärker sie in Europa in Frage gestellt wurde.

Bereits Ende Januar 1953, eine Woche nach seinem Amtsantritt, ließ Dulles seine europäischen Alliierten wissen, daß seine Regierung an der EVG als der einzig möglichen Form der deutschen Wiederbewaffnung festhalte, und daß die Verzögerung ihrer Ratifizierung Auswirkungen auf die amerikanische Auslandshilfe, ja auf den künftigen amerikanischen Europakurs überhaupt nach sich ziehen müsse. Am 13. Dezember 1953 kündigte er in Paris eine »schmerzhafte Überprüfung« der gesamten amerikanischen Europapolitik für den Fall an, daß die westeuropäischen Länder nicht bald zu einer militärischen, wirtschaftlichen und politischen Einheit zusammenfinden würden. Im Laufe des ersten Halbjahres 1954 drohte er mehr oder weniger offen mit der vorzeitigen Entlassung der Bundesrepublik in die volle nationalstaatliche Souveränität im Falle einer weiteren Verschleppung des Vertrages und mit einer direkten Aufnahme der Westdeutschen in die NATO im Falle seines Scheiterns. Und am 29. August 1954, einen Tag vor der entscheidenden Abstimmung in der französischen Nationalversammlung, ging er sogar soweit, die Möglichkeit einer Acht-Mächte-Konferenz der westeuropäischen Staaten, der USA und Kanadas anzukündigen, die ohne französische Beteiligung über die Regelung des deutschen Verteidigungsbeitrages beraten sollte.

Die amerikanischen Pressionen erreichten freilich das Gegenteil von dem, was sie bezweckten. Die EVG erschien immer weniger als frei gewähltes Instrument europäischer Selbstbehauptung und immer mehr als von den USA oktroyiertes Mittel zur Einordnung Frankreichs in eine einseitig an amerikanischen Interessen orientierte westliche Welt. Die Sorge der »rechten« EVG-Gegner vor einem Ausverkauf der nationalen Interessen und die Furcht der »linken« Vertragsgegner vor einer Eskalation des Ost-West-Konflikts mündeten darum zusammen in einen heftigen Antiamerikanismus, der im Verhalten der amerikanischen Führungsmacht täglich neue Nahrung fand. Die Pressionen in der EVG-Frage, die Weigerung, Frankreich in Indochina militärisch zu unterstützen, und gleichzeitig die Obstruktion einer Verhandlungslösung der Indochinafrage, die Exzesse des McCarthyismus, über dessen tatsächlich begrenzte Rolle in den USA die innenpolitisch gemeinte, aber als solche nicht klar zu erkennende aggressive Befreiungs-Rhetorik Dulles' hinwegtäuschte, all dies führte immer weitere Kreise zu einer Ablehnung eines Vereinten Europas, das, da von den USA gefordert, auch von ihnen beherrscht zu werden schien, und in dem mit der Bundesrepublik ausgerechnet der Gegner von einst die Rolle des privilegierten Partners der USA innehatte. Die Vorbehalte gegen die amerikanische Führungsmacht wurden noch zusätzlich verstärkt, als der amerikanische Geheimdienst im August 1953 im Iran den Sturz des Ministerpräsidenten Mossadegh organisierte, der es gewagt hatte, die Ölvorkommen seines Landes nationalisieren zu lassen, und als die Washingtoner Regierung im Juni 1954 Präsident Guzmán von Guatemala vertreiben ließ, der begonnen hatte, die United Fruit Company zu enteignen. Gegen die vermeintliche »Amerikanisierung« Frankreichs mit Hilfe der EVG formierte sich 1953–54 eine Mehrheit von Franzosen, die die militärische Entscheidungsbefugnis dem eigenen Land vorbehalten wissen wollten, vor einer allzu weiten politischen Vergemeinschaftung in Europa zurückschreckten und mit einer Politik der Annäherung zwischen Ost und West an die frühere »Größe« Frankreichs anzuknüpfen hofften[2].

[2] Die Rolle des Antiamerikanismus und, damit ursächlich verbunden, die Rolle des amerikanischen Verhaltens beim Scheitern der EVG, sind m.E. in den bisherigen Darstellungen unterschätzt worden. Tatsächlich entstand in Frankreich in den Monaten der Schlußdiskussion um die EVG jene außenpolitische Grundeinstellung der Distanzierung gegenüber den USA und einem supranatio-

Daß die EVG in ihrer ursprünglichen Form unter diesen Umständen nicht mehr zu realisieren war, zeigte bereits (auch wenn es den Zeitgenossen nicht allzu deutlich bewußt wurde) das Schicksal des Projekts einer Europäischen Politischen Gemeinschaft (EPG), die zunächst die Verbindung von Montanunion und EVG sicherstellen und dann zur supranationalen politischen Körperschaft im Sinne des europäischen Föderalismus ausgebaut werden sollte. In Artikel 38 des EVG-Vertrages hatten die Verhandlungspartner die Schaffung einer solchen politischen Gemeinschaft als logische Konsequenz der militärischen und (mit der Montanunion beginnenden) wirtschaftlichen Integration anvisiert, und im Vorgriff auf das Inkrafttreten des EVG-Vertrages hatte eine von der parlamentarischen Versammlung der Montanunion einberufene adhoc-Versammlung von 75 europäischen Abgeordneten zwischen September 1952 und März 1953 bereits einen Vorschlag für einen Vertrag über die EPG ausgearbeitet[3]. Obwohl die adhoc-Versammlung ihren Entwurf am 10. März 1953 mit 50 Ja-Stimmen und fünf Enthaltungen (bei Abwesenheit der SPD-Abgeordneten) verabschiedete, wurde er von den Außenministern der sechs Partnerstaaten nicht weiterberaten: niemand wagte es mehr, in der Frage der politischen Föderierung Europas einen Vorstoß zu unternehmen, der sich für die EVG unter Umständen als Todesstoß erweisen konnte. Eine für den 30. März 1954 anberaumte Außenministerkonferenz, die das EPG-Projekt schließlich doch noch behandeln sollte, wurde eine Woche vor Beginn kurzfristig verschoben; danach war die EPG überhaupt nicht mehr Gegenstand offizieller Erörterungen.

Unter diesen Umständen brauchte es keines besonderen Entgegenkommens Moskaus in der Indochinafrage mehr, um die EVG zu Fall zu bringen. Natürlich führten französische EVG-Gegner die Aussicht auf ein solches Tauschgeschäft in ihre Argumentation ein und ließ auch die Sowjetführung ihre Bereitschaft erkennen, auf den Vietminh mäßigend einzuwirken, wenn Frankreich dafür den EVG-Vertrag fallen lassen würde. Doch fand Molotow weder in Außenminister Bidault noch in seinem Nachfolger und neuen Ministerpräsidenten Pierre Mendès France einen Partner, der bereit gewesen wäre, sich auf

nalen Europa, die für die Außenpolitik der V. Republik maßgebend werden sollte.

[3] Text des Vertragsentwurfs in: *Europa. Dokumente zur Frage der europäischen Einigung*, Bd. 2, S. 947–982.

dieses Angebot einzulassen. Auch änderte dieses Angebot an den innerfranzösischen Kräfteverhältnissen nichts mehr. Mendès France brachte lediglich das Kunststück fertig, die Sowjets für etwas zahlen zu lassen, was sie im Grunde bereits hatten: Indem er einerseits ankündigte, die EVG-Frage nach dem Abschluß der Genfer Indochinakonferenz definitiv zu klären, und andererseits mit seinem Rücktritt drohte, falls nicht innerhalb weniger Wochen eine befriedigende Indochina-Regelung gefunden würde, lieferte er der sowjetischen Seite genügend Motivation, um in Genf eine Teilung Vietnams zu akzeptieren, die der militärischen und politischen Stärke des Vietminh keineswegs mehr entsprach.

Nachdem sich der Auswärtige und der Verteidigungsausschuß der französischen Nationalversammlung am 9. bzw. 18. Juni 1954 jeweils mit knapper Mehrheit gegen die Ratifizierung des EVG-Vertrages ausgesprochen hatten, entschloß sich Mendès France, der soeben, mitten in der Verhandlungskrise der Genfer Indochinakonferenz, Ministerpräsident geworden war, die EVG-Krise zur Entscheidung zu bringen. Keineswegs antieuropäisch eingestellt und letztlich auch von der Notwendigkeit der Aufstellung deutscher Truppen im Rahmen des westlichen Verteidigungsbündnisses überzeugt, brachte er andererseits einer supranationalen europäischen Gemeinschaft ohne Großbritannien und mit antisowjetischer Frontstellung wenig Sympathie entgegen und war vor allem bemüht, die tiefe Spaltung zu überwinden, die die EVG in Frankreich hervorgerufen hatte, und die das Land dauerhaft zu schwächen drohte[4]. Als der belgische Außenminister Spaak einer Verabredung mit Dulles gemäß Ende Juni auf eine neue Außenministerkonferenz der sechs Verhandlungspartner drängte, die die französische Haltung zur EVG definitiv klären sollte, präsentierte Mendès France darum, wie vor ihm schon René Mayer, vertragsändernde Zusatzforderungen, im Unterschied zu diesem allerdings mit der Bereitschaft, im Falle einer Ablehnung dieser Modifikationen das Vertragswerk seinem parlamentarischen Schicksal zu überlassen – sofern nur gewährleistet blieb, daß Frankreich nach einem Scheitern der EVG nicht jeden Einfluß auf die Regelung der deutschen Wiederbewaffnung verlor.

[4] Zur Position von Mendès France vgl. seine aufschlußreichen Darlegungen in: Pierre Mendès France, *Choisir, Conversations avec Jean Bothorel*. Paris 1974, Taschenbuchausgabe 1976, S. 84–96, sowie die autorisierte Darstellung von Pierre Rouanet, *Mendès France au pouvoir*. Paris 1965.

Die Änderungsvorschläge, die Mendès France am 13. August seinem Kabinett präsentierte[5], sahen insbesondere eine Suspendierung der supranationalen Elemente des Vertrags für einen Zeitraum von acht Jahren vor: Substantielle Beschlüsse sollten nur auf der NATO-Ebene, nicht auf der EVG-Ebene möglich sein; gegen Entscheidungen des EVG-Kommissariats sollten die Mitgliedsstaaten ein Vetorecht behalten; die vorgesehene Wahl eines europäischen Parlaments und die Schaffung der EPG sollten entfallen. Daneben sollten NATO und EVG stärker aneinanderrücken: Ihre Laufzeiten (bisher NATO 20 Jahre und EVG 50 Jahre) sollten einander angeglichen werden; Großbritannien sollte an den Sitzungen des EVG-Ministerrats teilnehmen, sobald Fragen der beiderseitigen Zusammenarbeit behandelt wurden, und eine künftige Revision des Vertrages mitberaten können; die auf deutschem Boden stehenden amerikanischen und britischen Streitkräfte sollten in die Integration der EVG-Einheiten einbezogen werden; sobald diese Verpflichtungen der übrigen NATO-Partner wegfielen oder Deutschland wiedervereinigt wurde, sollte jedes EVG-Mitglied das Recht zum Austritt haben. Und schließlich sollte die Bundesrepublik wieder einseitige Diskriminierungen hinnehmen: Nur die auf ihrem Gebiet stationierten Streitkräfte sollten integriert werden; schweres Kriegsmaterial einschließlich nuklearer Produktion sollte auf ihrem Territorium nicht hergestellt werden dürfen, dagegen in Frankreich auch dann, wenn es nicht dort verausgabt werden sollte; zumindest in den ersten vier Jahren sollte der Truppenaufbau in der Bundesrepublik unter europäischer Regie erfolgen. Daß es sehr schwer sein würde, die Verhandlungspartner für derart weitreichende Änderungen zu gewinnen, nachdem das Ratifizierungsverfahren in der Bundesrepublik und den Benelux-Staaten bereits abgeschlossen war, war Mendès France durchaus bewußt; andererseits hielt er einen Erfolg keineswegs für ausgeschlossen und sah vor allem keine andere Möglichkeit, in Frankreich jene Mehrheit zurückzugewinnen, die hinter dem ursprünglichen Pleven-Plan gestanden hatte; zudem hoffte er, Großbritannien mit diesen Modifikationen schließlich doch noch zu einem EVG-Beitritt bewegen zu können, vielleicht sogar innerhalb des achtjährigen Probelaufs zu einer derart weitreichenden Ost-West-Entspannung zu ge-

    [5] Veröffentlicht in Le Monde 24. 8. 1954, deutsch in Europa-Archiv 9 (1954), S. 6869 ff.

langen, daß das Vertragswerk insgesamt seine Notwendigkeit verlor.

Die Ablehnung der französischen Vorschläge erfolgte freilich noch viel schroffer, als Mendès France befürchtet hatte: Die französischen EVG-Anhänger wie Robert Schuman, André Philip und Guy Mollet machten den Verhandlungspartnern in aller Öffentlichkeit deutlich, daß sie die Änderungsvorschläge ablehnten, und diese somit im Parlament weit weniger mehrheitsfähig waren als der ursprüngliche EVG-Vertrag; Dulles, der jetzt eher ein Scheitern der EVG riskieren wollte als einen weiteren Aufschub der deutschen Wiederbewaffnung, beschwor die Fünf über seinen Sonderbotschafter Bruce, keinerlei Konzessionen zu machen; diese und insbesondere Adenauer mißtrauten den Absichten des bislang nicht zum »europäischen Zirkel« gehörenden neuen französischen Ministerpräsidenten grundsätzlich und ließen sich von den französischen EVG-Befürwortern überzeugen, daß schließlich doch noch eine Mehrheit für den ursprünglichen Vertrag zustande gebracht werden könne. In Brüssel, wo die Außenminister der Sechs schließlich vom 19. bis 22. August tagten, zeigten sich die Verhandlungspartner Frankreichs darum nur bereit, in nachgeordneten Fragen mit sich reden zu lassen, so in der Frage der Anpassung der Vertragsdauer von EVG und NATO, oder bezüglich der Suspendierung der gemeinschaftlichen Regelungen für das innere Gefüge der EVG-Truppen, nicht aber über die Finalität einer supranationalen politischen Gemeinschaft und schon gar nicht über die Diskriminierung der Bundesrepublik. Sie gestanden zwar zu, daß die EVG keine politischen Entscheidungen zu fällen habe, konzedierten ein Vetorecht aber nur für den Fall, daß der Ministerrat zuvor das Vorhandensein eines »lebenswichtigen« Interesses festgestellt hatte. Die Konferenz wurde abgebrochen, ohne daß die Sechs mehr als ihre Nicht-Übereinkunft festgestellt hatten.

Den letzten Anstoß zum Scheitern der EVG gab Churchill: Von Mendès France unmittelbar im Anschluß an die Brüsseler Konferenz aufgesucht, drängte er diesen zwar, alles in seiner Macht Stehende zu versuchen, um den EVG-Vertrag doch noch durch das französische Parlament zu bringen; Mendès France las aus seinen Äußerungen jedoch heraus, daß sich die britische Regierung im Falle eines Scheiterns der EVG für einen neuen Versuch einsetzen würde, mit Frankreich zu einer Übereinkunft über die deutsche Wiederbewaffnung zu kommen[6]. Nachdem somit die Gefahr einer Neuregelung ohne französische Mitsprache reduziert schien, arbeitete Mendès France verstärkt auf ein Scheitern der Verträge hin, indem er die französische Öffentlichkeit über die Isolierung und die »Demütigungen« Frankreichs auf der Brüsseler Konferenz nicht im unklaren ließ und vor dem Parlament eine dezidierte Stellungnahme zu dem Vertragswerk vermied. Damit war das Schicksal der EVG besiegelt: Als die Berichterstatter der Ausschüsse und der Ministerpräsident am 28. und 29. August ihre Berichte vor der französischen Nationalversammlung präsentierten, wurde den EVG-Anhängern sehr bald klar, daß sie über keine Mehrheit mehr verfügten, und sie arbeiteten daher auf eine Vertagung der Beratung hin; eine Mehrheit von 319 gegen 264 Abgeordnete lehnte es jedoch am 30. August ab, überhaupt in die Diskussion des Vertrages einzutreten. Die Zahl der Vertragsgegner war sogar noch größer; eine Reihe von ihnen hatte wenigstens eine parlamentarische Auseinandersetzung über die EVG zulassen wollen.

Die Pariser Verträge

Mit dem Scheitern der EVG war die westliche Blockbildung an ihre innere Grenze gelangt. Die westeuropäischen Staaten ließen sich offensichtlich (noch) nicht in dem Maße miteinander verschmelzen und der amerikanischen Hegemonie unterordnen, wie es im Interesse einer tatsächlich offensiven Politik der Stärke notwendig gewesen wäre. Die sowjetische Entspannungsoffensive hatte einen ersten Erfolg errungen, Dulles und Adenauer hatten empfindliche Niederlagen hinnehmen müssen: Die Vorstellung von einer deutschen Wiedervereinigung im Sinne eines Anschlusses der Ostgebiete an das westliche Deutschland verlor nun vollends jeden realpolitischen Hintergrund, und der europäische Einigungsgedanke verlor viel von seiner bisherigen Faszination – so viel, daß mit der EVG auch das Europa der »Dritten Kraft« in Vergessenheit geriet, und Unabhängigkeit gegenüber den USA künftig nur noch in der weit weniger wirksamen Form nationalstaatlicher Unabhängig-

---

[6] Für die These Noacks (*Scheitern*, S. 14), »der britische Anteil am Scheitern der EVG ist größer, als bisher angenommen« und hier geschildert wurde, gibt es keinen Beleg.

keit zu verwirklichen gesucht wurde. Weitergehende Befürchtungen, die die EVG-Anhänger mit einem Scheitern des Projekts verbanden, traten jedoch nicht ein: Weder verständigten sich die USA mit der Bundesrepublik auf Kosten Frankreichs oder mit der Sowjetunion auf Kosten der Bundesrepublik, noch kehrten die westeuropäischen Nationen zu den Rivalitäten der Zwischenkriegszeit zurück oder arrangierten sich ihrerseits auf Kosten der USA mit der Sowjetunion. Im Gegenteil: Die Krise, die das Scheitern der EVG auslöste, machte allen Beteiligten deutlich, daß es von allen Sonderambitionen der USA, Frankreichs und der Bundesrepublik abgesehen unterdessen ein gewisses Grundmaß gemeinsamer »westlicher« Interessen gab; und weil es sich keiner der Beteiligten leisten konnte, diese Interessen zu verletzen, erfolgte die Einigung auf einen Ersatz für die EVG-Lösung der deutschen Wiederbewaffnung erstaunlich rasch.

Daß sich die Westmächte alsbald auf eine Lösung einigten, die keinen der Beteiligten überging, war zunächst einmal Adenauer zu verdanken: Während sowohl die französische wie die britische und amerikanische Regierung der Bundesrepublik nun zunächst ein vorzeitiges Inkraftsetzen des Generalvertrags ohne EVG-Vertrag offerieren wollten, lehnte er jede Entkoppelung von Souveränitäts- und Wiederbewaffnungsfrage ab, forderte vielmehr die unmittelbare Gewährung der Souveränität einschließlich der Wehrhoheit und zwang damit die Alliierten nicht nur zu einer gänzlich neuen, über die bisherigen Verträge hinausgehenden, sondern auch zu einer raschen Lösung[7]. Die Idee zu der Lösung, die nun in den ersten Septemberwochen 1954 unter dem Druck Adenauers gefunden werden mußte, entstand im Kontakt von Eden und Mendès France[8]. Sie bestand darin, den Brüsseler Pakt von 1948 zu reaktivieren, indem man die Bundesrepublik und Italien zur Teilnahme einlud und die im Rahmen des EVG-Vertrages vorgesehenen Sicherheitsbestimmungen, soweit das ohne die Einführung supranationaler Elemente möglich war, auf den so erweiterten Fünf-Mächte-Pakt übertrug. Damit waren zwar die vertraglichen Sicherungen gegen ein Wiederaufleben des deutschen Militarismus geringer, andererseits wurde den Franzosen nicht länger zugemutet, deutsche Wiederbewaffnung *und* eigenen Souveränitätsverzicht

[7] Dies ein weiterführendes Ergebnis von Noack, *Scheitern*, S. 94–101, 188 f.
[8] Wobei sich beide um die Urheberschaft streiten; vgl. Eden, *Memoiren*. Köln 1960, S. 181, und Mendès France, *Choisir*, S. 94 f.

hinnehmen zu müssen, und vor allem hatte Frankreich nun innerhalb dieses Bündnisses Großbritannien an seiner Seite, um ein mögliches deutsches Übergewicht auszugleichen.

Bis diese Lösung allen Beteiligten akzeptabel schien, waren eine Reihe von Zugeständnissen nötig, die oft erst nach dramatischen Auseinandersetzungen erreicht wurden: Mendès France akzeptierte nach einem Besuch Edens am 16. September das Prinzip der Mitgliedschaft der Bundesrepublik in der NATO (über den Brüsseler Pakt hinaus); Adenauer überzeugte den am gleichen Tag zu einem Blitzbesuch nach Bonn geeilten Dulles, daß die Brüsseler-Pakt-Lösung das Maximum dessen enthielt, was gegenwärtig an europäischer Integration erreichbar war, und brachte ihn damit davon ab, den Plan länger als Versuch einer Neutralisierung Europas zu torpedieren; daraufhin willigte Dulles in eine Konferenz über den neuen Lösungsvorschlag ein und erweiterte dort, auf der Londoner Neun-Mächte-Konferenz vom 28. September bis 3. Oktober, die bisher nur für die EVG geltende Garantie amerikanischer Truppenpräsenz in Europa auf die neue »Westeuropäische Union« (WEU); desgleichen garantierte Eden, die britischen Truppen nicht gegen den Willen der Mehrheit der WEU vom Kontinent abzuziehen; und Adenauer verzichtete in letzter Minute auf das Recht der Bundesrepublik, ABC-Waffen, Fernlenkgeschosse, große Kriegsschiffe und Bomber herzustellen. Damit war der Weg frei für die Unterzeichnung der »Pariser Verträge« am 23. Oktober 1954: ein Protokoll über die Aufhebung des Besatzungsstatuts für die Bundesrepublik, ein revidierter Generalvertrag, der die Souveränität der Bundesrepublik stärker betonte als der Bonner Vertrag von 1952 und auf die »Bindungsklausel« des Artikel 7 für ein wiedervereinigtes Deutschland verzichtete, ein Abkommen über die Erweiterung des Brüsseler Paktes zur Westeuropäischen Union, ein Beschluß des NATO-Ministerrats, die Bundesrepublik aufzunehmen und die Kompetenzen des NATO-Oberkommandos für Europa zu stärken, schließlich ein Protokoll über die freiwilligen Waffenbeschränkungen, denen sich die Bundesrepublik unterwarf[9].

[9] Text der Pariser Protokolle in: Bundesgesetzblatt, Bd. 2, Jg. 1955, S. 305 ff.; zu den Verhandlungen bis zur Ratifizierung der Beschlüsse im einzelnen Wettig, *Entmilitarisierung*, S. 590–619; Willis, *France*, S. 185–209; Noack, *Scheitern*, S. 93–138 und 151–163; sowie aufgrund der britischen Akten Rolf Steininger, *Das Scheitern der EVG und der Beitritt der Bundesrepublik zur NATO*. In: Aus Politik und Zeitgeschichte B 17, 1985, S. 3–18.

Um dem neuen Vertragswerk eine genügende Mehrheit im französischen Parlament zu sichern, hatte Mendès France zwei weitere Forderungen gestellt: die definitive Anerkennung eines politisch autonomen und wirtschaftlich mit Frankreich verbundenen Saarlandes und die Schaffung einer de facto supranationalen Rüstungsagentur der WEU, die über die Verteilung der amerikanischen Waffenlieferungen und die Investitionen der europäischen Rüstungsindustrie entscheiden sollte. In der ersten Frage setzte sich Mendès France weitgehend durch: Um die WEU-Lösung nicht zu gefährden, willigte Adenauer in den abschließenden Verhandlungen in Paris vom 19. bis 23. Oktober in ein Saar-Statut ein, das die außenpolitischen Hoheitsrechte der Saar einem Kommissar der WEU übertrug und die monetären und wirtschaftlichen Bindungen des Saarlandes an Frankreich festschrieb – nicht für immer, sondern, dies war das wesentliche Zugeständnis, das Adenauer erreichte, nur bis zur definitiven Regelung in einem Friedensvertrag. Freilich war dies ein ziemlich hypothetischer Vorbehalt: So sicher Adenauer sein konnte, daß die Zeit auch in diesem Falle für eine Lösung arbeiten würde, die eher im bundesdeutschen Interesse lag, so wenig stand doch ein Friedensvertrag in Aussicht. (Daß das Referendum der Saar-Bevölkerung über dieses Statut, das Mendès France durchsetzte, um der vorgesehenen Lösung dauerhaften Charakter zu geben, zu einem gegenteiligen Ergebnis führen würde, hat keiner der Beteiligten vorausgesehen. Tatsächlich lehnten am 25. Oktober 1955 67,7 Prozent der Saarländer das in Paris beschlossene Statut ab, und da sich unterdessen die Position der Bundesrepublik weiter gefestigt und zugleich das deutsch-französische Verhältnis weiter entkrampft hatte, konnte Adenauer am 5. Juni 1956 die Zustimmung der Regierung Mollet zur Angliederung des Saarlandes an die Bundesrepublik – gegen eine Reihe finanzieller Entschädigungen – erreichen).

In der Frage der Rüstungsagentur fand Mendès France zunächst die Zustimmung Adenauers, schien sie diesem doch wenigstens einen Restbestand europäischer Supranationalität zu retten. Die kleineren europäischen Partner wandten sich jedoch sogleich gegen das Projekt, weil sie – zu Recht! – annahmen, daß sich die britische Regierung den vorgesehenen Rüstungskontrollen nie unterwerfen würde, und die Rüstungsagentur folglich zu einer französischen Dominanz auf dem Rüstungssektor führen würde. Auch machte die amerikanische Regierung deutlich, daß sie nicht gewillt war, sich von einer europäischen Behörde die Entscheidungsbefugnis für die Verteilung ihrer Waffenlieferungen nehmen zu lassen. Dennoch lehnten die Verbündeten das französische Ansinnen nicht rundweg ab, verschoben es vielmehr auf eine Sonderkonferenz, die für den 17. Januar 1955 nach Prais einberufen wurde – rechtzeitig genug, um der französischen Öffentlichkeit ein Interesse an den französischen Wünschen nach Rüstungskontrolle zu demonstrieren, und zugleich spät genug, um bei einem negativen Ausgang der Verhandlungen die Ratifizierung des WEU-Vertragspakets im Pariser Parlament nicht mehr zu gefährden. Nachdem die französische Nationalversammlung die WEU am 30. Dezember 1954 mit 287 gegen 260 Stimmen (bei 79 Enthaltungen) gebilligt hatte, setzte sich innerhalb der Adenauer-Administration die marktwirtschaftlich ausgerichtete, außenpolitisch pragmatische Gruppe um Wirtschaftsminister Erhard durch, die die Rüstungsbehörde als Eingriff in die unternehmerische Freiheit bekämpfte. Als Delegationsleiter in Paris sorgte Erhard für eine weitere Verschleppung des Problems, und nachdem der französische Rat der Republik das Vertragswerk am 28. März 1955 ebenfalls ratifiziert hatte (mit 184 gegen 110 Stimmen), stimmte der WEU-Rat am 7. Mai der Schaffung eines »ständigen Rüstungsausschusses« zu, der die Aufgabe hatte, die Mitgliedsstaaten in Fragen der Rüstungsstandardisierung und der Produktion zu beraten. In der Sache war die französische Forderung damit zurückgewiesen worden, in der Form hatte man sich erfolgreich darum bemüht, das französische Nationalgefühl nicht erneut – wie vor dem 30. August 1954 – zu verletzen.

Unterdessen hatte das Vertragswerk jedoch auch noch eine ernste Krise in der Bundesrepublik durchzustehen, wo sich die Gegner der Westintegration im gleichen Maße radikalisierten, wie die endgültige vertragliche Absicherung des westdeutschen Wehrbeitrags näherrückte. Nicht nur, daß die SPD die Pariser Verträge attackierte und erneut eine Viermächtekonferenz über die Wiedervereinigung vor der definitiven Eingliederung in den Westblock forderte, kräftig unterstützt von einer neuen Notenoffensive der Sowjetregierung, die eine solche Konferenz zur letzten Chance für eine deutsche Wiedervereinigung deklarierte. Entscheidender war, daß sich nun im Spätjahr 1954 zum ersten Mal eine außerparlamentarische Widerstandsbewegung gegen die Westintegrationspolitik formierte. Der Bundeskongreß des Deutschen Gewerkschaftsbundes wandte sich gegen die Eingliederung der Bundesrepublik in das westliche Bündnissystem, die Bundesjugendkonferenz des DGB lehnte darüberhinaus jede Form der Wiederbewaffnung kategorisch ab, unter den SPD und DGB nahestehenden gesellschaftlichen Gruppen wurden mehr und mehr Volksentscheide und Streiks gegen die Verabschiedung des Pariser Vertragswerks gefordert. Um die Kontrolle über die Bewegung nicht ganz zu verlieren, stellten sich SPD- und DGB-Führung an ihre Spitze: Unter ihrer Mitwirkung wurde am 29. Januar 1955 in der Frankfurter Paulskirche ein Manifest führender Wiederbewaffnungs-Gegner verabschiedet, das in den Pariser Verträgen einen Verstoß gegen das »Recht auf Wiedervereinigung« sah. In den folgenden Wochen fand die Bewegung soviel Resonanz, daß die Bundesregierung in ernste Schwierigkeiten zu geraten drohte, hätten sich SPD- und DGB-Führung entschlossen, zu einem politischen Generalstreik aufzurufen. Allein sie taten dies schließlich doch nicht – aus Respekt vor dem parlamentarischen Entscheidungsprozeß, aus Furcht vor einer nachhaltigen Störung des Wiederaufbauprozesses, aus Abneigung, die DDR-Führung zum Bundesgenossen zu haben, und weil sie selbst nach der Ablehnung des Neutralismus über kein klares Alternativkonzept mehr verfügten[10]. So brach die Paulskirchen-Bewegung an ihrer inneren Widersprüchlichkeit alsbald wieder zusammen, und der deutsche Bundestag ratifizierte die Pariser Verträge am 27. Februar 1955 mit einer ungefährdeten Mehrheit. Mit dem Inkrafttreten der Verträge am 5. Mai 1955 erlangte die Bundesrepublik ihre Souveränität; vier Tage später nahm sie zum ersten Mal an einer Sitzung der NATO teil.

Das Ergebnis der durch das Scheitern der EVG ausgelösten Krise war also eine grundlegende Konsolidierung des westlichen Lagers: Die Westdeutschen entschieden sich abermals mit großer (wenn man die Unentschiedenen hinzunimmt: überwältigender) Mehrheit für die Westintegration; die Franzosen rangen sich mit ebenso großer Mehrheit zur Anerkennung der Existenz eines nahezu souveränen westdeutschen Staates als Konsequenz der Blockbildung durch; Briten und Amerikaner bekräftigten ihr Interesse an dauerhafter Bindung an Westeuropa. All diese Entscheidungen fielen, obwohl die Sowjetführung ihre Entspannungsoffensive fortsetzte; sie belegen nicht nur die Stärke des antikommunistischen Grundkonsenses in den westli-

[10] Vgl. Udo F. Löwke, *Die SPD und die Wehrfrage 1949–1955.* Bonn-Bad Godesberg 1976, S. 119–123.

chen Gesellschaften, sondern auch die Stärke der gesellschaftlichen und wirtschaftlichen Interessen, die sich unterdessen auf die Strukturen des Kalten Krieges eingerichtet hatten. Gewiß verblieben, wie das Schicksal der EVG gezeigt hatte, eine ganze Reihe von Spannungen und Divergenzen innerhalb des westlichen Lagers, aber gerade weil nun nicht mehr versucht wurde, sie nach einem einheitlichen Schema zu überwinden, gewann die mit der WEU gefundene Struktur der innerwestlichen Beziehung dauerhaften Charakter.

Die Gründung des Warschauer Paktes

Die Sowjetführung hat diesem Abschluß der westlichen Blockbildung keinen nachhaltigen Widerstand mehr entgegenzusetzen vermocht. Zwar setzte sie ihre Entspannungsoffensive fort: Am 24. Juli 1954, wenige Tage nach dem Abschluß der Genfer Indochinakonferenz, bot sie den Westmächten erneut eine gesamteuropäische Sicherheitskonferenz an, auf der die friedliche Koexistenz und die wirtschaftliche Zusammenarbeit der europäischen Staaten ungeachtet der Unterschiede in ihren Gesellschaftssystemen in einem kollektiven Sicherheitssystem vertraglich abgesichert werden sollten[11]; desgleichen regte sie zur Vorbereitung dieser Konferenz neue Verhandlungen der vier alliierten Außenminister über die Deutschlandfrage an. Doch blieben ihre Vorschläge in dieser Zeit inhaltlich merkwürdig unbestimmt und offen: Die USA wurden zu der Sicherheitskonferenz eingeladen, sollten aber offensichtlich an dem Sicherheitssystem nicht direkt beteiligt werden; die Perspektive auf ein geeintes Deutschland innerhalb dieses Systems wurde aufrechterhalten, doch sollten zunächst BRD und DDR gleichberechtigt an seiner Schaffung beteiligt werden. Diese Vorschläge reichten wohl hin, die EVG durch den Abbau westlicher Ängste indirekt zum Scheitern zu bringen, sie genügten jedoch nicht, den westlichen Grundkonsens nachhaltig zu erschüttern. Nach dem Scheitern der EVG unterblieb jeder Versuch, die Krise des westlichen Bündnissystems durch attraktive Entspannungsangebote zu vertiefen. Einmütig konnten die drei Westmächte das sowjetische Angebot am 10. September mit der Bemerkung zurückweisen, zunächst müßten der österreichische Staatsvertrag

[11] Text in Europa-Archiv 9 (1954), S. 6942 ff.; vgl. hierzu und zum folgenden Hans Wassmund, *Kontinuität im Wandel.* Köln, Wien 1974, S. 67–97.

unterzeichnet, freie Wahlen in ganz Deutschland zugestanden und Entgegenkommen in der Abrüstungsfrage gezeigt werden.

Daß sich die Sowjetführung die Chance entgehen ließ, im Moment des Scheiterns der EVG das westliche Bündnis weiter zu schwächen, war auf die innersowjetischen Machtkämpfe zurückzuführen: Nach dem Scheitern Berijas konnten sich weder Malenkow noch Chruschtschow, weder die Staatsbürokratie noch der Parteiapparat riskante außenpolitische Initiativen erlauben, die die Interessen nennenswerter Gruppen in Moskau oder Ost-Berlin tangierten. Mitte August 1954 konnte Chruschtschow wichtige Teilerfolge für sich verbuchen – sein Neulandprogramm wurde auf Kosten der übrigen Investitionsbereiche intensiviert, die Partei gewann generell Vorrang vor den Staatsbehörden. Um seinen Aufstieg abzusichern, war er freilich weiter auf die dogmatischen Kräfte der Partei um Molotow angewiesen, die einem Arrangement mit den Westmächten aus grundsätzlichen Überlegungen mißtrauten; ebenso mußte er sich die Loyalität von Armee und Schwerindustrie erhalten, die von seiner Politik Zuwachsraten in der Rüstung erhofften. Die Position Malenkows, der deutlicher als Chruschtschow auf einen Abbau der Militärblöcke infolge des atomaren »Gleichgewichts des Schreckens« gesetzt hatte, wurde weiter geschwächt, als sich die Westmächte unerwartet rasch auf eine Alternative zu der gescheiterten EVG-Lösung verständigten – mit dem Ergebnis, daß Chruschtschow nun nach und nach die Angebote an die westliche Seite formulieren konnte, die Malenkow zuvor zur Bestätigung des Erfolges seines Kurses gefehlt hatten. Am 23. Oktober, dem Tag der Unterzeichnung der Pariser Verträge, wiederholte die Sowjetregierung die Forderung nach Ausarbeitung eines kollektiven Sicherheitspaktes für Europa, diesmal aber verbunden mit dem Angebot, hinsichtlich des Verfahrens für freie Wahlen in Deutschland den Eden-Plan, den die Westmächte auf der Berliner Konferenz im Januar 1954 vorgelegt hatten, »erörtern« zu wollen. Am 13. November lud sie 23 europäische Staaten und die USA zu einer Konferenz über die kollektive Sicherheit ein (zu der sich dann aber nur die Vertreter der Ostblock-Länder vom 29. November bis 2. Dezember in Moskau einfanden). Am 15. Januar 1955 wurde der Bundesrepublik erneut ein Abkommen »über die Durchführung von gesamtdeutschen freien Wahlen« offeriert, wobei nun über die bisherigen Angebote hinaus angedeutet wurde, daß man sich auch »über die Errichtung einer entsprechenden internationalen

Beobachtung« einigen könnte[12]. Indessen erfolgten diese Angebote zu spät, um den Konsolidierungsprozeß des Westblocks noch nachhaltig stören zu können; als die Sowjetführung mit der Andeutung internationaler Kontrolle gesamtdeutscher Wahlen ihr bislang weitreichendstes Zugeständnis formulierte, hatten die Pariser Verträge die entscheidende Hürde in der französischen Nationalversammlung schon genommen.

Nachdem es nicht gelungen war, die Wiederbewaffnung der Bundesrepublik zu verhindern, konnten sich die Anwälte einer Stabilisierung der DDR-Herrschaft definitiv durchsetzen. Zehn Tage nach der Erklärung vom 15. Januar, die ihrerseits schon in auffälliger Weise die »guten Beziehungen« der Sowjetunion zur DDR betonte und die Errichtung eines internationalen Kontrollsystems für die Durchführung freier Wahlen von der Zustimmung der »Regierungen der Deutschen Demokratischen Republik und der Deutschen Bundesrepublik« abhängig machte, erklärte das Präsidium des Obersten Sowjets den »Kriegszustand zwischen der Sowjetunion und Deutschland« für »beendet«, die Propaganda für die gesamtdeutschen Pläne der Sowjetführung wurden eingestellt. Am 8. Februar trat Malenkow vom Amt des Ministerpräsidenten zurück, ohne allerdings seinen Sitz im Parteipräsidium zu verlieren, Nachfolger wurde Bulganin – eine Konzession Chruschtschows an die Militärs. In den folgenden Wochen wurden die bilateralen Beziehungen zwischen der DDR und der Sowjetunion verstärkt, die Integration der DDR in das östliche Blocksystem vorangetrieben und die Aufwertung ihrer internationalen Position gefordert. Entspannung in der Deutschlandfrage, soviel hatten die DDR-Protagonisten bei Chruschtschow durchsetzen können, war künftig nur noch auf der Grundlage internationaler Anerkennung der SED-Herrschaft möglich.

Mit der Konsolidierung der SED-Herrschaft eng verbunden waren die Bemühungen der um Chruschtschow konzentrierten neuen Führungsgruppe, die Beziehungen zu den osteuropäischen Satellitenstaaten auf eine dauerhaftere Grundlage zu stellen. Unter Stalin hatte das sowjetische Kontrollsystem über die osteuropäischen Regime zuletzt auf informellen Bindungen des Diktators zu den nationalen Kommunistenführern und auf dem Prinzip des »divide et impera« beruht; diese Methode war unter

---

[12] Texte in Europa-Archiv 10 (1955), S. 7206ff., 7209, 7345f. – Wieder kann ich die sowjetischen Angebote nicht »rein taktisch bestimmt« finden – so mit den meisten »traditionellen« Autoren Wettig, *Entmilitarisierung*, S. 634.

einer kollektiv bestimmten Sowjetführung nicht länger aufrechtzuerhalten, und sobald die innersowjetischen Machtkämpfe an Brisanz verloren hatten, begann Chruschtschow mit
der Reorganisation des Ostblocks. Ein Mittel hierzu war, den
osteuropäischen Kommunistenführern wieder etwas mehr politische Autonomie zu gewähren, um ihre Stellung im jeweils
eigenen Land zu festigen und die Bindungen an die Sowjetunion
erträglicher erscheinen zu lassen. Die einseitige Ausrichtung der
osteuropäischen Volkswirtschaften am sowjetischen Wieder-
aufbauinteresse wurde aufgegeben, eine gewisse Flexibilität in
der Formulierung des jeweiligen nationalen »Weges zum Sozialismus« zugestanden und die in der Sowjetunion erfolgte Diver-
sifizierung in der Produktion zur Übernahme empfohlen. Das
andere Mittel war die Institutionalisierung der Blockbindun-
gen; sie ließ sich durchsetzen, indem man die Wiederbewaffnung der Bundesrepublik zum Anlaß nahm, die unter den Ost-
europäern, namentlich den Polen und Tschechen, nach wie vor
vorhandene Furcht vor der deutschen Gefahr zur Schaffung
eines kollektiven Militärbündnisses des Ostblocks zu mobilisieren. Im Schlußkommuniqué der Moskauer Sicherheitskonferenz kündigten die Ostblock-Länder am 2. Dezember 1954 »gemeinsame Maßnahmen (...), die für die Stärkung ihrer Verteidi-
gungsfähigkeit erforderlich sind«, für den Fall an, daß sich ein
kollektives Sicherheitssystem für Gesamteuropa nicht realisieren lasse. Am 21. März 1955 gab die sowjetische Nachrichtenagentur bekannt, die Planungen für den Abschluß eines Bei-
standspakts und die Errichtung eines Vereinigten Oberkom-
mandos der Sowjetunion und der Volksdemokratien seien in ein
entscheidendes Stadium getreten. Am 14. Mai, neun Tage nach
Inkrafttreten der Pariser Verträge, unterzeichneten die Vertreter der osteuropäischen Regierungen und der Sowjetregierung
dann in Warschau einen »Vertrag über Freundschaft, Zusammenarbeit und gegenseitigen Beistand«; auch die DDR gehörte
zu den Signatarmächten[13].

Freilich war mit der Gründung des Warschauer Paktes auch
die östliche Blockbildung an ihre innere Grenze gestoßen. Die
zunächst vorgesehene Schaffung eines Internationalen Militär-
kommandos der Warschauer Paktstaaten unterblieb, weil die
Sowjetführung glaubte, es sich nicht leisten zu können, die ost-

[13] Vertragstext und Interpretation bei Boris Meissner (Hrsg.), *Der Warschauer
Pakt*. Köln 1962; zur Entstehungsgeschichte auch Jörg K. Hoensch, *Sowjetische
Osteuropapolitik 1945–1975*. Kronberg 1977, S. 88–100.

Stalling.

europäischen Führungen an den militärischen Planungen und Entscheidungen zu beteiligen. Ebensowenig wurde es dem Beratenden Politischen Ausschuß des Paktes gestattet, sich zu einem eigenständigen Entscheidungsgremium zu entwickeln. Entscheidungen über die Aufstellung und den Einsatz von Truppen hatten zwar im gegenseitigen Einvernehmen der beteiligten Regierungen zu erfolgen, das Oberkommando blieb jedoch stets einem sowjetischen Offizier vorbehalten. Wie prekär das Gleichgewicht zwischen Kontrolle und Autonomie blieb, die beide, wenn sie zu weit gingen, den sowjetischen Machtanspruch in Frage zu stellen drohten, zeigte Chruschtschows Versuch, das Verhältnis zu Jugoslawien (das natürlich außerhalb des neuen Paktes geblieben war) zu normalisieren. Zusammen mit Bulganin reiste er Ende Mai 1955 nach Belgrad und schloß mit Tito am 2. Juni ein Abkommen über den Ausbau der wirtschaftlichen, kulturellen und politischen Beziehungen nach dem Prinzip der gegenseitigen Nichteinmischung und Gleichberechtigung; in den Kreml zurückgekehrt, mußte er sich jedoch mit heftigen Vorwürfen der Traditionalistengruppe um Molotow auseinandersetzen, die von einer Aussöhnung mit dem »Ketzer« Tito erhebliche Erschütterungen im Verhältnis zu den übrigen nationalen Kommunistenführern befürchtete, und diese folgten Chruschtschows Aussöhnungspolitik ebenfalls nur sehr zögernd, bisweilen mit hinhaltendem Widerstand: Sie alle hatten ihre nationale Machtposition im Kampf gegen den »Titoismus« errungen oder gefestigt und mußten daher von einer Revision ihrer Position eine Stärkung oppositioneller Kräfte befürchten. Dies und der fortdauernde Unabhängigkeitswille der Jugoslawen führten dazu, daß die Aussöhnung auf das Stadium spannungsreicher »friedlicher Koexistenz« beschränkt blieb und der Bruch von 1948 nie vollständig rückgängig gemacht wurde[14].

Ebenfalls mit der DDR-Konsolidierung eng verbunden war die Anerkennung der Bundesrepublik durch die Sowjetunion. Am 7. Juni 1955 lud die sowjetische Regierung Adenauer zu Gesprächen über die Aufnahme diplomatischer Beziehungen nach Moskau ein. Das war nicht nur ein Zeichen für die sowjetische Bereitschaft, sich mit der Realität der westdeutschen NATO-Integration abzufinden, sondern auch ein äußerst geschick-

[14] Ebd. S. 100–105; näherhin Zbigniew Brzezinski, *Der Sowjetblock. Einheit und Konflikt.* Köln 1962, S. 195–215.

ter Schachzug zur internationalen Aufwertung der DDR: Angesichts der fortdauernden Einigungshoffnungen in der bundesdeutschen Öffentlichkeit konnte sich Adenauer diesem »Angebot« kaum entziehen, auch wenn er damit den Alleinvertretungsanspruch der Bundesrepublik nachhaltig erschütterte und seine eigene Forderung nach Überwindung der Teilung Deutschlands als Voraussetzung für Entspannung desavouierte. Er bewegte sich zwar nur zögernd und voller dunkler Vorahnungen auf diesen Schritt zur Bekräftigung des Status quo zu; als die sowjetischen Führer ihm aber während seines Besuchs in Moskau (vom 9. bis 13. September) in letzter Minute den Köder einer Zustimmung zur Rückkehr der letzten 10000 deutschen Kriegsgefangenen aus der Sowjetunion hinhielten, stimmte er schließlich gegen den Widerstand seiner Mitarbeiter von Brentano und Hallstein der Aufnahme diplomatischer Beziehungen zu. Das Verdienst für die Rückkehr der Kriegsgefangenen der oppositionellen SPD oder gar der SED zu überlassen, glaubte er sich mit Rücksicht auf seine innenpolitische Position nicht leisten zu können[15].

So verhalf die Sowjetführung Adenauer zu einem großen innenpolitischen Erfolg und tat gleichzeitig viel für die Stabilisierung der DDR. Noch am Tage der Abreise Adenauers lud sie die DDR-Führung in demonstrativer Parallelität zu Gesprächen nach Moskau ein; und am 20. September 1955 schloß sie mit ihr einen Vertrag über die beiderseitigen Beziehungen, der die DDR für »frei in der Entscheidung über Fragen ihrer Innenpolitik und Außenpolitik« erklärte, vorbehaltlich lediglich der für »Deutschland als Ganzes« geltenden Viermächteabkommen. Auf einer Konferenz der vier alliierten Außenminister über das Deutschlandproblem, die vom 27. Oktober bis 16. November 1955 in Genf stattfand, forderte die Sowjetregierung erneut die Anerkennung der DDR durch die Westmächte und begegnete westlichen Wiedervereinigungsplänen mit der Feststellung, für eine Zusammenführung der beiden deutschen Staaten sei die Zeit noch nicht »reif«[16].

[15] Vgl. Adenauers ausführlichen Bericht in: *Erinnerungen 1953–1955*. Stuttgart 1966, S. 487–556, im Kontrast mit den Informationen der britischen Diplomatie bei Josef Foschepoth, *Adenauers Moskaureise 1955*. In: Aus Politik und Zeitgeschichte B 22/1986, S. 30–46.
[16] Konferenzdokumente in Europa-Archiv 10 (1955), S. 8429–8437.

Nachdem die Auseinandersetzung über die westdeutsche Wiederbewaffnung die Teilung in Ost und West noch einmal bestätigt hatte, gleichzeitig aber die Blockbildung auf beiden Seiten an ihre innere Grenze gestoßen war, wurde ein Abbau der Spannungen *im Prinzip* wieder möglich: Beide Seiten hatten sich ihres Einflußbereiches versichert, keine konnte der anderen in wesentlichen Punkten ihren Willen aufzwingen; damit war ein relatives Gleichgewicht entstanden, von dem aus die beiderseitigen Drohpotentiale schrittweise und parallel zueinander abgebaut werden konnten. Der Entspannungsprozeß konnte freilich nur in dem Maße vorankommen, wie das Gleichgewicht erhalten blieb, beide Seiten dieses Gleichgewicht wahrnahmen, niemand massiv in die Interessen der Gegenseite eingriff, und niemand die Aktionen der Gegenseite als massiven Eingriff in die eigene Sicherheitssphäre interpretierte. Weil diese Voraussetzungen nicht sogleich und überhaupt nur selten in dieser Kombination vorhanden waren, wurde der Abbau des Kalten Krieges zu einem langwierigen und ständig von Rückschlägen bedrohten Prozeß; nichtsdestoweniger begann er im gleichen Moment, in dem die beiderseitige Blockbildung ihren Endpunkt erreichte.

Die Sowjetführung setzte ihre Entspannungsoffensive auch nach der Niederlage in der Wiederbewaffnungsfrage fort: Nach wie vor galt es, eine stärkere Konzentration der Kräfte des Westens zu verhindern und über die eigenen Schwächen hinwegzutäuschen. Ende März 1955 signalisierte sie ihre Bereitschaft, gegen die Zusicherung dauernder Neutralität ihre Besatzungstruppen aus Österreich zurückzuziehen und gegen angemessene Ablösesummen auf ihre Rechte an ehemals deutschem Eigentum zu verzichten; nach jahrelangen ergebnislosen Verhandlungen konnte so in kürzester Frist am 15. Mai der österreichische Staatsvertrag unterzeichnet werden[17]. Damit war eine der Vorbedingungen erfüllt, von denen die Westmächte Gespräche über ein kollektives Sicherheitssystem abhängig ge-

---

[17] Vgl. Gerald Stourzh, *Geschichte des Staatsvertrages 1945–1955.* Graz, Wien, Köln 1985, S. 120–122; Bruno Thoß, *Modellfall Österreich? Der österreichische Staatsvertrag im Vorfeld der Genfer Konferenzen.* In: Ders., Hans-Erich Volkmann (Hrsg.), *Zwischen Kaltem Krieg und Entspannung. Sicherheits- und Deutschlandpolitik der Bundesregierung im Mächtesystem der Jahre 1953 bis 1956.* Boppard 1988, S. 93–136.

macht hatten, und da nun andererseits der Westintegration der Bundesrepublik keine Gefahr mehr drohte, mochten und konnten sich die westlichen Regierungen den sowjetischen Entspannungsinitiativen nicht mehr länger gänzlich verschließen. Um den im Lande weitverbreiteten Hoffnungen auf eine Entspannung Genüge zu tun, schlug die französische Regierung eine neue Gipfelkonferenz der Regierungschefs und Außenminister der vier Siegermächte vor; die britische Regierung schloß sich in der Hoffnung auf eine erfolgreiche Fortsetzung ihrer Vermittlerrolle an; die amerikanische Regierung sah keinen Grund mehr, Widerstand zu leisten; und die sowjetische Regierung nutzte die Gelegenheit, ihre Kooperationsbereitschaft zu demonstrieren.

In Genf, wo Eisenhower, Bulganin/Chruschtschow, der französische Ministerpräsident Faure und Eden, der im April Churchill abgelöst hatte, vom 18. bis 23. Juli 1955 mit großen Stäben und unter weitgehender Beteiligung der Öffentlichkeit tagten[18], kam es freilich zu keiner substantiellen Annäherung der Standpunkte. Die Westmächte gingen zwar nicht auf die Forderung Adenauers ein, Abrüstungsfragen und ein kollektives Sicherheitssystem überhaupt nur bei Fortschritten in der Frage der deutschen Wiedervereinigung zu diskutieren[19], doch räumten sie der deutschen Frage in allen Äußerungen höchste Dringlichkeit ein, während die sowjetische Delegation von Anfang an bemüht war, unter Wahrung des Status quo in der Deutschlandfrage direkt über die Schaffung eines kollektiven Sicherheitssystems zu verhandeln. Die Sowjets präsentierten einen Abrüstungsplan, der die Kontrolle der atomaren Produktion einer UN-Organisation ohne Vetorecht übertrug, aber gerade die entscheidenden Produktionsstätten und Transportsysteme überging; Eisenhower antwortete mit dem Vorschlag gegenseitiger Luftinspektion militärischer Anlagen (»offener Himmel«), die die USA weit mehr über den sowjetischen Rüstungsstand zu informieren versprach, als über die amerikanische Rüstung noch zusätzlich bekannt werden konnte; beide Seiten scheuten das Risiko, auf die gegnerischen Vorschläge einzugehen. Vergeblich versuchte Dulles die Situation der osteuropäischen Länder zur Sprache zu bringen; ebenso vergeblich suchte Bulganin

[18] Vgl. die öffentlichen Konferenzdokumente in Europa Archiv 10 (1955), S. 8098–8120.
[19] Vgl. Adenauer, *Erinnerungen 1953–1955*, S. 437–486; ders., *Erinnerungen 1955–1959*. Stuttgart 1967, S. 31–63, 92–103.

die amerikanische Delegation zu bewegen, über die Anerkennung Chinas und die Regelung der Formosa-Frage zu verhandeln. In der Deutschlandfrage kamen die Westmächte der Sowjetregierung etwas entgegen, indem sie die Idee einer entmilitarisierten Zone im Grenzgebiet von Ost und West und einer internationalen Militärkontrolle in Mitteleuropa in den Eden-Plan einbezogen, den Status quo in der DDR anzuerkennen waren sie jedoch, hierin Adenauer folgend, nicht bereit. Die Regierungschefs konnten nur beschließen, die strittigen Vorschläge durch ihre Außenminister im Detail »prüfen« zu lassen, und diese kamen nicht umhin, als sie sich im Oktober/November erneut in Genf trafen, ihre Nichtübereinstimmung festzustellen.

Dennoch blieb das Genfer Gipfeltreffen nicht ohne Folgen: Zum ersten Mal seit Beginn der öffentlichen Konfrontation zwischen Ost und West hatten die Regierungschefs der »Großen Vier« wieder in höflichen Formen miteinander beraten, zum ersten Mal hatten sie wieder gemeinsam ihre grundsätzliche Kooperationsbereitschaft betont, zum ersten Mal hatten sie nicht nur nach der Maxime gehandelt, den Kalten Krieg nicht in einen tatsächlichen Krieg umschlagen zu lassen, sondern diese Maxime auch öffentlich artikuliert. Von jetzt an konnten sich Truman-Doktrin und Kominform-Thesen nicht mehr als alleinige Basis-Ideologien des Kalten Krieges behaupten; sie mußten sich fortan mit dem »Geist von Genf« auseinandersetzen: Der Überzeugung, daß der Konflikt zwischen Ost und West nicht fatal war, und daß er nicht notwendigerweise mit Sieg oder Niederlage einer Seite enden mußte. Auch wenn die Hoffnungen auf eine Konvergenz der Systeme in Ost und West, die die Befürworter der Entspannung mit diesem »Geist von Genf« verbanden, übertrieben waren, und die Gegner der Entspannung in Ost und West mehr als einmal zusammenwirkten, um den Abbau der Konfrontation zu verhindern, so hatte doch die Entideologisierung des Kalten Krieges begonnen und erste Ansätze zu einem Ost-West-Krisenmanagement waren gefunden worden.

Bilanz: Was war der »Kalte Krieg«?

Mit dem Genfer Gipfeltreffen war der Kalte Krieg noch nicht zu Ende, zumindest nicht im Bewußtsein der Zeitgenossen. Unter den Führungsgruppen der westlichen Allianz behielten diejenigen Kräfte die Oberhand, die die sowjetischen Entspannungsbemühungen als Atempause vor dem nächsten Expansionsschub mißdeuteten und daher jede Anerkennung des Status quo und erst recht jedes weiterreichende Agreement ablehnten. Die sowjetische Entspannungsoffensive gelangte damit an die Grenze ihrer Möglichkeiten, und Chruschtschow versuchte, nachdem er dies 1958 erkannt hatte, mit einer Politik offener Drohungen das ständige Anwachsen der amerikanischen Überlegenheit in der strategischen Rüstung zu stoppen und insbesondere die Stationierung von Atomwaffen im mitteleuropäischen Raum zu verhindern: Mit dem Ziel einer umfassenden vertraglichen Regelung forderte er ab November 1958 unter Androhung einer neuen Blockade ultimativ den Abzug der westlichen Alliierten aus Berlin und den Abschluß eines Friedensvertrages mit einem neutralisierten Deutschland, und installierte, als die westliche Seite auf diese Drohung nur mit verbalen Positionsbekräftigungen reagierte, im September 1962 sowjetische Raketenbasen auf Kuba. Als die Kennedy-Administration diese Provokation jedoch mit der Blockade der Insel beantwortete, mußte Chruschtschow die Ernsthaftigkeit der westlichen Abschreckungsdrohung erkennen. Damit war auch dieser Weg gescheitert, den Westen zu einer Anerkennung des Status quo zu bewegen; als Folge des Chruschtschowschen Nervenkrieges (verbunden mit dem »Sputnik-Schock«) stieg die amerikanische strategische Rüstung sogar rapide weiter an.

Immerhin führte das nunmehr ganz offenkundig gewordene existentielle Interesse der beiden Weltmächte an einer Verhinderung eines Atomkrieges im Juli 1963 zum Atomteststop-Abkommen und fünf Jahre später zum Nichtweitergabevertrag für Kernwaffen. Zur gleichen Zeit reduzierte sich die ideologische Dimension der Auseinandersetzung mehr und mehr: In der Sowjetunion wurde das Aufholen des Rückstands in Lebensstandard und ziviler Technologie zum politischen Primärziel; zugleich wuchs die Einsicht, daß dieses Ziel nicht ohne umfassende Kooperation mit den westlichen Industrienationen erreichbar war. Bei den USA und ihren Verbündeten zerstörte das Spektakel des chinesisch-sowjetischen Konflikts die Illusion einer monolithischen Einheit des kommunistischen Blocks; zugleich zerbrach im Erschrecken über die katastrophalen Folgen eines überdimensionierten Eindämmungskonzepts im Vietnamkrieg der innenpolitische Grundkonsens des Antikommunismus. Ende der sechziger Jahre führte die rasche Verstärkung der sowjetischen Atombewaffnung zum atomaren Patt: beide Seiten verfügten fortan über eine ausreichende Zweitschlagskapazität. In der Bundesrepublik fand sich die Mehrheit der politischen Kräfte unter der Regierung Brandt/Scheel zur Anerkennung des Status quo bereit; die chinesische Führung bemühte sich, ein Gegengewicht zum Druck der Sowjetunion zu schaffen; in den USA trat die Nixon/Kissinger-Administration mit der Bereitschaft zum Rückzug aus Vietnam und zur Verständigung mit China an. Erst das Zusammentreffen dieser Faktoren ermöglichte Anfang der 70er Jahre eine weitreichende Begrenzung und Entschärfung des Ost-West-Konfliktes, freilich nicht seine Aufhebung.

Was 1955 an sein Ende gekommen war, war der *Prozeß der Blockbildung in Ost und West: der Prozeß der Etablierung einer neuen internationalen Ordnung nach dem Zusammenbruch des europäischen Staatensystems infolge der nationalsozialistischen Expansion – ein Prozeß, der vom machtpolitischen und ideologischen Gegensatz der USA und der UdSSR dominiert wurde, von der gesellschaftlichen Verfassung der beteiligten Staaten ausging und auf diese polarisierend zurückwirkte, von der wechselseitigen Furcht vor einem Übergreifen der Gegenseite auf die eigene Sicherheitssphäre geprägt wurde und darum zur Zweiteilung Deutschlands und Europas, zu Mentalitäten und Praktiken eines permanenten Belagerungszustands und zu weltweiter Konkurrenz um Einflußsphären führte.* Ob man in diesem Prozeß schon den ganzen Kalten Krieg sieht oder nicht, ist eine Frage der Konvention. Nimmt man Selbstverständnis und Sprachgebrauch der Zeitgenossen zum entscheidenden Kriterium, so wird man den Kalten Krieg mit dem Jahr 1947 beginnen und bald nach der Kubakrise von 1962 enden lassen. Stellt man den Systemkonflikt zwischen den USA und der Sowjetunion und seine Auswirkungen auf den europäischen Kontinent in den Mittelpunkt der Analyse, so wird man den Beginn der Auseinandersetzung spätestens auf das Jahr 1917 datieren müssen, ohne schon einen Endpunkt festsetzen zu können. Definiert man den Kalten Krieg als den Zeitraum, in dem der Antagonismus der beiden Weltmächte USA und UdSSR das internationale System beherrschte, dann dürfte das Jahr 1943 das Anfangsdatum markieren und müßte das Enddatum ebenfalls offen bleiben, obwohl der sowjetisch-amerikanische Antagonismus inzwischen von einer ganzen Reihe anderer Konfliktfelder überlagert worden ist. Indessen sind diese Verwendungen des Terminus »Kalter Krieg« inhaltlich so unbestimmt, seine Anwendung auf die Zeit vor Beginn der Kriegskoalition und nach der Schlußkrise des Vietnamkrieges so fernab vom Empfinden der jeweiligen Zeitgenossen, und der Prozeß des Übergangs vom Kalten Krieg zur Entspannung 1955–1970 in seinen Strukturen und Themen so deutlich unterschieden von dem ebenfalls rund eineinhalb Jahrzehnte dauernden Prozeß der Blockbildung, daß es sich im Interesse präziser Begrifflichkeit empfehlen dürfte, ihn auf den hier geschilderten zentralen Prozeß der Jahre 1941–1955 zu beschränken[1].

Daß sich die Etablierung einer neuen internationalen Ordnung nach dem Zweiten Weltkrieg in der Form eines Kalten Krieges vollzog und zur Blockbildung führte, war, dies ist im Verlauf der Analyse wiederholt deutlich geworden, eine wahrscheinliche, aber keineswegs eine notwendige Entwicklung. Zwar herrschte zwischen den beiden neuen Weltmächten, die in der Mitte des europäischen Kontinents aufeinander trafen, ein fundamentaler machtpolitischer Gegensatz, der zugleich unlösbar mit den tatsächlichen Unterschieden in Gesellschaftsstruktur und ideologischem Anspruch verbunden war: Das liberalkapitalistische System der USA war zur Vermeidung tiefgreifender Wirtschaftskrisen und Absicherung des gesellschaftspolitischen Status quo auf die Etablierung eines tendenziell weltweiten Freihandelssystems angewiesen, das den eigenen liberalen Prinzipien entsprach und zugleich die uneingeschränkte ökonomische Ausweitung der USA als inzwischen stärkster Weltmacht garantierte; die sowjetische Mobilisierungsdiktatur, dem Anspruch nach Zentrum einer weltrevolutionären Bewegung, konnte nur überleben, wenn sie sich gegen diese liberalen Prin-

[1] Der Prozeß des Übergangs vom Kalten Krieg zur Entspannung bedürfte ebenfalls dringend einer zusammenfassenden historischen Analyse; indessen sind hierzu die Vorarbeiten verständlicherweise noch viel weniger weit gediehen als im Falle des Prozesses der Blockbildung. Vgl. als vorläufigen Überblick Wilfried Loth, *Europa in der Weltpolitik*. In: Wolfgang Benz, Hermann Graml (Hrsg.), *Das Zwanzigste Jahrhundert II. Europa nach dem Zweiten Weltkrieg*. Frankfurt 1983, S. 469–512 und 535–538.

zipien abschirmte, dem ökonomischen Vormarsch der USA ein Gegengewicht entgegensetzte und sich von dem Druck aggressiver Nachbarstaaten in ihrem westlichen Vorfeld befreite. Doch waren der sowjetische wie der amerikanische Universalismus in ihren Mitteln und in ihrem Durchsetzungswillen beschränkt, und es gab zugleich eine Reihe gewichtiger Gründe, die für eine Fortsetzung der mit der Anti-Hitler-Koalition begonnenen friedlichen Zusammenarbeit, genauer: für die Verfolgung der jeweiligen nationalen Zielsetzungen mit kooperativen Mitteln sprachen: Ökonomisch ergänzten sich das amerikanische Interesse an neuen Absatzmärkten und der Erschließung neuer Rohstoffquellen und das sowjetische Interesse an Kapitalhilfe; politisch war eine Mehrheit der Entscheidungsträger in beiden Systemen zunächst an einem Abbau des militärischen Engagements und der internationalen Spannungen interessiert; selbst ideologisch fehlte es nicht an Konvergenzen zwischen den revolutionären Traditionen von 1776 und 1917 im allgemeinen sowie Rooseveltschem Progressismus und Stalinschem Volksdemokratismus im besonderen. Trotz aller Konflikte um Einflußbereiche und Ordnungsvorstellungen waren die vitalen Interessen der beiden Mächte nie in einem Maße von der Gegenseite bedroht, das ein weitreichendes Arrangement ausgeschlossen hätte. Weder drohte eine Expansion des sowjetischen Machtbereichs nach Westeuropa noch hatte der amerikanische Kapitalismus ein besonders nachhaltiges Interesse an der wirtschaftlichen Durchdringung Osteuropas; in der präventiven Abwehr der befürchteten Expansion der Gegenseite verfolgten die amerikanischen Regierung und die Sowjetführung sogar (ohne es zu wissen) die gleiche Stabilisierungsstrategie für Europa.

Den entscheidenden Anstoß zur Eskalation des Konflikts gaben die USA, indem sie der Sowjetunion die Anerkennung der implizit schon zugestandenen Sicherheitszone verweigerten; und sie waren es auch, die, strukturell und in ihren Machtmitteln ihrem Gegenspieler ständig weit überlegen, den Konfliktverlauf stärker bestimmten als jede andere Macht. Die Ursache für die mangelnde Verständigungsbereitschaft der USA war nicht das ökonomisch determinierte Open-door-Interesse per se; dieses wirkte zwar an der Formulierung außenpolitischer Strategie stets grundlegend mit und setzte sich bei einer Vielzahl außenpolitischer Entscheidungen auch tatsächlich durch, tendierte aber eher zu der von Henry Wallace 1946 propagierten

offenen, von politischen Schranken ungehinderten Systemkonkurrenz[2] als zur Blockbildung. Entscheidend für die zur Konfrontation führende Form der Open-door-Politik war vielmehr
der in der politischen Kultur des Landes vorherrschende außenpolitische Idealismus, der bald als Isolationismus, bald als aggressiver Moralismus in Erscheinung trat: Dieser Idealismus
hinderte die Roosevelt-Administration, die amerikanische Gesellschaft mit den Realitäten der Kriegsergebnisse vertraut zu
machen; er verhalf zu Beginn der Truman-Administration Führungskräften zu Schlüsselstellungen, die die Situation Europas
nach Kriegsende mit der Weltwirtschaftskrise und den sowjetischen Kommunismus mit dem Nationalsozialismus gleichsetz-
ten; er nötigte diese Führungskräfte, die vermeintliche sowjetische Gefahr überdimensioniert darzustellen, um sie abwenden
und die tatsächlich systemnotwendige Open-door-Politik absichern zu können; und er zwang schließlich die amerikanische
Außenpolitik unter Acheson und Dulles, sich selbst weitgehend
dem überdimensionierten Eindämmungskonzept anzupassen.
   Das Unvermögen der USA, sich mit den imperialistischen
Formen sowjetischer Interessensicherung in Osteuropa abzufinden und die tatsächlichen Zielsetzungen sowjetischer Politik
wahrzunehmen, stärkte in der Sowjetführung mehr und mehr
die dogmatischen Kräfte und Tendenzen: jene, die davon aus-
gingen, daß die ökonomische Expansion der USA nach Europa
imperialistischen Charakter annehmen würde, die darum eine
gewaltsame Ausrichtung der osteuropäischen Länder nach dem
sowjetischen Vorbild für notwendig hielten und die 1947
durchsetzten, daß mit der Absage an den Marshall-Plan und der
Wende zu einer aggressiven Propagandasprache die noch verbliebenen Bindungen zu den Westmächten abgebrochen wurden. Die sowjetische Politik stärkte damit ihrerseits die Position
der Kooperationsgegner in den USA und zwang insbesondere
den Westeuropäern die Option für einen »Westblock« geradezu
auf – dies, obwohl der Sowjetführung aufgrund der strukturellen Unterlegenheit und inneren Schwäche ihres Herrschaftsge-
füges an einem kooperativen Verhältnis zur nicht kommunistischen Welt letztlich sehr gelegen war. Gegen die uneingestan-
dene, aber um so wirksamere Koalition der Dogmatiker beider

[2] Rede vom 12. 9. 1946, *Vital Speeches of the Day*. Bd. 12 (October 1, 1946),
S. 738–741, auszugsweise in: Walter LaFeber (Hrsg.), *The Origins of the Cold
War, 1941–1947. A Historical Problem with Interpretations and Documents*.
New York 1971, S. 144–148.

Seiten vermochten sich die Realisten bald nicht mehr durchzusetzen; als die Sowjetführung 1952 ihre strategischen Fehlleistungen einzusehen begann, kam zwar eine Koalition der Entspannungsbefürworter zustande, die der Konfrontation viel von ihrer Militanz nahm, sich in der Substanz aber lange Zeit nicht gegen die Koalition der Dogmatiker durchsetzen konnte.

Der Prozeß der Blockbildung vollzog sich so nach dem Prinzip der »self fulfilling prophecy«: Die westliche Politik der Kooperationsverweigerung und Pressionen provozierte die Abschließung und einheitliche Ausrichtung des Sowjetblocks, die die antikommunistischen Dogmatiker schon zuvor behauptet hatten; die Monolithisierung Osteuropas und die Obstruktion des Marshall-Plans riefen die westliche Blockbildung hervor, gegen deren vermutete Folgen sie gerichtet waren; und beide Seiten fanden in der gegnerischen Blockbildung Anlaß, die Überschätzung der Kräfte der Gegenseite bestätigt zu sehen – so wenig die Thesen vom prinzipiellen Imperialismus der Gegenseite jemals tatsächlich berechtigt waren. Die Teilung Deutschlands war eine notwendige Folge dieses Prozesses: Zwar strebte sie niemand als politisches Primärziel an, doch war auch niemand bereit, das ganze Deutschland der Gegenseite zu überlassen, konnte in Anbetracht der Bedeutung des deutschen Potentials auch niemand dazu bereit sein. Während die Furcht vor einer Dominanz der Gegenseite (und auf amerikanischer Seite zunächst mehr noch die Furcht vor einer Einbeziehung Frankreichs in den sowjetischen Einflußbereich) eine gemeinsame Deutschlandregelung blockierte, entstanden im besetzten Deutschland zwei unterschiedliche, auf die Interessen der jeweiligen Besatzungsmacht ausgerichtete Gesellschaftssysteme, und als die Blockbildung soweit fortgeschritten war, daß eine Verständigung nur noch als Neutralisierung Deutschlands denkbar war, erschien nicht nur einer Mehrheit der Entscheidungsträger in Ost und West das Risiko einer solchen Neutralisierung zu hoch, sondern votierten auch die meisten Westdeutschen ebenso wie natürlich die neuen Machteliten in der sowjetischen Zone für die Beibehaltung des unterdessen erreichten Status quo.

Art und Umfang der westlichen Blockbildung wurde im wesentlichen von den Westeuropäern entschieden. Infolge der isolationistisch-idealistischen Grundhaltung in der amerikanischen Gesellschaft dazu genötigt, sich Handelspartner und Absatzmärkte zu sichern, ohne dafür den Preis eines nennenswerten politischen Engagements zu zahlen, war die amerikanische Politik auf die Kooperation mit den Machteliten Westeuropas angewiesen; damit erhielten diese die Möglichkeit, das amerikanisch-europäische Binnenverhältnis und damit auch den Charakter der Ost-West-Beziehungen weitgehend zu bestimmen. An ihnen lag es, dem Trend zur Ost-West-Polarisierung durch die Betonung und Absicherung der europäischen Autonomie gegenüber den USA entgegenzuwirken, und in der Tat haben sie, solange und soweit sie die amerikanische These vom expansiven Charakter der sowjetischen Politik nicht teilten – also bis 1947 und ansatzweise wieder ab 1953 – die Blockbildung verhindert bzw. abgeschwächt. In der Zwischenzeit haben sie jedoch die Chance zur Autonomie, die sich ihnen mit der europäischen Integration bot, nicht genutzt, vielmehr den politischen Einfluß der USA auf dem europäischen Kontinent verstärkt und ihr militärisches Engagement überhaupt erst provoziert – mit dem Ergebnis, daß die Jahre 1947–1952 zur entscheidenden Spannungsphase des Kalten Krieges und zur Formationsphase der Blöcke wurden. Auch diese Entscheidung war wahrscheinlich, aber keineswegs notwendig: So sehr einerseits »westliche« Grundvorstellungen einer pluralistischen politischen Ordnung den alten und den neuen Kontinent verbanden, und das sowjetische Verhalten geeignet war, unter den Westeuropäern Furcht hervorzurufen, so groß waren andererseits die Gegensätze in Lebensgefühl und ideologischem Anspruch zwischen amerikanischem Progressismus und europäischem Konservativismus, zwischen amerikanischer »free enterprise«-Ideologie und europäischem Sozialismus, und so gegensätzlich – bald für, bald gegen europäische Integration, bald für Kooperation mit den amerikanischen Verteidigern des freien Unternehmertums, bald für Protektion gegen die Übermacht des amerikanischen Kapitals – waren die ökonomischen Interessen der gemischtwirtschaftlichen Systeme in den europäischen Ländern. Ausschlaggebend für die Entscheidung gegen die »Dritte Kraft« waren erstens das Ausmaß des in Großbritannien und zu einem geringeren Teil auch in Frankreich noch verbliebenen Nationalismus, zweitens eine durchaus genuine Furcht vor der sowjetischen Expansion, und drittens (allerdings tatsächlich erst an dritter Stelle!) die Tatsache, daß sich diese Furcht zum Zwecke der Aufrechterhaltung des gesellschaftlichen Status quo in Westeuropa instrumentalisieren ließ.

Gefördert wurde der Prozeß der Blockbildung von einer breiten Koalition von Kräften, die direkt oder indirekt Nutzen aus ihm zogen: den »militärisch-industriellen Komplexen« in den USA und (in einem geringeren Grade) der UdSSR, die die wechselseitigen Bedrohungsvorstellungen aktivierten, um den eigenen Anteil am Sozialprodukt auszuweiten; den traditionellen Machteliten in Westeuropa, die infolge des Krieges vielfach diskreditiert und von einem Aufschwung der westeuropäischen Linken bedroht in den Argumentationsmustern des Kalten Krieges und der Bundesgenossenschaft mit den USA die geeigneten Mittel fanden, ihre ins Wanken geratenen Positionen wenigstens teilweise zu retten; den Führungskräften in Osteuropa, die sich ab 1948 im Kampf gegen die »Titoisten« durchsetzten; und überhaupt von Angehörigen der Führungsgruppen in Ost und West, die ihre Position mit antikommunistischen bzw. antiwestlichen Argumenten errangen und zu ihrer Legitimation auf das Fortbestehen der Konfliktsituation angewiesen waren. Sie alle waren »sekundäre Verursacher« des Kalten Krieges: Weder allein noch zusammen mächtig genug, den Konflikt zu initiieren, arbeiteten sie doch teils bewußt, teils unbewußt auf ihn hin und ließen ihn, nachdem der Eskalationsmechanismus erst einmal in Gang gesetzt worden war, zu einer innenpolitisch fest verwurzelten und daher über seine Anlässe hinaus dauerhaften Realität werden.

Zum Hauptopfer der zunächst nur vermuteten und dann tatsächlichen Konfrontation wurde die europäische Linke, genauer: jene politischen Kräfte in Europa, die entschieden auf eine Überwindung des kapitalistischen Systems drängten. In Westeuropa wurden die nationalen emanzipatorischen Kräfte der Kommunistischen Parteien durch die sowjetische Stabilisierungsstrategie neutralisiert und gerieten dann durch den pseudorevolutionären Kominform-Kurs in die Isolation; die sozialdemokratischen und sozialistischen Parteien wurden durch die Trennung von den Kommunisten nachhaltig geschwächt, während ihre konservativen und liberalen Gegenspieler in der Zusammenarbeit mit der amerikanischen Führungsmacht wesentliche Positionsvorteile errangen. In Osteuropa mußten die autochthonen sozialistischen Kräfte, die an der ersten Phase der »volksdemokratischen« Umwälzung wesentlichen Anteil hatten, im Zuge der Blockbildung mehr und mehr den dogmatisch am sowjetischen Vorbild ausgerichteten Konformisten weichen. Das westliche Europa organisierte sich – soweit es sich überhaupt organisierte – unter mehrheitlich konservativen Vorzeichen; vom Europa der »Dritten Kraft« blieb lediglich das Rudiment keynesianischer Rahmenplanung. Der Kalte Krieg wurde also auch innerhalb der beiden Machtsphären als ordnungspolitischer Konflikt ausgetragen – hier freilich nicht, wie die offiziellen Basisdoktrinen der beiden Seiten behaupten, zwischen amerikanischem und sowjetischem »way of life«, sondern, in signifikanter Relativierung des fundamentalen gesellschaftlich-ideologischen Ost-West-Gegensatzes, zwischen liberalkapitalistischen und demokratisch-sozialistischen Ordnungsvorstellungen auf der westlichen Seite und zwischen Autonomie und sowjetischer Penetration innerhalb der sowjetischen Sicherheitssphäre.

Die Tatsache, daß die fundamentalen Prinzipien »westlicher« Lebensform innerhalb der westlichen Hemisphäre zu keinem Zeitpunkt des Konflikts ernsthaft bedroht waren, der sowjetische Machtanspruch innerhalb der sowjetischen Sicherheitssphäre jedoch ständig (und zwar weniger infolge der amerikanischen »Imperialisierung« als vielmehr aufgrund der inneren Schwäche des sowjetischen Systems), macht deutlich, daß der dem Kalten Krieg zugrundeliegende, aber keineswegs notwendigerweise in ihn mündende Systemkonflikt zwischen »östlicher« und »westlicher« Lebensform kein Konflikt zwischen zwei im Prinzip gleichrangigen Größen war (und ist), sondern ein Konflikt zwischen dem prinzipiell eine Vielzahl von Lebensformen und Machtkonfigurationen zulassenden westlichen System und der tendenziell totalitären Verabsolutierung einer dieser Möglichkeiten im Ostblock, und daß für die »westlichen« Prinzipien darum von einer »offenen«, das heißt kooperativen und jede Chance zur Entspannung nützenden Systemkonkurrenz nichts zu befürchten, vielmehr alles zu erhoffen war. Daß sich die große Mehrheit der relevanten Kräfte des »Westens« letztlich für die andere Möglichkeit entschied, macht die Tragik des Kalten Krieges aus.

Quellen und Literatur

Zur Orientierung über den Gang der Forschungsdiskussion vgl. Wilfried Loth: *Der »Kalte Krieg« in der historischen Forschung.* In: Gottfried Niedhart (Hrsg.): *Der Westen und die Sowjetunion.* Paderborn 1983, S. 155–175; zur Information über Neuerscheinungen zu Beginn der 1980er Jahre Wolfgang Michalka (Hrsg.): *Ost-West-Konflikt und Friedenssicherung.* Stuttgart 1985.

Quellen

Acheson, Dean: *Present at the Creation. My Years in the State Department.* New York 1970.

Adenauer, Konrad: *Erinnerungen.* 4 Bde, Stuttgart 1965–68.

Auriol, Vincent: *Journal du septennat.* 7 Bde, Paris 1970–79.

Bailey, Thomas A.: *The Marshall Plan Summer. An Eyewitness Report on Europe and the Russians in 1947.* Stanford, Cal. 1977.

Blum, John Morton: *From the Morgenthau Diaries: Years of War 1941–1945.* Boston 1967.

Blum, Léon: *L'Œuvre de Léon Blum.* 7 Bde in 9 Teilen, Paris 1954–72.

Bohlen, Charles: *Witness to History 1929–69.* New York 1973.

Byrnes, James F.: *All in One Lifetime.* New York 1958.

Churchill, Winston: *Triumph and Tragedy.* Boston 1953.

Djilas, Milovan: *Gespräche mit Stalin.* Frankfurt 1962.

Documents on British Policy Overseas. Series I and II. London 1984ff.

Eden, Anthony: *Memoiren, 1947–1957.* Köln 1960.

Etzold, Thomas H., John Lewis Gaddis (Hrsg.): *Containment: Documents on American Policy and Strategy 1945–1950.* New York 1978. *Europa, Dokumente zur Frage der europäischen Einigung.* 3 Bde, München 1962.

Foreign Relations of the United States. Hrsg. vom Department of State, Washington. – Vgl. den Überblick über die bisher erschienenen Bände bei Hans R. Guggisberg: *Dokumente zur amerikanischen Außenpolitik von 1940 bis 1950. Das Quellenwerk Foreign Relations of the United States.* In: Historische Zeitschrift 226 (1978), S. 622–635; ders.: *Amerikanische Außenpolitik 1950–1960. Zum Quellenwerk Foreign Relations of the United States.* Ebd. 245 (1987), S. 107–114.

Gasteyger, Curt (Hrsg.): *Einigung und Spaltung Europas 1942–1965.* Frankfurt 1965.

de Gaulle, Charles: *Mémoires de Guerre.* Bd. 3: *Le Salut, 1944–46.* Paris 1959.

Harriman, W. Averell, Elie Abel: *Special Envoy to Churchill and Stalin 1941–1946.* New York 1975 (deutsch: *In geheimer Mission. Als Sonderbeauftragter Roosevelts bei Churchill und Stalin.* Stuttgart 1979).

Hull, Cordell: *The Memoirs of Cordell Hull.* 2 Bde, New York 1948.

Jäckel, Eberhard (Hrsg.): *Die deutsche Frage 1952–1956. Notenwechsel und Konferenzdokumente der vier Mächte.* Frankfurt 1957.

Kennan, George F.: *Memoiren eines Diplomaten.* 2 Aufl. 2 Bde, München 1971.

Kimball, Warren F.: *Churchill and Roosevelt. The Complete Correspondence.* 3 vols., Princeton 1984.

La Feber, Walter (Hrsg.): *The Origins of the Cold War 1941–1947. A Historical Problem with Interpretations and Documents.* New York 1971.

Lipgens, Walter, Wilfried Loth (Hrsg.): *Documents on the History of European Integration.* Vols. 1–4, *1939–1950.* Berlin, New York 1984–1989.

Loewenheim, Francis L., Harold D. Langley, Manfred Jonas (Hrsg.): *Roosevelt and Churchill. Their Secret Wartime Correspondence.* London 1975.

Meissner, Boris (Hrsg.): *Das Ostpakt-System.* Frankfurt, Berlin 1955.

Ders. (Hrsg.): *Der Warschauer Pakt.* Köln 1962.

Mendès France, Pierre: *Choisir. Conversations avec Jean Bothorel.* 2. Aufl. Paris 1976.

Millis, Walter (Hrsg.): *The Forrestal Diaries.* New York 1951.

Molotow, Wjatscheslaw M.: *Fragen der Außenpolitik, Reden und Erklärungen.* Moskau 1949.

Roosevelt, Elliott (Hrsg.): *Franklin D. Roosevelt. His Personal Letters 1928–1945.* 2 vols., New York 1950.

Smith, Jean Edward (Hrsg.): *The Papers of General Lucius D. Clay: Germany 1945–49.* Bloomington 1974.

Steininger, Rolf (Hrsg.): *Eine Chance zur Wiedervereinigung? Die Stalin-Note vom 10. März 1952.* Berlin, Bonn 1985.

Talbott, Strobe (Hrsg.): *Khrushchev Remembers. The Last Testament.* Boston 1976.

Truman, Harry S.: *Memoirs. Year of Decisions.* Garden City, N. Y. 1955.

Vandenberg, Arthur, Jr. (Hrsg.): *The Private Papers of Senator Vandenberg.* Boston 1972.

Literatur

Alexander, George M.: *The Prelude to the Truman Doctrine. British Policy in Greece, 1944–1947.* Oxford 1982.

Alperowitz, Gar: *Atomic Diplomacy. Hiroshima and Potsdam.* New York 1965 (deutsch: *Atomare Diplomatie, Hiroshima und Potsdam.* München 1966).

Amen, Michael Mark: *American Foreign Policy in Greece 1944–49.* London 1979.

Anderson, Terry H.: *The United States, Great Britain and the Cold War, 1944–1947*. Columbia, London 1981.

Anfänge westdeutscher Sicherheitspolitik 1945–1956. Bd. I: *Von der Kapitulation bis zum Pleven-Plan*. München, Wien 1982.

Arkes, Hardley: *Bureaucracy, The Marshall Plan and the National Interest*. Princeton 1972.

Aron, Raymond, Daniel Lerner (Hrsg.): *La querelle de la C. E. D.* Paris 1956.

Backer, John H.: *The Decision to Divide Germany. American Foreign Policy in Transition*. Durham 1978 (deutsch: *Die Entscheidung zur Teilung Deutschlands. Amerikas Deutschlandpolitik 1943–1948*. München 1981).

Ders.: *Die deutschen Jahre des Generals Clay. Der Weg zur Bundesrepublik 1945–1949*. München 1983.

Ballard, Jack S.: *The Shock of Peace. Military and Economic Demobilization after World War II*. Washington 1983.

Baring, Arnulf: *Der 17. Juni 1953*. Köln, Berlin 1965. 2. Aufl. Stuttgart 1983.

Ders.: *Außenpolitik in Adenauers Kanzlerdemokratie. Bonns Beitrag zur Europäischen Verteidigungsgemeinschaft*. 2 Bde, München 1971.

Barker, Elizabeth: *The British between the Superpowers 1945–50*. Toronto 1983.

Benz, Wolfgang: *Die Gründung der Bundesrepublik. Von der Bizone zum souveränen Staat*. München 1984.

Bernstein, Barton J. (Hrsg.): *Politics and Policies of the Truman Administration*. Chicago 1970.

Ders., *The Atomic Bomb, The Critical Issues*. Boston, Toronto 1976.

Birke, Ernst, Rudolf Neumann (Hrsg.): *Die Sowjetisierung Ost-Mitteleuropas. Untersuchungen zu ihrem Ablauf in den einzelnen Ländern*. Bd. I, Frankfurt, Berlin 1959.

Brauch, Hans Günter: *Struktureller Wandel und Rüstungspolitik der USA (1940–1950). Zur Weltführungsrolle und ihren innenpolitischen Bedingungen*. Diss. Heidelberg 1976.

Brzezinski, Zbigniew: *Der Sowjetblock. Einheit und Konflikt*. Köln 1962.

Buhite, Russel D.: *Soviet-American Relations in Asia, 1945–1954*. Norman 1981.

Bullock, Alan: *Ernest Bevin. Foreign Secretary 1945–1951*. London 1983.

Carlton, David: *Anthony Eden. A Biography*. London 1981.

Clemens, Diane S.: *Yalta*. New York 1970 (deutsch: *Jalta*. Stuttgart 1972).

von Csernatony, Georges: *Le plan Marshall et le redressement économique de l'Allemagne*. Diss. Lausanne 1973.

Cumings, Bruce: *The Origins of the Korean War*. Princeton 1981.

Dallek, Robert: *Franklin D. Roosevelt and American Foreign Policy, 1932–1945*. New York 1979.

Davis, Lynn Etheridge: *The Cold War Begins. Soviet-American Conflict over Eastern Europe.* Princeton 1974.

Deuerlein, Ernst: *Deklamation oder Ersatzfrieden? Die Konferenz von Potsdam 1945.* Stuttgart 1970.

Diebold, William, Jr.: *The Schumann Plan.* New York 1959.

Diepenthal, Wolfgang: *Drei Volksdemokratien. Ein Konzept der kommunistischen Machtstabilisierung und seine Verwirklichung in Polen, der Tschechoslowakei und der Sowjetischen Besatzungszone Deutschlands 1944–1948.* Köln 1974.

Divine, Robert A.: *Roosevelt and World War II.* Baltimore 1969.

Ders.: *Foreign Policy and U. S. Presidential Elections 1940–1948.* New York 1974.

Douglas, Roy: *From War to Cold War 1942–48.* London 1981.

Erdmenger, Klaus: *Das folgenschwere Mißverständnis. Bonn und die sowjetische Deutschlandpolitik 1949–1955.* Freiburg 1967.

Elgey, Georgette: *Histoire de la IVe République.* 2 Bde, Paris 1965–68.

Fainsod, Merle: *How Russia is Ruled.* 2. Aufl. Cambridge, Mass. 1963.

Fauvet, Jacques: *Histoire du parti communiste français.* 2. Aufl. Paris 1977.

Feis, Herbert: *Churchill, Roosevelt, Stalin. The War They Waged and the Peace They Sought.* Princeton 1957.

Ders.: *Zwischen Krieg und Frieden. Das Potsdamer Abkommen.* Frankfurt, Bonn 1962.

Ders.: *The Atomic Bomb and the End of World War II.* 2. Aufl. Princeton 1966.

Ders.: *From Trust to Terror. The Onset of the Cold War 1945–1950.* New York 1070.

Fischer, Alexander: *Sowjetische Deutschlandpolitik im Zweiten Weltkrieg 1941–1945.* Stuttgart 1975.

Fischer, Louis: *The Road to Yalta. Soviet Foreign Relations 1941–1945.* New York 1972.

Fleming, Donna F.: *The Cold War and its Origins, 1917–1960.* 2. Bde, Garden City, N. Y. 1961.

Fontaine, André: *Histoire de la guerre froide.* 2 Bde, Paris 1965–67.

Foschepoth, Josef (Hrsg.): *Kalter Krieg und deutsche Frage.* Göttingen 1985.

Ders. (Hrsg.): *Adenauer und die Deutsche Frage.* Göttingen 1988.

Freeland, Richard M.: *The Truman Doctrine and the Origins of McCarthyism. Foreign Policy. Domestic Politics and Internal Security 1946–1948.* New York 1972.

Fried, Richard M.: *Men against McCarthy.* New York 1976.

Frohn, Axel: *Deutschland zwischen Neutralisierung und Westintegration. Die deutschlandpolitischen Planungen und die Deutschlandpolitik der Vereinigten Staaten von Amerika 1945–1949.* Frankfurt 1985.

Gaddis, John L.: *The United States and the Origins of the Cold War 1941–1947.* New York 1972, 2. Aufl. 1976.

Ders.: *Strategies of Containment. A critical Appraisal of Postwar American National Security Policy.* New York, Oxford 1982.

Gardner, Lloyd C.: *Economic Aspects of New Deal Diplomacy.* Madison 1964.

Ders.: *Architects of Illusion. Men and Ideas in American Foreign Policy 1941–1949.* Chicago 1970.

Ders., Arthur Schlesinger, Jr., Hans J. Morgenthau: *The Origins of the Cold War.* Waltham, Mass., Toronto 1970.

Gardner, Richard N.: *Sterling-Dollar Diplomacy: Anglo-American Collaboration in the Reconstruction of the Multilateral Trade.* Oxford 1956, 2. Aufl. New York 1969.

Geiling, Martin: *Außenpolitik und Nuklearstrategie. Eine Analyse des konzeptionellen Wandels der amerikanischen Sicherheitspolitik gegenüber der Sowjetunion (1945–1963).* Köln, Wien 1975.

Geyer, Dietrich: *Von der Kriegskoalition zum Kalten Krieg.* In: *Sowjetunion Außenpolitik.* Bd. 1: *1917–1955* (Reihe: Osteuropa-Handbuch). Köln, Wien 1972.

Gimbel, John: *Amerikanische Besatzungspolitik in Deutschland 1945 bis 1949.* Frankfurt 1971.

Ders.: *The Origins of the Marshall Plan.* Stanford 1976.

Graml, Hermann: *Nationalstaat oder westdeutscher Teilstaat. Die sowjetischen Noten vom Jahre 1952 und die öffentliche Meinung in der Bundesrepublik Deutschland.* In: Vierteljahrshefte für Zeitgeschichte 25 (1977), S. 821–864.

Ders.: *Die Legende von der verpaßten Gelegenheit.* In: Vierteljahrshefte für Zeitgeschichte 29 (1981), S. 307–341.

Ders.: *Die Alliierten und die Teilung Deutschlands. Konflikte und Entscheidungen 1941–1948.* Frankfurt 1985.

Griffith, Robert: *The Politics of Fear. Joseph R. McCarthy and the Senate.* Lexington 1970.

Griffith, Robert, Athan Theoharis (Hrsg.): *The Specter: Original Essays on the Cold War and the Origins of McCarthyism.* New York 1974.

Grosser, Alfred: *Das Bündnis. Die westeuropäischen Länder und die USA seit dem Krieg.* München 1978.

Haberl, Othmar Nikola, Lutz Niethammer (Hrsg.): *Der Marshall-Plan und die europäische Linke.* Frankfurt 1986.

Hacker, Jens: *Der Ostblock. Entstehung, Entwicklung und Struktur 1939–1980.* Baden-Baden 1983.

Hahn, Werner G.: *Postwar Soviet politics. The fall of Zhdanov and the defeat of moderation, 1946–1953.* New York 1982.

Halle, Louis J.: *Der Kalte Krieg. Ursachen, Verlauf, Abschluß.* Frankfurt 1969.

Hammond, Paul Y.: *Directives for the Occupation of Germany. The Washington Controversy.* In: Harold Stein (Hrsg.): *American Civil-Military Decisions.* Birmingham, Alb. 1963.

Ders.: *NSC 68: Prologue to Rearmament*. In: Schilling, Hammond, Snyder: *Strategy, Politics and Defense Budgets*. New York, London 1962.

Hammond, Thomas T. (Hrsg.): *Witnesses to the origins of the Cold War*. Seattle 1982.

Ders. (Hrsg.): *The Anatomy of Communist Takeovers*. New Haven 1975.

Harbutt, Fraser J.: *The Iron Curtain. Churchill, America and the Origins of the Cold War*. New York, Oxford 1986.

Hathaway, Robert M.: *Ambiguous Partnership. Britain and America, 1944–1947*. New York 1981.

Heiter, Heinrich: *Vom friedlichen Weg zum Sozialismus zur Diktatur des Proletariats. Wandlungen der sowjetischen Konzeption der Volksdemokratie 1945–1949*. Frankfurt 1977.

Herbst, Ludolf (Hrsg.): *Westdeutschland 1945–1955. Unterwerfung, Kontrolle, Integration*. München 1986.

Herken, Gregg F.: *The Winning Weapon. The Atomic Bomb in the Cold War 1945–1950*. New York 1981.

Herring, George C.: *Aid to Russia 1941–1946. Strategy, Diplomacy, the Origins of the Cold War*. New York 1973.

Hillgruber, Andreas: *Sowjetische Außenpolitik im Zweiten Weltkrieg*. Königstein 1979.

Ders.: *Europa in der Weltpolitik der Nachkriegszeit 1945–1963*. München, Wien 1979, 2. Aufl. 1981.

Hoensch, Jörg K.: *Sowjetische Osteuropapolitik 1945–1975*. Kronberg 1977.

Hogan, Michael J.: *The Marshall Plan. America, Britain, and the Reconstruction of Western Europe, 1947–1952*. Cambridge 1987.

Horowitz, David: *Kalter Krieg. Hintergründe der US-Außenpolitik von Jalta bis Vietnam*. 2 Bde, Berlin 1969.

Ireland, Thimothy P.: *Creating the entangling Alliance. The Origins of the North Atlantic Treaty Organization*. London 1981.

Issraelian, Viktor: *Die Antihitlerkoalition. Die diplomatische Zusammenarbeit zwischen der UdSSR, den USA und England während des Zweiten Weltkrieges 1941–1945*. Moskau 1975.

Jones, Joseph M.: *The Fifteen Weeks (February 21–June 5, 1947)*. 2. Aufl. New York 1964.

Kendrick, Clements A. (Hrsg.): *James F. Byrnes and the Origins of the Cold War*. Durham 1982.

Kertesz, Stephen D.: *Between Russia and the West. Hungary and the illusion of peacemaking 1945–47*. Notre Dame 1984.

Kessel, Martina: *Britische und französische Deutschlandpolitik auf den Außenministerkonferenzen von 1945 bis 1947*. Diss. München 1988.

Kimball, Warren F. (Hrsg.): *Franklin D. Roosevelt and the World Crisis 1937–1945*. Lexington 1973.

Ders. (Hsrg.): *Swords or Ploughshares? The Morgenthau Plan for defeated Nazi Germany, 1943–1946*. Philadelphia 1976.

Kirkendall, Richard S. (Hrsg.): *The Truman Period as a Research Field. A Reappraisal 1972.* Columbia, Mo. 1974.

Kolko, Gabriel: *The Politics of War. The World and United States Policy 1943–1945.* New York 1968.

Kolko, Joyce and Gabriel: *The Limits of Power. The World and United States Policy 1945–1954.* New York 1972.

Krieger, Wolfgang: *General Lucius D. Clay und die amerikanische Deutschlandpolitik 1945–1949.* Stuttgart 1987.

Kuklick, Bruce: *American Policy and the Division of Germany. The Clash with Russia over Reparations.* Ithaca, London 1972.

Kuklick, Bruce: *American Policy and the Division of Germany. The Clash with Russia over Reparations.* Ithaca, London 1972.

Kuniholm, Bruce R.: *The Origins of the Cold War in the Near East.* Princeton 1980.

LaFeber, Walter: *America, Russia and the Cold War.* New York 1967, 3. Aufl. 1976.

Leffler, Melvin P.: *The American Conception of National Security and the Beginnings of the Cold War, 1945–1948.* In: The American Historical Review 89 (1984), S. 346–381.

Link, Werner: *Die amerikanische Außenpolitik aus revisionistischer Sicht.* In: Neue Politische Literatur 16 (1971), S. 202–220.

Ders.: *Das Konzept der friedlichen Kooperation und der Beginn des Kalten Krieges.* Düsseldorf 1971.

Lipgens, Walter: *Die Anfänge der europäischen Einigungspolitik 1945 bis 1950.* Bd. 1: *1945–1947.* Stuttgart 1977.

Löwke, Udo F.: *Die SPD und die Wehrfrage 1949–1955.* Bonn-Bad Godesberg 1976.

Lorenz, Richard: *Sozialgeschichte der Sowjetunion I 1917–1945.* Frankfurt 1976.

Loth, Wilfried: *Der »Kalte Krieg« in deutscher Sicht.* In: Deutschland-Archiv 9 (1976), S. 204–213.

Ders.: *Sozialismus und Internationalismus. Die französischen Sozialisten und die Nachkriegsordnung Europas 1940–1950.* Stuttgart 1977.

Ders.: *Die westeuropäischen Regierungen und der Anstoß durch Marshall.* In: Walter Lipgens: *Die Anfänge der europäischen Einigungspolitik 1945–1950.* Bd. I: *1945–1947.* Stuttgart 1977, S. 491–514 (überarbeitete englischsprachige Fassung: *The West European Governments and the Impulse given by the Marshall Plan.* In: *A History of European Integration.* Hrsg. v. Walter Lipgens u. a., Bd. I. Oxford 1982, S. 488–507).

Ders.: *Frankreichs Kommunisten und der Beginn des Kalten Krieges.* In: Vierteljahrshefte für Zeitgeschichte 26 (1978), S. 7–65.

Ders.: *Die doppelte Eindämmung. Überlegungen zur Genesis des Kalten Krieges 1945–1947.* In: Historische Zeitschrift 238 (1984), S. 611 bis 631.

Ders.: *Die deutsche Frage in französischer Perspektive.* In: Ludolf Herbst (Hrsg.), *Westdeutschland 1945–1955.* München 1986, S. 37–49.

Ders.: *Blockbildung und Entspannung. Strukturen des Ost-West-Konflikts 1953–1956.* In: Bruno Thoß, Hans-Erich Volkmann (Hrsg.), *Zwischen Kaltem Krieg und Entspannung. Sicherheits- und Deutschlandpolitik der Bundesrepublik im Mächtesystem der Jahre 1953 bis 1956.* Boppard 1988, S. 9–23.

Lundestad, Geir: *The American Non-Policy towards Eastern Europe 1943–1947.* Tromsö, New York 1975, 2. Aufl. 1978.

Maddox, Robert J.: *The New Left and the Origins of the Cold War.* Princeton 1973.

Marcou, Lilly: *Le Kominform.* Paris 1977.

Martin, Bernd: *Verhandlungen über separate Friedensschlüsse 1942 bis 1945. Ein Beitrag zur Entstehung des Kalten Krieges.* In: Militärgeschichtliche Mitteilungen 7 (1976), S. 95–113.

Mástný, Vojtěch: *Stalin and the Prospects of a Separate Peace in World War II.* In: American Historical Review 77 (1972), S. 43–66.

Ders.: *Russia's Road to the Cold War. Diplomacy. Warfare and Communism 1941–1945.* New York 1979 (deutsch: *Moskaus Weg zum Kalten Krieg.* München, Wien 1980).

Matloff, Maurice, Edward L. Snell: *Strategic Planning for Coalition Warfare: 1943–1944.* Washington D. C. 1959.

May, Ernest R.: *The Truman Administration and China 1945–1949.* Philadelphia 1975.

McCagg, William O., Jr.: *Stalin Embattled 1943–1948.* Detroit 1978.

McNeill, William H.: *America, Britain and Russia, Their Cooperation and Conflict 1941–1946.* London 1953.

Meissner, Boris: *Rußland, die Westmächte und Deutschland.* 2. Aufl. Hamburg 1954.

Melandri, Pierre: *Les Etats-Unis face à l'unification de l'Europe 1945 à 1954.* Paris 1980.

Messer, Robert L.: *The End of an Alliance: James F. Byrnes, Roosevelt, Truman, and the Origins of the Cold War.* Chapel Hill 1982.

Morgan, Roger: *The Unsettled Peace. A Study of the Cold War in Europe.* London 1974.

Meyer, Gerd: *Die sowjetische Deutschland-Politik im Jahre 1952.* Tübingen 1970.

Myant, Martin: *Socialism and Democracy in Czechoslovakia, 1945 to 1948.* New York 1981.

Niedhart, Gottfried: *Der Westen und die Sowjetunion. Einstellung und Politik gegenüber der UdSSR in Europa und in den USA seit 1917.* Paderborn 1983.

Noack, Paul: *Das Scheitern der Europäischen Verteidigungsgemeinschaft. Entscheidungsprozesse vor und nach dem 30. August 1954.* Düsseldorf 1977.

Nolte, Ernst: *Deutschland und der Kalte Krieg.* München 1974. 2. Aufl. Stuttgart 1985.

Notter, Harley: *Postwar Foreign Policy Preparation 1939–1945.* Washington 1949.

Nove, Alex: *An Economic History of the U. S. S. R.* Hammondsworth 1972.

Paige, Glenn D.: *The Korean Decision: June 24–30, 1950.* New York, London 1968.

Paterson, Thomas G.: *Soviet-American Confrontation, Postwar Reconstruction and the Origins of the Cold War.* Baltimore, London 1973.

Ders.: *On Every Front. The Making of the Cold War.* New York 1979.

Penrose, Ernest F.: *Economic Planning for Peace.* Princeton 1953.

Pirker, Theo: *Die verordnete Demokratie. Grundlagen und Entscheidungen der »Restauration«.* Berlin 1977.

Pogue, Forrest C.: *George C. Marshall. Statesman, 1945–1959.* New York 1987.

Poidevin, Raymond (Hrsg.): *Histoire des débuts de la construction européenne.* Brüssel 1986.

Ders.: *Robert Schuman. Homme d'état, 1886–1963.* Paris 1986.

Pollard, Robert A.: *Economic Security and the Origins of the Cold War, 1945–1950.* New York 1985.

Price, Harvey B.: *The Marshall Plan and its Meaning.* Ithaca N. Y. 1955.

Richter, Heinz: *British Intervention in Greece. From Varzika to Civil War.* London 1985.

Riste, Olav (Hrsg.): *Western Security. The Formative Years.* Oslo 1985.

Roberts, Walter R.: *Tito, Mihailovic and the Allies 1941–1945.* New Brunswick, N. J. 1973.

Rose, Lisle A.: *After Yalta.* New York 1973.

Sainsbury, Keith: *The Turning Point. Roosevelt, Stalin, Churchill, and Chiang-Kai-Shek, 1943. The Moscow, Cairo, and Teheran Conferences.* Oxford, New York 1985.

Sandford, Gregory W.: *From Hitler to Ulbricht. The Communist reconstruction of East Germany, 1945–46.* Princeton 1982.

Schmitt, Hans A. (Hrsg.): *U. S. Occupation in Europe after World War II.* Lawrence 1978.

von Schubert, Klaus: *Wiederbewaffnung und Westintegration. Die innere Auseinandersetzung um die militärische und außenpolitische Orientierung der Bundesrepublik 1950–1952.* Stuttgart 1970, 2. Aufl. 1972.

Schwabe, Klaus: *Die amerikanische Besatzungspolitik in Deutschland und der Beginn des »Kalten Krieges« (1945/46).* In: *Rußland-Deutschland-Amerika.* Festschrift für Fritz T. Epstein zum 80. Geburtstag. Wiesbaden 1978, S. 311–332.

Ders. (Hrsg.): *Die Anfänge des Schuman-Plans 1950/51.* Baden-Baden 1988.

Schwarz, Hans-Peter: *Vom Reich zur Bundesrepublik. Deutschland im Widerstreit der außenpolitischen Konzeptionen in den Jahren der Besatzungsherrschaft 1945–1949.* Neuwied, Berlin 1966, 2. Aufl. Stuttgart 1980.

Ders.: *Adenauer und Europa*. In: Vierteljahrshefte für Zeitgeschichte 27 (1979), S. 471–523.

Sharp, Tony: *The Wartime Alliance and the Zonal Division of Germany*. Oxford 1975.

Sherwin, Martin J.: *A World Destroyed. The Atomic Bomb and the Grand Alliance*. New York 1975.

Sherwood, Robert E.: *Roosevelt and Hopkins*. Hamburg 1950.

Simmons, Robert R.: *The Strained Alliance. Peking, Pyongyang, Moscow and the Politics of the Korean Civil War*. New York 1975.

Snell, John L.: *Wartime Origins of the East-West Dilemma over Germany*. New Orleans 1959.

Snyder, Glenn H.: *The »New Look« of 1953*. In: Schilling, Hammond, Snyder: *Strategy, Politics and Defense Budgets*. New York, London 1962, S. 382–524.

Spittmann, Ilse, Karl Wilhelm Fricke (Hrsg.): *17. Juni 1953. Arbeiteraufstand in der DDR*. Köln 1982.

Staritz, Dietrich: *Sozialismus in einem halben Land. Zur Problematik und Politik der KPD/SED in der Phase der antifaschistisch-demokratischen Umwälzung in der DDR*. Berlin 1976.

Ders.: *Die Gründung der DDR. Von der sowjetischen Besatzungsherrschaft zum sozialistischen Staat*. München 1984.

Steininger, Rolf: *Reform und Realität. Ruhrfrage und Sozialisierung in der anglo-amerikanischen Deutschlandpolitik 1947/48*. In: Vierteljahrshefte für Zeitgeschichte 27 (1979), S. 167–240.

Ders.: *Eine vertane Chance. Die Stalin-Note vom 10. März 1952 und die Wiedervereinigung*. Berlin, Bonn 1985.

Taubman, William: *Stalin's American Policy: From Entente to Detente to Cold War*. New York 1982.

Theoharis, Athan: *The Yalta Myths: An Issue in U. S. Politics, 1945 to 1955*. Columbia, Mo. 1970.

Ders.: *Seeds of Repression: Harry S. Truman and the Origins of McCarthyism*. Chicago 1971.

Thompson, Kenneth W.: *Cold War theories:* Bd. I: *World polarization 1944–1953*. Chapel Hill 1982.

Thoß, Bruno, Hans-Erich Volkmann (Hrsg.): *Zwischen Kaltem Krieg und Entspannung. Sicherheits- und Deutschlandpolitik der Bundesrepublik im Mächtesystem der Jahre 1953–1956*. Boppard 1988.

Tucker, Robert W.: *The Radical Left and American Foreign Policy*. Baltimore, London 1971.

Tyrell, Albrecht: *Großbritannien und die Deutschlandplanung der Alliierten 1941–1945*. Frankfurt 1987.

Ulam, Adam B.: *Expansion and Coexistence. The History of Soviet Foreign Policy 1917–1967*. London 1968, 2. Aufl. 1974.

Ders.: *The Rivals. America and Russia since World War II*. New York 1971, 2. Aufl. London 1973.

Ders.: *Stalin, Koloß der Macht*. Esslingen 1977.

Ullmann, Walter: *The United States in Prague 1945–1948*. New York 1978.

Van der Beugel, Ernst H.: *From Marshall Aid to Atlantic Partnership. European Integration as a Concern of American Foreign Policy*. Amsterdam, London, New York 1966.

Walton, Richard J.: *Henry Wallace, Harry Truman and the Cold War*. New York 1976.

Wassmund, Hans: *Kontinuität im Wandel. Bestimmungsfaktoren sowjetischer Deutschlandpolitik in der Nach-Stalin-Zeit*. Köln, Wien 1974.

Der Weg nach Potsdam. Zur Gründungsgeschichte der DDR. München, Wien 1980.

Wettig, Gerhard: *Entmilitarisierung und Wiederbewaffnung in Deutschland 1943–1955*. München 1967.

Wexler, Imanuel: *The Marshall Plan Revisited. The European Recovery Program in Economic Perspective*. Westport 1983.

Wheeler-Bennet, John, Anthony Nicholls: *The Semblance of Peace. The Political Settlement after the Second World War*. London 1972.

Wiggershaus, Norbert, Roland G. Foerster (Hrsg.): *Die westliche Sicherheitsgemeinschaft 1948–1950. Gemeinsame Probleme und gegensätzliche Nationalinteressen in der Gründungsphase der Nordatlantischen Allianz*. Boppard 1988.

Williams, William A.: *Die Tragödie der amerikanischen Diplomatie*. Frankfurt 1973.

Willis, F. Roy: *France, Germany and the New Europe (1945–1967)*. Stanford, London 1968.

Winkler, Heinrich August (Hrsg.): *Politische Weichenstellungen im Nachkriegsdeutschland 1945–1953*. Göttingen 1979.

Wittner, Lawrence S.: *American Intervention in Greece, 1943–1949*. New York 1982.

Yergin, Daniel: *Shattered Peace. The Origins of the Cold War and the National Security State*. Boston 1977 (deutsch: *Der zerbrochene Frieden. Die Ursprünge des Kalten Krieges und die Teilung Europas*. Frankfurt 1979).

Young, John W.: *Britain, France and the Unity of Europe 1945–1951*. Leicester 1984.

Register

Acheson, Dean 137, 139, 161, 163, 165, 241, 246, 262, 265, 269, 272, 274, 283, 285, 303 f., 347
Adenauer, Konrad 218, 238 f., 251, 260, 282 f., 286–289, 292, 298, 300 bis 304, 313 ff., 322, 327, 328–332, 338 f., 341 f.
AFL (American Federation of Labour) 273
Ägypten 66
Albanien 183 f., 196, 198
Alliierter Kontrollrat 114 f., 145 ff., 160, 230, 232, 304
Antiamerikanismus 323
Antifaschistische Einheitsfront 51 ff., 57, 62 f., 101
Antikommunismus 167, 189, 219, 236 f., 245, 247 f., 262, 266, 271 bis 278, 300–304, 320, 333, 348, 350
Antisemitismus 297
Antonescu, Ion 60
Arciczewski, Tomasz 93
Atlantik-Charta 33, 91–95, 103, 156
Atlantik-Pakt 225–229, 232, 239 ff., 261 f., 278, 285 f.; siehe auch NATO
Atomwaffen 21, 35, 111 ff., 118, 122 f., 141 ff., 245 f., 271, 276, 312, 319, 341, 343
Attlee, Clement 115
Augstein, Rudolf 299, 302
Auriol, Vincent 203

Baruch, Bernard M. 143
Baruch-Plan 16, 21, 143 f.
Bedell-Smith, Walter 235, 317
Befreiungspolitik 275 ff., 291, 323
Belgien 55, 65, 158, 206 ff., 216, 220, 259, 263, 285, 287, 321, 326 f.
Benesch, Eduard 59 f., 194
Berija, Lawrentij P. 306 ff., 310 ff., 335
Berliner Außenministerkonferenz 1954 314 f., 335
Berliner Blockade 17, 21, 224, 229 bis 239, 241 ff., 267, 293 f.
Berner Affäre 99 f.
Bevan, Aneurin 262
Bevin, Ernest 149 f., 162, 164, 169,

172, 180 ff., 203, 206 ff., 219 ff., 230, 280, 283 f.
Bidault, Georges 162, 170, 180 ff., 203, 206–209, 219 f., 228 f., 251 ff., 261 f., 315 ff., 324
Bierut, Boleslav 102
Bizone 149, 168 f., 215
Blum, Léon 139, 202 ff., 222, 281
Bohlen, Charles F. 43
Boothby, Robert J. G. 40
Brandt, Willy 344
Brătianu, Constantin 61
Brentano, Heinrich von 339
Britisch-sowjetischer Vertrag 91
Bruce, David 327
Brüsseler Pakt 220 f., 225, 228, 230, 239 f., 250 ff., 255, 287 f., 329 f.
Bulganin, Nikolai A. 336, 338, 341
Bulgarien 16, 54 ff., 94, 100 f., 115 bis 119, 153, 165, 183 f., 193, 196, 198
Bullitt, William C. 42 f.
Bundesrepublik Deutschland 224, 237 ff., 253 ff., 258–263, 278–304, 308, 311, 313, 315, 321–339, 341, 344, 348
Bush, Vannevar 141
Byrnes, James F. 105, 109–113, 115 bis 120, 128 f., 132–137, 139–142, 147–150, 156 f., 163

Callaghan, James 256
Casablanca, Konferenz von 96
CEEC (Committee of European Economic Cooperation) 206–212
China 35 f., 53, 66, 96, 116 ff., 137, 244 bis 247, 266, 269–272, 278, 285, 314 bis 317, 344
Christdemokraten (allgemein) 202
– Italien 65, 189, 203, 207, 217
– Frankreich 63, 67, 203, 217, 219, 260
– Westdeutschland 215, 217, 238 f., 260, 295, 300, 304–307
Chruschtschow, Nikita S. 237, 306 f., 311, 335–338, 341, 343
Churchill, Winston 28, 33, 45, 55 f., 70 f., 76, 88, 91, 93 f., 96, 98, 107 f.,

363

dtv-Weltgeschichte des 20. Jahrhunderts

Herausgegeben von Martin Broszat und Helmut Heiber

Gerhard Schulz:
Revolutionen und
Friedensschlüsse
1917-1920

dtv-Weltgeschichte
des 20. Jahrhunderts

dtv 4002

Helmut Heiber:
Die Republik
von Weimar

dtv-Weltgeschichte
des
20.Jahrhunderts

dtv 4003

Ernst Nolte:
Die faschistischen
Bewegungen

dtv-Weltgeschichte
des
20.Jahrhunderts

dtv 4004

Erich Angermann:
Die Vereinigten Staaten
von Amerika
seit 1917

dtv-Weltgeschichte
des
20.Jahrhunderts

dtv 4007

Martin Broszat:
Der Staat Hitlers

dtv-Weltgeschichte
des
20.Jahrhunderts

dtv 4009

Lothar Gruchmann:
Der Zweite Weltkrieg

dtv-Weltgeschichte
des
20.Jahrhunderts

dtv 4010

Wilfried Loth:
Die Teilung der Welt
1941-1955

dtv-Weltgeschichte
des
20. Jahrhunderts

dtv 4012

Deutsche Geschichte der neuesten Zeit

vom 19. Jahrhundert bis zur Gegenwart

Deutsche Geschichte der neuesten Zeit

vom 19. Jahrhundert bis zur Gegenwart

Fritz Blaich:
Der Schwarze Freitag
Inflation und
Wirtschaftskrise
dtv 4515

Martin Broszat:
Die Machtergreifung
Der Aufstieg der NSDAP
und die Zerstörung der
Weimarer Republik
dtv 4516

Norbert Frei:
Der Führerstaat
Nationalsozialistische
Herrschaft 1933 bis 1945
dtv 4517

Bernd-Jürgen Wendt:
Großdeutschland
Außenpolitik und
Kriegsvorbereitung des
Hitler-Regimes
dtv 4518

Hermann Graml:
Reichskristallnacht
Antisemitismus und
Judenverfolgung
im Dritten Reich
dtv 4519

**Emigration und
Widerstand**
Das NS-Regime
und seine Gegner
dtv 4520 (i. Vorb.)

Lothar Gruchmann:
Totaler Krieg
Vom Blitzkrieg zur
bedingungslosen
Kapitulation
dtv 4521 (i. Vorb.)

Wolfgang Benz:
Potsdam 1945
Besatzungsherrschaft
und Neuaufbau
dtv 4522

Wolfgang Benz:
**Die Gründung der
Bundesrepublik**
dtv 4523

Dietrich Staritz:
**Die Gründung
der DDR**
Von der sowjetischen
Besatzungsherrschaft
zum sozialistischen
Staat
dtv 4524

Kurt Sontheimer:
Die Adenauer-Zeit
Wohlstandsgesellschaft
und Kanzlerdemokratie
dtv 4525 (i. Vorb.)

Manfred Rexin:
**Die Deutsche
Demokratische
Republik**
dtv 4526 (i. Vorb.)

Ludolf Herbst:
Option für den Westen
Vom Marshallplan bis
zum deutsch-französi-
schen Vertrag
dtv 4527

Peter Bender:
Neue Ostpolitik
Vom Mauerbau bis zum
Moskauer Vertrag
dtv 4528

Thomas Ellwein:
Krisen und Reformen
Die Bundesrepublik seit
den sechziger Jahren
dtv 4529

Helga Haftendorn:
**Sicherheit und
Stabilität**
Außenbeziehungen
der Bundesrepublik
zwischen Ölkrise
und NATO-Doppel-
beschluß
dtv 4530

Taschen-
bücher
zum
Dritten Reich

Martin Broszat:
Nach Hitler
Der schwierige Umgang
mit unserer Geschichte
dtv 4474

Martin Broszat:
Die Machtergreifung
Der Aufstieg der
NSDAP und die
Zerstörung der
Weimarer Republik
dtv 4516

Martin Broszat:
Der Staat Hitlers
dtv 4009

Inge Deutschkron:
Ich trug den gelben
Stern
dtv 10402

Anatomie des
SS-Staates
Band I
Hans Bucheim:
Die SS – das
Herrschaftsinstrument
Befehl und Gehorsam
Band II
Martin Broszat:
Konzentrationslager
Hans-Adolf Jacobsen:
Kommissarbefehl
Helmut Krausnick:
Judenverfolgung
dtv 2915, 2916

Robert Antelme:
Das Menschen-
geschlecht
Als Deportierter
in Deutschland
dtv 11279 (Juli 1990)

Jean Améry:
Jenseits von Schuld
und Sühne
Bewältigungsversuche
eines Überwältigten
dtv/Klett-Cotta 10923

Das Dritte Reich
Dokumente zur Innen-
und Außenpolitik
Hrsg. von W. Michalka
Band 1:
»Volksgemeinschaft«
und Revisionspolitik
1933 – 1938
dtv 2925
Band 2:
Weltmachtanspruch
und nationaler
Zusammenbruch
dtv 2926

Helen Epstein:
Die Kinder
des Holokaust
Gespräche mit Söhnen
und Töchtern von
Überlebenden
dtv 11276 (Juni 1990)

Norbert Frei:
Der Führerstaat
Nationalsozialistische
Herrschaft 1933 bis 1945
dtv 4517

Hermann Graml:
Reichskristallnacht
Antisemitismus und
Judenverfolgung im
Dritten Reich
dtv 4519

Ingeborg Hecht:
Als unsichtbare
Mauern wuchsen
Eine deutsche Familie
unter den Nürnberger
Rassengesetzen
dtv 10699

Joe J. Heydecker:
Das Warschauer Getto
Fotodokumente eines
deutschen Soldaten
aus dem Jahr 1941
dtv 10247

Arno Klönne:
Jugend im Dritten
Reich
Die Hitler-Jugend
und ihre Gegner
dtv 11173

Claude Lanzmann:
Shoah
Vorwort von
Simone de Beauvoir
dtv 10924

Marion Yorck von
Wartenburg:
Die Stärke der Stille
Erzählung eines Lebens
aus dem deutschen
Widerstand
dtv 10772

Krystyna Zywulska:
Tanz, Mädchen …
Vom Warschauer Getto
nach Auschwitz
Ein Überlebensbericht
dtv 10983

Wo Deutschland liegt

Bundesrepublik Deutschland – Deutsche Demokratische Republik

Martin Ahrends:
Allseitig gefestigt
Stichwörter
zum Sprachgebrauch
der DDR
dtv 11126

DDR
Dokumente zur
Geschichte der
Deutschen
Demokratischen
Republik 1945-1985
Herausgegeben von
Hermann Weber
dtv 2953

Ralf Dahrendorf:
**Reisen nach innen
und außen**
Aspekte der Zeit
dtv 10672

Günther Gaus:
Wo Deutschland liegt
Eine Ortsbestimmung
dtv 10561

Günther Gaus:
Deutschland im Juni
Eine Lektion über
deutsch-deutsche
Befindlichkeiten
dtv 11140

Günther Gaus:
Zur Person
Von Adenauer bis
Wehner.
Portraits in Frage
und Antwort
dtv 11287

Alfred Grosser:
**Geschichte
Deutschlands
seit 1945**
dtv 1007

Alfred Grosser:
**Das Deutschland
im Westen**
Eine Bilanz nach
40 Jahren
dtv 10948

Michael Holzach:
Zeitberichte
Herausgegeben von
Freda Heyden
dtv 11071

Christine Lambrecht:
**Und dann nach
Thüringen absetzen**
Männer in der DDR –
zwölf Protokolle
dtv 11127

Wilfried Loth:
**Ost-West-Konflikt
und deutsche Frage**
dtv 11074

**Sieben Fragen an
die Bundesrepublik**
Herausgegeben von
Wolfgang Benz
dtv 11114

Hermann Weber:
Geschichte der DDR
dtv 4430

Richard v. Weizsäcker:
**Die deutsche
Geschichte geht
weiter**
dtv 10482

Richard v. Weizsäcker:
Von Deutschland aus
Reden des
Bundespräsidenten
dtv 10639

Das Programm im Überblick

Das literarische Programm
Romane, Erzählungen, Anthologien

dtv großdruck
Literatur, Unterhaltung und Sachbücher in großer Schrift zum bequemeren Lesen

Unterhaltung
Heiteres, Satiren, Witze, Stilblüten, Cartoons, Denkspiele

dtv zweisprachig
Klassische und moderne fremdsprachige Literatur mit deutscher Übersetzung im Paralleldruck

dtv klassik
Klassische Literatur, Philosophie, Wissenschaft

dtv sachbuch
Geschichte, Zeitgeschichte, Gesellschaft, Politik, Wirtschaft, Religion, Theologie, Kunst, Musik, Natur und Umwelt

dtv wissenschaft
Geschichte, Zeitgeschichte, Philosophie, Literatur, Musik, Naturwissenschaften, Augenzeugenberichte, Dokumente

dialog und praxis
Psychologie, Therapie, Lebenshilfe

Nachschlagewerke
Lexika, Wörterbücher, Atlanten, Handbücher, Ratgeber

dtv MERIAN reiseführer

dtv Reise Textbuch

Beck-Rechtsliteratur im dtv
Gesetzestexte, Rechtsberater, Studienbücher, Wirtschaftsberater

dtv junior
Kinder- und Jugendbücher

Wir machen Ihnen ein Angebot:

Jedes Jahr im Herbst versenden wir an viele Leserinnen und Leser regelmäßig und kostenlos **das aktuelle dtv-Gesamtverzeichnis.**
Wenn auch Sie an diesem Service interessiert sind, schicken Sie einfach eine Postkarte mit Ihrer genauen Anschrift und mit dem Stichwort »dtv-Gesamtverzeichnis regelmäßig« an den dtv, Postfach 40 04 22, 8000 München 40.